股道溯源

陈 剑◎著

上海财经大学出版社

图书在版编目(CIP)数据

股道溯源/陈剑著. —上海:上海财经大学出版社,2020.6
ISBN 978-7-5642-3529-1/F·3529

Ⅰ.①股… Ⅱ.①陈… Ⅲ.①股票投资 Ⅳ.①F830.91

中国版本图书馆 CIP 数据核字(2020)第 077386 号

□ 责任编辑 王 芳
□ 封面设计 贾中强

股道溯源

陈 剑 著

上海财经大学出版社出版发行
(上海市中山北一路 369 号 邮编 200083)
网 址:http://www.sufep.com
电子邮箱:webmaster @ sufep.com
全国新华书店经销
上海锦佳印刷有限公司印刷装订
2020 年 6 月第 1 版 2020 年 6 月第 1 次印刷

710mm×1000mm 1/16 27.5 印张(插页:2) 341 千字
印数:0 001—5 000 定价:88.00 元

序言　龙妖心法扼要

升级思维层级，是本书的主线。

中国人说：一命二运三读书，我理解的“命运”与传统解释的不同：

“运”是原有的思维模式、行为方式的优化和强化，属于量变范畴。古代风水、易卦，现代如一般性西方健身、专业知识学习等，只能改变“运”。

“命”则是思维模式的整体升级，从而导致整个行为模式的升级，是质变！玄学如禅定入非想非非想天，金丹大道可影响到这个层面的变化，现代技术可能得靠基因技术方可，或不断主动升级思维层级。

为此，升维思维层级是现代人改变“命运”最可行的途径。

怎样升维思维层级？

我过去曾思考过一个问题：很多数学证明，结论是显而易见的，为什么要花费时间和精力去证明这些显而易见的结论呢？

后来我是这么理解的：关键不是要证明这些显而易见的结论，而是通过这些显而易见、公认的、可立即证伪的结论去验证思路，用数学证明的方式来建立一套抽象的思维体系。

这样，将来就可以用这套思维体系去推理那些不显而易见的事情，而不一定非要眼见为实！因为之前经过严格论证了，思维的过程是正确的，结论正确的概率会极大。这样，也就能对仅仅依靠理论推导出来的结论有足够的信心！

显而易见的一个例子就是黑洞的预言和证实：那是近100年前物理学家根据爱因斯坦的广义相对论推导出的预言。近期，还真就在5 500万光年以外发现了这个实体！请注意这几个可怕的数字：100年前、5 500万光年外！理论思维的威力可见一斑。

笔者的《龙妖战法探秘》一书是龙妖战法的基础、导论性质，而本书则涉及对股市一些核心本质的思考，并阐述了龙妖战法的心法。

龙妖战法的心法是什么？

飞花落叶，皆可伤人，靠的是精纯的内功。股市中这种内功就是独特的思维方式，有了这个能力，一些平常的技术和指标会被加工处理成独门绝技。

正如评价一名厨师厨艺优秀与否，不仅是使用的食材多么独特名贵，更在于对食材的加工能力上——这种加工能力就等同于思维能力。

现代社会信息的对称化，使获取信息的能力不再是“瓶颈”，更深刻的较量就是信息甄别和信息加工、再创造能力的较量，即思维能力的较量。

龙妖战法的心法和精髓即为独特的思维体系——“龙妖思维”。为了更加清晰和容易掌握，把龙妖思维进一步细分为逻辑思维、辩证思维、博弈思维和最后归于澄明之境的禅学思维。

当基本知识、技术体系基本具备后，突破“瓶颈”的关键就是思维层次的突破，表现为对基本概念的深刻理解后的灵活运用甚至是创新——基本招数形式都是很简单的，关键是用什么样的思维量级去解读这些元素。

单纯学指标、学算法，而不通过这些指标、算法培训思维的，都属于入门级别。有效的绝招使用的人少，更主要的原因是因为对思维能力要求高，而不仅仅是因为保密。

新元素、新知识属于知识的广度，思维加工能力属于知识的深度。信息时代，最不缺的就是新知识的获取，稀缺的是对知识的深度加工能力。

“心法”是对基本概念、基本理论深刻理解后的灵活运用和再创造，前提是要有正确的基本概念、基本理论，然后才谈得上灵活运用，否则就是空想。

借用笔者的一位学生的话：“通过分析，能够把资金进出看得很明白，那么什么时候进、什么时候出就变得清楚了，不需要看其他东西来揣测，这样分析是实用的、能看清市场的，变成一种高概率，属于实战型体系的基础。能看清市场的体系，它肯定是有道理、能存在下去的体系。当然要做到博弈分析，那还是需要具备一些智慧的。”

思维的层次碾压题材量级、股东量级、资金量级等，层次更高、更核心。如果思维的层次不提升，不管是用题材思路炒股还是资金思维炒股，都最多只是逻辑思维层次，没有上升到更高的辩证思维、博弈思维层次，更不要说终极的禅学思维境界了。

“龙妖思维”是以逻辑思维为基础，以辩证思维和博弈思维为核心，以禅学思维为归宿的实战交易体系。这四个层次的思维融合是打通文理思维的关键。

逻辑思维是一维思维，是思考的基础，主要是三段论思维方式，这种模式研究相关元素之间的直接线性因果关系，强调相关元素之间的静止关系，属于线性思维模式。

辩证思维是多维思维，是对多因素的综合考虑，明确各个要素在决策中的重要次序，关注事物的整体性和互相影响，重点研究多个元素之间的互相依存和矛盾关系。

博弈思维更进一步，重点关注矛盾之间的斗争和转化，是动态的多维思维，聚焦当前搏杀最激烈战场的动态转化情况，研究多个元素之间的动态依存和矛盾变化关系。

博弈思维具体体现为对手盘意识，要求根据情况，考虑对手如何利用这些逻辑反做，根据对手的变化来动态地调整自己的思路，是辩证思维的升级版，也可以理解为动态的辩证法。

禅学思维则是协调了以上诸多矛盾要素后的协调一致感、通透感、成竹在胸的坦然感，是动态与静态、局部和整体完美统一后的和谐与宏观整体大局观。

信仰其实是一种宗教情结，是人们对目前无法解释问题的一种借口。禅学思维也是一种最终的信仰，但没有经过前三个层次系统学习和训练得出的“信仰”是空中楼阁，是迷信！

龙妖战法是研究事前研判、盘中应变、事后纠错的实战体系，虽然不完善，但具有实战可行性，是能够真正更有效指导实战的学术体系。

为此，需要锻炼出以下几种能力：

(1)甄别信息真假的能力；

(2)利用最少的信息还原最大真实场景的能力；

(3)选出当前场景处于主要矛盾地位信息的能力；

(4)洞悉信息之间互相作用、转化的能力。

龙妖思维的本质就是科学精神和科学思维，其中，批判性思维是其中重要的思维工具，强调严谨、审慎、明辨。

人类的智力活动划分为三个部分：收集信息、处理信息、表达信息。

其中，最核心的就是处理信息能力，这个能力就是批判性思维能力——你能处理什么样的信息，决定了你能理解什么样的信息，也决定了能做出什么水平的信息表达。

人类虽然也不是理性动物，但却是这个地球上唯一能偶尔根据理由来行动的动物。仅仅只有结论，而没有给这些结论提供任何理由、证据来支撑这些结论，就是不讲道理。反之，讲道理就是为自己的结论提供理由。讲道理也有程度之分，提供的理由越好、越充分，就越讲道理。

中国很多原则性的总结缺少进一步的深度思辨，比如曾国藩的"结硬寨，打呆仗"是否就是金科玉律？有什么不足吗？是不是只有这种原则？适用条件是什么？游击战就是错误的吗？其实，这个方法适合实力大于对方时，类似阵地战，但适合实力不如对方时候的对弈吗？

科学是高深但能测，层次清晰而又浑然一体。我们说龙妖体系是科学体系，并不是说它是无上绝学，恰恰相反，当我们宣布龙妖体系以科学为宗，其实也就是宣布了龙妖体系具有可错性——是否具备可证伪性，是科学与宗教的分水岭。

写炒股书可能是一件吃力不讨好的事：

写得好，很快被盗版——《龙妖战法心髓》一书上市不到十天就被盗版。写得不好，读者骂；或生搬硬套而操作失误，迁怒于作者。而且不知哪里来的潜规则：要求作者应该免费教授。

金融市场，浩瀚如海，虽穷其一生研究，所得也不过是一鳞半爪，本书只是笔者个人笔记和感悟的部分总结，成书既是自己的一种学习方法，也算是给读者一些启发。一本公开出版物无法也没有义务承载保证读者财富自由、一夜暴富的责任。何况书本只是一个纲要，很多具体操作细节无法也不可能透露。

如果掌握了更高级心法、技术，但缺少途径无法出版者，笔者免费协助推荐给出版社，并用自己微薄的影响力帮助免费宣传——与其指责他人保守或技术不高级，不如将这个精力放在写一本更有价值的书上更有意义。

当社会对君子过于苛责，对小人反而听之任之，甚至宁可得罪君子，也不得罪小人，其实是在鼓励做小人。“格局”没有大到立志做圣人的，也许不见得会去做小人，但应该也不会选择做君子。

本书不仅阐述理念，还阐述了理念的源泉——思维层级，技术是由这些思维派生出来的落地细节和量化手段。至于那些污蔑龙妖体系只重技术的人，要么别有目的，故意曲解；要么思维层级不够，没看懂！

本书直指人性和思维，且是作为《龙妖战法探秘》之后更深入探究股市核心机密的作品，原名《龙妖战法心髓》，但一来本书已不局限于龙妖股的探究，加之出版对书名有了一些管理，故正式出版定名为《股道溯源》。

2020 年 5 月

目　录

第一部分　底层逻辑

第二部分 龙妖战法思维层次及其实战运用

第三部分 快速进阶之道

第四部分 实战技巧

第五部分 龙妖逻辑

第一部分

底层逻辑

龙妖战法体系强调提升思维层次的训练，强调逻辑体系，是完全的实战操作体系，是一套不断进取的开放体系，并以此形成一个坚实基石和新起点，探究、研究更犀利、本质的龙妖运行规律。

1.1 入市第一要诀:别成为快乐的疯子!

莱昂纳多主演的电影《禁闭岛》中,男主角是联邦机构的高级警长,奉命和他的助手来一座小岛(禁闭岛)调查一起离奇案件:一名女精神病人离奇失踪,但门窗没有任何暴力迹象,岛上也没有人看到过她离开,而小岛四面环海,只能靠仅有的一条船离开。

警长经过大量调查竟然发现:原来这个禁闭岛不是精神病治疗医院,而是类似纳粹德国的邪恶人体试验院!对人进行大脑实验,把人制造成丧失灵魂的工具!

警长决心揭露这个邪恶的组织,但他似乎被这个邪恶组织发现了!于是,双方展开了一场殊死斗争。最后在一个被警长认为是大脑试验室的灯塔上,遇见了这个组织的最高领导人:院长。两人开始了巅峰对决。

事情的真相却出人意料:警长的真正身份其实是一名退役军人,他的妻子患有严重的精神病,她杀死了他们的三个孩子,警长盛怒之余,失手杀死了自己的妻子,由此被送到这个叫"禁闭岛"的精神病治疗中心。

当他清醒过来时,无法接受这个残酷的事实。于是,他虚构了另一个自己——一个伸张正义的联邦警长,他来到禁闭岛是为了调查这个邪恶的人体试验机构,并因此多次暴力攻击岛上医护人员和其他病人,被列为

“最危险的病人”。

按医院常规治疗方式，这种严重的病人需要采用类似脑白质切除手术来治疗，成为一个“快乐的疯子”。但院长认为这种方式太不人道，希望能采用新的治疗方式激活警长的正常思维。于是采用了“场景重现”方式，让岛上的一切按警长虚构的世界演出，包括警长的助手其实是他的主治医生。

当场景演化到关键点时，院长把事实真相告知警长，以此希望把病人从虚幻的世界中切换回真实世界，以此进入正常思维模式。

知道真相后，警长虽然非常不愿意接受，但在铁的事实面前，他痛苦地接受并承认了自己所犯的所有过错，思维恢复正常。

第二天，为了验证警长是否真的恢复正常，主治医生依然扮演这个虚构世界助手的角色问他：警长，我们是离开这里，还是继续查下去？警长沉思片刻回答：我们要查下去，我一定会把他们绳之以法！

主治医生和院长绝望了，只好同意其他人员的意见，对其实施脑白质切除手术。

警长起身离开助手时，突然说了一句话：“做个快乐的疯子还是痛苦的正常人，哪个结果更好？”

整部影片震撼力极强，而最后那句“做个快乐的疯子还是痛苦的正常人，哪个结果更好”，更是道尽人性：当一个人犯下了无法挽回、不可原谅的错误时，他就无法再直面现实，而宁愿生活在自己虚构的世界里，成为一个“快乐的疯子”。

行为金融学揭示，有时真相太残酷了，让人难以接受，所以，我们就会扭曲它，将之变得可以承受。

为此，鲁迅先生言：真的勇士，敢于直面惨淡的人生，敢于正视淋漓的鲜血。可见，能够直面自己的过失和残酷的现实是多么不容易的事，是值得“勇士”这个美称的！

我也因此理解了一件事：为什么有个别读者对我恨之入骨，加我微信对我莫名其妙地谩骂——我又没有赚他的钱，他又不是我的学生，不存在上课后觉得上当受骗这回事。

现在我明白了，因为他们之前已经是巨亏，靠正常、理性的方法已经不可能救回来了，他们需要的是一个幻想：真的有一年一百倍、一千倍甚至上万倍的绝招！你过去亏多少都没事，只要你掌握了这个秘诀就行！虽然他的理性知道不可能，但内心不愿意承认，而是宁愿生活在这个幻想中。

现在我明明白白地告诉他常态下这是不可能的，等于将这最后一丝幻想彻底粉碎了，他的整个精神支撑就崩溃了，转而迁怒于告诉事实真相的人！

为了防止成为“快乐的疯子”，请记住一些原则：

别用输不起的钱去赌，尤其是加高杠杆，一旦造成不可挽回的损失，就很难再面对现实，只好靠活在幻想中，麻痹自己。

你没有到这种巨亏状态，就没有需要补偿的东西，所以你的心态才能是稳定的，你的判断才会是比较理性的。

此为入市第一要诀！

股市，既不是天堂，也不是地狱。它，就只是人间！

1.2 正本清源:龙妖战法到底是什么?

自笔者《龙妖战法探秘》一书出版后,“龙妖战法”一词很快得到私募、大V的认可,也开始引用“龙妖”一词,成立了以“龙妖”为关键词的微信群等,并出现教授“龙妖战法”的大V,宣称自己是玩“龙妖”的。

“龙妖战法”的名称虽由笔者原创,但能很快流行,得到承认,说明这个名字起得准确、深刻,道出了体系本质。能有更多人投身到这个投机学的顶尖领域的研究中,显然能大大深化其研究速度,在学术上更上一层楼,至于是否承认是笔者原创倒不是重点。

那么,到底什么是龙妖战法?本文就对龙妖战法的渊源、特点、构成做个简介。

龙妖战法是笔者在所学所悟,以及一些隐士高人秘传基础上,以科学化思维系统整理提升的一套以研究狙击龙头股、妖股主升浪起爆点,持满主升浪全程为核心和目标的实战派理论体系。

该体系强调提升思维层次的训练,强调逻辑体系,是完全的实战操作体系,是一套不断进取的开放体系,并以此形成一个坚实基石和新起点,探索、研究更犀利、本质的龙妖运行规律。其中,龙头股和妖股是体系的核心，但并不局限于这两类股。而是有龙妖时尽量做龙妖，没有或错过时由其他补救体系构成的一整套高度灵活、高弹性的开放体系。广义的龙妖体系是以研究龙妖股为切入点，由此对整个股道甚至金融领域内在运作机理方面的探究和实践。

如同截拳道宗师李小龙先生说，截拳道不过是个名称，他所指截拳道其实就是武学大道！同理，龙妖战法不过是“指月之指”，它是帮助走向股道真理的渡河之舟。

龙妖战法没有“死在龙头为荣，买到杂毛为耻”的偏执，管它是不是龙头，只要有能力连续涨停，有能力是近期涨得最好的就行——当然，还要能买到，要具有可操作性，那就是我们的狙击对象！

这就是更本质的“龙妖战法”——放弃名相，直取本质！

若还被“龙头”“妖股”等名相所拘泥，就不够“究竟”！

要理解龙妖战法，首先要理解龙妖战法的理论和实战的关系。

在股市上，“理论”这个词是带有明显贬义的，暗含对方实战不行的意思。那么，真相到底是什么？

在龙妖体系中，理论就是实战！

理论是把在实践中获得的认识和经验加以概括、总结所形成的某一领域的知识体系。科学的理论是从客观实际中抽象出来，又在客观实际中得到证明，正确地反映客观事物本质及其规律的理论。

也就是说，理论是高度提纯后的实战总结，剔除了非本质、重复、疏漏经验后的抽象，是高效率的实战经验，是能更高效、精准实战的经验，不存在割裂了的理论和实战。

理论和实践的辩证关系如下：

(1)实践是理论的基础,实践对理论具有决定作用。

(2)理论对实践有反作用,科学的理论对实践具有积极的指导作用,错误的理论则有阻碍作用。

(3)理论和实践相辅相成、缺一不可,不能任意割裂两者的辩证关系,孤立地强调某一方面。

科学的理论对实践的指导作用体现为:

(1)它透过事物的现象,抓住了事物本质,抓住了事物内在必然联系,反映了事物发展规律,能够综观全局,高瞻远瞩,预见事物发展趋势,确定事物前进方向,指导实践。

(2)提供科学的方法,提高认识能力,为探求真理提供科学的认识工具。

(3)是解放思想、破除迷信的思想武器。

科学的理论是人们在实践中不可缺少的,没有理论指导的实践是盲目的实践。

可见,必须坚持理论与实践相结合,具体为:

(1)理论必须和实践相结合。实践只有在科学理论的指导下,才能达到改造客观世界的目的;理论也只有同实践相结合,才能得到检验和发展,变为物质力量。

(2)理论和实践要正确结合,必须坚持理论和实践具体的、历史的统一。理论所反映的是事物的本质和规律,是事物的共性,而客观事物千差万别,有着生动、丰富的个性,是共性和个性的统一。

为此,必须运用理论,具体情况具体分析,把理论和活生生的具体事物有机地结合起来,做到理论和实践的具体统一。

任何理论都是在一定的历史条件下产生的，客观事物都是在变化、发展的，实践也是发展的。因此，理论一定要随着实践的发展而发展，以符合变化了的客观情况，做到理论和实践具体的、历史的统一。

（3）理论和实践相结合，必须从实际出发，实事求是地把理论和实践紧密联系起来。

那些自称只会实战、不会理论者，其实是在宣称自己的实战水平还没有得到进一步升华，还停留在低效的经验主义阶段，只能应付完全相同场景的实战。

通过以上理论和实践的辩证关系，可知：

只有实战经验，属于简单的形象思维层次，他只有在完全重现的场景中才有用武之地，基本不具备预判新场景的能力。

实战派理论体系本身就是实战，是对实战经验的系统化、提纯化，从而达到高效化、简洁化，是研究盘前预判、盘中应变、盘后总结的可操作体系。

目前，掌握了龙妖具体技术的人不少，但暂时还没有人以实战派学术化思维系统整理、深思过，实战经验流于表面化和碎片化，思维重复，缺少层次感和高效性，造成低效重复，甚至错谬。笔者希望能为这个体系的完善尽绵薄之力，将龙妖体系纳入科学化的康庄大道上，为体系的发展奠定一个基石。

龙妖体系研究的都是刀刀见血的实战难题的具体解决之道，如：

主风口的一字板，一定买不进。能买进就套人或者不敢买，能买进的一字板基本只是次风口，能买进当天到顶。那么怎么办？

核心解决方案：加强对个股控盘情况、题材量级的深入理解，以及对跟风力度的理解。

折中解决方案：未算胜，先算败。判断如在这个位置买入，是否有机会大概率获利出逃。

龙妖战法理论对实战的指导和升华体现在以下几个方面：

(1)高效化：将形式不同但本质相同的经验分类归纳，减少思维的重复性。

(2)优化修正：将实践经验抽象为概念后，通过理论的自洽性原则，发现原来实战经验的缺陷甚至谬误。

(3)升华提升：运用演绎推理，对抽象归纳的概念进行升华，从而发现更高层次的规律。龙妖战法是研究一段时间内相对涨幅最大的股票运行特点，以及一整套发现、狙击、持有、卖出的全套实战技术体系。

例如，判断龙性妖气需要有具体的可量化的方法、途径，而不能只靠感觉——没有基本物理基础的感觉，只讲盘感和气势，是情绪化的盲动，绝大多数人分不清强势股、龙头股、妖股，甚至把“一夜情”也当龙头，那不叫龙头战法，叫“脓头战法”！

打板没有错，但要和龙妖区分开来，因为其相应的策略不同，包括狙击技巧、持有、卖出、止损的策略方式等都不相同。

否则，来了龙妖不敢重仓，强势股甚至“一夜情”融资却加杠杆！

以下是对龙妖战法的一些常见误解：

1. 龙妖战法是一线游资战法吗？

非也！涨停敢死队是游资，是多方博弈里面的重要力量。龙妖战法是跟随者。敢死队关心的是对手盘，关心筹码能不能卖出，是两虎相争，必有一伤！

他们更关心当前对手是谁、其实力如何、谁割谁的韭菜。

龙妖派关注的是这个博弈游戏的持续性，是坐山观虎斗，只要还有新的老虎入场，游戏就没有结束，不用担心老虎反咬自己，持股就行，但是，可不要在仅有一只老虎时还留在场内！

龙妖派需要判断轮炒的持续性，判断是否还有新游资入场接力。但游资本人不能这样思考：作为当事人，你不出场，锁仓了，别人不敢进来，担心你突然砸盘。这样，入场游资本身常态下是赚不到太多板的，不可能吃满全程，不能用龙妖派思维预判轮炒。

博弈思维是研究游资之间的博弈，不需要考虑己方和游资与庄家的博弈，何况一线游资也经常割肉被套，赵老哥之前小资金时是龙妖战法，成名后大资金就只能是游资战法。

笔者也教过一些上龙虎榜的游资、私募——甚至有仅仅学过龙妖体系皮毛的学生也组建了私募公司，所以，不用迷信游资，很大程度上，大多数游资其实不过就是“大韭菜”而已。

简言之，龙妖战法是研究游资、利用游资，而不是学习游资手法，他们是对手盘思路，短炒甚至是“一夜情”思路，很少锁仓，龙妖派盲目学习游资战法是东施效颦。

大资金首先考虑的是对手盘，以及与赵老哥等游资互割的问题；龙妖战法是研究游资轮炒概率、中短线、锁仓持有主升段思路，是跟庄战法，是中小资金最高效、灵活的交易体系。

当然，使用龙妖战法的代价是：常态下不能大资金，否则就成了游资对手盘。

目前形式下，龙妖战法在大多数行情下适合 1 个亿以下资金量的个体操作者，资金量再大，就必须升级到价值投机或隔日超短技术——当然，类似 2015 年那种蓝筹股大牛市行情除外。

由此，龙妖体系创造出独门的“赌板技术”，而不是市场上的打板技术：打板是半路抢劫，等板是截击，赌板就是攻敌于欲动未动之时！

2. 龙妖战法学习的人多了，是否会失效？

龙妖战法不仅有专门的核心技术体系，更需要在思维层次上实现跃迁——江山易改，本性难移，其实这个“本性”更多是指思维层次，没有固定模式，无法为有法，不存在同质化问题。更不要说真正的龙妖技术大多秘而不宣，掌握都没有掌握，谈什么失效？

几年前，瑞鹤仙带着20多万元拜师赵老哥，被活活骂走！那些大V感叹现在龙头战法同质化，买不到票。请问：他们玩的是龙头战法吗?！冲个板就是龙头，整个容就算美女吗?！

他们列举的票根本就不是龙头股，最多是强势股模式。

何况盈利模式必有其障碍，龙妖战法的高犀利度必然伴随高壁垒，根本不用担心失效问题。

龙妖战法的壁垒来自自身需要的综合能力很强，需要系统学习才能基本掌握，而且还需要随着时代变化而微调，跟上尚且不容易，况乎超越？笔者为了能集中精力不断研究新情况、新技术，为此屏蔽了很多社会性事务，才勉强算是及格了。

所以，担心学会后人太多会失效实在是杞人忧天。很多人连如何定义龙头股和妖股都没搞清楚，就妄谈龙妖战法失灵？

如果自己都不知道想要狙击的猎物是啥样，如何根据不同的猎物特点制定捕捉计划呢？

因为基本概念不清，很多人根本就不是龙妖战法，然后说类似的战法失灵了，那是因为没抓到核心，就比如林青霞、王祖贤在任何时候都是美女，但如果是整容网红，当然有时效性。

龙妖股运行的核心本质不会变，变的是细节。真龙大妖哪有买不到的！买不到的大多是“网红脸”——强势股类型。

由于市场把强势股和龙妖股混为一谈，造成的另一个障碍就是：

强势股买错需要止损，很容易到顶，需要分仓。而这种长期训练形成思维定式，导致在“真龙天子”出现时，不敢重仓和持有。

但假如对龙妖股的识别能力不够，错把强势股误当成龙妖股，重仓持有，一旦失误，就会造成重大损失。

对龙妖战法的误解还有很多，这里就不一一列举了。

1.3 龙妖是天生的还是走出来的?

龙妖派有一个冒天下之大不韪的观点，即：王侯将相就是有种，龙妖就是天生的！

并由此诞生了龙妖派的独门技术：赌首板！

市场目前的主流观点是：龙头一定是走出来的，事先没人知道谁是龙头，故而有“二板定龙”的说法。

这个问题涉及底层逻辑，直接决定了上层建筑的高度。笔者不惜专文讨论，为讨论方便，不妨将“龙头是走出的”称为跟随派，将“龙妖是天生的”称为预判派。

龙头到底是“走出来的”，还是“天生的”呢？

我们用归谬法推演下：如果龙头是走出来的，那说明什么？

说明这个走势是随机的，是所谓的情绪主导出来的随机运动。

假如龙头真的是走出来的，那么，就意味着哪一板都是随机的，哪一板都定不了龙，对吗？即龙头的运动是随机的。而稍微知道点物理学的人就明白：随机运动是不可测的，是没有规律甚至没有概率的！那么问题来了：既然是随机的，那还学什么呢？学布朗运动吗？对一个随机运动，如何操作和把握它？学布朗运动1万年和学1天的结果是一样的。

就算你3板定龙、5板能定妖了，你买不买？

买，可你又说龙头是走出来的，3板甚至5板也不一定是确定的，对吗？即不能保证一定走出第4板和第6板。既然不能保证，一买可能正好就在顶点，成了追高。

可见，用已经走出来的趋势所谓的“定龙”法，其实只是对以往趋势的描述而不是对未来的预判——如果因为某股3板或5板确定了它以往的历史是龙，就能推出4板或者6板还能持续吗？如果这样，那不就和“涨了还能再涨，跌了还能再跌”一个逻辑了？

假如每一板真的都是随机的，那么这个“龙头是走出来的”理论又有什么实盘意义呢？这样的方法和碰运气摸彩票的思维层次有什么本质不同？

再退一步，如果直到3板甚至5板才确定了龙头，大部分龙妖走到7板到顶是大概率，这时介入后还有多少空间？

那这样的战法和首板就介入的实际获利空间有什么本质区别？是走出3板的个股概率大，还是走出5板甚至7板的个股概率大？

5板、6板上的，是赌它能走到7板、8板，甚至10板！赌对后的理论空间是1板、2板甚至4板。而首板就上去赌的，赌对的空间可是4板、5板甚至9板！哪个盈亏比大，一望即知。

难道是因为做一个9板票，比做一个1板票更令旁人记忆深刻？哪怕后者的财富是前者的10倍。人们关注作死的人，崇拜作死未遂的人，因为人的本性中都有渴望作死的冲动，又有作而不死的侥幸！

这样的理论，除了可以炫耀自己买到了“龙头”，多了一些自得以外，实盘有什么过人收益吗？

我们知道，只有比较确定的、有规律性的东西，才可以通过学习来把握，随机性规律只能交给上帝。

龙妖派说“龙妖是天生的”，不是说这个“确定性”是点到点的因果关系，而更多是说有相关性关系，是可以采用类似概率性思维或者大数据思维来掌握的。

反对“龙妖是天生的”其实混淆了一个概念，即将所谓的“天生”等价于某个主力事先“设计”好了。

龙妖派认为，妖股有其必然性，即能走妖的股必然具备一些与众不同的特征——龙妖派称之为“龙妖基因”或“龙性妖气”。没有这个基因，几乎没有发现能走妖的。龙妖基因几乎成了妖股的必要条件，这就是龙妖的内因，带有“必然性”！

这个“必然性”，不是说在没走出来前就能知道谁会是龙妖，而是知道谁具备了成为龙妖的基因，谁更容易成为龙妖。如同我们押宝谁可能成为皇帝，显然从太子或者皇子中押宝比在草根中押宝的正确概率更大——特殊情况除外，而特殊情况一般也会有一些征兆。

但妖股能不能走妖，妖性能发挥到什么嚣张程度，则有赖于外因，这个外因更多是当时市场炒作环境和炒作题材，这带有偶然性和随机性。

这就是龙妖的必然性和偶然性的统一！

天才不能被教育出来，天才只能被开发，教育只能培养人才。同理，龙妖也不能走出来，龙妖只能被挖掘！

那种认为游资一开始就想干一票的思维是机械决定论，认为龙头是走出来的观点又成了虚无主义。龙妖派追求的是唯物辩证法！既看到事物的必然性，也关注偶然性；既重视事物内因的主导作用，也关注外因对内因的催化和减弱作用。

看一个人到底持什么观点，关键是看他怎么做的。跟随派是怎样处理龙头的随机性的呢？

跟随派一边说龙头是走出来的，一边不断使用“试错”这个词。既然都走出来了，还需要试什么错？这不是自相矛盾吗？

预判派也是在试错，既然都是在试错，凭什么跟随派的试错就成了高大上的理解板，别人就被污蔑成只看表面的技术板？而且，假如“理解”了半天，胜率、盈亏比都没有提高，又何必玩这个花架子，搞这么多新名词干啥？难道换个马甲就能提高胜率了？

再换个角度思考：如果龙头真是走出来的，而你还能买到，说明还没有形成一致。而没有形成一致，说明龙头地位还不确定，还没走出来。那么，是不是这时还只能看着不买？

如果说板了就确定了龙头地位，那怎么又有“炸板”“大面”“天地板”这些名词？

跟随派的解决方案其实就是在试错，但是，他们不在首板试错，而是在至少 2 板后——甚至 2 板也说不确定，要到 4 板、5 板确定了龙头地位后。

那么，为什么跟随派 4 板、6 板试错就不叫赌，首板试错就成了赌?!同样是“赌”，你的赌凭什么就比别人的崇高？为什么首板赌就是预测市场，4 板、5 板赌就成了追随市场？首板买就叫唯心、主观臆断，2 板买就叫试错?! 这不是典型的双重标准吗？

预判派当然无法每次都买准，但跟随派也承认不能每次都买准，那凭什么说自己是真理？

我们可以发现，跟随派有一个很纠结的玩法：

一方面说，2 板也不一定能看出谁是龙，好不容易到了 5 板能确定是龙头了，又说快到顶了！不让买！——你这不是在逗人玩吗？

难道，龙头是走出来的潜台词竟然是：我就看看，不买！

我们再反证推演：

龙头既然是板块效应，是大资金作战，大资金会如掷骰子般随机选择某个板块吗？如果真的是随机选择的，又从哪里来的所谓“主线思维”？

也就是说，“龙头是走出来的”观点和主线思维是不自洽的。如果龙头是走出来的，哪来的主线？按照这个逻辑，主线应该也是走出来且是随机的。

但如果主线是随机的，那么，今天的主线就不一定是明天的主线，这时所谓的“主线思维”又有什么实盘意义呢？

而如果主线是天生的或预谋的，是作盘出来的，这又与跟随派自身逻辑不自洽。

经过以上正、反面的论证，可以发现，只有“龙妖是天生的”观点才能和主线思维形成逻辑上的自洽！

从跟随派的实盘操作描述看，他们其实也是在预判，他们有时打的首板就是预判！之所以打这个板，无非是预判了他们后续能够有较大盈利空间——不过，这其实又和他们的基本公理“龙妖是走出来的”是自相矛盾的。

引用跟随派的几段描述：龙头不可能预测，只能走出来，只能按照龙头股运行规律去试错、跟踪和纠正，最后坐上龙头。同理，市场和行情也是不可预测的，只能是走出来的。

这个认识把思想从过去猜、碰运气，转变到把精力放在对市场内部走势规律的总结和发现上，重点研究如何跟随走势策略。

2 板是追龙头的一个标志，1 板根本看不出龙头相，什么样的 2 板最具有潜力？龙头股与板块的强势与持续性有很大关联，所以强势题材板块的 2 板股是重中之重。

——这不就是在“预判”吗？

从以上分析可以看出，跟随派似乎经常处于一种很纠结的状态，处处存在不自洽的地方，其中根源是其底层逻辑不可靠，造成后续需要不断打补丁来纠正。

反对“龙妖是天生的”，其实混淆了一个概念，即将“天生”等同于“开始就设计好了”——龙妖派从来不会认可这种机械决定论！

龙妖派深知：预测只对已经发生过的事有效，即使用的是演绎逻辑。换言之，对类似的事可以使用预测方法并做好预案，对全新事物预测不准确。但阳光下没有新鲜事，使得没有一件事完全是全新的，都具有一部分历史元素，即部分可预测。至少在没有惯性因素加入的情况下，明天会有一个惯性趋势。

龙妖派也承认龙妖不容易预判，但通过一系列研究，如题材持续性、控盘品质、板块炒作规律，找到龙妖基因和对未来走势的预判，提高预判的准确性，有根据地“赌”，提高概率，而不是将成功交给简单的随机“试错”上。这就是研究的意义和价值！

龙妖派将这种有根据的试错称为“赌板”——一个赌板，理解力、预判力、执行力、补救力，尽在其中！

不容易预判准确，同该不该预判，这可是两个概念。

我甚至认为，跟随派并不是反对龙妖派的“龙妖是天生的”这种辩证唯物观，而是反对“龙头是注定的”这种机械决定论；否则，发表该观点的作者也不会直接借用“龙妖战法”这个名词作为课程名，显然是认可龙妖战法。

1.4 让佛祖清净些吧！

——科学与宗教的界限

先看一则趣闻：

深圳有这样一家上市的基金公司，名字首先就特别牛逼——中国投资基金（0612. HK），听这名字大家就应该懂了吧。2018 年年底该基金净值只有 0.04 元/股，但现在却能卖出每股 25 元的天价，对应 PB 达到了 330 倍，市值更是一度接近 300 亿。公司股价过去几年暴涨几百倍，在股价暴涨后，该公司 2018 年四季度被纳入 MSCI 全球小型股指数，2019 年 8 月又被纳入深港通。那么，这家基金公司的投资能力如何呢？连续 7 年亏损！过去两年更是合计巨亏 4.59 亿港元！

据深证某吃瓜群众透露，他认识该公司的员工，这个公司以员工的名义开户，自己坐庄自己公司股票，因持股比较分散，香港证监会交易所也没有管。这家公司每天晨会要集体诵道德经，大股东隋广义发明了一种禅易投资法，在佛道圈子里高息收纳资金坐庄。

亮点在最后两行，感觉真是恍如隔世，时光倒流。

“佛学派”竟然是一个很重要的炒股流派，类似的还有“国学派”。笔者稍通佛道，初涉国学，知道一些基本常识是：

佛家是搞不定“色身”的，并酸溜溜斥之为“臭皮囊”，然后给出一个更大的泡沫“法身”，来让大众放弃“色身”修“法身”，说“法身”才是高级货——我就奇怪了：一个小学都读不及格的，却自称自己很适合读大学?!

有说佛家不以留形驻世显示异能，但却更诡异地留下五光十色的舍利子、不坏肉身来证明佛力？但就是不肯以大众公认的健康长寿来自证?!

连自家“色身”都搞不定的流派，也就别指望帮你搞定炒股赚钱这件更粗俗的事了。

类似的还有“国学派”，以周易、风水为能事，借用王小波《沉默的大多数》中的观点（大意）：法拉第用两个线圈、一根铁棍子发现电磁感应；牛顿、爱因斯坦想出的东西完全在你的能力之外，是一种惊世骇俗的思索能力；而孔孟所谓的“仁义礼智中庸”，虽然都是好话，但不需要特殊的思维能力就能想出来，琢磨过分了还有点肉麻。比如“二程”之一说，看到刚出壳的毛茸茸的鸭子，体会到圣人所说的人的真义——需要看到毛茸茸的鸭子才体会出人的真义，至少是词不达意。国学更多是人际关系学，而且国学两千多年来就没有什么发展，还宣称已经包含大千世界、古往今来一切学问?!

中国古代风水是实学实证，是一种实指技术。因为古代没有自来水，也没有风扇和空调，人们必须依山傍水建房屋，必须有山有水，空气流通——这是基本的生存条件。所以，古代特别需要讲究风水，那时说的左青龙、右白虎、朱雀玄武都是实指，没有任何比喻。

但现在社会不一样了，有自来水和空调这些现代设备后，可以降低真实“风”和“水”的需求。后世的风水学说已经上升为一种抽象的哲学，能够移植到现代社会的是抽象的理论和思维体系，但古代的风水专业知识是不可能移植到别的学派上去的。显然，更不可能将一个具体的专业知识移植到金融交易体系中，只能吸取风水的思考方法和思维方式，绝不可能用具体的风水知识来指导金融交易的实盘操作！

至于用周易预见了太阳系第十大行星的传说，更属荒谬：现在第九大行星都因为不符合行星定义被赶出太阳系，何况子虚乌有的第十大行星？不说是伪科学，至少是“很不科学”！

以这种江湖理论去指导实盘操作怎么可能成功？偶然成功基本上属于幸存者偏差——六合彩就不是一个可以靠稳定交易体系来实现持续性盈利的游戏。

那么，为什么有这么多人相信风水、命、佛祖这些？而且大多还是一些“土豪”？同时，这个人群似乎大多比较排斥科学。

我有位读者说起了自己的一个经历：以前，给一个司令修电脑。事后，我就想，为啥一个普通人，就能成为司令？回去百度下，原来是他爹还是他爷爷（具体不详），是当年长征熬过来的。祖宗，立功为祖，收功为宗。这样，人和人的起点，差别太大了。

也正因为他们生得好，即所谓的“命好”，所以他们更相信“命”，相信说不清、道不明的东西——随机性的东西，把随机性看成是自己的命运必然，从而宁可求神拜佛。他们天生就顺，但自己也弄不清楚，自然相信一些宗教，或歪理邪说，最后归纳为是神仙护佑他们。

但是，当局者永远不会这样想。他们想通过神灵，让随机的好运持续，而追求证伪、讲究实验和数据的科学自然就成了他们的敌人。

而对见过这么惨的世界、见过这么惨的命运的人,怎么可能还相信上帝?相信佛祖?

由此引出一个类似元认知的问题:炒股是科学还是艺术?有没有规律?

还是用反证法思考:如果股市没有基本规律,那我们其实是在玩六合彩游戏,成功和失败都不值得尊重和沮丧。

显然,当我们进入股市时,其实就默认了一个事实:股市是科学,是可以通过学习和研究掌握部分规律的。

金融市场上科学和宗教并存的原因之一是:市场的极端复杂性,使得再科学的方式都会遭遇"黑天鹅";市场的极端随机性,使得再荒谬的手法也会有"蒙对"的时候,使人误以为"其实很牛,只是运气不好"。

能否精确区分开是依靠逻辑还是瞎蒙获得的成功,是检验智慧和判断力的根本。

笔者旗帜鲜明地宣称:在股市研究中,笔者就是个科学控!

科学能代表一切吗?

能!

科学不能代表的,其他思维方式更不能代表!

科学化研究是目前最靠谱的研究方法,相信科学,不是因为科学总是正确,而是因为科学最不容易出错——科学一样会犯错,但科学可能是这个世界上最清楚地认识到"我可能会犯错"的认识方法,所以,每一项科学结论出炉,都是经过严格论证和迄今为止最苛刻的评审,他们有组织的自我怀疑,怀疑一切可能出错的信息。而在这种大规模杀伤性怀疑后,依然能存活下来的结论,自然远胜那些脑子一热就造出一个新名词的"学科"。

我们最该信任的，就是数学和物理学结论，其次是化学和生命科学，最后才是经济学、心理学和社会科学的结论。我们甚至可以从一个学科的数学化程度来推断一个学科结论的可信度。

具备科学精神不需要成为科学家，只需要遵循一些基本原则，就能规避大多数思维误区。

科学原则之一是：怀疑一切！

科学精神的几条一般性原则是：

1. 休谟原则

越难以置信的结论，就越需要难以置信的证据。越是小概率事件，越是需要更多证据。说自己是北大毕业生，就需要比一般院校更多证据，因为上北大比上一般院校概率更小。

相信概率更高的事件，区分两件事情的概率为：信息本身为真的概率，说出这个信息的人搞错的概率。

如果前者比后者要低，这个信息就不可信——永远都不应该仅凭借他人言论，就相信反常的超自然现象，如因果轮回、有鬼魂等。

如果某人说赚钱了，却不给你看他的交割单；说买到涨停了，要问问买的什么股；自诩天天满仓涨停，那就要看看：有没有买下金茂大厦？

重视证据，大脚怪的照片可以通过电脑软件造假，但大脚怪的DNA检测报告却很难造假。

2. 专业可信原则

专业领域的专家谈相关专业的话，更为可信——注意，是谈自己相关专业的而不是跨专业的。巴菲特也没有资格评论龙妖派，因为他只是价值投资专家。

依靠外在因素判断一个人是不是专家，并不可靠，如《我不是药神》中穿着白大褂假扮院士的假药贩子。

3. 利益相关不可信原则

专业可信原则一定要和利益相关不可信原则配合。如果说话者的言论一旦被我们相信,他就有利益上的回报,这种可信度就要打折扣。一般地,主动找你、花费很大心思、试图说服你相信某个言论的人,通常是这个言论的利益相关者。

当然,不是所有利益相关者的话都是错误的:可信度低不等于错误,可信度高也不意味着正确。

科学的体系是不断完善、不断更新的,宗教的体系是自我封闭的。龙妖战法是一种科学体系,注定了它不是完美的体系,但它可以不断地充实完善,勇于承认错误、总结错误,不断总结,无限接近事实真相。

在股票领域,还是让佛祖清净些吧!

1.5 被误读的“大道至简”

“大道至简”是很多股民喜欢挂在嘴边的口头禅，所谓：股市本不复杂，是你把它想复杂了。

那么，事实真相到底是什么？我们用反证法思考下：

如果“大道”真的是“至简”的，那么，新股民基本都是一张白纸，够“简”了，为什么基本都没有成功？——对，是“都”没有，而都是经过不断刻苦学习，历经磨难后才初步有成。别和我说因为他还不够“简”，非要把人忽悠成白痴才甘心吗？

如果说那是因为他们没有找到那个“真传一句话”的“简”——市场上那么多单纯如白纸的新股民，无意识的海量随机试错，竟然都得不到那个“至简”的“真传”，这玩意还能“简”的了吗？小白鼠随机按键盘，只要数量足够多，都能按出“生存还是毁灭，这是个问题”这样的雷句。

假如说“大道”本来是“简”的，只是经常变，那对一个如同量子幽灵般经常变化，还不知道变成什么样子的“道”，你还说“简”？

假如“大道”真是“至简”的，禅宗六祖可是早就参透了“菩提无树，明镜非台”的“究竟境界”了，为啥还要五祖秘传才行？大量随机资金在市场上以各种方法试错各种模式，总有一个人蒙上这个“至简”的模式，那为什么不去复制？他们可没有搞科研的劲头——之前炒房能简单粗暴赚钱，不就是复制并迅速蔓延？

假如能复制，又是极其犀利的模式，市场很快就会被他灭了，可为什么只有被市场灭掉的“股神”而没有被“股神”灭掉的股市？显然，大道至简是一个伪命题！至少，在股市，想长期稳定盈利，“简”不了！

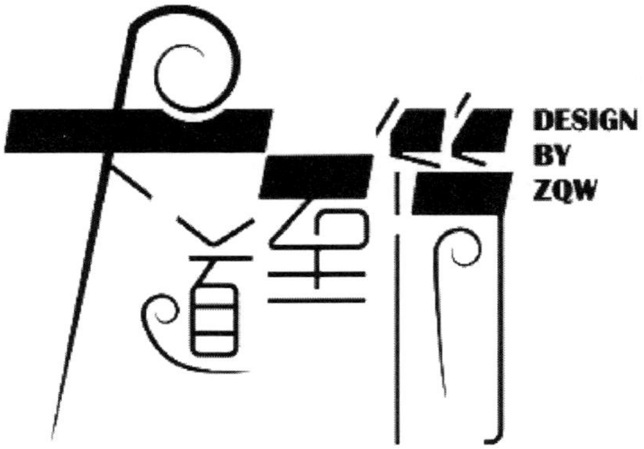

按百度解释：

“大道至简”是指大道理（基本原理、方法和规律）是极其简单的，简单到一句话就能说明白。“真传一句话，假传万卷书”。大道至简的反面是博大精深、广博而高深，多用来指思想、学术理论、学识、作品等。

一门技术、一门学问，弄得很深奥，是因为没有看穿实质，搞得很复杂，是因为没有抓住程序的关键；在搏击较量中，出招过多就是多余无效的招数太多，有效的招数少；医生开的药方越多，就越是把握不好方法，用那些判断不准的药来试。博大精深就是没有认清实质、没有抓住关键，反而陶醉在自我制造的纷繁复杂中不能自拔。

武术高手在搏击时总是一招制敌、击中要害，绝对不会大战 300 回合才击倒对手！

这段解释中，“一门技术、一门学问，弄得很深奥，是因为没有看穿实质，搞得很复杂，是因为没有抓住程序的关键”——道理是不错，但是，想要看穿本质，就需要大量的“繁”来迭代，不断循环，螺旋式上升。开篇的反证法也同样适用对这段解释的反驳。

对“大道至简”，更科学的解释是：

“大道”，要从最简单处入手，为大于细。渐修，顿悟就是量变和质变的关系。

从简单处入手，并不是说“大道”本身是简单的。对简要和简单分不清，甚至以简单的东西代表大道。

“大道”是复杂和烦琐的，但人们可以找到简单的入口进入“大道”。把形式的简单看成是“道”本身的简单，是错误的。

这个错误认识一直伴随着许多人，自以为“大道”不需要艰苦的思索，也不需要烦琐的过程就可以得到，误以为谁要是陷入烦琐，就不是“大道”。

反证可知：如果“道”本身是简单的，那么世界也是简单的，世界上就没有困难和艰险了。

但客观世界的困难和艰险，正是“道”的复杂性造成的。任何文明、文化要回避“道”的复杂性，都是徒劳的。“道”本身的复杂性决定了必须要用缜密的思维逻辑性论证才能胜任。

思维也是艰难的过程。思维不是故意制造复杂性，而是客观复杂性的反映。《易经》《圣经》及黑格尔的哲学、相对论、计算机编程都是复杂的，逻辑学、数学、物理学、化学也都不简单。不要期望科学和哲学是简单的，哲学、科学如果是简单的，就不能深入世界的本质中去。期望哲学变成顺口溜那样简单，但顺口溜却不能表达深刻的道理。

回避复杂性，就绕开了哲学和科学，在简易的艺术中得到精神肤浅的安顿。大众回避哲学和科学，因为这是世界上最复杂的学科。

古人把“道”看成是一种既定的存在，一次性获得一本万利了，其实“道”本身是在过程中逐步显现的，是在认识和实践进程中逐步显现的。

大道至简，什么是“大道”？“大道”是最底层的东西，是公理体系里面的公理——但“简”是简了，能犀利吗？这么简化的东西，能胜任具体的任务吗？

落实到股市，没有一项实用犀利的技术是容易掌握和理解的，“简”仅仅是形式上的，但内在的原理和思考过程却是极其精细严谨的，甚至是差之毫厘、失之千里。美国“挑战者”号航天飞机失事，仅仅是因为错了一位小数点。

比如，笔者组建的“龙妖战法研究团队”研发出的两个“大道至简”的量化指标——“机构龙妖起爆点”和“游资情绪指标”，形式非常简洁，使用起来也很简单，但内在的原理涉及对机构资金、游资资金运作特点的深入理解。而且，还有大量具体的软件实现上的工程难点，研发过程可用“两句三年得，一吟双泪流”形容，哪有那么多轻松和惬意？

软件后台可以复杂细化，但前台要简化，给用户的界面要简单明确，所谓“形简意繁”。比如“游资情绪指标”就用 4 种不同颜色、长短的柱子涵盖了市场十来个指标的含义，直观反映当前市场甚至下一刻的整体赚钱效应情况。

关于指标，也和“大道至简”一样被不少人误解，认为：制作指标方向就错了，所谓“不动不占（《周易》语），大道至简”！徐翔要用指标吗？

笔者认为，发展到现代社会，如果还在用周易这类所谓国学来指导行动和思维，可能才是真正的方向错了。

何况，你又不是徐翔，安知徐翔不用指标？徐翔每天工作十多个小时，就算不用指标——何况还不一定不用，至少太不“简”，莫非他智商不足？

菜场大妈可是啥都不懂，啥都不学，够“简”了，难道她们都是“大道至简”的股神？

说出“大道至简”的老子，是周朝图书馆管理员，写出当时可能最长的文章，他“简”吗？

所谓“不动不占”，本质上是均值回归定理起作用——虽然说这话的人自己可能并没有意识到这一点。

一般说这话的，常常是“佛不离口”，炒个股把释迦牟尼都给搬出来了，这还“简”的了？玄奘白马西渡，取来“三藏十二部”，难道就一个“无”字可以了的？难道他是骗出国旅游经费的？

最近，笔者在自学量子力学的研究生教材，厚厚两本都是公式，一天看不了几页，心理恨恨地想：大道至简，不就是“测不准定理”吗，搞得这么烦琐?!

这个念头刚闪起，心头一颤：小人之心下，喜欢说“大道至简”的，会不会都是类似笔者这样读书少、理解不了复杂逻辑或懒惰的人找的遁词？这样他们就可以借此逃避艰苦、系统的学习和研究，甚至偷偷意淫自己就是那个有慧根、顿悟了“道”的上根利器。

且不说至今没有看到过这样的“道”，就算真有，凭什么是阁下？你何德何能“顿悟”了此道？

再退一步，假如能顿悟的只有惠能一人，这么低的成才率，这种“道”，

“简”的了吗？

我们以毕加索创作的“牛”为例，演示一下现代艺术视觉设计中“大道至简”的进化过程。现代艺术视觉设计有几个原则：

首先，元素的抽象化。把一个写实的具象化图像，逐渐通过提取其中的有效信息，进行简化，最终获得一个最简练的抽象化图形。在当今我们这个工业化社会，随处可见的标识、商标都是以这个思路进行信息传递的。这样可以最大限度地省略无用的视觉杂讯，获得具备高度可识别性的图形。

其次，写实形体的几何化图形概括。毕加索所处的时代，人们对视觉审美的方式产生了很大的转变。从追求具象化的写实美感，转变为探寻影响人类视觉审美的核心到底是什么。拨开那些自然中所具备的天然形体美的外表，去探寻人类心灵审美的根源。在绘画当中，逐渐把具象化的物体用简单的几何形体去概括，并且兼具美感，省略复杂的干扰视觉的写实细节。真实并不代表美，美的东西是经过人为的概括提炼加工过的。如今我们随处可见的卡通化风格，其实跟毕加索创作的“牛”有直接关联。

完稿于 1946 年 1 月 17 日的这幅《公牛》，看似一笔绘成，实则十一易其稿，时间从 1945 年 12 月 5 日到 1946 年 1 月 17 日，长达 6 周有余。毕加索创作的“牛”，不是成名后画啥都会成为旷世名作，而是极简背后的极不简单。

取材自知乎的图，分别说明如下：

(1)是一头形象生动、膘肥体壮的公牛。

(2)在图(1)的基础上突出公牛的壮硕，增加了公牛的表现力和原始神秘性。

(3)停止描画公牛的形象，而是解剖呈现其肌肉、骨骼，但增加了皮肤

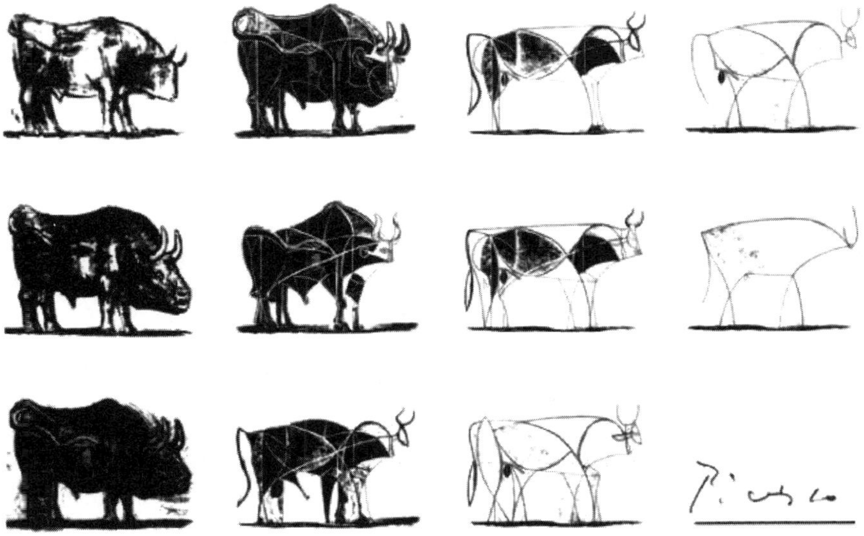

的表面纹理。

(4)通过简化和轮廓化,开始将公牛的结构抽象,毕加索说:“绘画,过去是加法的综合,但对我而言是解构的整体。”

(5)继续简化和风格化,毕加索开始弱化公牛的各部分来重新分布和重组,如头部缩小、眼睛扩大、牛角变化以及用白线对角穿过牛身等。公牛各元素的平衡对整体的稳定至关重要。

(6)头部和尾部进一步调整,毕加索运用更多曲线来柔化公牛交织的结构线条,再一次调整背部线条,首尾均衡。至此,毕加索开始掌握公牛首尾之间的重量和平衡如何位移。

(7)当毕加索意识到公牛的形式平衡时,开始移除和简化一些结构线,把公牛的基本要素放在一个新轮廓中。

(8)继续简化,使之与重新构图的头部、腿和尾巴一致。

(9)继续对头部塑形,毕加索抹去了上图剩下的色块区,将公牛变成了线条画。只有生殖器保留阴影,以强调公牛的性别。

(10)进一步简化,只保留公牛的基本线条和形状。

(11)1946年1月17日,尽可能简化,仅保留公牛之为公牛的必要线条。

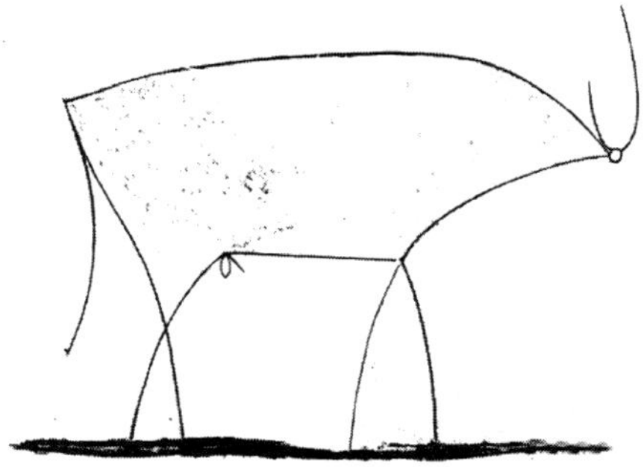

另,本文中提到了两个商用化指标,估计也会被个别人解读成做软广告——错了!笔者明确说过自己是取有道之财的君子,不是割肉饲鹰的佛陀。笔者认为,有价值的东西都应该明码标价,从不搞什么"偷偷"收费,哪来的软广告?这是对知识的尊重,也是对自己创造价值的自信。

商业化不是贬义词,相反,商业化是促进科学研究飞速发展的捷径。想成为合格的商品,要求是非常高的,绝大多数"产品"其实根本没有达到成为商品的基本要求,而是传销和忽悠。

对既不肯下功夫学习,又不愿花钱购买别人做好的工具,却以道德绑架他人,要求免费的人,请问:你有没有免费帮非亲非故的人长期服务?如果没有,那就是双重标准,可略而不论了。

1.6 龙妖战法中“道”“法”“术”再探

咸丰年间，英法联军入侵北京八里桥。曾在两年前大沽口炮台的保卫战中，被慈禧称赞为“国之柱石”、将英法联军打得大败的僧格林沁，再次率领晚清最强大的部队——科尔沁骑兵，抗击联军。

同样的对手、相似的地点，而当时清军投入了 3 万骑兵，联军仅 8 千人，3 倍于敌军兵力。

僧格林沁采用了 2 年前大败对手同样的战术：步兵前排冲锋，长矛队置后，骑兵压阵。这样，前排步兵以血肉之躯抗住联军枪炮攻击，换取空间，将队列逼近到长矛射程内，用长矛、弓箭射杀联军，依靠人数优势，硬生生压住联军火力，再次逼近敌军，这时，排在最后的骑兵营冲锋虐杀敌军！

历史是否会再次重演？

战斗结束后：清军损失 10 000 人，而英法联军仅仅死亡 5 人，受伤 46 人，近乎零伤亡。

而最惨烈的一场战役中，以 3 000 蒙古铁骑对抗 700 英法联军，3 000 铁骑最后只剩下 7 人 7 骑，几乎全军覆没，英法联军零伤亡——这是人和动物才会有的巨大“代差”！

也正是因为这次清军大败，英法联军火烧了圆明园，咸丰逃遁热河。

为什么同样的战术，却产生了完全不同的结局？

一切似乎都没有变，只有一样变了：英法联军的武器升级了，使用了包括当时最先进的机关枪和线膛步枪，而清兵还是以冷兵器为主。

联军新武器的射程和射击频率都大大提升，原来只有 100 米射程的武器升级到了 150 米，就这 50 米的差距，使得清军的长矛队还没有逼近到长矛、弓箭的有效射程，就已经被火枪射杀殆尽；骑兵队也是同理。

甲午海战前夕，大臣刚毅正气凛然，慷慨陈词邪不压正、众志成城之大义，而李鸿章却分析中日双方具体军力对比差距太大，难以一战。

交战最后的结果是公理输给了强权，浩然正气败给了炮弹！

综观古今战争，没有一次战争的战略部署和具体战役与当时的武器无关！

为此，甚至有了"武器决定论"的观点，战术甚至战略只不过是现有"术"和"器"的最优化组合而已：如果武器量级一样，则战术、战略重要；如果武器高一个量级，则直接"一力降十会"，战术、战略短期内尽为浮云！

成吉思汗横扫 44 国，在攻打迈尔夫时，虽然迈尔夫进行了 3 个星期绝望的抵抗，但拖雷带来了 3 个大型的火箭头投射器、300 个石块投掷器、700 个火焰石油罐投掷器、4 000 个冲锋用云梯，等等！

苏联的"西方－81"军演中，苏军一路原子弹开道，钢铁洪流横碾过去，一周时间推到敦刻尔克。高速推进的原因，一是步兵战车的普及，二是直升机的普及，三是运输机的普及，四是战术导弹、核炮弹、喷气攻击机的广泛应用。4 个因素结合，使军队可以大纵深投放、大纵深攻击。在巡航导弹、战术导弹、战略轰炸机面前，对方整个国家都是可以攻击的纵深。美军的协同作战能力，比苏军还强。苏军的目标是在美军干涉前，在美军主力还在大洋上的时候，迅速占领整个西欧。

1991 年海湾战争，苏联模式的伊拉克军队一败涂地。不过 10 年功夫，空地一体作战模式成为主流——没有制空权，不要谈钢铁洪流；丧失制空权以后，陆军只能被屠杀。

1999 年科索沃战争，以美国为首的联军，空袭南联盟。没有使用核武器，没有使用陆军，仅仅使用空军，就让一个国家彻底屈服。与第二次世界大战时期的大机群出动，炸得对方地面如同月球表面，却很难摧毁核心目标的空袭不同，硅战争时代的空袭，出动兵力更少，投弹更少，却打得更准，一击致命，一发入魂。

回到股道上，龙妖体系一向强调“道”“法”“术”的整体性和一致性，不可偏颇，“道”之精微为“术”，“术”之极致为“道”。但现实情况往往是，更多股友显然更侧重于“道”而轻视“术”，所谓：有道无术术尚可求，有术无道止于术，其倾向性显而易见。

其原因不外乎以下几点：

(1)谈“道”高富帅，究“术”矮矬穷

“道”可上溯《道德》，下至哲学，玄涉佛法，旁接兵书，思接千载，神游八极，羽扇纶巾，典型的文化人形象嘛！

哪些人研究“术”呢？面黄肌瘦的 IT 男才干这累活嘛！

(2)“道”不容易证伪，“术”片刻被揭穿

讲一个没有边界条件、弹性极大的概念——道，怎么证伪都能有说辞。

“术”是什么？是科学，是理工男干活的工具，差一个代码就大相径庭，稍有差池就被证伪，是吃力不讨好的事。

(3)“道”学起来轻松

大道理也就那么几条，质能方程就三个字母，用质能方程造原子弹需要多少人力、物力、时间？

由上而下，由“道”至“术”，高屋建瓴，但需要去掉狂傲之气，踏实努力，对大多数人反而更困难。

自下而上，由“术”返“道”，步步迭代，可能更加务实。

笔者深深感恩在研究所的锻炼，让我从骨子里理解了理论和实际的巨大鸿沟。笔者在军工研究所，曾经连续2周加班到凌晨2点，解决了一个研究所多年一直没有解决的难题：水面低速小目标的检测。

其难点在于低速小目标的多普勒频移和海杂波重叠，能量也很接近，无论是从频率特征还是能量特征都无法将两者区分开。

因为这个问题的解决，军方当年直接订购了过亿金额的相关产品。

这么“高大上”的难题，最后落地的解决方案——“术”，仅仅是移动了一个加法器的进位，全部重新编程工作时间不到半小时！如果按这个工作量和技术难度计算，能请吃一顿大餐就很奢侈了。

“道”可顿悟，“术”要渐修。只听说过“宏法”，没听过“宏术”。

“道”是理想，“术”是现实——理想美好丰满，现实却总是那么骨感残缺。质能方程满世界都知道，可是能够造出原子弹的又有几个？

“道”“法”“术”之间不是简单线性因果关系，而是互为因果、互相促进。例如，对龙妖基因的理解，能够更好理解运作过程的细节变化，而细节变化也能帮助检测龙妖基因成色以及质变临界点可能的走向。

“道”可大公无私，“法”要因人而异，“术”乃秘不外传——质能方程在网上就可以免费看到，原子弹具体制造技术请告诉我哪里有卖的？

正因为“术”的高犀利度和高难度，龙妖体系的“载道之术”只放在培训中才会公布，且入学有较高门槛，这既是对“术”的尊重，也是对藐视“术”者的反驳。

1.7 大猩猩真能跑赢基金经理吗?

这个老故事的关键细节如下:

大猩猩随机投飞镖选股,华尔街优秀基金经理认真选股,最后,大猩猩赢了。

Game over!

结论:

指数基金跑赢了大多数主动性基金!

俄罗斯也做过类似实验:一年后,大猩猩的总资产翻了两倍,战胜了俄罗斯 94%的基金经理。而其他实验,将实验周期拉长到 10 年,基金经理们也不过是险胜。

耶鲁大学基金会数据显示:即使是 20 世纪末的美股大牛市中,也只有 4%的基金经理赚取的利润,在扣除税收等手续费后能跑赢大市,而且平均回报也只是比大市高 0.6%而已。

笔者刚听到这个故事时,真有一种信仰崩塌、失魂落魄的感觉,而那时又恰逢笔者刚入股市一年的 2008 年。

难道我们这么孜孜以求、不断努力的结果，竟然还不如一只智商比人类差一个等级的物种？我甚至怀疑，换上智商更低的马和狗，说不定结果也还是一样。难道真是“人类一思考，上帝就发笑”？冥冥中其实早就自有天定？

经过几天的灰暗后，笔者倔强的个性又不服气起来，不断搜索故事的细节，试图从中发现什么破绽，可惜无果，网络资料介绍大多寥寥。

笔者使用了场景重现方式，想象自己就是和大猩猩对弈的基金经理，几局下来，突然发现：不对啊，这里面有猫腻！

(1)大猩猩买入是依靠随机投飞镖决定——这话没毛病。但，卖出呢？怎么决定的？

(2)买卖的仓位是怎么决定的？每次把筹码全部压上，还是有仓位控制？怎么控制的？

(3)市场上大部分大爷大妈们，他们的行为和大猩猩有什么本质区别？没有，他们大部分是没什么投资理念和投资技巧的，他们选股票不就等于那个投飞镖的大猩猩吗？那么，他们大部分跑赢基金经理了吗？如果没有，为什么大猩猩就能？

大猩猩的故事理论根源来自“随机漫步理论”，即股价是随机漫步的，不存在确定的规律——对一个随机运动，你机关算尽太聪明，只会反误了卿卿性命。

正因为随机，大部分散户忙进忙出，最后就是赚不到钱——虽然间或偶尔赚钱。

随机漫步理论必然导致“均值回归”现象，那么，什么是“均值回归”？

1875 年，查尔斯·达尔文的大侄子弗朗西斯·高尔顿（Francis Galton）发现了均值回归理论，这位业余数学家的发现解释了骄兵必败、云层内层看上去总是银色等现象。

均值回归是指股票价格、房产价格等社会现象、自然现象（气温、降水），无论高于或低于价值中枢（或均值），都会以很高的概率向价值中枢回归的趋势。根据这个理论，一种上涨或下跌的趋势不管其延续的时间多长，都不能永远持续下去，最终均值回归的规律一定会出现：涨太多了，就会向平均值移动下跌；跌太多了，就会向平均值移动上升。自然界由于有惯性作用，社会现象中，比如股价、房价领域，由于心理作用、投机作用，有时甚至会出现矫枉过正的令人措手不及的惊人现象。

西格尔教授研究发现，在 1970～2001 年这 32 年时间里，世界上主要股票市场的回报率相差无几，英国为 11.97％，美国为 11.59％，日本为 11.12％，德国为 10.88％。日本股市的最高点是在 1989 年，至今没有创历史新高。如果是截至 1989 年计算回报率，日本股市的回报率显然要远远高于其他国家，但时间拉长至 2001 年，日本股市的回报率与其他国家基本一致，这是一种回报率的均值回归。

1985 年，Richard Thaler 和 Werner De Bondt 的论文《股市是否反应过度》，提出了行为金融学最重要的发现之一：以 3～5 年为一个周期，一般原来表现不佳的股票开始摆脱困境，而原来的赢家股票则开始走下坡路。这也是均值回归原理在股票投资中的一个应用，没有只涨不跌的股票，也没有只跌不涨的股票，涨多了就可能下跌，跌多了就可能上涨。

有人认为，随机漫步在足够长周期来看确实如此，但随机数本身也不是完全随机的，有一定的观察样本，或者周期较短。如果市场确实是随机的，就没有巴菲特，也没有涨停敢死队，更没有龙妖生存或出没的土壤了。

这种论证法没有从逻辑上进行直接的点到点的论述，而且巴菲特的成功有其他秘密，不是他标榜的那种价值投资，其核心竞争力之一是能无成本动用杠杆资金——但没有把杠杆的钱算进本金。

涨停敢死队的样本和时间周期不够，谁知道现在赚的，未来会不会还回去？

是不是因此我们就要束手就擒，等着均值回归？

好的问题比一个具体答案更有价值，客观理性地分析问题是为了制定出克服困难的具体可行措施，这才是龙妖派的风骨。

笔者发现，大猩猩这个故事的核心漏洞是：谁帮大猩猩做的卖出决定？

显然，不是大猩猩自己。那么，只有一个结论：是人帮大猩猩做的决定！

那么问题来了：何时决定卖出？

当大猩猩的收益不如基金经理时，你持有，不卖！

当大猩猩的收益跑过基金经理时，选择了卖出！

显然，在这场统计游戏中，基金经理一定有超过大猩猩收益的时候，但这时比赛组织者不统计比赛结果，非要等到大猩猩的收益自然波动到超过基金经理时才卖出！这样的统计规则，显然是一场想让谁赢、谁就能赢的游戏！

这其实是玩了一个统计学上的障眼法——在统计时间上做手脚：只在大猩猩的收益超过基金经理时做统计，不如时就持有等到超过的那一天！

这是这个故事的核心漏洞，且不说还有止盈、止损、仓位怎样控制这些具体细节。

那么,为什么编出这个故事?经济世界无非“名利”,后来看到写这个故事的是推崇指数投资的,我想大家应该都懂了。

不过,事物要辩证地看,笔者虽然认为这个故事是编造的,但其结论对大多数人还是有价值的,即:主动投资不如买指数基金。

指数是什么?指数是大部分投资的平均值,大部分人在平均值附近,特别出色的少部分人和特别差的少部分人把它填平了,构成平均值——这就是指数!

显而易见,绝大部分人就是构成这个指数的元素,那你怎么可能跑赢自己?只有极少一部分人通过持续努力,才能长期处于金字塔的顶端。

1.8 混沌理论和龙妖战法

传统金融学认为：股票市场遵循有效市场和随机游走规律，这两个因素使得收益概率近似于钟形的正态分布。但曼德勃罗的研究却发现并非如此：收益更接近"稳定帕累托分布"，是一种不连续的分形分布——所谓"稳定"，就意味着其时间变化曲线具有类似分形标度不变的某种自相似性。

帕累托法则就是大家熟知的"二八法则"，其本质和分形、混沌的概念具有相同的数学原理，本质都来源于动力系统的非线性特点。

按照混沌理论的观点：五五分配是一种不稳定状态，正如蝴蝶效应，一个微小的偏离将会很快被放大，只要稍微偏离平衡态，就会向一边倾斜。传统的平衡稳定态也许并不稳定，微小的偏差将导致系统按照意想不到的方式演化，而破坏这种状态稳定性的根源则基于系统的非线性。

传统金融学使用线性模型，再加上无规行走、布朗运动等随机行为，他们认为：股票市场符合与赌场类似的规律，基本上是由参与者竞争牟利的随机行为决定的，因而其概率近似于期望值为 0 的正态分布，即：无论交易者多么聪明，长远来看，他只能赚取市场的平均回报率，或许还要因为交易费而亏损。理论上不存在稳定盈利的机会。

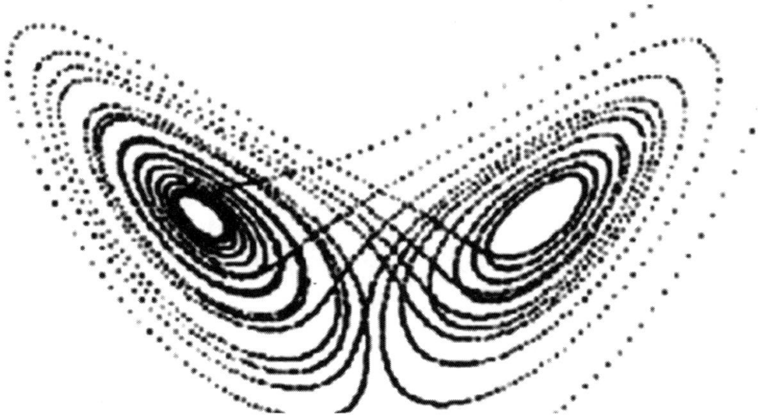

蝴蝶效应示意图

但正态分布描述的是一种平衡状态，是忽略了某些极端事件情形下得出的近似——这种极端事件被认为是极其罕见的。而实际上，市场价格随着时间变动，有相当多的突然急升、急降的剧烈变化，这些变化使得总的分布曲线不同于正态钟形曲线，也正是这个相对于正态分布的"尖峰"和"胖尾"，使得分布情形符合二八法则的帕累托分布原则。并且，收益率曲线的尾部比正态分布预言得更宽，峰部更高，表现为"尖峰胖尾"。

如果从我的上百种投资中剔除最好的十五项投资，其长期表现将流于平庸。

——巴菲特

以上简要的理论论述，就是狙击龙妖能产生超越市场平均收益的科学理论基础。正是这些"奇异点"的收益，使得个人收益不再是大众的正态分布曲线。

自此，相信正态分布的学者提倡被动投资，就是买了股票放着不动，如指数基金，不指望赚大钱，但也不大亏。正态分布理论忽视了金融危机的可能性，如美国2008年金融危机，使保守的退休基金会的资产也大幅缩水。

相信非正态分布的人，既高估了市场的金融风险，也低估了金融机构的资本缓冲——大萧条和金融危机毕竟不多见。

从非线性动力学观点看，金融世界更像是一个正在演化的有机体，它并不仅仅是个别部分的总和，而是整体的、非线性的，处于一个不平衡状态，平衡仅是一种稍纵即逝的幻象。

这也是为何要对股市保持敬畏的理论根源：其非线性的本质，最终会走向无法预测的混沌状态，这使得现有的几乎所有的分析方法全部失效！

金融市场太复杂，影响因素太多，很难用一个简单的数学模型来描述。人们更热衷于利用金融股票市场中多年海量数据积累，企图通过对这些数据的分析，捞出几个“混沌魔鬼”。

生物混沌和经济混沌的本质都是大群粒子的集合运动，与布朗运动理论中把股市中的人看成一个单粒子有本质区别。它比混沌还混沌！

混沌理论实际上是有一定规律的，在紊乱现象背后，却隐藏着一个确定的逻辑，一个可知的非线性关系。混沌经济学家就是要从更为混乱的经济数据中，找出这种“决定性的混沌”，这样就找到了这种可知的非线性关系，就能在一定程度上预测和调节股市。

金融学中的混沌来源于系统本身内在的随机性，因此，外在干预的效果十分有限，其混沌中叠加了一个或多个类似于周期的波动，波动周期平均为4～5年，这使得金融经济系统的时间序列具有很强的自相关性，频谱不再是对所有频率都一视同仁的水平线，而是包含了更多的与此周期相对应的频率。

这也就是“股市有自身规律”的理论依据。

混沌的存在，不一定能大大改进经济预测能力，但能大大改善市场的调控。大萧条和金融危机都有一个共同点：危机前都有长达10年左右的扩张期。经济周期不是什么随机运动，而是生物钟那样的新陈代谢。

简言之，股票市场既有使个人收益均值回归的传统金融学理论作用，又有超越或远低于平均收益的混沌理论的法力，理解了以上底层逻辑，才谈得上运用和制定相应策略，使得个人收益位于头部。具体策略另文阐述。

1.9　牛顿为什么搞不定股市

——龙妖体系的科学化简介

“我能计算出天体的运行轨迹，却无法计算人性的疯狂。”随着牛顿这句悲怆的感叹，股市蒙上了不可知的神秘主义色彩，成了科学的禁地。

牛顿为什么搞不定股市呢？

从学科特征来说，自然界相比人类社会，因果关系相对简单。

自然科学研究对自然现象也几乎没有反作用——深入到量子层面除外，但社会科学研究对社会现象就具有反作用——这是社会科学研究困难的地方。

证券投资的规律一旦被人掌握，规律就不再是规律。而因为并不是所有人都相信这个规律，所以，反作用力的结果也不确定。他能解释过去，但往往很难预测未来。

自然科学学起来更难，是因为目前人类对自然界的认识已经比较深入，各门自然科学已经相当系统而完备，学习某一门自然科学从入门到了解全貌、掌握其特殊的研究方法需要相当长时间，学习起来也很辛苦。

觉得社会科学容易，是因为目前其尚处于定性研究的相对粗浅层面，复杂的社会现象之间的因果关系尚不完全清楚，采用量化分析也才刚刚起步。

自然科学已经从粗浅的定性研究深入到定量分析，可以用数学模型来抽象。

即使是被认为最难学的自然科学的数学，研究的是数量、结构、变化的关系，是一种形式关系，既不属于自然科学，也不属于社会科学，它的研究不涉及现象之间的因果关系，它也许会为人类其他科学的研究提供方法，但不会对自然界和人类社会起反作用，其困难是指数学理论深奥，研究方法也最抽象。

由以上分析可知，牛顿不是搞不定股市，而是当时他和他所处时代的主要精力是在自然科学研究上，对人的研究并不是重点。随着社会的发展、演进，对人和社会科学的研究逐步变成重点，尤其是行为金融学的兴起，将对人的研究深入到非常接近科学化的程度，使得对人的行为预判也一定程度上具有了类似自然科学的精确度。

股市研究的坦途在哪里？

一言蔽之：得科学者得天下！

人类的进程已经证明：真正对社会产生最深远影响，并且可以决定一个社会长久发展的，只有科学。只有科学具有无穷的积累性和无止境的纠错改进能力，科学是提升一切文明的发展基础，使人类对自然的认识越来越精确、完备，使人类获得越来越强的改造世界、最终改造自己的能力，并从一切文明的发展中获取自身发展的动力。一切真正科学的成就不会因为科学家的离去而有减损和停止进步。

科学技术进化的速度越来越快，工业革命短短上百年时间的进化，就可以使科学化的发展地区相对另一个未能科学化发展地区的落后人类文明之间的差距，如同人类与动物之间的绝对差别。例如，科学化武装起来的欧洲殖民者强大的武器代差，对美洲土著形成了零伤亡的结局！这是人和动物才有的巨大差距。

科学化方式和宗教化方式有什么差别？

科学化是如果你不断努力、不断去研究它，准确性能够不断地提升。但宗教化的方式，你干一百年、一千年，准确率就是确定的百分之五十。简言之，基本靠蒙！科学不是不会错，而是能够最快速地纠错和迭代。

将龙妖体系甚至股道体系系统化、科学化，将使其进入飞速迭代的升维通道，也是探求股道真理的最好途径。

如何将一个体系科学化是一项专门学科，本书不展开。重点提出一个观点：在股市经验科学化过程中，需要引入一种重要的思维方式——工程思维，其内涵及特征为：

1. 现实性

以筹划的可行性为宗旨，面临的是潜在可能性与现实可行性的转化契机，寻求理想与实际两者矛盾的解决。将客体对象跟主体价值需要相符合，之所以具有现实性，在于它根植于主体的价值意图，工程思维的可实现性特征表明工程建构比其他活动更能考验人才的真才实学。

2. 创新性

如放风筝者手中的线，更具有方向性、目标性，强调的是标准化与操作性；而创新思维如同没有线的风筝，更具有跳跃性、求异性，强调的是想象力的发展。

3. 综合性

一种复杂的系统性思维，它不同于理性思维，理性思维注重事实，强调证据。在工程活动中，既要考虑所要建造或建构的对象和目标，又必须把整个活动本身与周围的自然、社会、经济系统联系起来，把工程系统放到这个大系统的背景之中。工程思维关注的是共性，思维过程区分为无意识、潜意识和有意识。在实际的问题与决策中，要尝试使用最合适的方法和工具进行模型设计与工程实践，力求最优化原则。工程思维是“应该做—如何做”的思维活动，是对实践的理性认识，是一种复杂层次的实体型思维。为此，工程思维除了具备科学思维和技术思维的一些基本特点之外，还要具备这种综合判断和选择的能力。

工程思维架起了科学发现、技术发明与产业发展的桥梁。工程思维是“应该做—如何做”的思维活动，是对实践的理性认识，是一种复杂层次的实体型思维。为此，工程思维除了具备科学思维和技术思维的一些基本特点之外，还要具备这种综合判断和选择的能力。

这么说可能有点抽象，打个通俗比方：MP3 格式音乐和 CD 格式相对，音质对一般人来说是听不出明显差距的，但前者只用后者 1/10 存储的空间，经济性大大增强！

同理，现行经济学往往采用很复杂的数学模型来表达非常简单的结论，这在逻辑上是没有意义的，在现实中也是缺乏实用性的。复杂的数学模型不论用于量化模型实现还是实盘模式识别，准确性并没有明显实际意义上的提升，但实现难度和成本却近乎十倍地增加。

科学化过程还需要建立实战派思维。笔者教给学员的基本是相对比较成熟，同时也是比较先进的模式，但笔者依然在不断小仓位实盘实验各种新模式。

牛顿搞不定股市，除了社会科学领域本身的互相因果关系特点外，还有操作者本人人性的缺陷，“利令智昏”使得操作者无视一些显而易见的事实，而表现出倾向性。

笔者之所以要用实盘资金实验新模式而不是用模拟资金，也是为了能最大限度地接近实战，这时，研究总结出来的东西才能把包括心态、心理压力、诱惑等细节，丝丝入扣地去仿真模拟，这时制订出的策略，才是最接近实战的。使用模拟资金的心态等与真正的实战是有差距的，不能直接转换为实盘操作策略。

1.10　顶级游资的心法值得学习吗?

“顶级游资”“一线游资”一向是光环加持,传授“顶级游资”心法也因此成为某些人招生吸金的商业噱头。

既然我们的身体不能让人任意蹂躏,那么,头脑自然应该保持基本独立性,而论证一个事物无非从事实和逻辑两个层面论证。

先看事实,顶级游资战绩如何?

下例是前期炙手可热的“超级大妖”恒立实业的龙虎榜次日股价走势情况,由图 1－1 至图 1－3 可以明显看出:“顶级游资＋知名游资”介入后,次日股价反而都出现了下跌,而且是连续下跌!

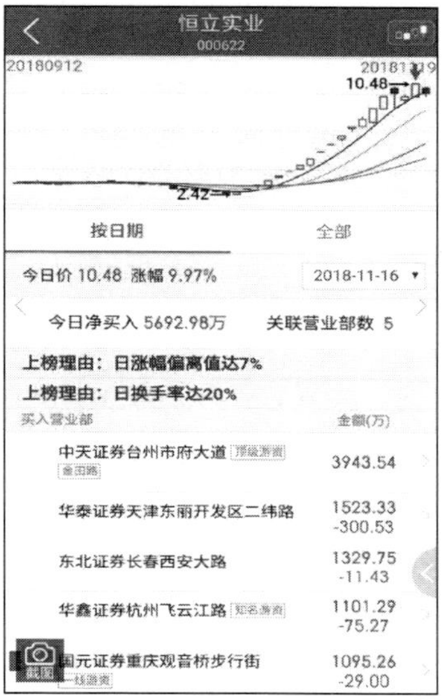
恒立实业
000622
20180912
10.48
2.42
按日期
全部
今日价 10.48 涨幅 9.97%
2018-11-16
今日净买入 5692.98万
关联营业部数 5
上榜理由：日涨幅偏离值达7%
上榜理由：日换手率达20%
买入营业部
金额(万)
中天证券台州市府大道
3943.54
华泰证券天津东丽开发区二纬路
1523.33
-300.53
东北证券长春西安大路
1329.75
-11.43
华鑫证券杭州飞云江路
1101.29
-75.27
国元证券重庆观音桥步行街
1095.26
-29.00
截图

图 1—1

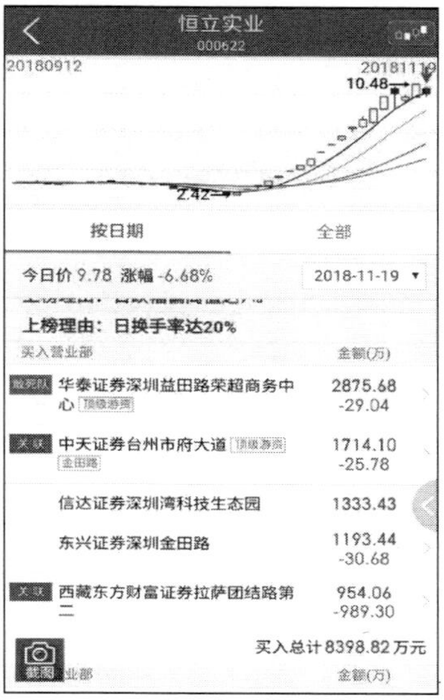
恒立实业
000622
20180912
10.48
2.42
按日期
全部
今日价 9.78 涨幅 -6.68%
2018-11-19
上榜理由：日换手率达20%
买入营业部
金额(万)
华泰证券深圳益田路荣超商务中心
2875.68
-29.04
中天证券台州市府大道
1714.10
-25.78
信达证券深圳湾科技生态园
1333.43
东兴证券深圳金田路
1193.44
-30.68
西藏东方财富证券拉萨团结路第二
954.06
-989.30
买入总计 8398.82 万元
金额(万)
截图

图 1—2

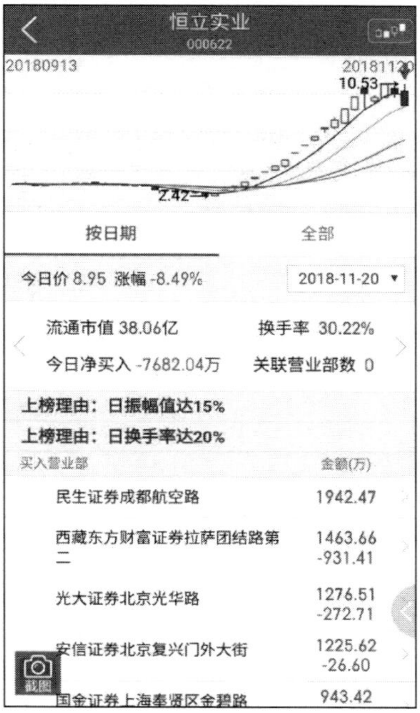
恒立实业
000622
20180913
10.53
2.42
按日期
全部
今日价 8.95 涨幅 -8.49%
2018-11-20
流通市值 38.06亿
换手率 30.22%
今日净买入 -7682.04万
关联营业部数 0
上榜理由：日振幅值达15%
上榜理由：日换手率达20%
买入营业部
金额(万)
民生证券成都航空路
1942.47
西藏东方财富证券拉萨团结路第二
1463.66
-931.41
光大证券北京光华路
1276.51
-272.71
安信证券北京复兴门外大街
1225.62
-26.60
国金证券上海奉贤区金碧路
943.42
截图

图 1—3

而在股价启动初期，这些顶级游资却统统不见踪影？上榜的反倒是一些不知名的小游资，见图 1—4 至图 1—8。

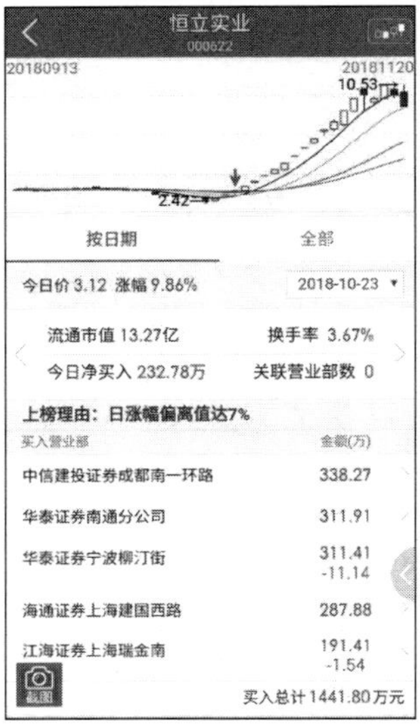

图 1—4

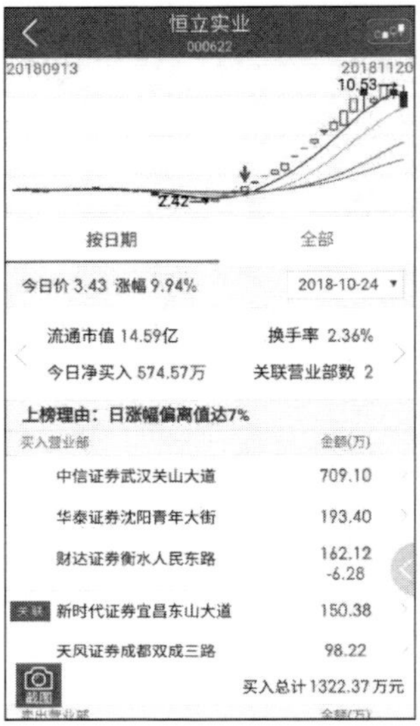

图 1—5

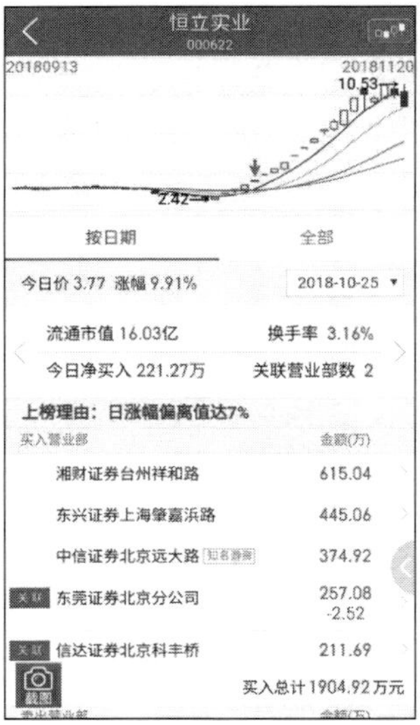

图 1—6

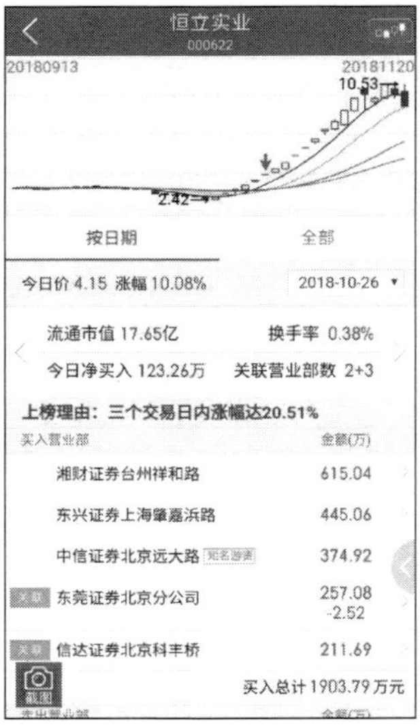

图 1—7

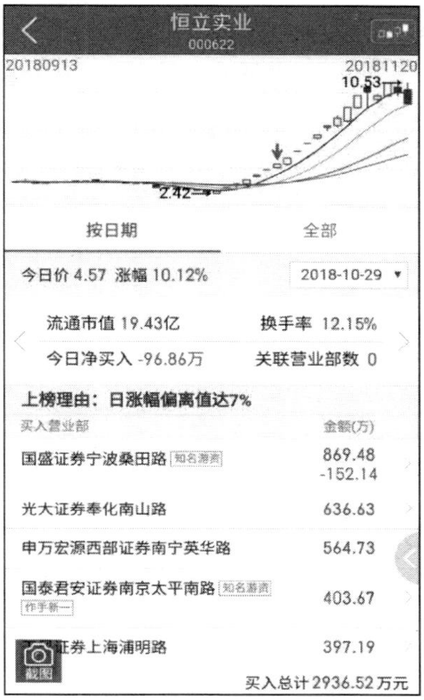

图 1—8

我们以前段时间风头最劲的游资——欢乐海岸为例。据说，几乎所有的妖股都有他参与的影子，号称“妖股专业户”！如此，股民真如同找到股市速成“圣杯”了——跟着海岸大哥就是啦，你吃肉，我跟着喝点汤就行！

且慢！对自己的钱包还是负责点，看你买菜也没有这么大方，“圣杯”啊，还不考虑一下就把百万、几千万资金往里面抛？

我知道很多人不喜欢讲道理，不喜欢使用逻辑推理，喜欢眼见为实，那就直接看事实，图 1—9 至图 1—16 都是欢乐海岸介入后（箭头处）该股的后续走势。

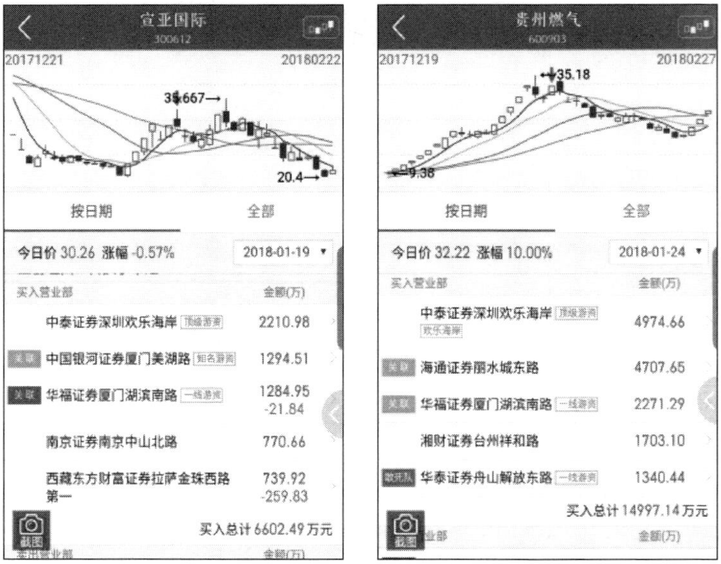

宜亚国际
300612
20171221
20180222
35.667
20.4
按日期
全部
今日价 30.26 涨幅 -0.57%
2018-01-19
买入营业部
金额(万)
中泰证券深圳欢乐海岸 顶级游资
2210.98
关联 中国银河证券厦门美湖路 知名游资
1294.51
关联 华福证券厦门湖滨南路 一线游资
1284.95
-21.84
南京证券南京中山北路
770.66
西藏东方财富证券拉萨金珠西路第一
739.92
-259.83
截图
买入总计 6602.49 万元
贵州燃气
600903
20171219
20180227
35.18
9.38
按日期
全部
今日价 32.22 涨幅 10.00%
2018-01-24
买入营业部
金额(万)
中泰证券深圳欢乐海岸 顶级游资 欢乐海岸
4974.66
海通证券丽水城东路
4707.65
华福证券厦门湖滨南路 一线游资
2271.29
湘财证券台州祥和路
1703.10
华泰证券舟山解放东路 一线游资
1340.44
买入总计 14997.14 万元
截图
金额(万)

图 1—9

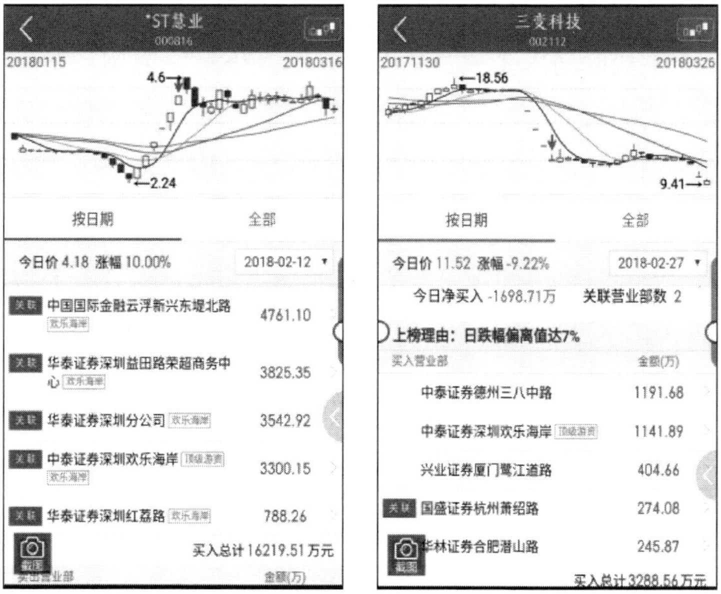

*ST慧业
000816
20180115
20180316
4.6
2.24
按日期
全部
今日价 4.18 涨幅 10.00%
2018-02-12
关联 中国国际金融云浮新兴东堤北路 欢乐海岸
4761.10
关联 华泰证券深圳益田路荣超商务中心 欢乐海岸
3825.35
关联 华泰证券深圳分公司 欢乐海岸
3542.92
关联 中泰证券深圳欢乐海岸 顶级游资 欢乐海岸
3300.15
关联 华泰证券深圳红荔路 欢乐海岸
788.26
截图
买入总计 16219.51 万元
金额(万)
三变科技
002112
20171130
20180326
18.56
9.41
按日期
全部
今日价 11.52 涨幅 -9.22%
2018-02-27
今日净买入 -1698.71万
关联营业部数 2
上榜理由：日跌幅偏离值达7%
买入营业部
金额(万)
中泰证券德州三八中路
1191.68
中泰证券深圳欢乐海岸 顶级游资
1141.89
兴业证券厦门鹭江道路
404.66
关联 国盛证券杭州萧绍路
274.08
华林证券合肥潜山路
245.87
截图
买入总计 3288.56 万元

图 1—10

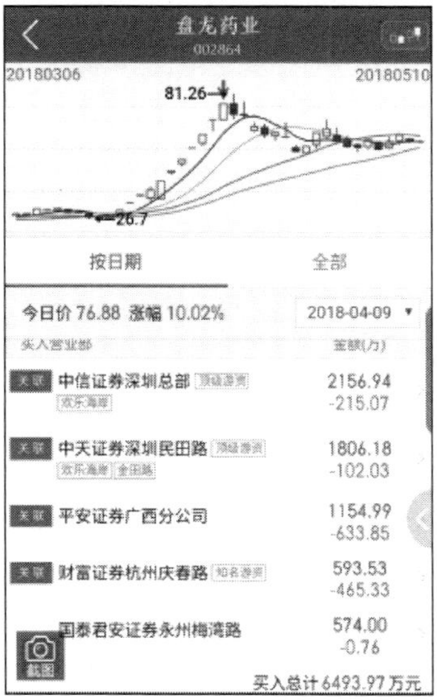

图 1—11

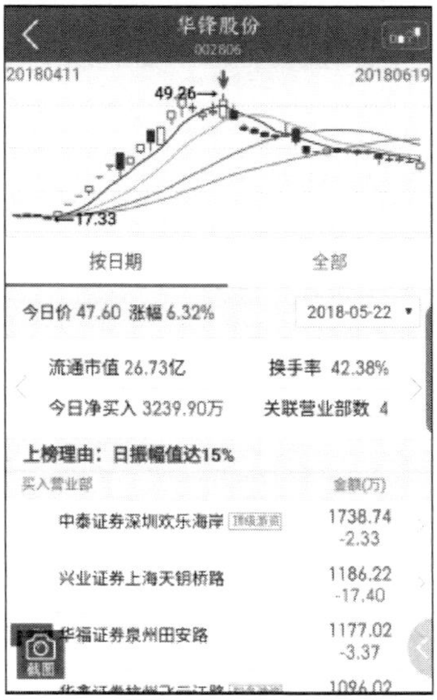

图 1—12

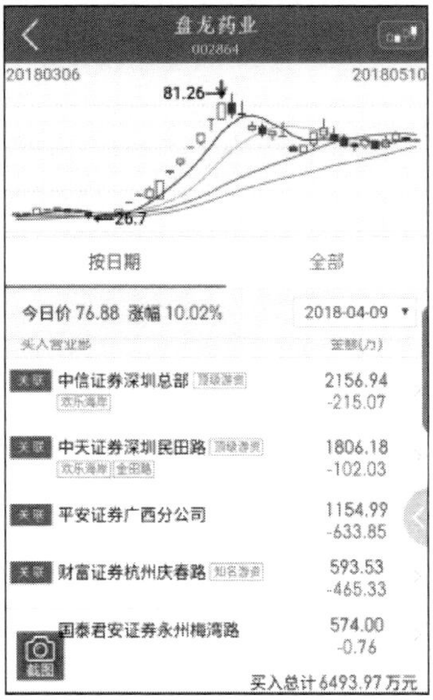

图 1—13

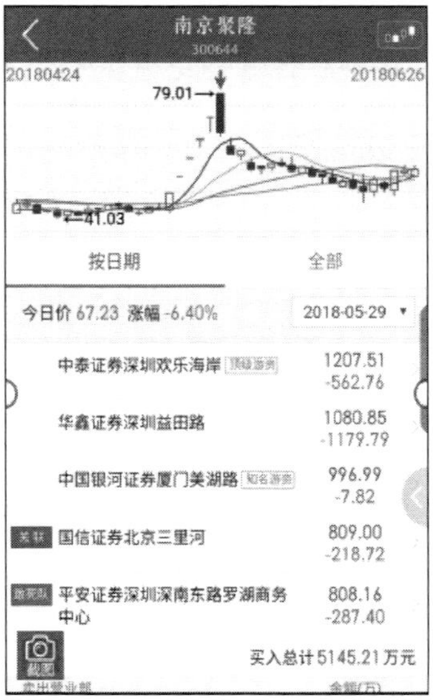

图 1—14

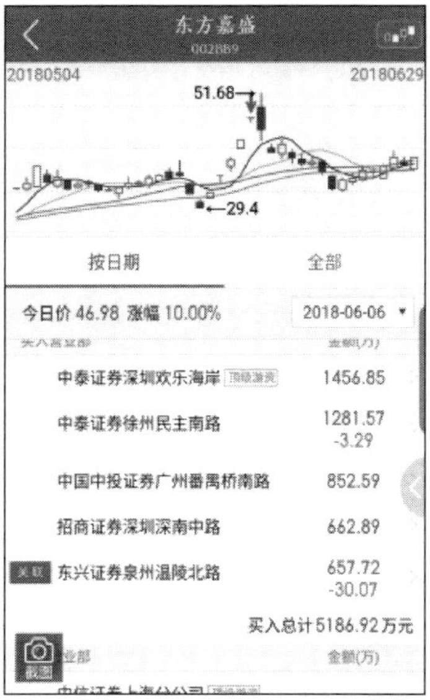

图 1—15

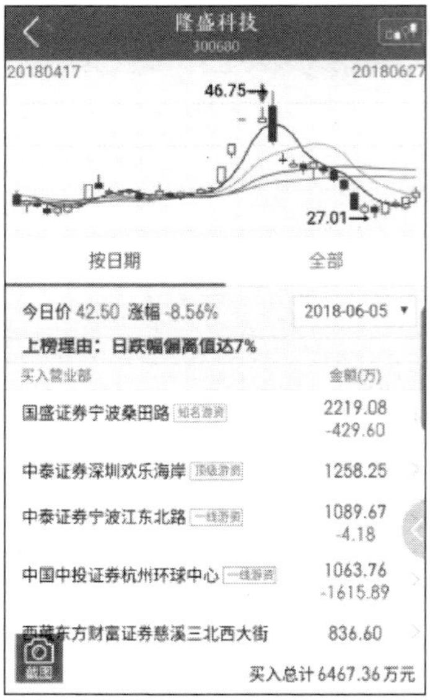

图 1—16

这是选择性统计吗？图 1—17 至图 1—20 是我随手截屏下来的关于欢乐海岸的上榜次数情况。

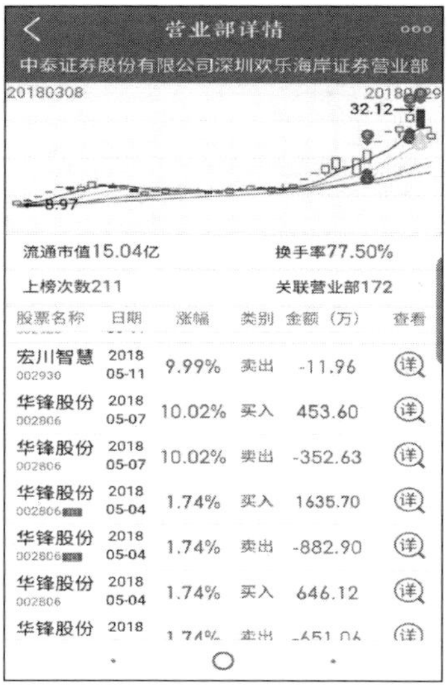

图 1—17

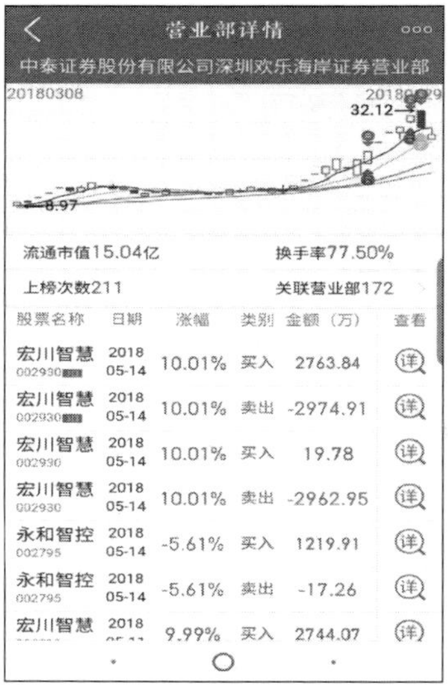

图 1—18

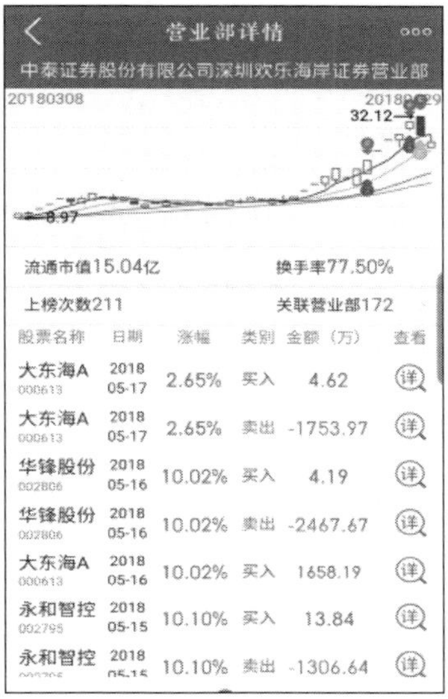

图 1—19

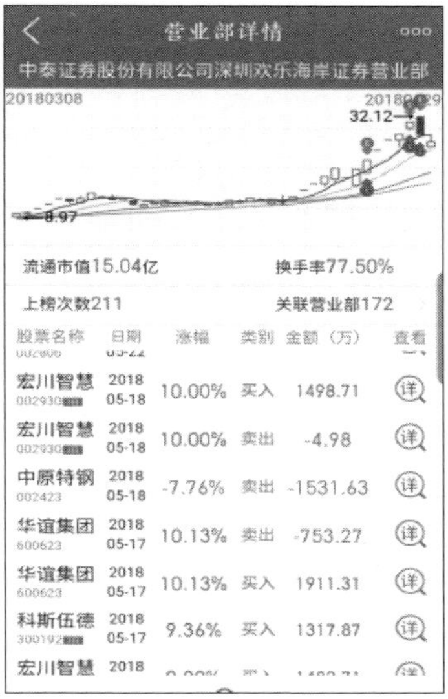

图 1—20

从中可以看到，其上榜后后续股票表现基本是对错参半，并非都“成妖”，“一夜情”居多。至于说他是“妖股专业户”，这就搞笑了：这么多资金，看到有点要涨的就买入，当然没啥妖股会漏掉，但成功率呢？几年前对大部分妖股，笔者就没有缺席，但又不是只买了妖股，其中很大比例只是强势股和“一夜情”，能说笔者也是妖股专业户吗？这里面有个很重要的理性指标：成功率。

不考虑这个因素，见欢乐海岸上榜就跟，长期下来基本也是对错参半——上述统计数据也证明了这个结论。

那么，是不是他们买入数量少的错的较多，买入数量多的对的概率较大？听起来蛮有逻辑的：买得多，说明他研究得深入，把握大；至于买得少，错的无关大雅，人家就是娱乐仓嘛！

很遗憾，笔者前文的实际案例都选择了买入量较大的几个案例，结果依然是：对错参半！

所以，用这方式跟游资，也是无效的。

那么，会不会是游资换马甲呢？那些做错的其实是他们换了马甲故意迷惑散户和证监会，防止监管和跟踪？好吧，为了人情世故，我承认你对了——但是，假如真是这样，你不觉得这是用一个更难解决的问题来掩盖现有的难点问题吗？要能研究出游资是否换马甲，换了什么马甲，不如直接去研究跟踪什么游资更简单、有效！

分析完欢乐海岸，再看看赵老哥是不是传说中的“砸盘王”？这里不再重复统计过程，大家自己收集整理下就会发现：赵老哥做了这么多好事你们不记得，就因为获利第二天跑人而给别人乱起外号？势头不对，他不跑难道等别人先跑？

看了以上事实，问题来了：

为什么欢乐海岸买进的票，第二天多次被摁在地板上强力摩擦？如果说具有席位溢价，那么这时又怎么不溢价了？

赵老哥怎么也不砸盘了？成了善庄？

想想那些年我们追过的“游星”，从瑞鹤仙、金田路、山东帮，到今天的欢乐海岸，城头变幻大王旗，下一个又是谁？这些游资由盛至衰的拐点在哪里？怎么确保不是“成也萧何、败也萧何”？

那么，是不是这些顶级游资故意作假诱人上当？就像有的股友说，游资使用假营业部逃避监管或者为出货做掩护，甚至更有阴谋论认为是这些顶级游资和某 App 研发者串通作假。

我们可以大胆假设，但一定要小心求证！这些猜想笔者不能证伪，但也无法证实，甚至证实比证伪更难，既然如此，就不当真，当一家之言姑且听之，不予评论。只是个人觉得这样过于戏剧化，链条也太长，而真相很多时候却是非常简单的。按照“奥卡姆剃刀法则”，显然我们应该采用更简单的解释方法，而笔者更倾向的简单真相可能是：

这些顶级游资的真实水平就是这么“挫”！

承认这个假设后，一切现象就变得简单、合理了，也不用构想那么复杂的场景为那些矛盾现象解释。

笔者学生中当然也有直接上龙虎榜的，之前其战绩也基本是对错参半。学生中有替大资金打理资产的，自然接触到了真正的顶级游资圈，就其长期接触这些顶级游资的情况看，大致有两点结论：

（1）这些游资是非常勤奋的，长期调研直接损害身心健康；

（2）他们在圈内提供的信息，长期下来也是对错参半。

而这些学员之所以有这么好的资源圈还来学习，是基于以下两点：

（1）自己不可能长期有这样的资源，万一哪天没有了，自身必须具备造血能力；

（2）在这些资源圈提供的信息基础上再加工，提高胜率。

我们再看 2018 年私募清盘情况，这些总算是顶级游资了吧？这些事实难道还不能证明顶级游资的真实水平吗？直接截个屏，具体细节读者网上搜索即可。

前三季度已有4045只私募产品清盘 数量创5年新高

11-19 04:15　来源:中国基金报　　19评论

摘要：【前三季度已有4045只私募产品清盘 数量创5年新高】今年以来，股市大幅度调整，私募行业遭遇近几年最寒冷的冬天。前三季度已有4045只产品清盘，为5年来清盘量之最。（中国基金报）

今年以来，股市大幅度调整，私募行业遭遇近几年最寒冷的冬天。前三季度已有4045只产品清盘，为5年来清盘量之最。

格上研究中心数据显示，2014~2017年，私募产品清盘量分别为782只、1824只、2288只、3572只。“今年市场跌得比较多，与2015年相比，下跌幅度更猛烈，时间更长，涉及个股也更加广泛。”好买财富研究总监曾令华表示，“下跌使一些私募产品到了清盘线，还有的跌得过多以至于失去了管理意义，不如清盘。”

显然,“顶级游资”这个词更多是说其资金规模进入“顶级”而不是技术水平!

说到资金量,我们再看一个维度:从观察顶级游资买到龙妖股的资金量在整体资金的占比可以发现,绝大部分游资买的票大多投入是一千万级别,而顶级游资掌控的资金都在几亿级别,占比不超过10%! 写到这里,笔者小人之心地得出一个结论:其实他们的手法和大部分打板族的手法一样,找有可能连续涨停的票分仓买,这么多资金,总有一两只给“蒙上”了——没错,就是“蒙上”的,其成功率并不比一般稍有水平的股民强太多。

请问,这样并不惊世骇俗的技术,除了糊弄不怎么懂事的新股民,还有什么太高深的学术价值?

至于,顶级游资的数亿资金,又有几个是自己做出来的? 大多是集资而来,是一种变相的贷款炒股或代客理财罢了。

这种资金来源性质决定了安全性比暴利更重要,这也是游资很少锁仓的一个重要原因——他更关心的是明天只要有人接盘,去掉借贷利息后有的赚就行。

既然一线游资基本无法锁仓,所以其收益率一般就是一个板。至于胜率,东方财富网给出的统计是大多在50%左右。游资亏损,立刻割肉,亏损幅度大约也在一个板以内,加上手续费,这样一算,其收益率非常可怜。

经过以上分析可知,游资战法至少和龙妖派的锁仓主升浪战法,从动机到体系思路根本不是一回事,龙妖战法不是游资心法,但会去研究其手法,借助游资轮炒持满主升浪。

那么,我们是否可以把顶级游资当作反向指标用? 即一出现顶级游资就逃?

当然不是!

还是以恒立实业为例，见图 1—21 至图 1—24。

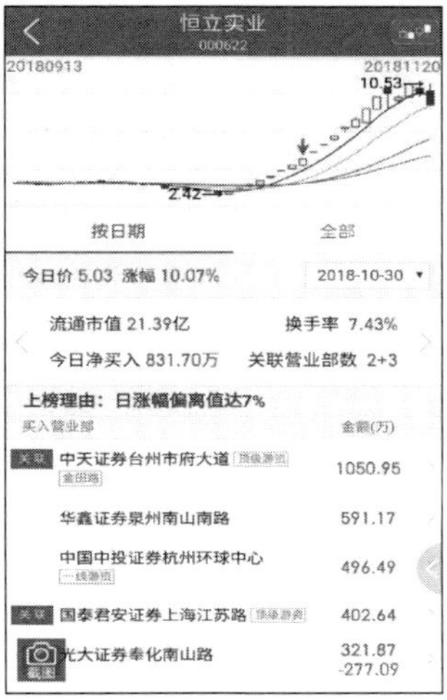

图 1—21

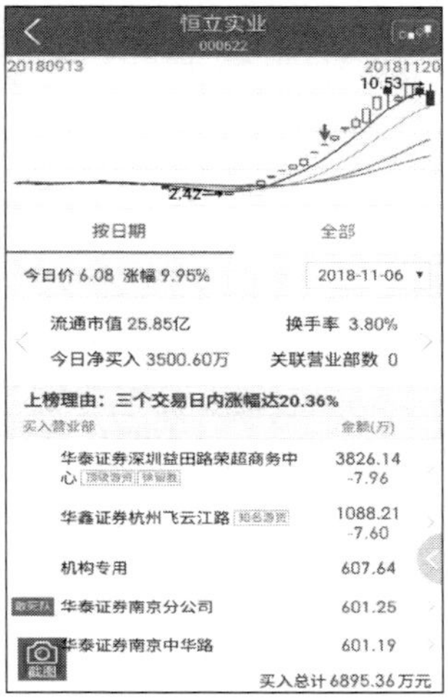

图 1—22

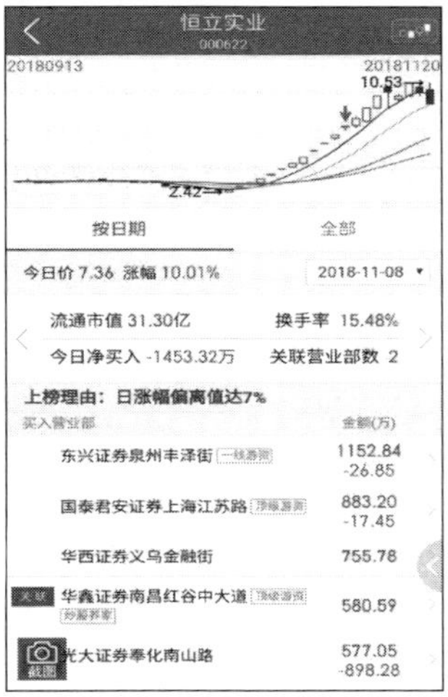

图 1—23

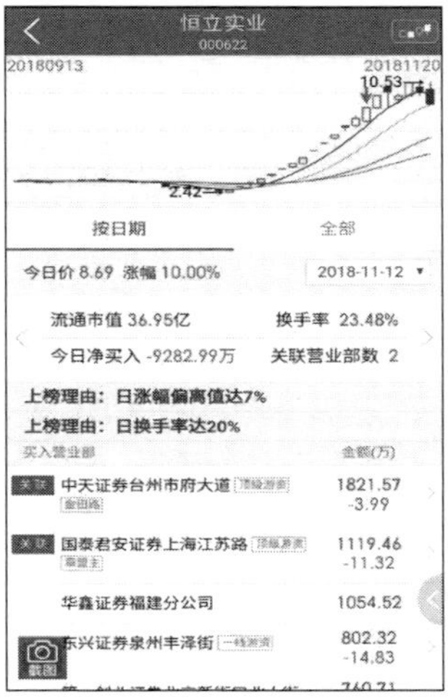

图 1—24

这一段，顶级游资出现后，股价继续飙升，连续涨停，跟踪顶级游资的思路就是正确的。

同理，对鲁信创投，顶级游资完全踩对了节奏！见图 1—25 至图 1—27。

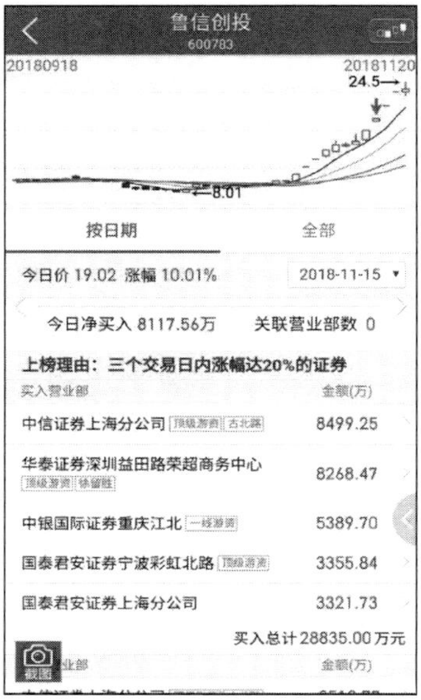

图 1—25

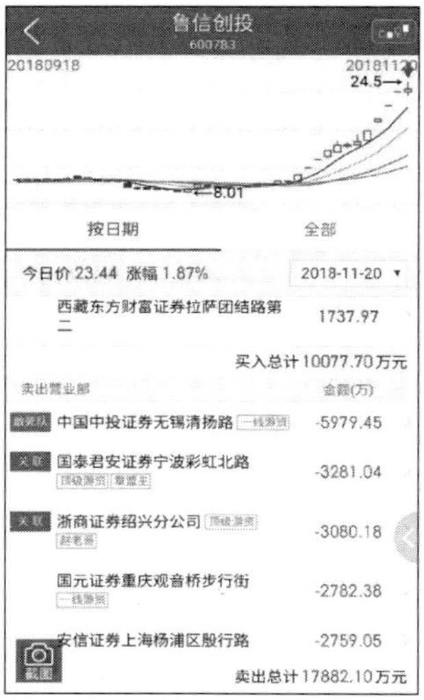

图 1—26

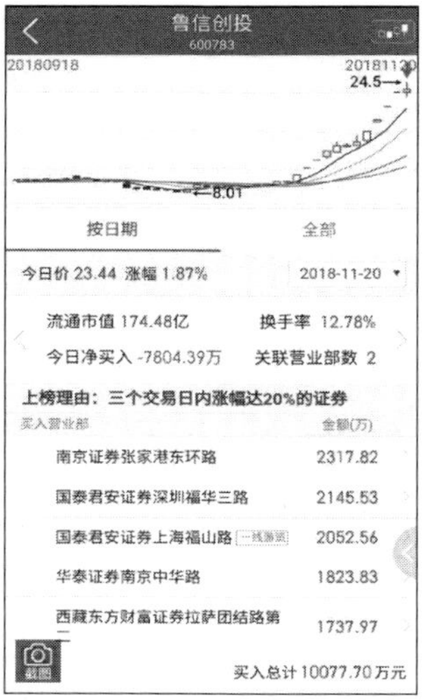

图 1—27

在笔者的培训中,对顶级游资的真实水平做了更理性、更深刻的逻辑分析,其结论目前来看基本可以作为定论。

所以,问题的关键不是顶级游资是否厉害,而是如何使用龙虎榜和如何分析顶级游资。

“盈利模式必有其障碍”这一定理可以作为衡量某个盈利模式是否有效的基本标准——如果简单跟踪顶级游资就能获利,这个障碍是小学生就能越过的,不需要深入思考,就可以断定必定是无效的模式!

发现了问题,问题就已经解决了一半,本文指出了问题,话已止此,悟性高者自然已经从中摸索出了解决之道。

1.11 网传赵老哥心法之我见

“八年一万倍”的赵一万属于标准的龙头战法，神车一战让他正式跨入10亿级别。网传他的心法据说虽然简单，但字字珠玑，可以从中看到一个龙头战法模式游资当时的心境。那么，该文真伪、价值如何？本节将对其做一些辨析，阐述笔者观点。

（一）二板定龙头，一板能看出来个毛！

从资金面讲，没有新题材，老热点就继续。

短期交易，不讲价值、不讲技术，只讲故事。

如果一定要捏造技术的话，就是看人气，一口气上不来就要去见马克思。

有故事，有大量资金活跃的票，就有肉吃，吃完撤退，慢的买单。

人生难得几回搏，热点来了全力以赴。热点退潮果断卖出。热点就是印钞机。

【笔者观点】

龙妖是有基因的，第一板只是启动信号，没启动前，能否成龙、成妖其实已经注定了！

教练员不会花额外精力培养一名先天条件一般的运动员成为冠军，在更为世俗的金融市场上，铜臭熏天的资金为什么要花精力将一个先天基因不好的个股打造成龙妖？

所以，我们说：在股票市场上，王侯将相就是有种！

囚徒困境的博弈决定了他们的最终选择是确定的，且其后文“第一时间发现市场的精神领袖，第一时间买进它，一直持有”，显然和这个“一板定不了龙”的论调相矛盾。

事实上，龙头如果是走出来的，那你为何融资杠杆潜伏中车？

笔者所见，有人想学龙妖技术，然后又说很多实战高手说龙妖都是后来走出来的，之前谁也不知道谁会是龙妖——换言之，龙妖技术是不存在的！

我就问了他一句话：既然你认为这技术不存在，那跑来找我干啥呢？这个行为不是互相矛盾的吗？对方哑然。

如果认为一个东西是随机的，是没有规律的，就不需要来学习。对没有规律的东西，最好的方法就是退出这个市场。

进这个市场其实已经默认了一点：它是有规律的。

这就是龙妖派和其他学派的本质区别和优胜处。龙妖派认为：外因是通过内因起作用的，本身不是龙种，外因只能把他变成蛇头；本身是龙种，外因也最多把他打成蛇头。这也是龙妖派敢于提前一线游资一拍介入的原因。

那些认为龙妖是走出来的人，看到了股价的随机性，但是他没有看到股价的必然性，成为打板派。

那些用传统技术分析方法的画线派、价值派，看到了股价走势的必然性，没有看到股价博弈过程的随机性，往往成为价值投资派或死守派。

打板派的逻辑是：只有上板的那一瞬间才是确定的，所以他在搏那个惯性冲高。

其实，这个说法也是经不起推敲的：你打板的那一瞬间，也存在不确定，它现在封板了，稍等会不会再开被砸？

如果确定封板了，那你还买得进吗？买不进还有可操作性吗？

这些说法本身就是非常矛盾的。

所以，那些自以为最确定的打板派，不管是点火、半路还是封板，其实都是在赌，后面都是随机的。他们所谓的“确定性”，其实是自欺欺人。

如果打板派的目的是赌那个短期的一个分时上的波动，或者说短期的差价，那么，他最好的方法就是去做 T+0 的期货。这时去做一个短线的波动是有价值的，而且你当天还能跑得掉。

但在 T+1 的市场上去赌这个短期的波动，很不明智。

为此初步整理出一些龙妖黑名单如下，以下是一些基本不可能成为龙妖的个股：

(1)在没有大幅度加大信贷政策的前提下，绝大多数银行、保险股不可能成为龙妖。券商只有在牛市时，才能有成为龙头的机会。

(2)农林牧渔板块，最多出牛股，短线黑马都难，龙妖更是几乎不可能。

(3)酿酒板块的天花板是牛股，贵州茅台是例外，且不属于龙妖体系的龙妖。

(4)风能、电力板块除非收购、重组，否则难出妖股。

笔者在内部交流会上，从学术验证角度预判一些根据以上原则推导出的大概率只能成为牛股或强势股的名单，但为避免诱导投资嫌疑，本处略去。

上述这些股不容易被炒作成龙妖，即连续 4 板以上，但不等于不能涨。

基于这个预判，其实战意义是：当这些股涨到 3 板左右，持股者需要离场，没介入者就不要再介入了。

另外注意：龙妖基因是必要条件，但不是充分条件。能帮助减少错误，但不能帮助增加正确性！

（二）有新题材，坚决抛弃旧题材。只有新题材，才有凝聚市场里最敏锐、最犀利的那股资金。这股资金，以亿为单位。所到之处，只有涨停。只要能跟上这股资金，想不赚钱都难。

对别人赚钱的模式，不关注，不关心。

没有关注，就没有伤害。

【笔者观点】

题材新只能产生强势股，不能产生龙妖！龙妖也不一定是新题材：中国一重，核电板块龙头，有什么新题材？没有控盘度的新题材，天花板就是强势股级别。

（三）市场差不怕，成交额少也不怕，就怕题材多。题材多，势必切换快。

龙头战法的核心：第一时间发现市场的精神领袖，第一时间买进它，一直持有，直到发现市场新的精神领袖，果断切换。

没暴量的都不能说是龙头，既然是领袖，必须暴量，接受群众检验。

先预测，后跟随。

【笔者观点】

如果题材切换快，说明不是真天子，而强势股的板数很少，如果按该文前面所述 2 板才能定龙，也就能赚到 1 个板左右。

爆量也需要辩证分析，量太大也说明市场分歧大，不容易形成合力，造成假龙头。量需要合理，“一夜情”也是暴量的。

如果龙头是受到市场情绪引导的，那么就是情绪决定龙头而不是龙头引导情绪，何来的龙性妖气？那些控盘度一般的股票，市场情绪作用占主要因素，反过来也一样——如果某股票受市场情绪影响大，说明其控盘度差。控盘度才是龙妖基因的本质和核心——现在学术界显然注重题材面而严重缺失对控盘度的分析，而市场情绪属于随机性因素。

为什么有的题材一说就炒出龙妖，有的却只是“一夜情”，甚至毫无反应？

2017 年 10 月 18 日，“十九大”上习近平再次提出坚持“房子是用来住的，不是用来炒的”定位，加快建立多主体供给、多渠道保障、租购并举的住房制度，让全体人民住有所居。但当时租售同权概念的市北高新、世联行都最多成为强势股和牛股，核心原因是控盘度不够。

本人《龙妖战法探秘》一书中《找风还是找鹰》一文，就阐明了两者之间的关系，阐述了龙妖的必要条件、核心因素。

其他如市场情绪等属于随机性因素，市场情绪等同于流行，对成功具有偶然因素，这个因素相对不确定，虽然也能量化，但性价比相对低。受当时流行的题材等因素影响，如同自身素质一般的人碰对好的项目，能成就暴发户，但成就不了企业家。

同理，市场情绪只能造就强势股甚至“一夜情”个股，但造就不了龙妖股。

下例（图 1—28、图 1—29）一篇比较有逻辑性的文章就导致了乔治白涨停——而这个涨停近乎一字板，无法分析，不具有可操作性。

钱真理：我是如何从数千只股...

雪球 · 聪明的投资者都在这里　打开

创业板指 1846.28（-0.22%）

钱真理

11-06 17:34 来自雪球

+关注

我是如何从数千只股票中准确找到360借壳的江南嘉捷的

文/向小田（微信公众号：iporeview）

周末我采访了一位专门做重组股票的私募基金经理Y。Y介绍到，他今年上半年已经重仓江南嘉捷（601313.SH），因为他判断这只股票最可能成为360借壳的标的。我很感兴趣，问他怎么做到的。他把思考的流程作了一番讲解。**姑且不论他是否真的如此行动，但整个思考的过程，非常值得借鉴，而且这个方法论完全可以复制。**我们在这里引用Y的原话如下。

本文干货十足，请大家先保存收藏，细细品味。未来亦可指导投资实践。

图 1—28

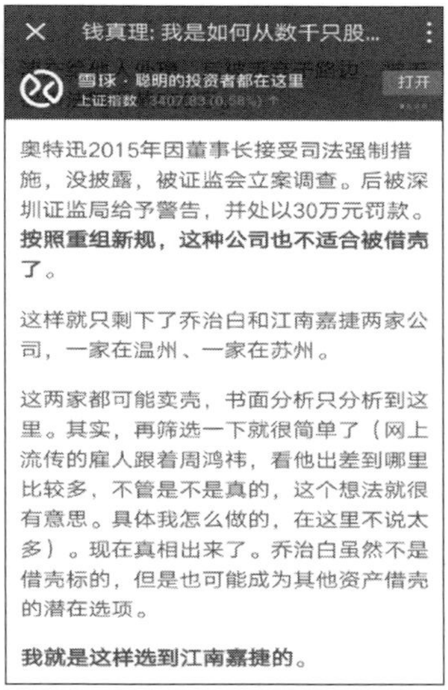
钱真理：我是如何从数千只股...

雪球 · 聪明的投资者都在这里　打开

上证指数 3407.83（0.58%）

奥特迅2015年因董事长接受司法强制措施，没披露，被证监会立案调查。后被深圳证监局给予警告，并处以30万元罚款。**按照重组新规，这种公司也不适合被借壳了。**

这样就只剩下了乔治白和江南嘉捷两家公司，一家在温州、一家在苏州。

这两家都可能卖壳，书面分析只分析到这里。其实，再筛选一下就很简单了（网上流传的雇人跟着周鸿祎，看他出差到哪里比较多，不管是不是真的，这个想法就很有意思。具体我怎么做的，在这里不说太多）。现在真相出来了。乔治白虽然不是借壳标的，但是也可能成为其他资产借壳的潜在选项。

我就是这样选到江南嘉捷的。

图 1—29

注意，盘后虽然是跳空实体阳线，实际分时几乎没有开板过（见图 1—30 至图 1—33），能买入那天基本是套人的（见图 1—34 和图 1—35），第二天直接低开套人，见图 1—36。

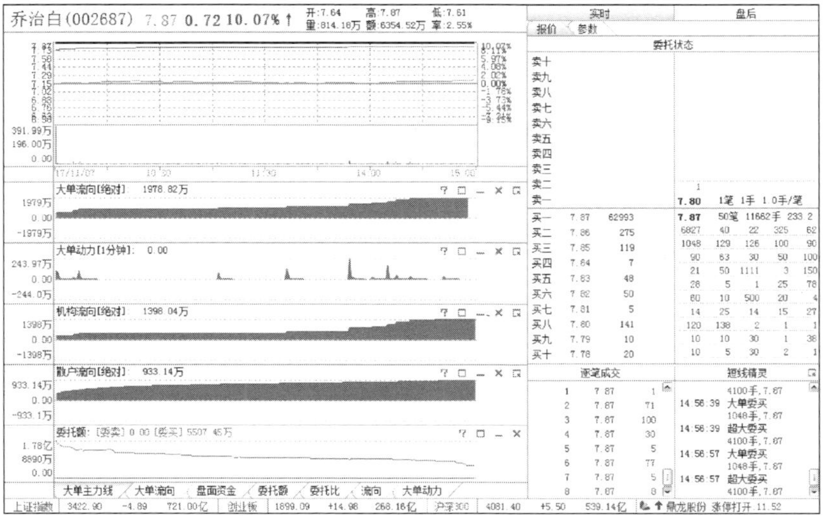

图 1—30

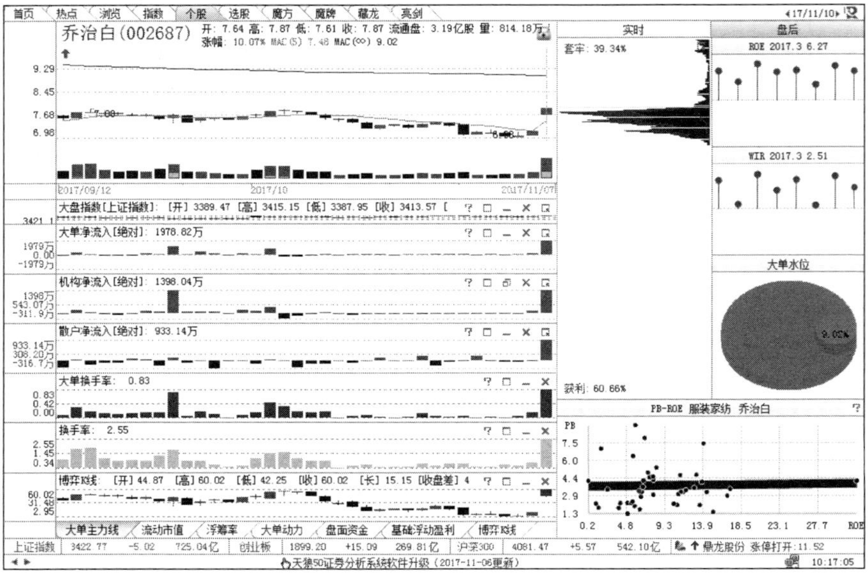

首页 热点 浏览 指数 个股 选股 魔方 魔牌 藏龙 亮剑
乔治白(002687)
开: 7.64 高: 7.87 低: 7.61 收: 7.87 流通盘: 3.19亿股 量: 814.18万
涨幅: 10.07% MAC(5) 7.48 MAC(∞) 9.02
实时
盘后
套牢: 39.34%
获利: 60.66%
ROE 2017.3 6.27
WIR 2017.3 2.51
大单水位
PB-ROE 服装家纺 乔治白
大盘指数[上证指数]: [开] 3389.47 [高] 3415.15 [低] 3387.95 [收] 3413.57
大单净流入[绝对]: 1978.82万
机构净流入[绝对]: 1398.04万
散户净流入[绝对]: 933.14万
大单换手率: 0.83
换手率: 2.55
博弈K线: [开] 44.87 [高] 60.02 [低] 42.25 [收] 60.02 [长] 15.15
大单主力线 流动市值 浮筹率 大单动力 盘面资金 基础浮动盈利 博弈K线
上证指数 3422.77 -5.02 725.04亿 创业板 1899.20 +15.09 269.81亿 沪深300 4081.47 +5.57 542.10亿
鼎龙股份 涨停打开:11.52
天狼50证券分析系统软件升级(2017-11-06更新)
10:17:05

图 1—31

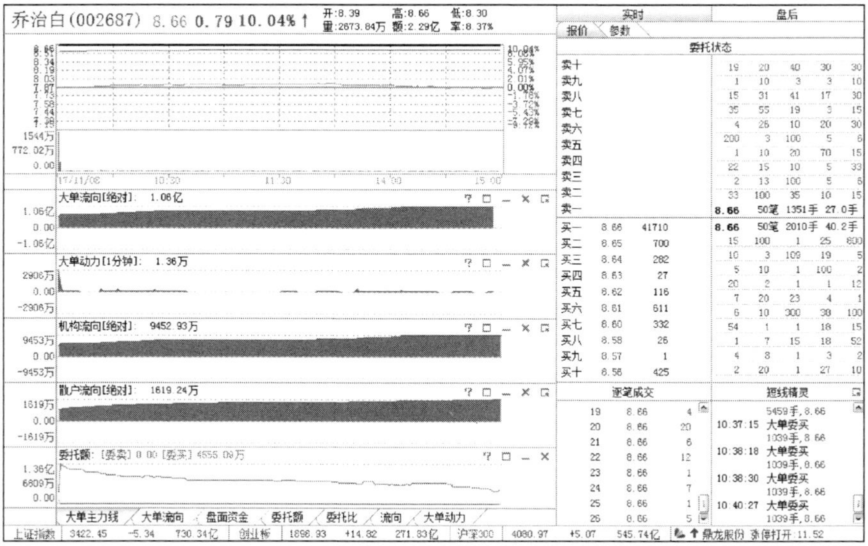

乔治白(002687) 8.66 0.79 10.04%
开:8.39 高:8.66 低:8.30
量:2673.84万 额:2.29亿 率:8.37%
实时
盘后
报价 参数
委托状态
大单流向[绝对]: 1.06亿
大单动力[1分钟]: 1.36万
机构流向[绝对]: 9452.93万
散户流向[绝对]: 1619.24万
委托额: [委卖] 0.00 [委买] 4555.09万
逐笔成交
短线精灵
大单主力线 大单流向 盘面资金 委托额 委托比 流向 大单动力
上证指数 3422.45 -5.34 730.34亿 创业板 1896.93 +14.82 271.83亿 沪深300 4080.97 +5.07 545.74亿
鼎龙股份 涨停打开:11.52

图 1—32

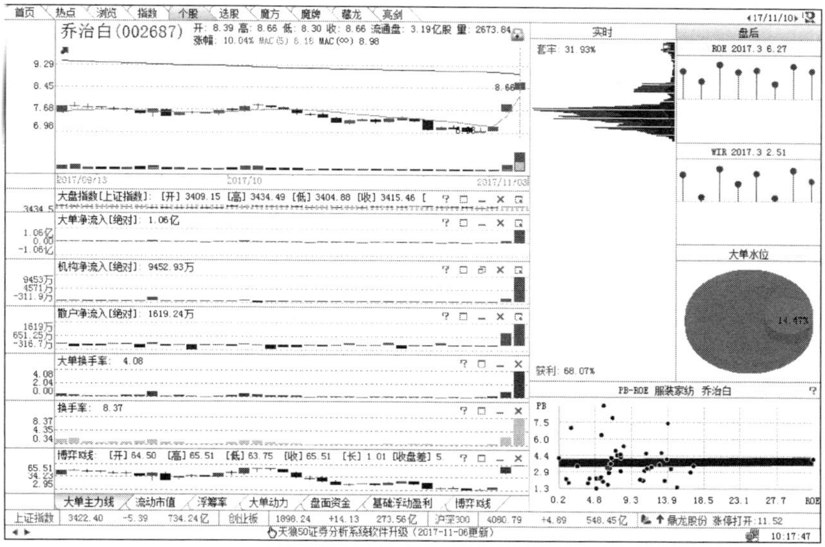
首页 热点 浏览 指数 个股 选股 魔方 魔牌 藏龙 亮剑
乔治白(002687) 开: 8.39 高: 8.66 低: 8.30 收: 8.66 流通盘: 3.19亿股 量: 2673.84
张幅: 10.04%
实时
盘后
ROE 2017.3 6.27
WIR 2017.3 2.51
大单水位
大盘指数[上证指数]: [开] 3409.15 [高] 3434.49 [低] 3404.88 [收] 3415.46
大单净流入[绝对]: 1.06亿
机构净流入[绝对]: 9452.93万
散户净流入[绝对]: 1619.24万
大单换手率: 4.08
换手率: 8.37
博弈K线: [开] 64.50 [高] 65.51 [低] 63.75 [收] 65.51
套牢: 31.93%
获利: 68.07%
PB-ROE 服装家纺 乔治白
大单主力线 流动市值 浮筹率 大单动力 盘面资金 基础浮动盈利 博弈K线
上证指数 3422.40 -5.39 734.24亿 创业板 1898.24 +14.13 273.56亿 沪深300 4080.79 +4.89 548.45亿
天狼50证券分析系统软件升级(2017-11-06更新)
10:17:47

图 1—33

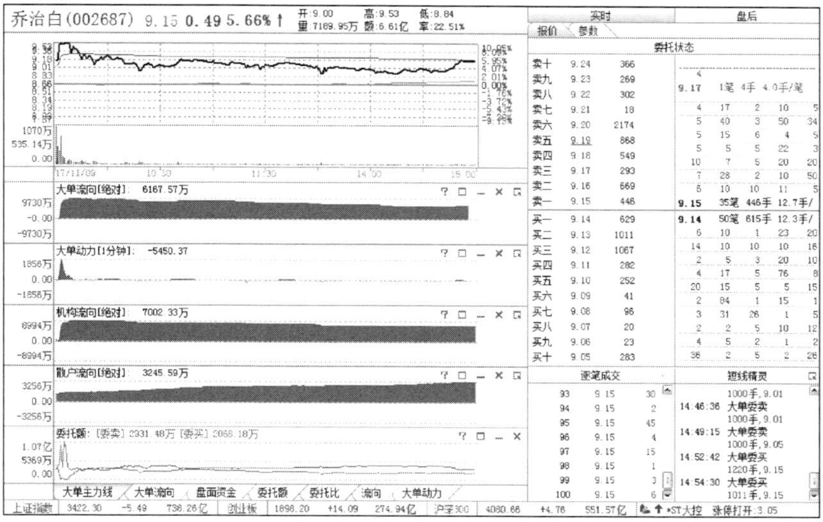
乔治白(002687) 9.15 0.49 5.66%
开:9.00 高:9.53 低:8.84
量 7189.95万 额:6.61亿 率:22.51%
实时
盘后
报价 参数
委托状态
大单流向[绝对]: 6167.57万
大单动力[1分钟]: -5450.37
机构流向[绝对]: 7002.33万
散户流向[绝对]: 3245.59万
委托额: [委卖] 2331.48万 [委买] 2068.18万
逐笔成交
短线精灵
14:46:36 大单委卖 1000手, 9.01
14:49:15 大单委买 1000手, 9.05
14:52:42 大单委买 1220手, 9.15
14:54:30 大单委买 1011手, 9.15
大单主力线 大单流向 盘面资金 委托额 委托比 流向 大单动力
上证指数 3422.30 -5.49 736.26亿 创业板 1898.20 +14.09 274.94亿 沪深300 4080.68 +4.78 551.57亿

图 1—34

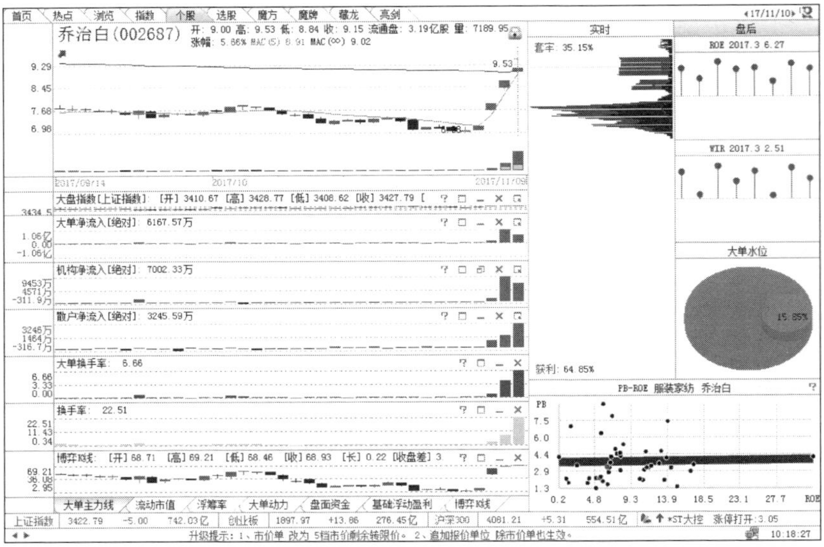
首页 热点 浏览 指数 个股 选股 魔方 魔牌 蕴龙 亮剑
乔治白(002687) 开: 9.00 高: 9.53 低: 8.84 收: 9.15 流通盘: 3.19亿股 量: 7189.95
张幅: 5.86% MAC(5) 8.91 MAC(∞) 9.02
实时
盘后
套牢: 35.15%
ROE 2017.3 6.27
WIR 2017.3 2.51
大单水位
15.85%
获利: 64.85%
PB-ROE 服装家纺 乔治白
大盘指数[上证指数]: [开] 3410.67 [高] 3428.77 [低] 3408.62 [收] 3427.79
大单净流入[绝对]: 6167.57万
机构净流入[绝对]: 7002.33万
散户净流入[绝对]: 3245.59万
大单换手率: 6.66
换手率: 22.51
博弈K线: [开] 68.71 [高] 69.21 [低] 68.46 [收] 68.93 [长] 0.22 [收盘差] 3
大单主力线 流动市值 浮筹率 大单动力 盘面资金 基础浮动盈利 博弈K线
上证指数 3422.79 -5.00 742.03亿 创业板 1897.97 +13.86 276.45亿 沪深300 4081.21 +5.31 554.51亿 *ST大控 涨停打开:3.05
升级提示: 1、市价单 改为 5档市价剩余转限价。 2、追加报价单位 除市价单也生效。
10:18:27

图 1—35

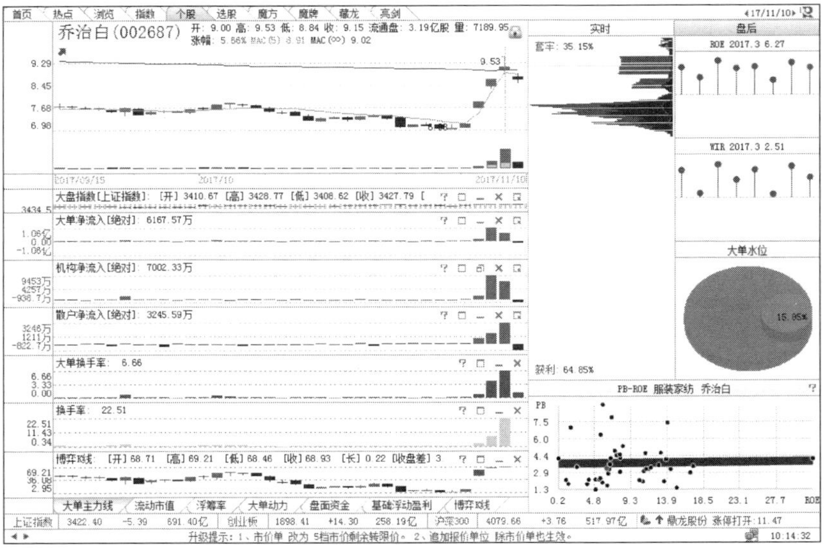
首页 热点 浏览 指数 个股 选股 魔方 魔牌 蕴龙 亮剑
乔治白(002687) 开: 9.00 高: 9.53 低: 8.84 收: 9.15 流通盘: 3.19亿股 量: 7189.95
张幅: 5.86% MAC(5) 8.91 MAC(∞) 9.02
实时
盘后
套牢: 35.15%
ROE 2017.3 6.27
WIR 2017.3 2.51
大单水位
15.85%
获利: 64.85%
PB-ROE 服装家纺 乔治白
大盘指数[上证指数]: [开] 3410.67 [高] 3428.77 [低] 3408.62 [收] 3427.79
大单净流入[绝对]: 6167.57万
机构净流入[绝对]: 7002.33万
散户净流入[绝对]: 3245.59万
大单换手率: 6.66
换手率: 22.51
博弈K线: [开] 68.71 [高] 69.21 [低] 68.46 [收] 68.93 [长] 0.22 [收盘差] 3
大单主力线 流动市值 浮筹率 大单动力 盘面资金 基础浮动盈利 博弈K线
上证指数 3422.40 -5.39 691.40亿 创业板 1898.41 +14.30 258.19亿 沪深300 4079.66 +3.76 517.97亿 鼎龙股份 涨停打开:11.47
升级提示: 1、市价单 改为 5档市价剩余转限价。 2、追加报价单位 除市价单也生效。
10:14:32

图 1—36

再比如天业股份，不具备龙妖基因，图 1—37、图 1—38 位置该股已经显出疲态，正常会在该位置横盘震荡。但下一个交易日因为江南嘉捷的复牌带动其冲击涨停，这个因素不太容易分析到，或者分析出来的性价比不高。

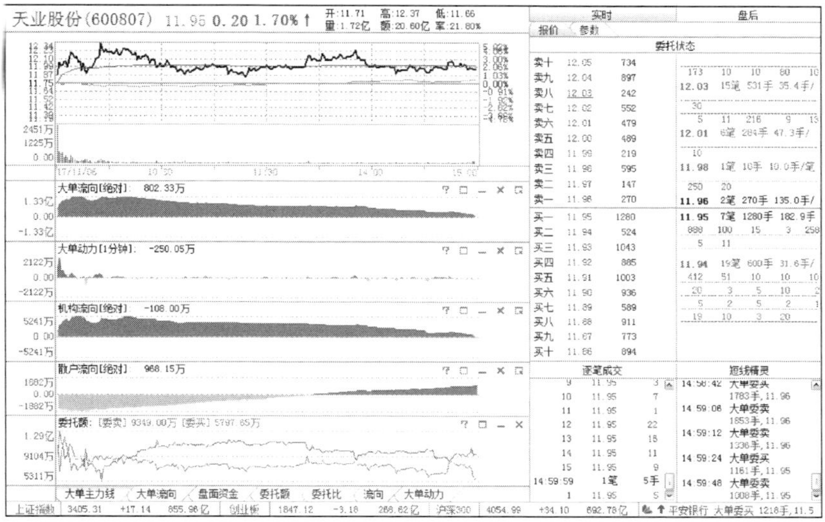

图 1—37

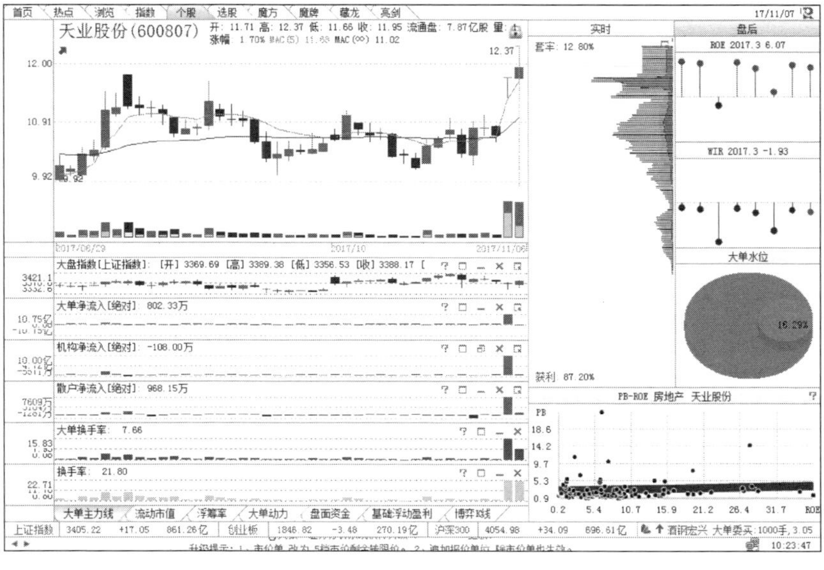

图 1—38

目前市面上研究的龙头战法大多属于研究市场情绪层面，是不稳定的流行因素，自然经常感叹：龙头股手法同质化了——流行的当然会同质化。

如同没有一家公司能每次都准确地猜准市场下一时刻的流行色，显然，也不可能有人能每一时刻都猜对市场情绪。

而采用跟随策略，因为市场情绪只能造就强势股，除非你足够眼疾手快，反应足够快，跟随才能吃到 2 板左右利润，但这种技术如同 IT 的青春饭，不具有可持续性和积累性。

但题材、控盘级别判断，属于本质核心内容，属于相对稳定因素，这两点属于专门课题，需要系统研究，此处不再展开，知道方向即可——市场上一般的相关资料也就不用再费心研究了，大多没说到要害。

同时具有龙妖基因的股票和机会比较稀少。

(四) 大龙头都是多点共振的结果，题材派、龙头派、技术派都认同。

筹码供不应求，越走越轻，加速。

不少纯打板战法，过分看重分时板的质量，打的是分时板，而不是日线板。

【笔者观点】

这是正确的，龙头股是市场合力的结果。不少纯打板战法，过分看重分时板的质量，打的是分时板，而不是日线——这句话请好好体会，笔者极端鄙视那些把分时图技术当所谓秘诀的流派，一叶障目，走入邪路。

下例（图 1－39、图 1－40），该股当天逆势大涨，就有人激动不已：牛股！牛股！根本不看该股整体所处状态以及大势状态，如果当天追入，第二天接近直接跌停！

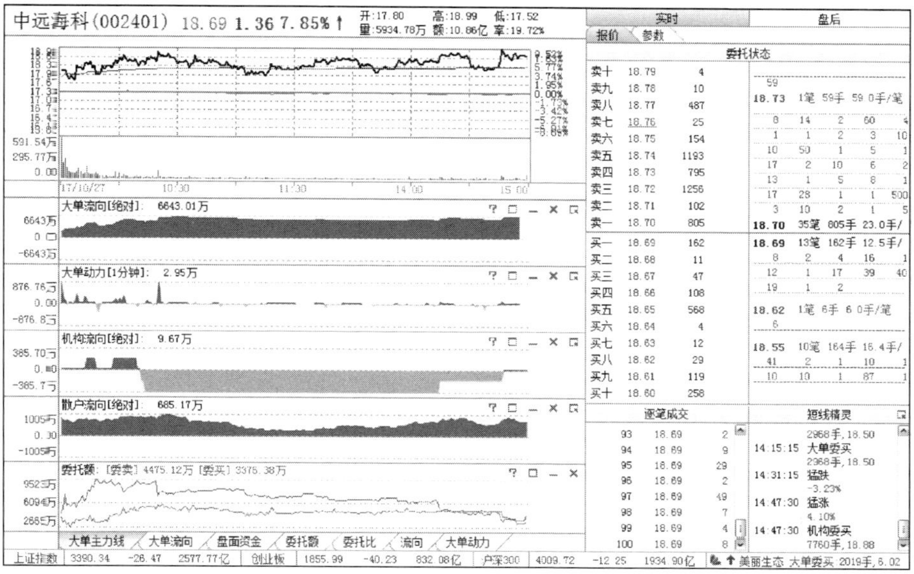

图 1—39

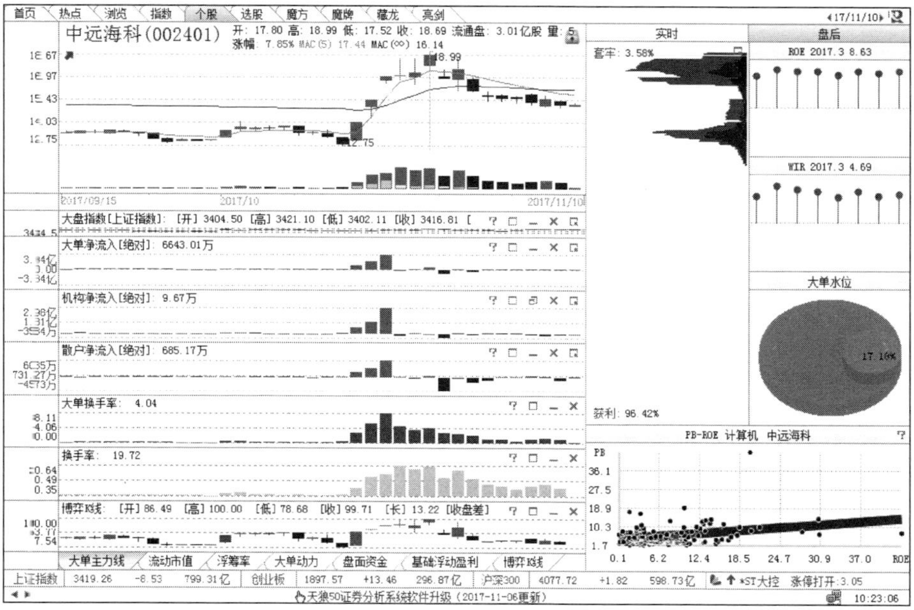

图 1—40

(五)模式不同的人，尽量少交流。交流多了，容易受影响。

想法越少越好，模式越简单越好。

跟着合力，有吃有喝。

【笔者观点】

这个涉及学习方法和哲学层面，对大部分人来说，这样理解和执行足够了。但在构成自身的开放体系后，会知道如何取其精华为我所用，届时就是开卷有益。

(六)开盘不接力，技术面看，分时走稳，换手够了再说。

市场大局看，是不是当天的G点。确定性，远比利润的多少重要。非G点不看，不研究。不研究，因此也就不会买。

(七)只做龙头，只做主升，只做惯性。不做反抽，不做波动，屌丝才爱逆袭。

没有主升的龙头，就守候；有，就一击。

坚持龙头主升战法，必有回报，这个是执行力；是不是真龙头，这个考验的是理解力。

【笔者观点】

辩证地看，反抽、波动都不值得主动介入，但如果误判介入，则可以利用反抽和波动冲高离场。比如下例(图1—41)，虽然有股友在第3个板追板介入不合适，后续不太可能是主升浪点，但盘中给了多次冲高走人的机会，可以利用这个机会高点出局，尽量不割肉。但不要给了机会又幻想，白白丢失出逃机会。

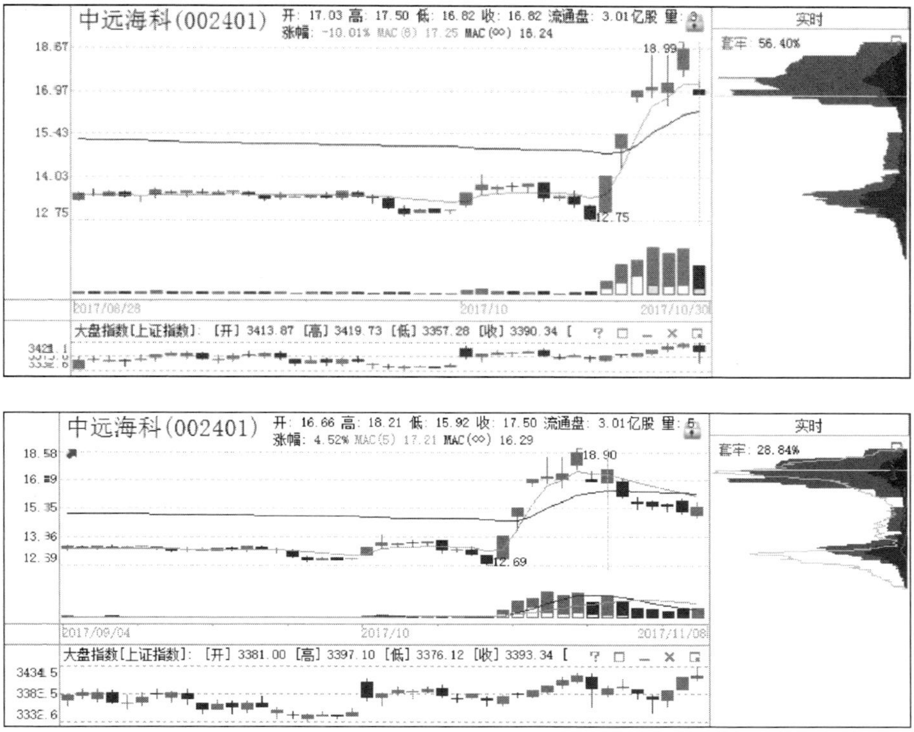

图1—41

(八)跟风不看，不买，不研究。

好的习惯，才能保证稳定赚钱。

心猿意马，赚不到钱。

喜欢操作跟风的一定会被市场淘汰，这是定律。

(九)交易一定要纯粹，做加法容易，做减法难。

(十)选股，必须新题材龙头，但买卖点，要注意节奏。

亏钱都是没有坚持自己的模式。

(十一)对龙头一定要有一颗尊重的心,必有厚报。

忍一步海阔天空。

错误的交易,第二个集合割,效果最好。忘掉它,马上进入一个新的交易状态。

(十二)每个热点,高潮过后的消退期,都会留一个活口。

【笔者观点】

以上几条赞成。

顺便讨论一个问题:赵老哥是超短打板吗?

来看下文:

原创:赵老哥　2016.8—2018.4

喷吧就知道喷,你有分析过我买的票吗,除非走得很恶劣或者图形烂了我才会出货!真想打开账户让你看看我现在捏股票的耐心,科恒没动,科大国创没动,金冠砸了一半,周五的金融街我尾盘还加仓,万科我也是在走弱了才出完底仓的,煌上煌你都不晓得我拿了多久,现在有几个游资比我有耐心!深深宝是我看过最近最恶劣走势的票,看看回报就知道我砸在几个点,我都记不清有多久开盘砸盘过了,除非是烂板第二天集合已经很低了,我还能跑得过你们吗?

显然,赵老哥之前的超短打板是因为没有买准龙妖,超短是对介入后的及时纠错,表现出来的现象是超短打板,但其实一直是为最后能买到龙妖做试错。

最后在中国中车一战中,融资杠杆资产倍增,进入亿级级别。

进入到这个资金级别后,因为对手盘原因,不得不采用短线手法,而非认可短线。

赵老哥实现资产暴增，就是在中国中车上面，加杠杆翻倍。前面的那些超短，都是为了今天这个主升浪。不能误会他是靠超短积累起来的——千万次的超短就为了最后的一次成功。

乔帮主，积累到两百万的超短，不是说他不想做龙头，而是当时他水平不够，反复在练。他在两百万到千万级的时候，肯定是因为做了几个龙头股品种。现在资金量大了，他也没有办法吃完全程。

最后再探讨下"八年一万倍"的真相：

假如 100 万本金，10 倍杠杆到 1 000 万，翻 10 倍后到 1 个亿。这 1 个亿是杠杆翻了 10 倍，是杠杆的功劳，不是本金的功劳，本金也只是从 100 万到 1 000 万 10 倍而已！

概念要说清楚，不然容易混淆。应该这么说：

8 年本金 100 倍+杠杆 100 倍，资产复合增值 1 万倍！这样比较准确和客观。

股市中这类情绪化宣传信手拈来，群众不喜欢理性，而是喜欢简单、绝对、感性。

综合以上分析可知：网传赵老哥心法我认为是伪造的，或者是只字片语的收集，割裂了前后语境，虽然有一定参考性，但不能代表赵老哥的真实思路。不过在信息时代，比的是信息甄别和改造能力，只要具备改造能力，就能取其精华为我所用，真伪倒也不重要了。

1.12 科创板，参与还是不参与？这是个问题

前几天，几位朋友问我能不能参与科创板？我先给他们讲了一个亲身经历的故事：

有个小店女老板问我："我收到做黄金白银现货的电话，你说我能不能做这个？"

我不答反问："你为什么要做这个？"

对方愣了一会，有点生气地回答："我想赚钱！"

我接着问："那凭什么是你赚钱？你和别人比有什么独特的竞争力？那些所谓的优势如 T+0、双向交易、杠杆是不是只有你能用？如果不是，那么你就是和别人在同一个平台上，凭什么是你赢？"

同理，在一个行业中胜出，必须是你具备了某种独特竞争力，构成了壁垒。比如，某个规则只有你能用，或者你对这个行业有独特的、更本质的理解。

在现有规则下做不好，就指望通过换规则来改变囧状，这与在 A 公司做不好，指望跳槽到 B 公司会有根本改变的思维方式的性质差不多，等同于换个泳池学会游泳，等同于换个跑道成为冠军——当然，跳槽也会

部分改变个别人的情况，但毕竟不具有普遍意义。

比如股市 T+0 后，是不是只有你能使用这一特权？如果不是，大家都在同一个平台上，凭什么是你赢？港股和美股就是 T+0，能改变少数人盈利的格局吗？T+0 后甚至会死得更惨。

改变散户思维，建立独特竞争力，才是根本之道。

明白了以上道理，对本文标题的问题就一目了然了：关键不在于能不能参与科创板，而是你如何参与，你如何打造独特的交易体系，完成“平均的终结”！

我们来看看科创板的基本知识：

科创板是由国家主席习近平于 2018 年 11 月 5 日在首届中国国际进口博览会开幕式上宣布设立的，是独立于现有主板市场的新设板块，并在该板块内进行注册制试点。

设立科创板并试点注册制是提升服务科技创新企业能力、增强市场包容性、强化市场功能的一项资本市场重大改革举措。通过发行、交易、退市、投资者适当性、证券公司资本约束等新制度以及引入中长期资金等配套措施，增量试点、循序渐进，新增资金与试点进展同步匹配，力争在科创板实现投融资平衡、一二级市场平衡、公司的新老股东利益平衡，并促进现有市场形成良好预期。

科创板是针对正在成长的尚未成熟的企业设立的，如果使用核准制的上市机制，无法完全落实政策效果，所以设立了注册制的上市标准，这对于我国金融市场是一大进步。

但是，对国家的进步未必是对股民的进步。众所周知，注册制只审核信息的真实性和完整性，对于企业本身的投资价值和盈亏并没有审核权。

科创板打新有没有风险?

对于打新参与者,不会再像过去 A 股打新一样“开板即卖”这么简单。科创板注册制下市场化的定价机制,意味着科创板的打新将告别过去 A 股市场“新股不败”的模式。

创业板推出初期,其发行配售机制与当前的科创板发行配售机制较为类似,新股发行实行的就是市场化定价,新股上市首日同样不设涨跌停限制。根据当时的新股表现,总结出三条经验:市场化定价打破“新股不败”现象;首日不设涨跌停,中签者最优卖出时点即在首日;网下投资者比网上投资者对发行价更敏感。

东北证券统计,在当时创业板的新股市场化发行期间,14%的新股首日破发,57%的新股首日涨幅低于 50%,首日涨幅突破 100%的占比不到 8%。

有分析认为,科创板上市前 5 日不设涨跌幅限制,预计首批试点上市的企业短期可能遭到资金追捧爆炒,股价波动区间可能显著高于 A 股新股。

光大证券认为,科创板新股上市初期涨幅可观,预计涨幅均值不低于 80%。虽然 2018 年新股平均开板收益率超过 200%,但考虑到科创板发行定价更加市场化,再加上首日即可融券的制度安排,预计科创板新股上市后涨幅会相对理性。

从以上简短文字可知:注册制、退市、20%涨跌,使得科创板的机会和风险都放大了,投机博弈技巧将更加精妙,对个股选择、买卖点判断、仓位管理提出了新的要求。

当然,我们完全没有必要对科创板视若畏途,我们坚信:科创板的炒作虽然会有自己的一些个性化规律,但逃不过一些共性规律! 原来的创业板,也不过就是股票,没有逃过股票的共性规律;股指期货,也只是给股票市场整体格局带来了一些微调。

对一个零和游戏的市场，重点永远不在于要不要参与，而是如何参与。

研究科创板规律，建立独特的思维体系，进而落地成为可操作的交易体系，才是重点！

科创板一定是投机博弈更加激烈的领域，这就为以投机学为核心的龙妖思维提供了更大的用武之地，同时也是换了个维度检验、补充龙妖思维，使得龙妖战法更加本质，“龙斗士”显然不会放过这个领域的研究和实践！

1.13 做龙妖，你真的准备好了吗？

笔者在《龙妖战法探秘》一书中，从开篇到结尾，多次反复强调一个类似观点：盈利模式必有其障碍！

龙妖，是皇冠上的明珠，也是带刺的玫瑰，甚至是有毒的河豚！

想要擒龙捉妖，不仅要大方向正确，还要有大量具体的“术”和“器”来承载这个“道”。

就笔者看来，龙妖的核心只有两点，笔者甚至一入股市就抓住了这两个核心，之后的十多年一直围绕着这两个核心不断精益求精，虽日有所得，但绝无大成之理！

很多股民仰慕龙妖而求之，但大多沉沙折戟，转而指责龙妖误人！我不由想起一个比喻：

龙妖自顾自地在那美丽，招谁惹谁了？自己不自量力非要去买，被收拾了就骂龙妖股品差，如同一个屌丝非要想用一根冰激凌泡白富美，泡不上就骂白富美道德败坏，这个神逻辑简称“强盗逻辑”。

想泡白富美，先掂量下自己的分量。普通人，本就不该打白富美的主意！

有人说，做龙妖的人 10 个人 9.9 个会死掉——我告诉他说的不对！这个比例太高了，100 个人就有 1 个活下来，1 万个人是 100，1 亿人是 100 万“龙斗士”，这市场上至少有 1 000 万股民号称是做龙妖的，能有 10 万人成功？

什么叫成功？是随机蒙上过一只还是参与了大部分，是吃满全程吗？是买 100 股娱乐一下，还是重仓了？

成功至少是较大仓位买到了大部分龙妖主升段吧？

如果有 10 万名“龙斗士”重仓参与了大部分龙妖的主升浪，按人均 1 万元投入计算，某一时刻参与某股的资金量就是 10 亿元——没看到哪个股的龙虎榜买入能有这个资金量，即大部分龙妖承载不了这个资金量。

而且，1 万元这个仓位也实在是够重的！

所以，市场成功的“龙斗士”比例一定是小于百里挑一这个比例，用凤毛麟角形容也不为过——龙妖是小众人群，是皇冠上的明珠，资金承载量有限，操作难度也最大——如果说短线高手是万里挑一，那么，真正的“龙斗士”更是精英中的精英！

那么，龙妖是不是就可望不可即了？

从笔者的一段亲身经历来说：

笔者曾从高科技军工研究所转型来到上海一家大型通讯公司做技术工作。理论上，军工研究所的技术含量是国内最高级别的，现在降维到民品技术，应该游刃有余。

但笔者刚去通讯公司前几个月，领导甚至单独找我谈话，大意是工作能力不足！何故？这里面除了有行业的专业知识不同之外，还有思维方式需要部分调整和切换的原因。

当时一个实际障碍是：笔者刚去通讯公司，发现那些仪器、仪表都不会用——不是因为高级，恰恰相反，是因为其仪器低军工研究所一个档次，很多固化在军工级仪器的基本功能需要自己从基础层面设置。也就是说，在研究所是直接用高级仪器探索专业层面的问题，是在“用”仪器；而在通讯公司，需要再多一个调试、设置仪器的过程，承载了一定程度的“造”工具的工作。

这让笔者很不适应，而一些从学校直接毕业和从其他技术含量相对低一些公司来的同事，使用的仪器和现有公司的差不多，直接接轨，上手很快，在第一阶段胜出。

但在向同事请教和自己琢磨熬过这个不适应阶段后，笔者在军工研究所受到的高科技训练的优势就越来越明显，经常提出一些实用的突破性创意，令同事、领导刮目相看，成为该公司最快成长为项目经理的员工，并快速晋级至战略策划经理和市场总监。

这个实例说明了“道”“法”“术”的辩证关系：

如果只有哲学层面的“道”，缺乏实现这个思想的具体的“术”和“器”，“道”是永远可望而不可即的空中楼阁。如果只拘泥于具体细节的“术”，缺乏指导前行方向的“道”，容易成为井底之蛙，故步自封，难以自我突破。

有相当数量的股民，过于注重形而上的情绪、周期、顿悟、心法，但却不肯从实实在在的盘口、K 线、题材、大势等具体技术上一步步夯实基础，步步迭代，循环升级，这种只能是“望龙兴叹”，事后写一些抒情散文感叹下龙妖的雄伟英姿。

简言之，理科生要多读一些哲学方面的书，文科生要踏实学习具体技术。

做龙妖还要注意什么？

有极个别读者看了龙妖书后就轻易做龙妖，失败后就迁怒于作者，发言:“曾经我也选择过学你的书,总结就是一句话,选择方向比努力重要。”简言之,认为自己被作者忽悠了。

我帮他总结下就是:您花了 68 元买了一本书;您花了 1 年时间,一边上班,一边玩票式看看书;您不遵守书上基本操作原则,明显不合适时还要强行操作;您……然后您亏了！真是很抱歉啊！我亲自教的学生都要经过一段时间的系统学习和训练才能逐步抓到龙妖,而您这么“大”的投入,却还不能天天抓到龙妖,实现财富自由,真的太对不起您了！

有行情时,“龙斗士”从来不会缺席;没行情时,还非要抓龙,抓不到就骂龙妖战法不对——我鼓足勇气弱弱辩解一句:这叫耍流氓……

这类读者的逻辑等同于看了质能方程就去造原子弹,造不出来就骂质能方程害人。

而且,一本 300 多页的公开出版物能承载训练出一个“龙斗士”的使命吗?

自己不好好用功,甚至自己理解可能就是错误的,明明白白的更深入系统的课程放在这里,自己不来学习,然后责怪一本 68 元的书不能让他实现财富自由,指责作者误了他的大好年华,其逻辑类似炒房闹事者:涨了也没见你给地产商分红,是自己英明果断;跌了就闹事要退房。这个逻辑同样可称为“强盗逻辑”！

我们不会因为父母把我们生出来,但没有保证我们是“高富帅”,就责怪甚至痛恨父母。同理,笔者只是把自己对市场的认识总结阐述,没有保证你抓到龙妖的义务吧?

传销才经常提供免费试用,我的书是白送的还是硬往你怀中塞了?而且笔者都是白纸黑字明确过,不提供免费的知识！不知道是谁让你选择这条路的？

应读者要求偶尔的培训也明文标了价格，可能还是目前敢公开标价收费最高的——那些诽谤笔者“偷偷”收费的可以休矣，有道之财为什么不敢明码标价？也没有承诺学后一定怎样怎样，课程介绍也只是客观介绍，可能也是目前市面上最平实理性的，几乎没有任何煽动性——这么高的门槛，谁忽悠你选择这条路了？

这其实完美诠释了“非理性人”：情绪和贪婪妨碍了正确的决定——自己考不上清华就认为老师不好，自己都是对的，错的都是别人——怎么不手把手给他致富代码呢？

心态都不对，怎么可能成功？

做龙妖，不管从心态还是基本的知识储备，绝大部分人其实都没有做好准备。

从 2018 年初到 2018 年底上证指数走势可见(图 1—42)，如果没有深入学习过，换用任何一个模式都难逃厄运——整个私募界的股票型基金－5％收益为第一名！请问这是选择龙妖战法的过错吗？何况指责者用的甚至是自创的“龙妖战法”。

我们因为有具体量化的空仓标准，以及识别龙妖基因的具体技术，加之合理仓位控制，账户资金增长相当可观——但因为账户资金只是整体资金的一部分，平均收益也不是那么惊人，其余资金放在货币基金和短期债券上，笔者对收益相当满意，整个 2018 年对下跌没什么感觉，也分仓买到了大家耳熟能详的妖股。

按照龙妖战法的教学进程，循序渐进、踏实努力，也不乱看、乱创新，我从来就鼓励创新，但前提是基本理解和继承后，否则，创新可能是“创

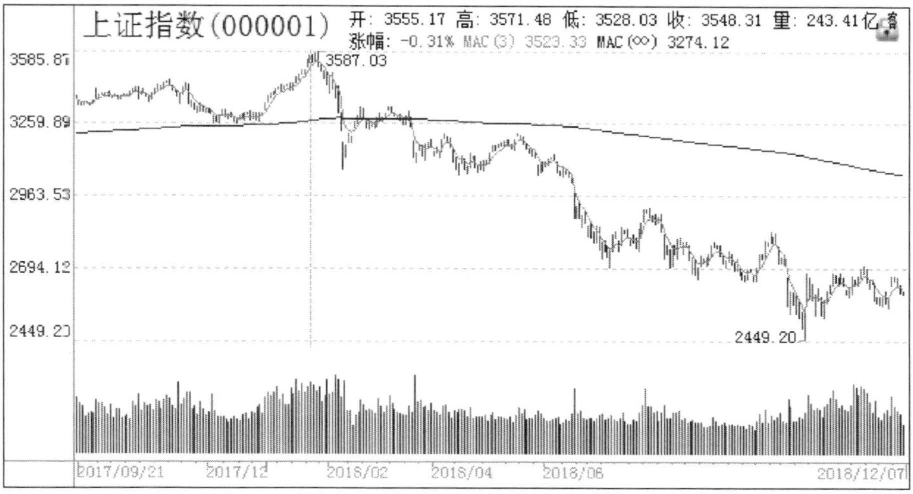

图 1—42

劣”,过慧则近妖。

买龙妖不是目的,是实现更高性价比获利的手段——死在龙头上也是可耻的,买到更实惠的杂毛也是光荣的。

龙妖战法其实有两层含义:

狭义的龙妖战法专指那种连续 4 板以上的连续涨停股,这类确实难度较大,且数量稀少。研究时,既需要对数据和事实冷酷到无情的极度理性,又需要有对情绪和梦想的浪漫,而且,数量还极少。

而广义的龙妖战法其实是一种思维方式:龙妖思维,通过对龙妖这个市场极品的研究,去更高效理解股市的底层原理,从而升级、改造其他战法,如强势股、牛股甚至指数基金和期货投资。这个层面容纳的资金量和难度大大减少,对绝大部分人现实可行得多,百鸟在林,不如一鸟在手。

笔者组织的“龙妖战法研发团队”研发出“机构龙妖起爆点”指标,从

2018年7月初正式商用，用其预判上证指数走势，几乎躲开了所有的大跌，成功预判了几乎所有的波段上涨启动点，指标选出的股票大多有获利机会。这是一个为普通上班族提供的简洁方便的工具，是在保证高成功率基础上不漏掉大市值龙妖的指标，也属于广义龙妖战法的范畴。该指标工具成功预报了正邦科技(6.50预报，图1—43)，之后1个月不到，股价上涨接近200%，虽然并不是同期涨幅和涨速最大的，但如果要求这个近乎傻瓜化的工具既要容易操作，又要高收益，还要高成功率、高出击率，我只能说：做龙妖，您真的还没有准备好，甚至连“股市没有三高定律”的基本定理都不理解。

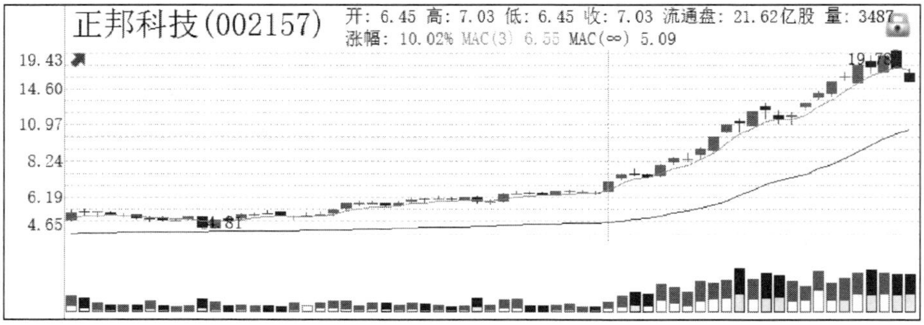

图1—43

特别声明：笔者所学虽然有一定独到之处，但从来不认为所学为无上绝学，且一直在不断求学和研究。对一些学派的不同意见，读者可以看到，笔者都是用数据和论据说话，讲事实、讲逻辑，绝无人身攻击。学术之争，和而不同、争而不斗，只要大家都是按科学化方法迭代升维的，就是有益的。

而个别读者对笔者的攻击却只有情绪和人身攻击，这不是在侮辱笔者，而是在侮辱你自己的素质，甚至堕落为“小人”——“小人”的猖獗，一定程度上是由于君子太在意自己，不肯站出来和“小人”斗争。

笔者这里明确声明：绝不惧怕“小人”，并敢于与之针锋相对。如果这世上非要有一个君子来做“恶人”，那就是我的天命。

至于一些经济上暂时有困难无法参加系统学习的学员，笔者理解并也提供了一些低成本的通道，我们收取的都只是一些合理的劳务费用和基本的知识产权费用，如果真有心，可以循序渐进，步步迭代。

那种想一夜暴富的人，本身就是一种贪婪心理，教不好，也不会助长。

我们不需要只有荷尔蒙的鸡血和鸡汤，而是以事实和数据解读梦想和情绪；

成功的捷径在于聪明人下笨功夫，志存高远，脚踏实地；

我们因为理解而信仰，因为淡泊而志存高远，因为脚踏实地而坚定；

理性客观、砥砺而行，慧行坚勇！

擒龙捉妖的每一个障碍，恰恰是你拉开和其他人的壁垒，谁先用具体策略越过了这些障碍，谁就打造出了独特竞争力！

心中的信念是指引我们未来的明灯，每当我们迷失在黑夜里，龙妖——这颗夜空中最亮的星，照亮着我们前行之路！

第二部分

龙妖战法思维层次及其实战运用

“龙妖思维”是龙妖战法的核心，可进一步细分成四个思维层级：逻辑思维、辩证思维、博弈思维、禅学思维。

龙妖战法是以逻辑思维为基础，以辩证思维和博弈思维为核心，以禅学思维为归宿的实战交易体系。

2.1 逻辑思维实战运用

股市里的逻辑思维主要是研究具体指标、理论和股价涨跌间的直接线性相关性和因果性。这个层次的研究包括：基本指标的合理性和理论的合理性判别，如资金量级分析、题材量级分析等，研究这些维度信息和股价涨跌是否存在直接相关性。

这是龙妖思维最基本的层次，也是股票水平进入高阶层的基础——很多高手的失误原因甚至就是由于这些基本功不扎实，致使后续的“高深”的分析是建立在“沙滩”基础上的！

2.1.1 什么是“合理”的分析方法？

一、“合理”的指标必须至少具备的基本特点

1. 物理意义明确、准确，表达的逻辑严谨、清晰

不能以公式演算了半天还不知道这个指标想表达什么物理意义，或者根本承载不了它宣称的物理意义。

2. 能客观揭示市场某一维度的信息

要研究同股价涨跌存在直接因果关联的指标，而不是没有内在联系

的元素——传统的指标和技术分析，基本都是在价格这个单一维度信息上做各种变换，并用价格预测价格。这些显然都不是影响股价涨跌的直接因素，当然无效。

二、案例：指标层面

以传统技术指标的代表和经典——移动平均线（MA）为例，剖析一下传统技术指标和股价涨跌之间的无关性。

1. MA金叉、死叉的真实含义

现有的绝大多数技术指标都采用了移动平均线算法和其类似原理，按MA算法可知：移动平均值总是等于某段时间之前的一个实际值。

那么，价格和MA交叉，表明当前价格等于某段时间之前的一个价格。如果用交叉信号当作买卖信号，就等于说：当价格由下降转而重新反弹到某一段时间之前的价格时，就是下降趋势终止的买进信号?!

如果转化成这样的大白话，就知道这个逻辑极其荒谬，因为金叉后（即股价涨到之前某个价位时）股价是上涨还是下跌其实是50%的概率。

MA死叉也是同理：死叉后（即股价跌到之前某个价位时）股价是上涨还是下跌其实也是50%的概率。即：股价的涨跌和MA金叉、死叉没有任何逻辑必然性！

从逻辑上看，这种仅仅根据价格走出去多远来判断趋势属性的做法，正好是“倒因为果”了。

2. 调整MA周期参数的本质

所谓的最佳周期的平均线，事实上不可能存在！

不同行情中的趋势持续时间、规模大小都不一样，怎么可能存在一个所谓的最佳周期?

传统理论认为，价格在平均线以上是涨势，之下是跌势。但改变一下周期天数，两者位置就可能颠倒，同一个价格从原来的涨势变成了跌势——那么，该价格到底是涨势还是跌势？

这样，周期选择成了决定涨跌趋势的关键?!

这显然也是荒谬的——如果我都事先知道了趋势的周期，还需要这么多工具吗？画蛇添足嘛！

即使是同一个周期，不同的计算样本数据长度不同，同一个价格也会被算到不同涨跌趋势中去。这样，即使同属于一个趋势的两个点，也会因为使用的周期天数不同将之分割于不同的 MA 上，这样两个点就成了既可以属于同一趋势又可以不属于同一趋势？

而将 MA 周期改变，不仅在逻辑上没有什么道理，实战中还存在短周期价格突破太多、长周期错过的行情太多的矛盾。

图 2—1 为随机抽样的上证指数 MA5 和 MA10 之间的金叉、死叉后股价涨跌关系，基本上正确率为 50%，个股情况也类似。

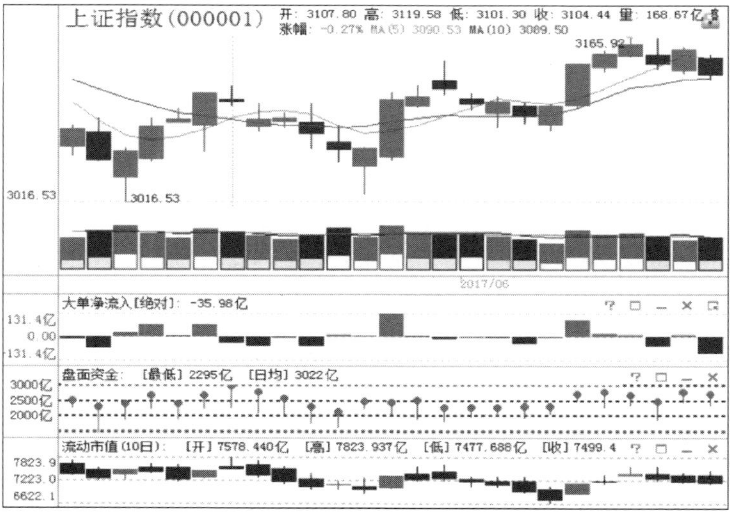

图 2—1

因为这些任意性，造成了用其来描述趋势的任意性，即 MA 到底是作为哪两点之间的趋势，完全是由操作者自己选定的！

而所谓的利用这些法则赚钱的成功案例，其实就是因为“活”得足够长，“等”到了赚钱的那一天而已，根本不是这个理论本身带来的优势。

而理论上计算机算出来的过去一段时间的所谓“最佳周期”，本质就是俄罗斯轮盘赌的幸存者游戏，即只要是在一个设定的周期和样本范围内，总有一组周期成为“貌似”最合理的参数，但这个参数和行情本身是没有必然逻辑关联性的，一旦更换了统计的样本和周期，这个参数又变成了另一个“幸存者”。

而 MA 更加荒谬的一点是：代表设定周期的成本?!

MA 没有考虑成交量的因素，使之与持仓成本之间存在非常大的误差：10 元买 1 千股和买 1 万股的成本在 MA 上竟然是一样的?!

由以上分析可知：

被市场认为最经典的技术指标都不具备逻辑思维的基本要求。由此可以推导：

市场上那些所谓的秘诀，这线那线的，是否具备坚实的物理基础？其市场内涵是否明晰？

如果不具备这些基本要素，用它来指导自己的交易，无异于盲人骑瞎马，怎么可能保证长期盈利呢？

分析完指标，再来分析市场常见理论是否具备基本的逻辑合理性。

一个很著名的理论叫“五穷六绝七翻身”。假如真是如此，股价就应该呈现出一种类似以年为单位的周期性重复的波形，但事实上并没有！

查证后可知：“五穷六绝七翻身”是香港股市在 20 世纪 80～90 年代的一个都市传奇，是当时的经济分析员在参考过历年香港股市的升跌而得出的结论：股市在每逢 5 月的时候都会开始跌市，到了 6 月更会大跌，但到了7月,股市却会起死回生。

过了亚洲金融风暴之后,这个名词再没有人提起。

我们再随机抽样了上证指数的走势图,用实例证明。

2015年5~7月时间段的走势如图2—2所示。

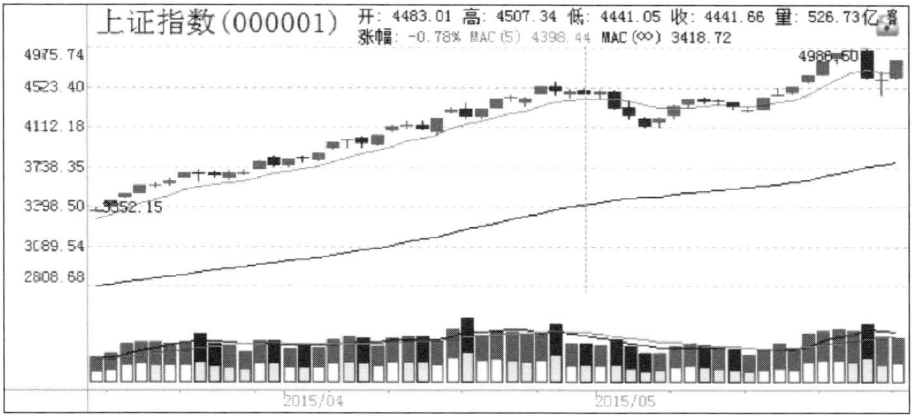

图2—2

"六"是够绝了!(见图2—3)

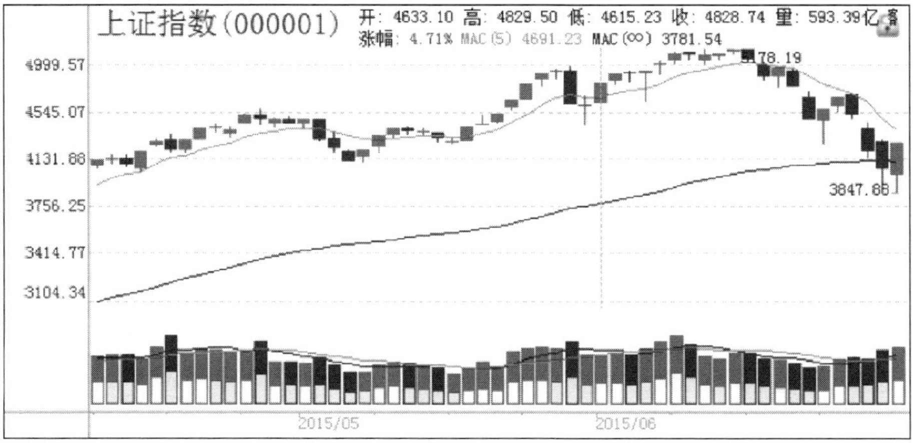

图2—3

"七"也没翻成身！（见图 2—4）

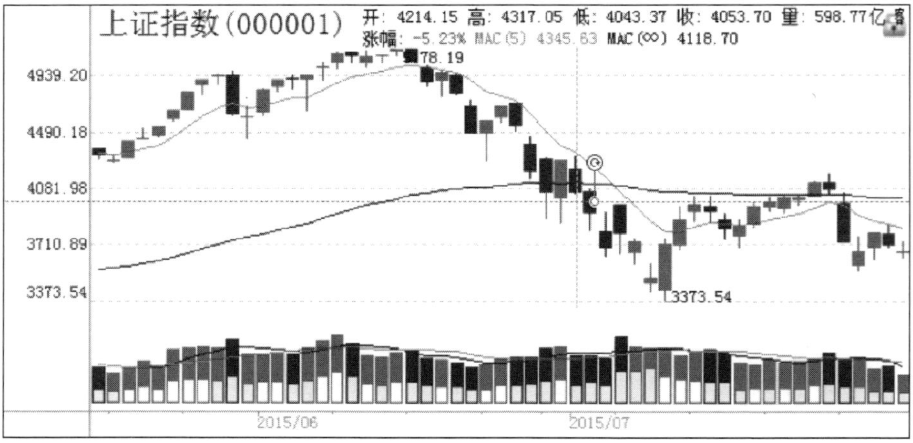

图 2—4

2016 年 5～7 月时间段："五"穷了吗？（见图 2—5）

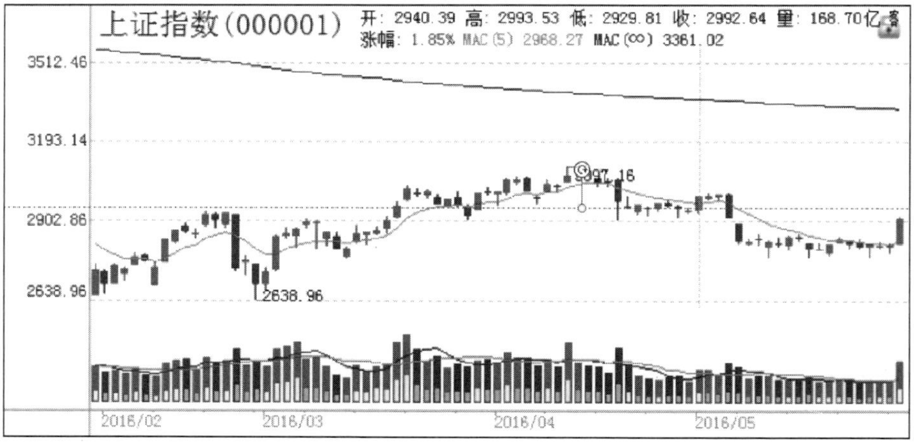

图 2—5

"六"绝？（见图 2—6）

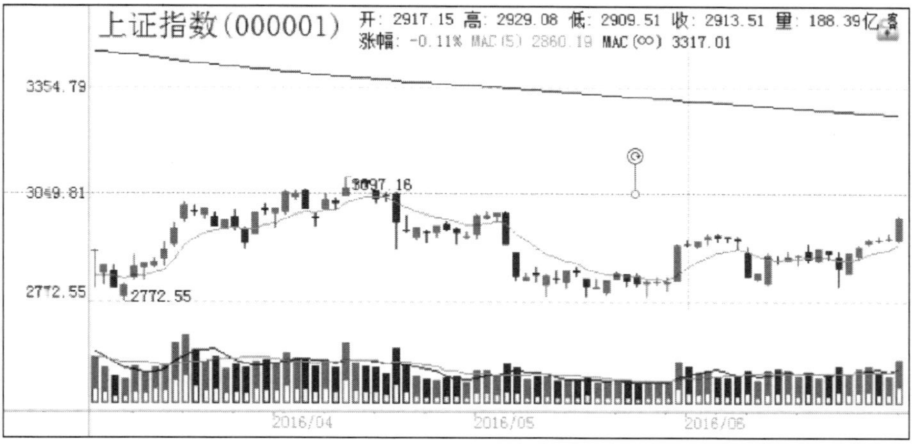

图 2—6

“七”翻成身了吗？（见图 2—7）

除了月初一根大阳线，后续一个月基本都是下跌的，哪来的翻身？

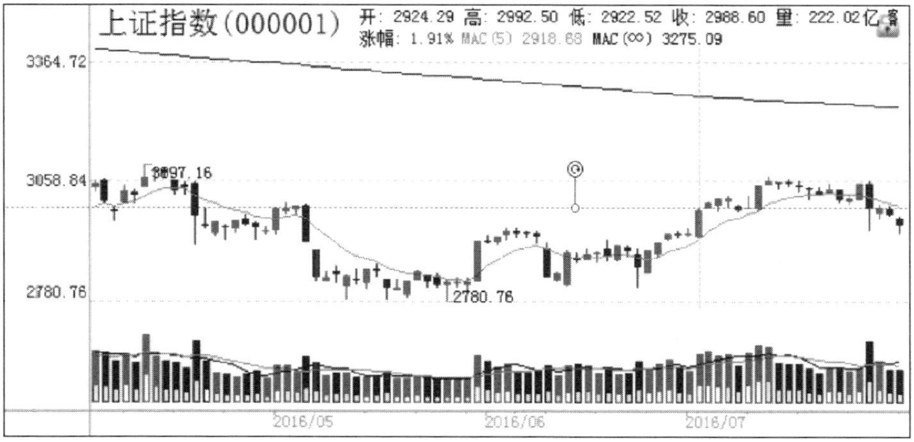

图 2—7

至于 2018 年全年，基本都是全年下跌，像样点的反弹都没有，非要说有“翻身”未免太不实事求是了（见图 2—8）。

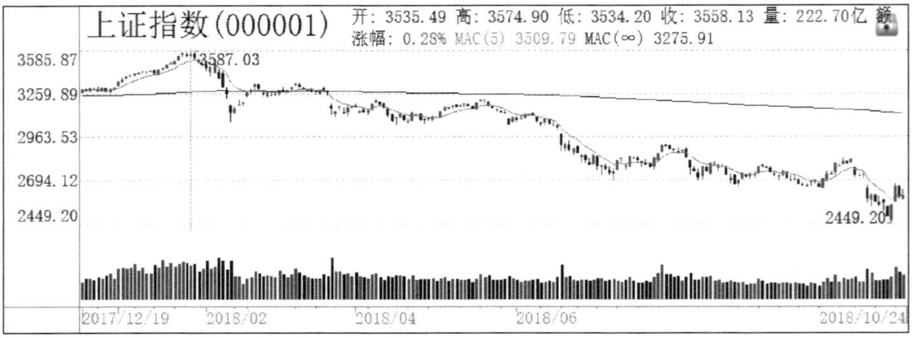

图 2—8

那么,什么样的理论才具有基本的科学性呢?

显而易见:理论必须要具备内在逻辑性,逻辑和事实相吻合是基本要求。如下例,大部分人分析西藏天路的下跌是大盘带动的,我们看当天盘面实际情况(见图 2—9)。

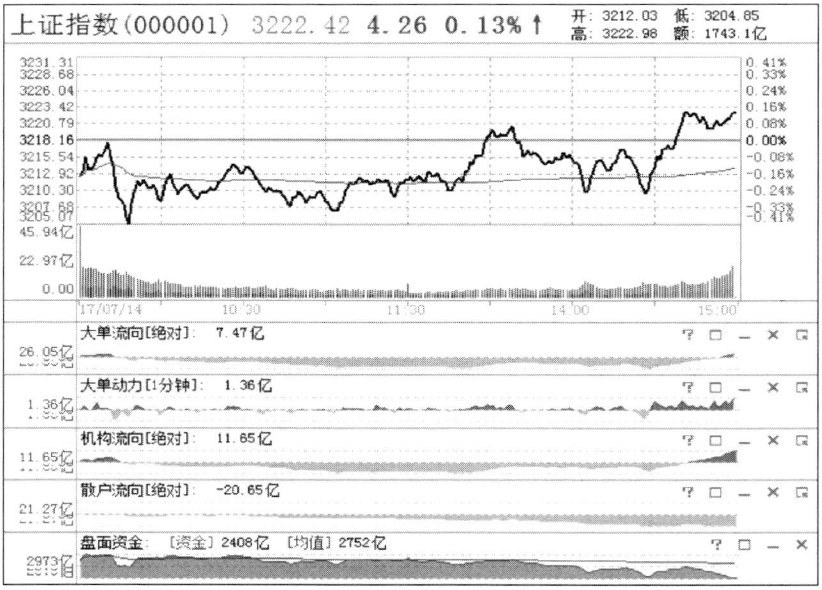

图 2—9

大盘是不断吭吭哧哧向上走，西藏天路反而一路下滑，这是受大盘影响吗？（见图2—10、图2—11）

显然，这个理论根本不足以解释该股下跌的逻辑。

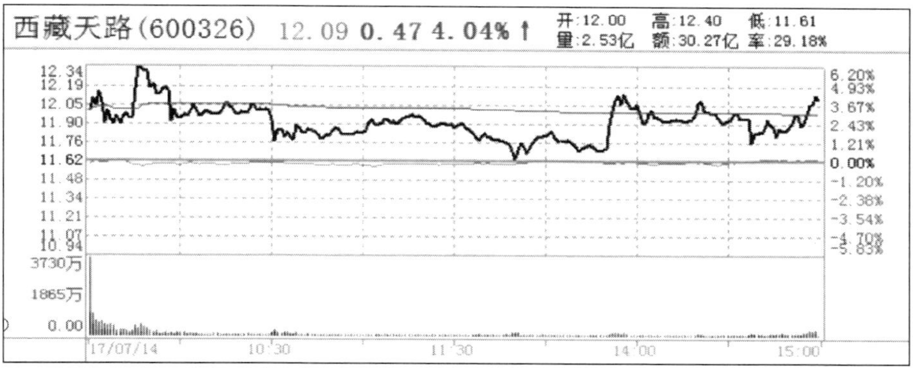

图2—10

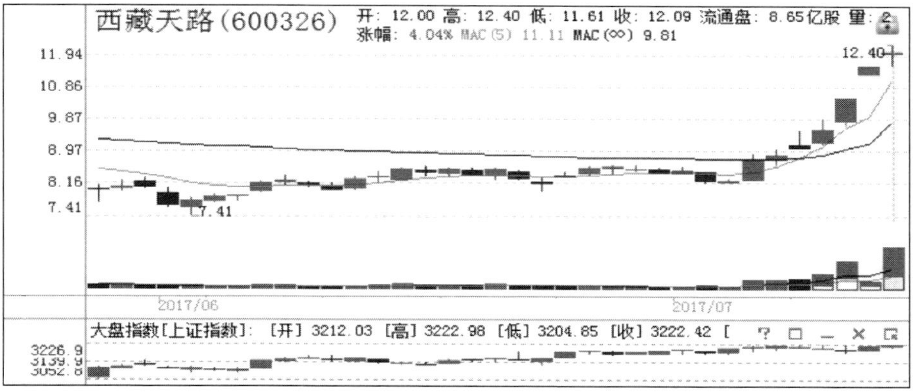

图2—11

由以上分析可知：

几乎所有的传统指标如KDJ、MACD、均线、切线，都完全不具备物理意义上的明确的基本功能。

一些貌似高深的诸如波浪、江恩、缠论这些绕口令式的理论，除了具备把人绕糊涂的功能外，基本不具备实战价值。

很多指导股民的打油诗般的炒股秘诀，是经不起最基本的逻辑推敲和历史检验的，以这种“理论”指导实盘，成功率就是五五开，加上手续费，焉能不亏？

三、总结：垃圾理论的特点

1. 面面俱到，但其实什么也没说

金叉可以买、死叉也可以买，单金叉可以买、多金叉也可以买，黏合可以买、发散也可以买，放量可以买、缩量也可以买……什么情况都被它说完了，然后就是一张张成功的案例图片，对买点的买进条件却一笔带过或干脆没有，看上去觉得作者“知识渊博”，读者也觉得股市到处都有钱捡，一到实战，则无所适从，不知道该用哪一招。

2. 只有买进，没有持股和卖出

只讲怎么一买就涨，但股票操作是由买进、持股、卖出三部分组成的。捕捉到龙妖，能拿得住吗？能在该出的位置出掉，保住已得利润吗？股市里很多买到龙妖却只赚了10%就跑了，或是已经翻倍最后变成亏损的人。

3. 过分强调参数或一些数值

什么密码线、神奇线——合适的参数能提高战绩，但14天线和13天线的差别真的有那么大吗？不同参数下的指标线，就像一条条公路，能否安全驾驶，不在于选择哪条路，而在于对路况的熟悉程度，知道哪里比较平坦、哪里有急弯、哪里有悬崖。

还有什么20买、80卖之类的，定这些数据缺乏内在逻辑性，最多只能是经验数据，但经验是历史中某段时间的总结，怎么能指导现在呢？

4. 只归纳现象

最明显的是什么“低位双金叉”“高位双死叉”，或是什么“价托”“跳马”“回头”之类，只会发现股价外在表现的“形”，却不能挖掘股价内在运行的“神”，“按图索骥”这一成语最适合他们不过了。

5. 没有风控

全是成功案例，没有讲怎么避免或减少失败带来的损失。在股市中，使资金保值比增值更重要。

2.1.2　龙妖战法体系的技术工具

在龙妖战法体系中，完全摒弃了那些莫名其妙的元素、神神道道的理论，取而代之的是一些与股价涨跌之间具有明确、具体物理意义的指标和算法，以及内在逻辑清晰的理论体系。

判断龙性妖气需要有具体的可量化的方法、途径，需要工程化落地。具体分析工具从宏观到微观可以分几个层次，而不能只靠所谓的感觉。

从基本概念、基本原理这些基本元素上着手，发掘更深层次的内涵，在概念的理解方面上层次，再利用独特的思维体系重组这些基本元素，构成不同层次的体系，而不是创造所谓“新瓶装旧酒”的“马甲技术”！

指标、算法是“道”“法”的具体化、落地化。以下是龙妖战法体系的基本指标：

1. 筹码结构、成本线技术

股价支撑、压力的直观静态结构图，等同于股市的军事作战地图、人体的骨架结构。

2. 量能分析

启动前主庄的控盘度、启动后游资接力对筹码锁定性的影响和力度。

3. 形态分析

形态分析不需要那么烦琐的分类，核心只需要简单的两句话即可：

(1)价格在一段涨势之后进入横向趋势(不必管它是矩形、三角或别的什么形状)。

(2)对横向趋势，任何时候都一样：价格突破趋势线为买进提示信号，向下突破为卖出提示信号。

4. 股本结构分析

5. 板块、题材分析

6. 盘口技术

分时图、封单、挂单、分时成交量等，这些属于微观层面的内容，能把买卖点做得更加精确，甚至妙至毫巅。

7. 龙虎榜分析技术

对不同股性、品种、题材，龙虎榜起的作用不同。

8. 最重要的一点：大势分析

绝非传统的均线金叉、死叉、MACD、波浪、趋势线这些东西。

各技术分析方法之间的关系是先宏观再微观，逐步深入到细节，在定性准确的基础上追求定量精确，才是锦上添花。

这些元素的重要性排序为：股性、大势、板块、位置、筹码、K线、量能、分时盘口、龙虎榜。

注意：龙妖派是把个股的股性放在第一位的，即个股的“龙妖基因”是否强大，这是不同于其他流派的重要分水岭！

使用举例：

(1)分时大单和股价上涨的直接对应关系，见图2—12至图2—14。

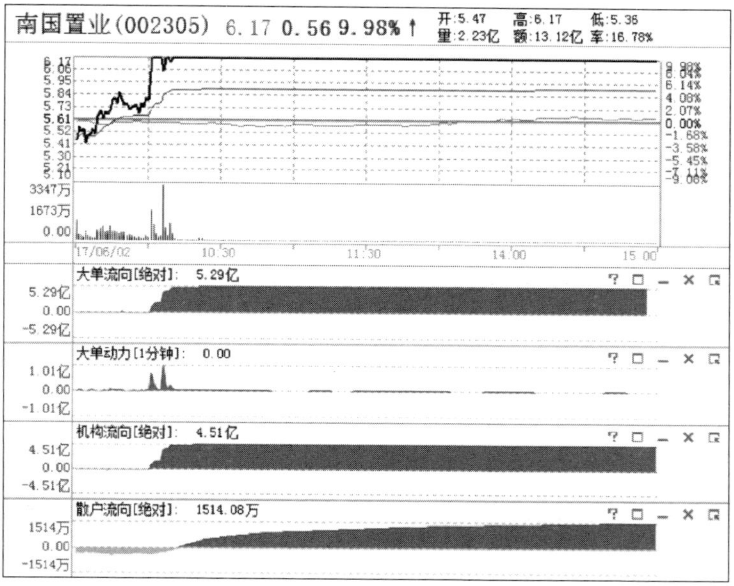
南国置业(002305) 6.17 0.56 9.98%
开:5.47 高:6.17 低:5.36
量:2.23亿 额:13.12亿 率:16.78%
大单流向[绝对]: 5.29亿
大单动力[1分钟]: 0.00
机构流向[绝对]: 4.51亿
散户流向[绝对]: 1514.08万

图 2—12

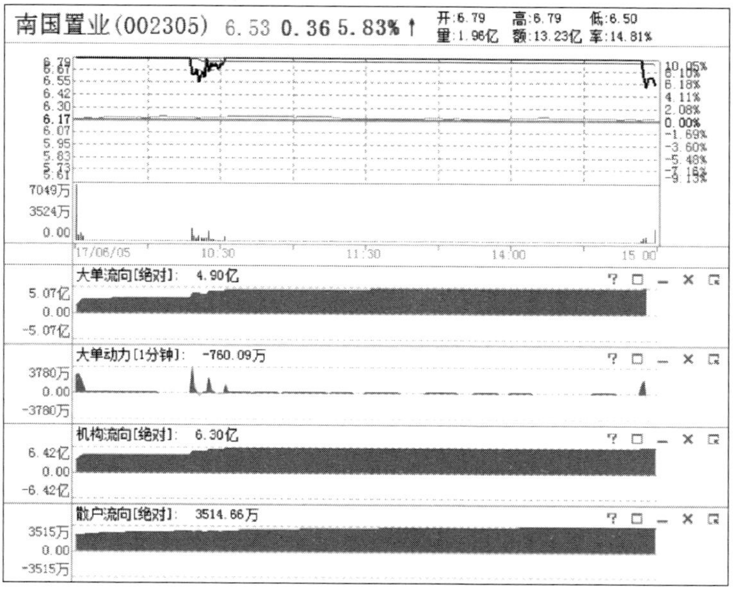
南国置业(002305) 6.53 0.36 5.83%
开:6.79 高:6.79 低:6.50
量:1.96亿 额:13.23亿 率:14.81%
大单流向[绝对]: 4.90亿
大单动力[1分钟]: -760.09万
机构流向[绝对]: 6.30亿
散户流向[绝对]: 3514.66万

图 2—13

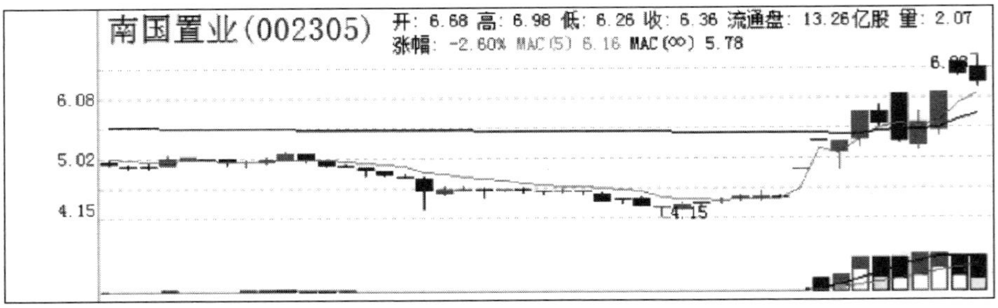

图 2—14

(2)龙虎榜和股价上涨的直接对应关系,见图 2—15、图 2—16。

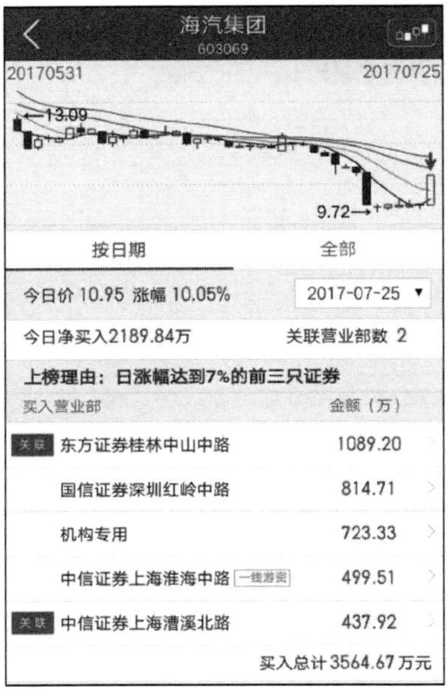

图 2—15

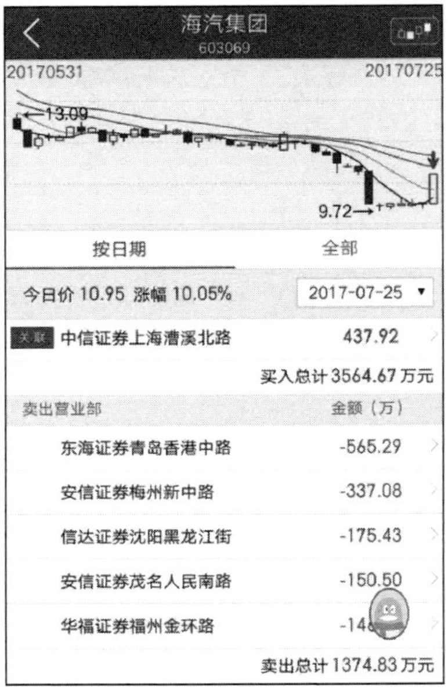

图 2—16

2.2 辩证思维实战运用

辩证思维要求以变化、发展的视角认识事物，通常被认为是与逻辑思维相对立的一种思维方式。

在逻辑思维中，事物一般是“非此即彼”“非真即假”；而在辩证思维中，事物可以在同一时间里“亦此亦彼”“亦真亦假”而无碍思维活动的正常进行。

辩证思维是以世间万物之间的互相联系、互相影响的客观联系为基础，对世界进一步的认识和感知，以动态发展的眼光来观察、分析问题。

联系、发展的观点是辩证思维的基本观点。对立统一规律、质量互变规律和否定之否定规律是唯物辩证法的基本规律，也是辩证思维的基本规律，即对立统一思维法、质量互变思维法和否定之否定思维法。

在股市中，辩证思维可以近似等效于多维度分析，即怎么平衡多维度信息之间的矛盾，得出一个综合结果的策略——这个定义虽然在理论上不够严谨，但很实用。

比如，量能分析只是股票分析的一个维度，有的量能主力也能刻意做出来，有时突发事件也会带来量能突变，实战中还要分析其他维度，只凭量能分析一项，肯定不够，还需要配合其他指标体系综合应用来分析主力，方可发挥作用。

辩证思维还有一个通俗说法，就是“具体情况具体分析”。

落实到股市，就是每个股票之间既有共性的联系，也有不同的个性。一些共性规律需要针对不同个股做不同的微调。

龙妖战法体系中对大量的矛盾因素之间的矛盾转化关系做了大量深入的、可操作的定量化研究，如控盘与市场合力的辩证法、技术和题材的辩证性、题材级别的辩证性、龙虎榜和游资的辩证性、筹码稳定性和活跃度的辩证关系、领涨的辩证性。这些研究深入到具体细节，使得有的操作达到妙到毫巅的精确程度。

本章例举一些分析的原理框架，以做启发之用，更深入的细节不予讨论。

2.2.1 大单净流入的辩证性

大单净流入是一个很好的指标，但死板、片面地使用该指标却会导致亏损。以下是一些常见的认识误区：

1. 选大单净流入排序靠前的股票

大单净流入是大买单减大卖单的绝对净值，从这个定义和计算方法上能明白：大单净流入排序靠前的往往都是大盘股，数据靠前绝对值大的未必一定是好股。同样的流入率对小盘股庄家足以控盘，而对大盘股却不值一提。为此，应该用大单流入率做参考选择。

2. 大单净流入增加的票一定会涨

大单净流入增加，有时未必是好事。有不少案例是某股大单净流入迅速增加，买入后却大跌，经查是限售股解禁，而不是市场本身的大单进入。所以，买一只股票先要基本弄清楚该股的基本情况，避开有“大小非”地雷的股票，最好弄清楚该股的主力的类型：是基金、私募，还是 QFII、普通大户？以前软件有“席位数据”可查，现在赢富下线，判断起来有点难度，需要查阅其他资料综合判断。

3. 大单净流入的就是好股，流出的就是坏股

有时大单净流入，股价却大跌，而流出却股价大涨，这种情况很多时候都是因为我们只看到了主力操作的局部，比如主力用很长时间隐蔽建仓，拉升时就不一定见到大单净流入了，主力还可以根据需要造势作秀。

静止地只看某一时点的大单净流入数值很容易犯错，考察个股的中长期主力资金状况就显得很重要了，可以参考 5 日大单动力等指标。有时是股票技术面及预期的自我实现过程，如反弹及成本均线支撑，有正反馈效应和散户资金推动，这时的大单净流入仅仅只能起到推波助澜或者延缓阻碍的作用。

数据是死的，人是活的，在实际操作中，一定要根据具体实际情况灵活运用大单净流入指标，切忌机械与死板，同时还要综合其他元素全面分析，使大单净流入数据真正成为我们分析决策的一种工具和助手。

在股市上，逻辑思维是：有大单净流入，说明有主力资金介入，股价就应该上涨。而在辩证思维里：大单净流入存在多种情况和可能，比如，可能是主力大单拉升，小单出货，软件因为自身对大单的定义不同，没有监控到。

也可能是主力还处于吸筹阶段，这时也不一定上涨，如 2017 年 7 月 23 日板块资金流入情况（见图 2—17）。

酿酒板块连续 3 日大单持续流入最大，但该板块的涨幅却不是最大，甚至横盘滞涨，原因如下：

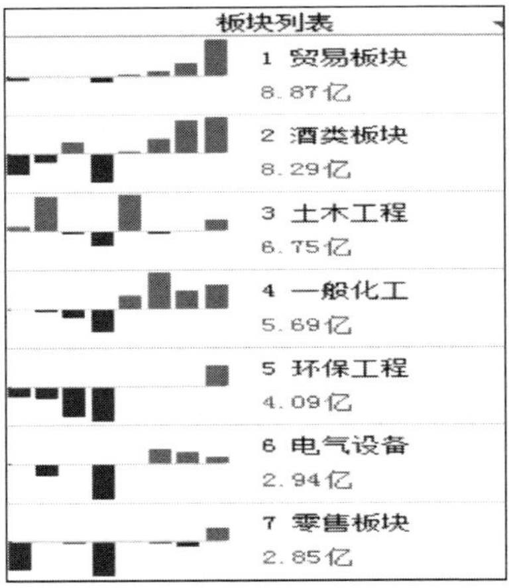

图 2—17

(1)不仅要看板块整体流入大单数量,也要看大单数量和流通盘比例;

(2)还要看当前股价所处状态,如果是吸筹状态,就会横盘滞涨;

(3)综合分析该板块股性,酒类板块历史上就不具备连续大涨的特点,一般是作为防御性质。

2.2.2 VIP通道的辩证性

正常情况下,因为 VIP 通道的存在,一字板散户是买不进的。那么由此推测:如果没有 VIP 通道的散户,却跑赢了有这个通道的大户,最大的可能是什么?显然,最大的可能是:主力在一字板上出货了!所以才让散户有买进的机会。

用事实验证如下:

如图 2—18、图 2—19 所示,该股有股友集合竞价涨停板挂单成交。当天,我提出这个观点:没有 VIP 通道的散户,却跑赢了有这个通道的大户，最大的可能是什么？

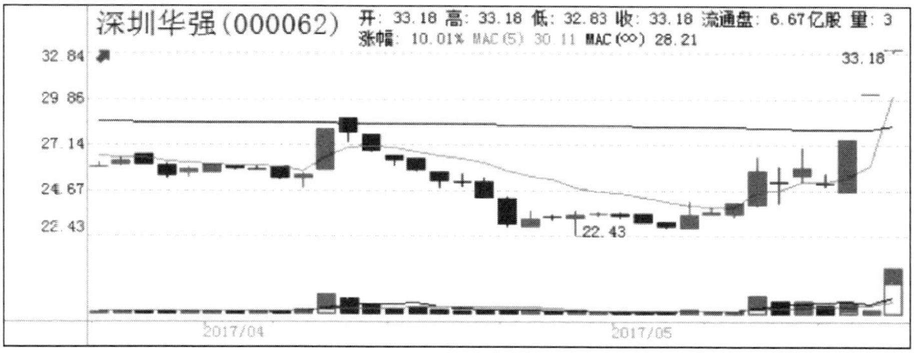

图 2—18

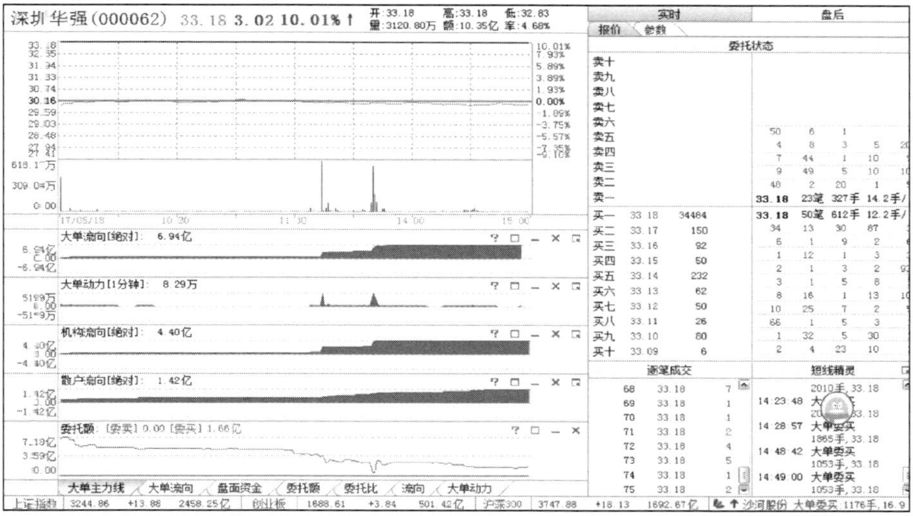

图 2—19

当天该股确实出现开板情况，证明该逻辑具有合理性。

另外，该股当天是打开过涨停成 T 字板，但因为笔者软件误差，当天显示没有开板。第二天该股走势如图 2—20 至图 2—23 所示。

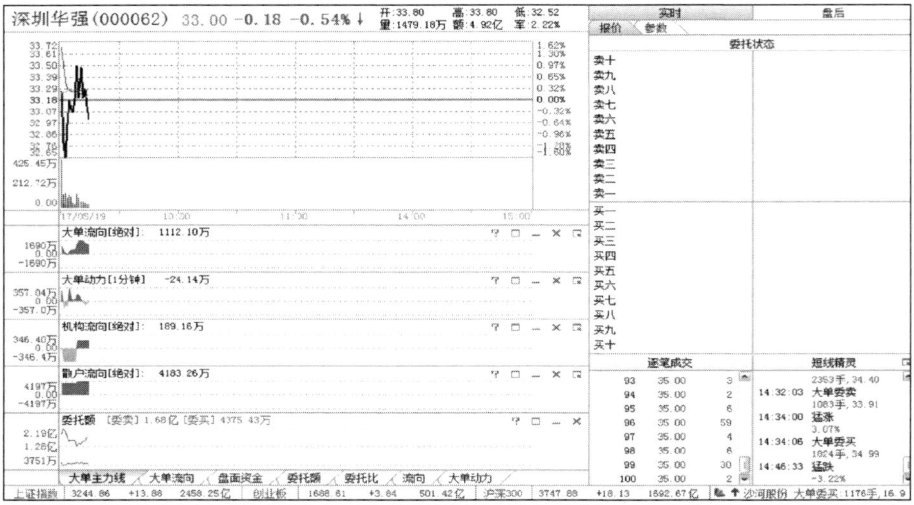
深圳华强(000062) 33.00 -0.18 -0.54%
开:33.80 高:33.80 低:32.52
量:1479.18万 额:4.92亿 率:2.22%
实时
盘后
报价
参数
委托状态
大单流向[绝对]: 1112.10万
大单动力[1分钟]: -24.14万
机构流向[绝对]: 189.16万
散户流向[绝对]: 4183.26万
逐笔成交
短线精灵
大单主力线
大单流向
盘面资金
委托额
委托比
流向
大单动力
上证指数 3244.86 +13.88 2458.25亿
创业板 1688.61 +3.84 501.42亿
沪深300 3747.88 +18.13 1692.67亿

图 2—20

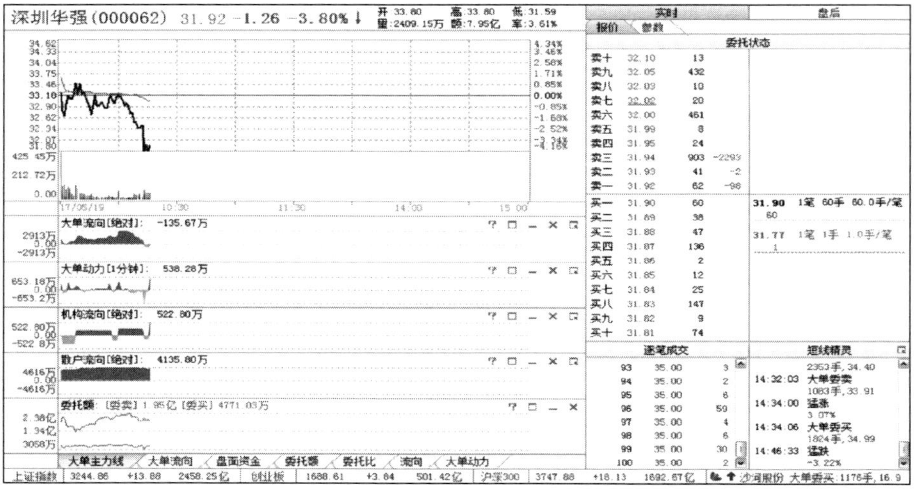
深圳华强(000062) 31.92 -1.26 -3.80%
开:33.80 高:33.80 低:31.59
量:2409.15万 额:7.95亿 率:3.61%
实时
盘后
报价
参数
委托状态
大单流向[绝对]: -135.67万
大单动力[1分钟]: 538.28万
机构流向[绝对]: 522.80万
散户流向[绝对]: 4135.80万
逐笔成交
短线精灵
大单主力线
大单流向
盘面资金
委托额
委托比
流向
大单动力
上证指数 3244.86 +13.88 2458.25亿
创业板 1688.61 +3.84 501.42亿
沪深300 3747.88 +18.13 1692.67亿

图 2—21

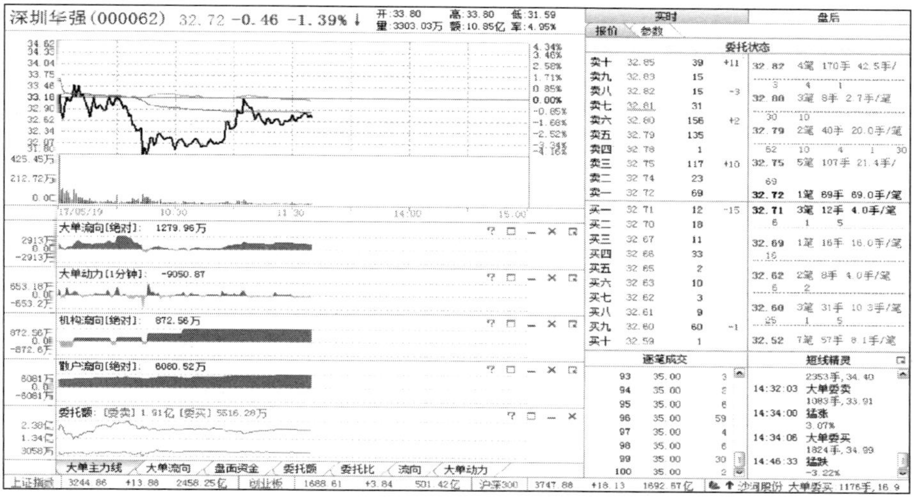

图 2—22

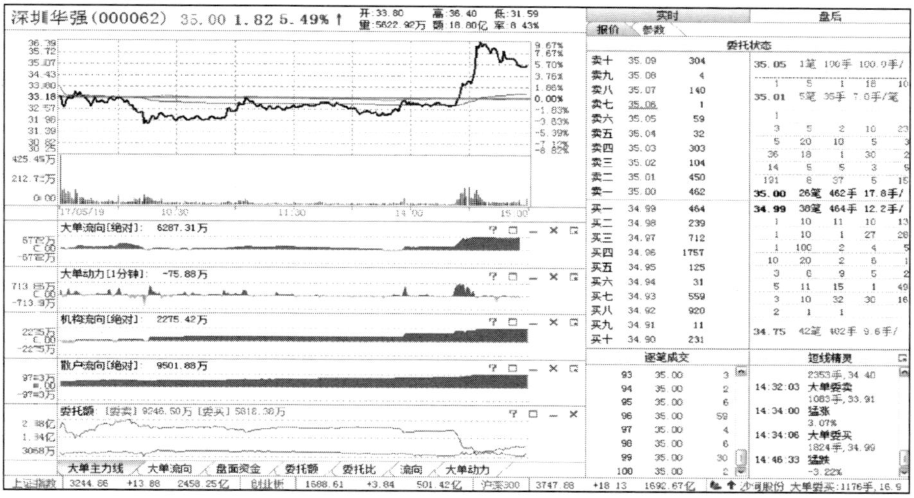

图 2—23

前面的走势证明了该股确实主力已经出逃，至于尾市的一个冲高，具有偶然性，身在当时，不一定能等到这个冲高机会。在前面多次探底过程中，就可能卖出止损了——那位股友事实上就是平仓卖出了，没有等到这个冲高机会。

后续该股走势证明了这个逻辑的正确性（见图 2—24）。

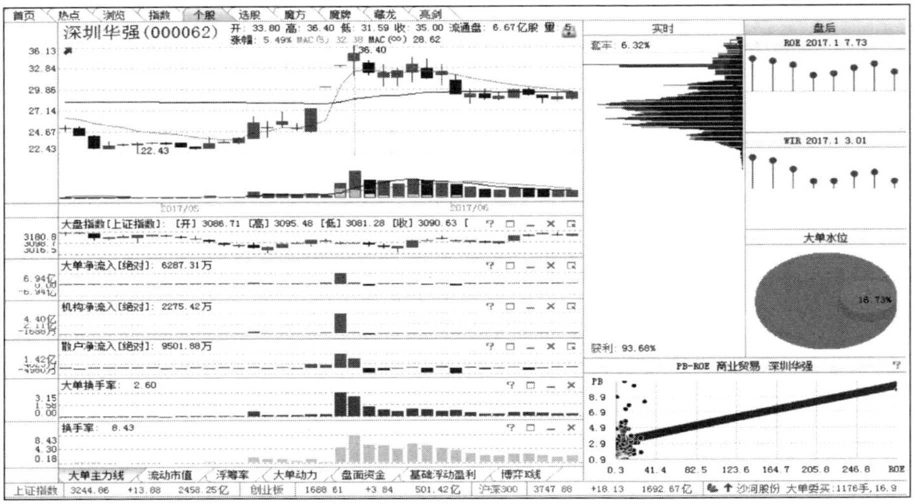

图 2—24

那么，是不是能因此确定该逻辑具有普遍性呢？

再看一个例子，其情况和深圳华强类似：该股一字板，但有股友集合竞价涨停买入成交，跑赢了 VIP 通道。见图 2—25、图 2—26。

那么，该股是否会复制深圳华强的走势？

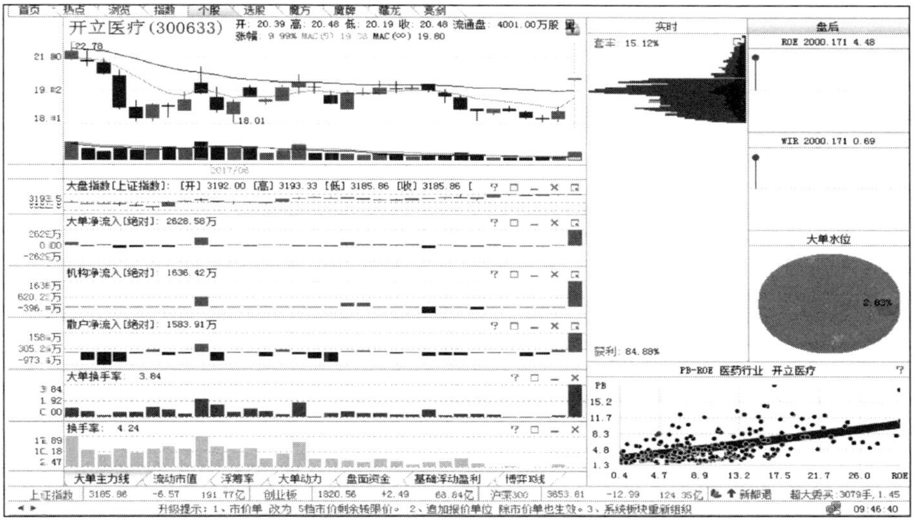

图 2—25

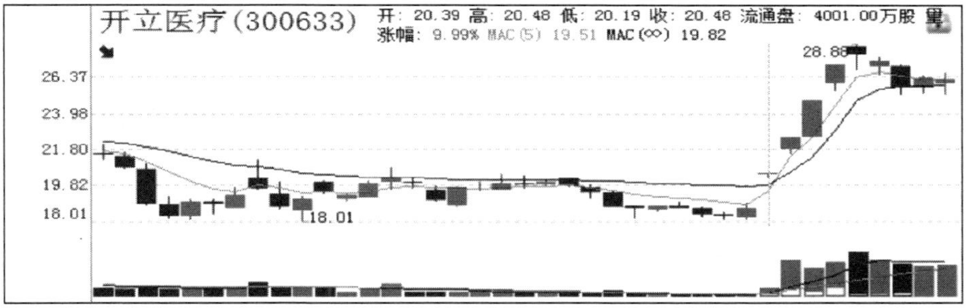

图 2—26

结果该股竟走成当时的妖股了!

造成这种差异的部分原因是:虽然近 11%换手,但对流通市值很小、不到一个亿的次新股,这点换手算正常,而且同板块的天马科技当天二连板,直接刺激了该股的股性。

接着,在开立医疗上获利的股友用同样思路集合竞价挂板江龙船艇,结果如何?见图 2—27、图 2—28。

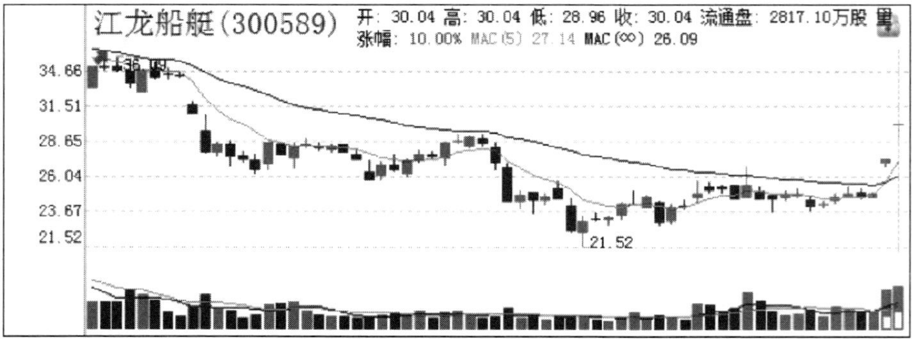

图 2—27

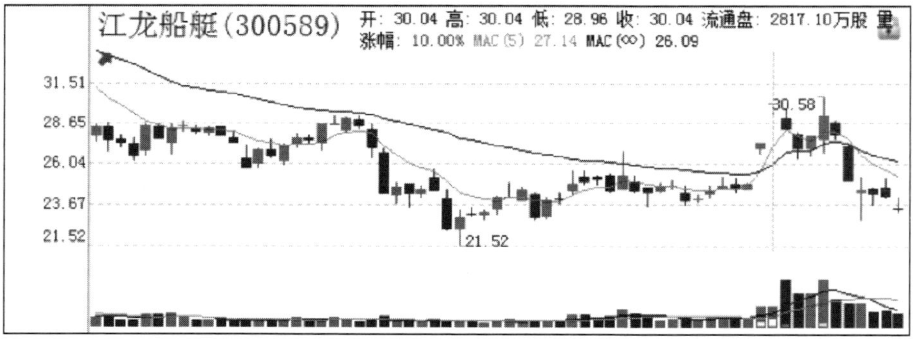

图 2—28

却走成了拐点!

这说明,同一个规律需要结合不同个股品质、大盘情况深入细致研判运用——股市没有简单规律!

2.2.3 打板技术如何升级成主升浪技术

小说《斗宴》中,扬州厨界为了对付一个外地来的绝顶高手厨师,派出当地刀工、选料、火候几乎都是天下第一的三名厨师联手做一道菜对付高手，结果却一败涂地。

这个故事的基本原理即是：局部的最强叠加不等于系统的最强，必须是在一个更高层次的思维体系指导下的局部重组，才可能构成系统最强。

这就回答了为什么有人说在龙妖体系中，K 线、量能、资金分析似乎都不如原始学派的博大深入时，我一笑了之，说明他悟性还不够。

笔者过去从事的雷达信号处理技术，一些技术如 SAR（合成孔径成像）、相控阵技术等，虽然是雷达专业的顶尖技术，但对后来的通讯技术基本没有直接用处——但思想方法具有方法论意义。

同理，一些很高深的单项技术，在龙妖体系里面，其实只适用于特殊场景，但对龙妖不起作用的奇技淫巧，比如 K 线的有些特殊情况，还有那些对子数、夹板数、一条龙，通常出现这些数字是见顶或见底的表现，概率很高。

但这些数字游戏一般只出现在冷门庄股中，甚至经常被反用。在合理性质的龙妖股里，基本没用，摒弃它们并不是不知道，更不是保密。

龙妖体系是在新的哲学思维指导下，围绕着“龙性妖气”或称“龙妖基因”的发现、主升浪起爆点这两个重点和难点进行研究，重构了这些元素。

而当单独部分整合成一个系统后，由于各部分之间的互动，会产生新层次的复杂性，从而导致新的出错方式，就需要对其重新改造甚至创新，也就是说，要在新思想指导下重构和改良这些基本技术。

而模式升级是需要付出代价的，从打板技术升级成龙妖主升浪技术必须学会主动舍弃一些只适用于短线打板的技术，主动放弃短线波动的诱惑！

而龙妖技术难以掌握，而且还不容易学到，短线打板机会似乎又很多，模式升级过程中会出现“旧房已拆，新房未建”的尴尬局面。很多人因此退回到打板技术上。

模式升级至少需要做到以下几点：

(1)学习各流派的精华。

(2)在新思想指导下有意识地取舍、改良，在一个更高层次思想的指导下进行再创造。也就是说，在这个高层次思想的指导下，那些太个性化的知识没用了。

以截拳道侧踢技术的创新为例：

(1)截拳道侧踢，见图 2—29、图 2—30。

图 2—29

图 2—30

(2)空手道侧踢,见图 2—31。

图 2—31

(3)跆拳道侧踢,见图 2—32。

图 2—32

截拳道侧踢具有整体性的竞争力,且考虑全身武器的配合攻击,更加灵活多变。

量学、K 线等只是单个维度理论,没有把这个维度的信息和其他维度的信息综合成一个整体来分析,统帅其分析的思想又不够高,所以境界很快就到了天花板。

量学的极限是牛股,对龙妖,只是入门;三度理论的长项是强势股,龙妖也只是擦边。

他们这种只能称为一个学派,不是一个体系。

量学、形态分析、筹码理论等,这些都只是构成龙妖体系的基础元素,如同写作文的基础知识——写好作文必须有这些基础知识,但只有这些基础知识是不足以写出好作文的。

用不同的思想境界,驾驭同样的元素,其取舍、改造就不一样,写出来的文章境界也就不同。

2.2.4 对理论的辩证接受

1. 案例1:多数人信则灵?

如果"灵"是由多数人信造成的,那么,又怎么会有少数人盈利定律呢?

2015年,多数人都认为会上1万点,怎么没灵呢?

多数人信了,就能被少数人反用了。那么,到底是什么造成了"灵"?

如果多数人信是造成"灵"的根本,主力再利用也没用。

如果主力是根本,多数人信也无效。那么,哪个是根本?

2. 案例2:现实中的涨停板是啥样?

很多人会犯一个逻辑错误:一个妖股走出来了,就去按图索骥,指标金叉,突破前高,均线黏合——然后就说出现这样的信号,龙头来了,起爆点来了,但又有多少是你所没看见的、出现所谓的这些信号后又倒下了的,这部分数据往往忽略了。

这种现象的本质就是“幸存者偏差”，指的是只看到经过某种筛选而产生的结果，而没有意识到筛选的过程，忽略了被筛选掉的关键信息。这种现象的别名很多，如“沉默的数据”“死人不会说话”等。

存活下来的企业被视为“传奇”，它们的做法被争相效仿，而其实有些也许只是因为偶然原因幸存下来了而已。

日常生活中，“我亲戚吃这个药好了”或者“我一个朋友去找了这个老中医”等。不管你的亲戚、朋友和你关系如何好，如何值得信任和尊重，在客观规律面前他们都是等同的。疾病和医药不会因为你的喜好而照顾或偏袒你的亲朋好友。

解决这个偏差的最好方法就是双盲实验，回到股市，打板，从数据分析的角度看：

涨停板次日最高价超过前日收盘价的平均概率约九成，开盘价超过的概率约七成（当然，一板、二板、三板、四板，不同板形会有差别）。

看似概率很高，但头天涨停能封死的整体概率约只有六成，所以打板的综合概率只有五成多——这是无脑见涨停就打的概率。当然，有些特定的板形胜率会很高，再加上题材分析，就更高了。

交易系统最重要的就是要知道这个模式到底胜率是多少，盈亏比是多少，有没有一个正期望值。不然，一直在做的事情，可能 N 年后回过头来才知道，原来一直做着永远不赚钱的死循环交易！

2.2.5　全面系统地分析问题

一粒沙含大千世界的前提是要把这一粒沙放在大千世界的整体背景下研究，它才包含了大千世界的信息，否则，一粒沙就只有一粒沙的信息！

同样，龙妖战法体系中的任何单项技术都要放在尽可能宏观、整体的大背景下研究，它才能起到"庖丁解牛"般游刃有余、"四两拨千斤"般轻松、"一剑封喉"般精准的神奇效果。

一阴洗盘？MA 金叉？《龙妖战法探秘》中介绍了一阴洗盘、二阴洗盘技术，具体运用时不可孤立使用，如图 2—33 所示，是一阴洗盘吗？

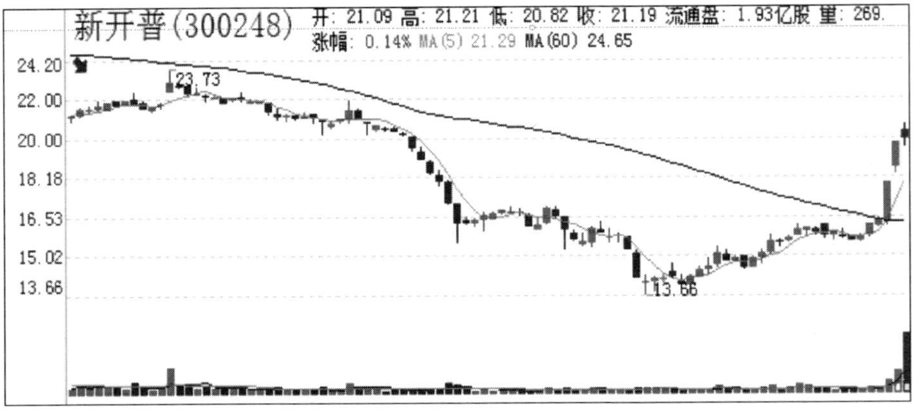

图 2—33

图 2—34，是二阴洗盘吗？

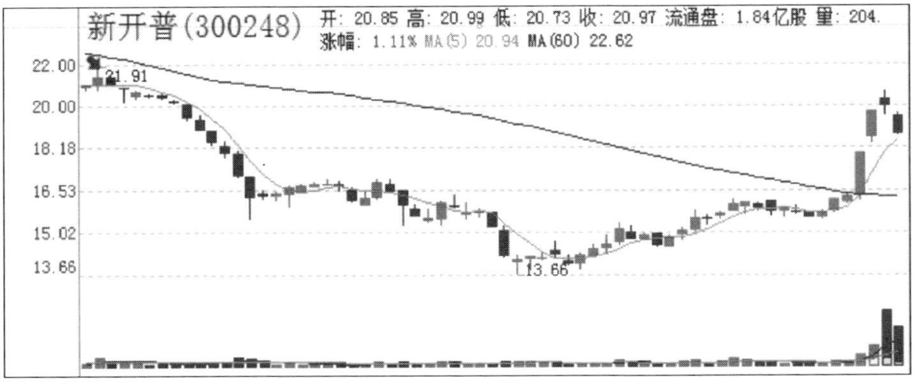

图 2—34

图 2—35、图 2—36，两根阴线后，分时开始高开上冲，是否是"两阴洗

盘"结束？能反包吗？

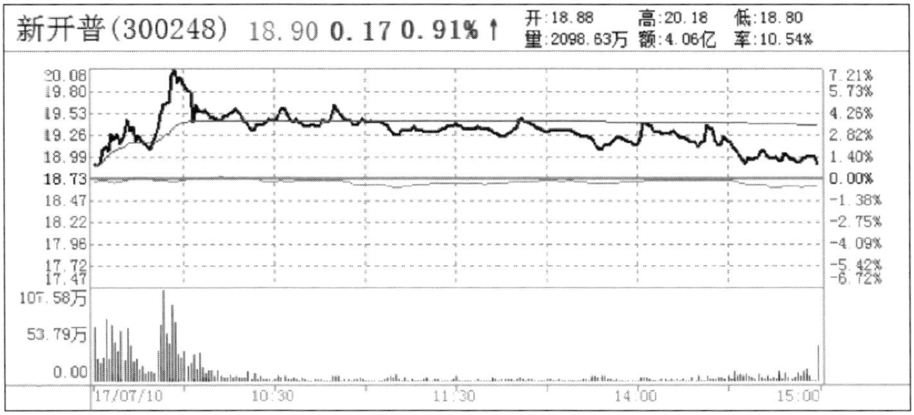

图 2—35

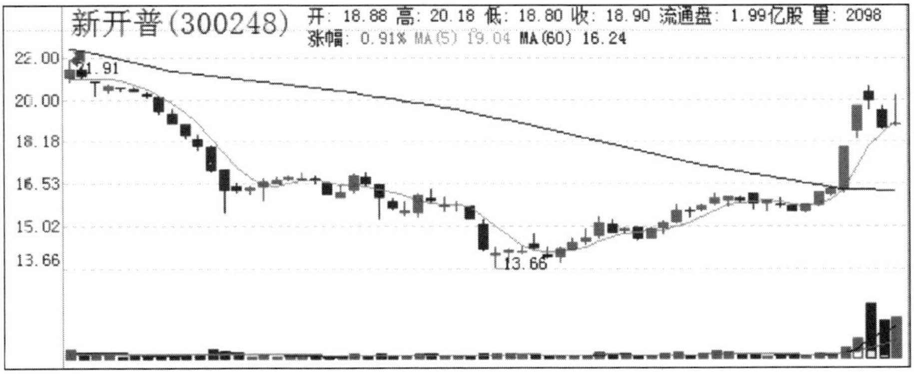

图 2—36

图 2—37,演化成出货了？

如何区分？

从一个维度看不清的事，增加一个维度的信息，往往就能很直观地看清，见图 2—38。

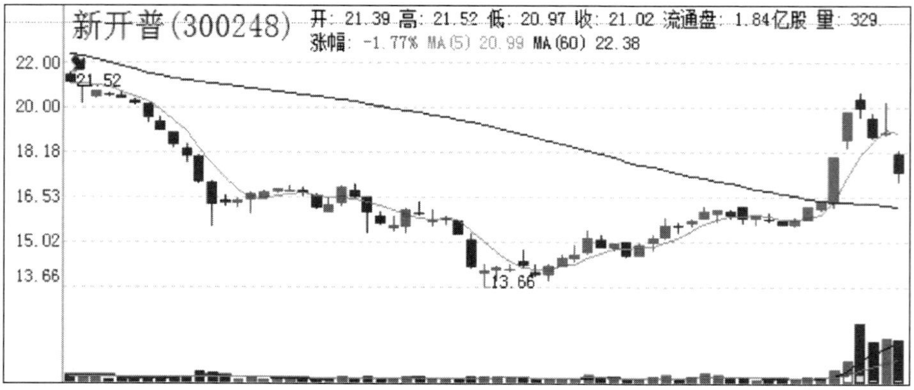

图 2—37

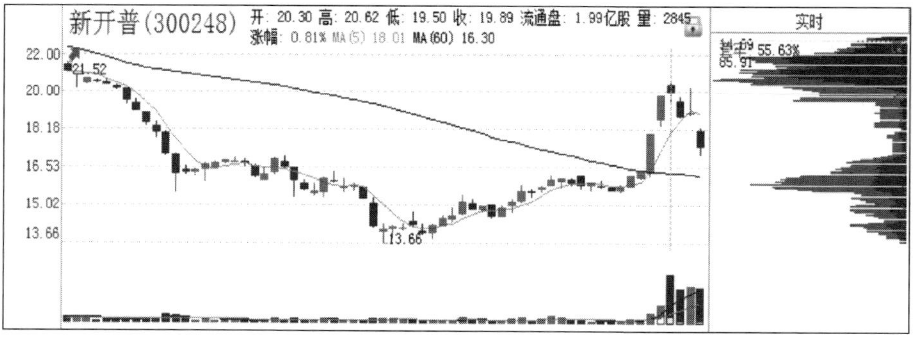

图 2—38

增加筹码信息可见:该股上方有明显的套牢盘,分时上冲又不凌厉,失败概率自然很大。

得出结论:该股处于反弹趋势中,且当前股价面临筹码压力位。

而一阴、二阴洗盘是指上升趋势中的技术形态,不适合反弹趋势,更不要说是在反弹压力区。

通过综合分析不同维度信息的指标,看清了当前股价状态。

2.2.6　题材和技术的辩证关系

请看图 2—39、图 2—40。

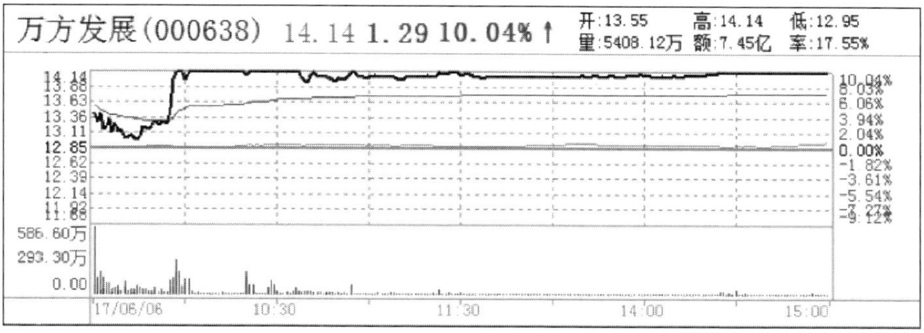

图 2—39

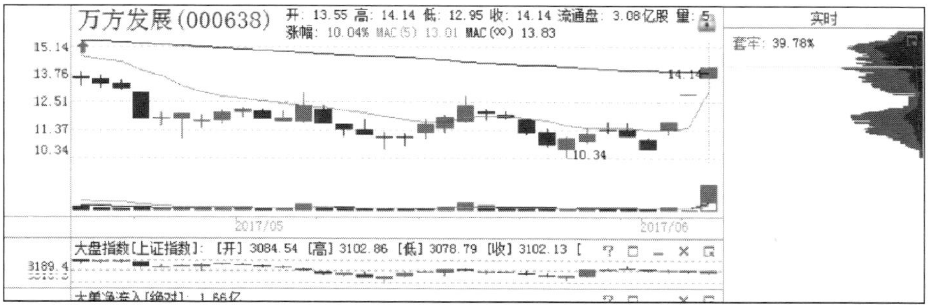

图 2—40

当前股价来到理论强压力位，且放量，从单一指标维度看，股价应该就此止步调整。

但该股具有参股公司与腾讯云计算合作的题材刺激，造成股价冲破了当前压力位，再次涨停。见图 2—41、图 2—42。

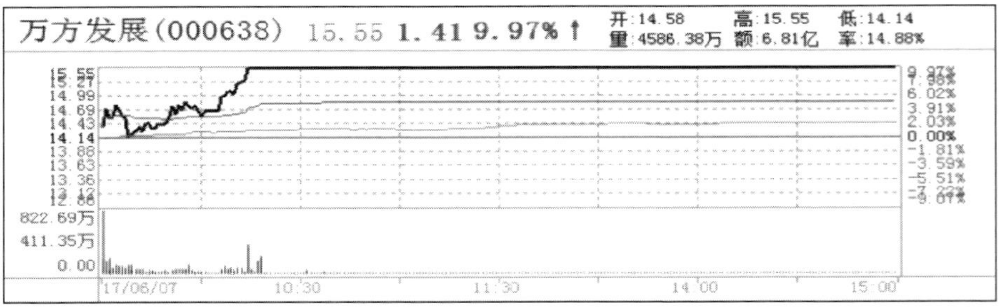

图 2—41

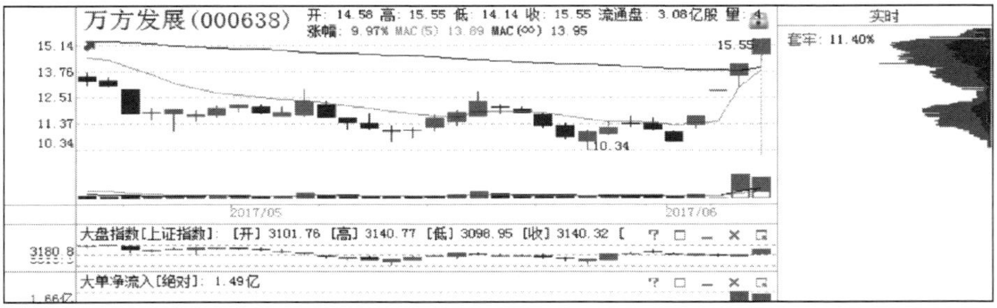

图 2—42

但静态的强压力位毕竟现实存在着，在题材刺激缺少持续性后，股价开始调整回落。见图 2—43。

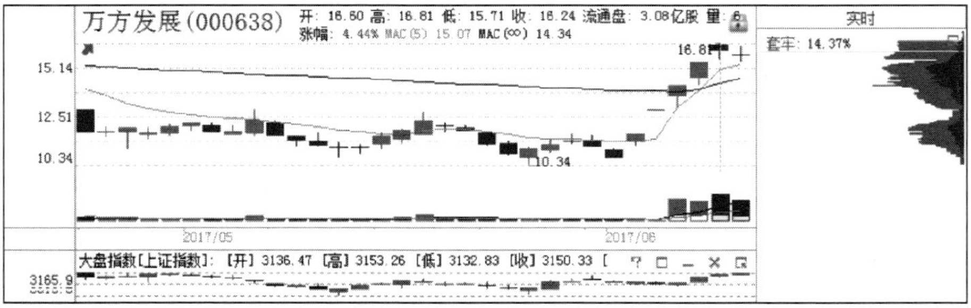

图 2—43

2.2.7　营业部的辩证法

请看图 2—44、图 2—45。

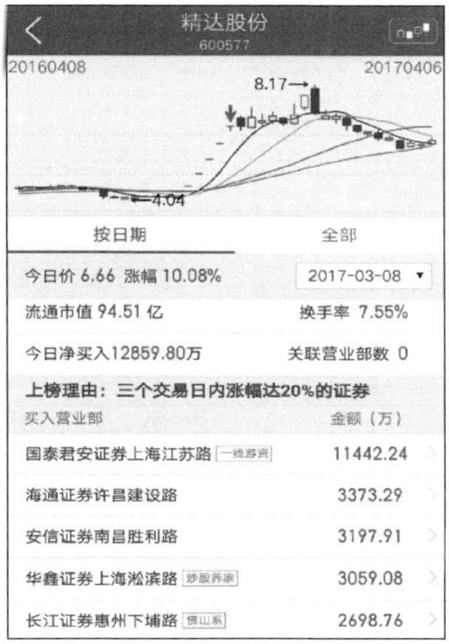

图 2—44

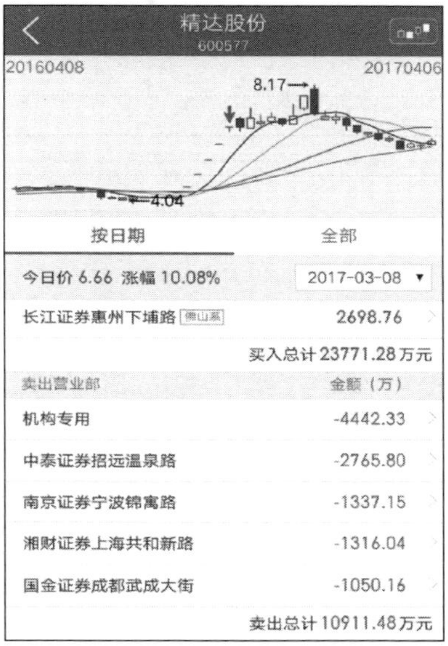

图 2—45

资金流战法的缺陷：营业部算法的可靠性如何？越精确犀利的东西，越容易失效。营业部开始分散，甚至诱多。

该股这天，"炒股养家"进了，那么该股一定上涨吗？

这些人就不错吗？

何况营业部真假如何辨别？

事实证明，该股后续走势"一江春水向东流"！见图 2—46。

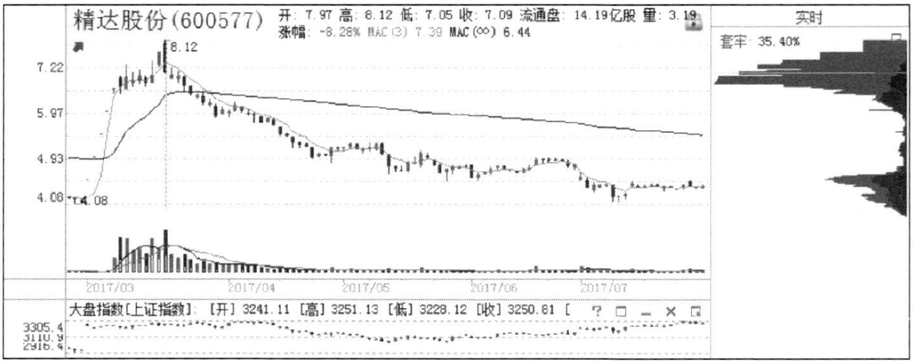

图 2—46

2.2.8　股价随机性的辩证性

随机性是造成买入后会出现不可预期的下跌的根本原因，是坏事。

但随机性也意味着可能出现不可预期的上涨！那种莫名其妙的涨停，大家应该都遇到过。

——利用好这种随机性，能作为买错票后的补救手段，利用这个随机性冲高获利出逃。

既然股价具有随机漫步特征，就意味着有随机漫步到获利的价位。

图 2—47 至图 2—50 就是几个实际案例。

出货段的票买不买？出货段也有反弹，会给出逃机会。主升段也会调整。

所以，原则上不主动介入出货段的股票，但如果误判介入了，也不一定非要止损出局，可以利用其拉高出货机会获利出逃——但机会来的时候不能心存幻想，又舍不得出货，错失机会。

辩证思维的关键是构建知识元素之间的系统性，简化为矛盾思维，看到事物的两面性。

单说形态、量、资金、题材，都有失偏颇，其共同构成的“势”——整体状况，庶几近道！

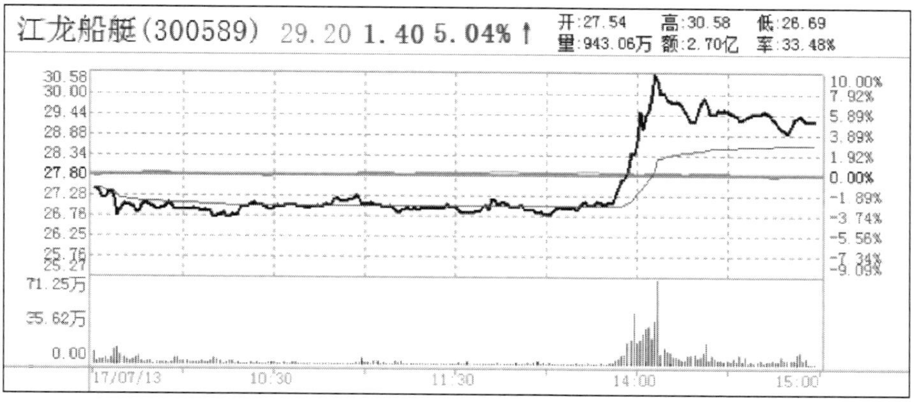

图 2—47

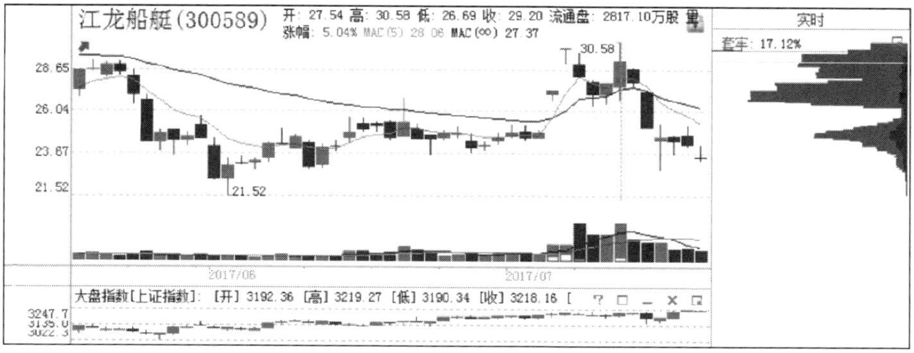

图 2—48

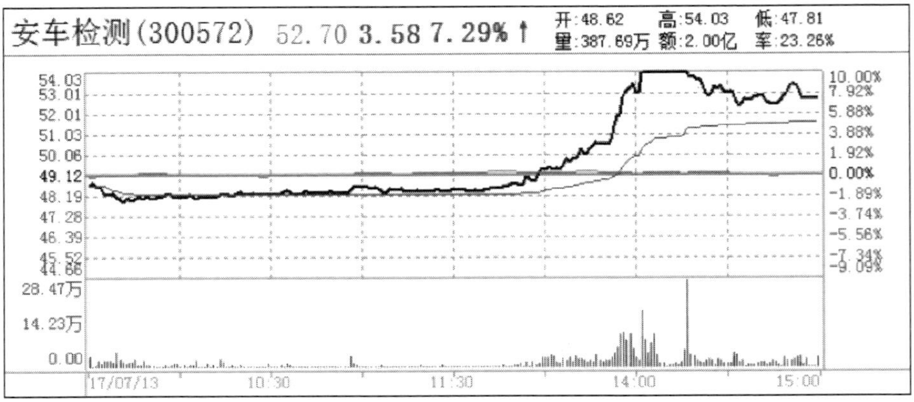
安车检测(300572) 52.70 3.58 7.29%
开:48.62 高:54.03 低:47.81
量:387.69万 额:2.00亿 率:23.26%

图 2—49

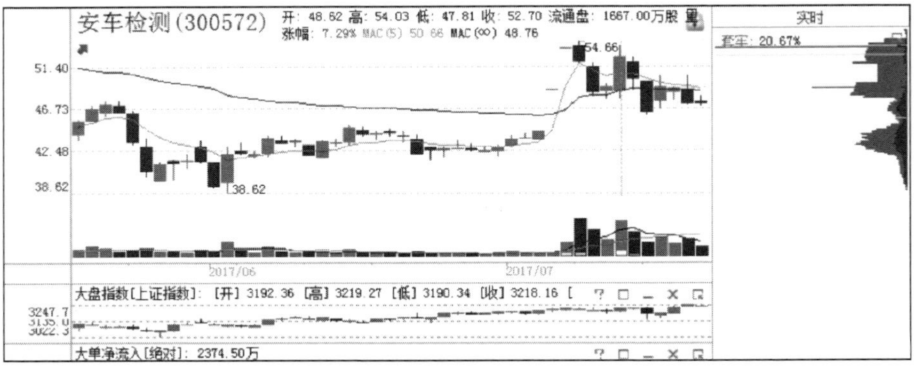
安车检测(300572)
开: 48.62 高: 54.03 低: 47.81 收: 52.70 流通盘: 1667.00万股
张幅: 7.29%
大盘指数[上证指数]: [开] 3192.36 [高] 3219.27 [低] 3190.34 [收] 3218.16
大单净流入[绝对]: 2374.50万

图 2—50

2.3 博弈思维实战运用

2.3.1 博弈思维:连接传统金融理论与行为金融学理论的枢纽

一、传统金融理论

传统金融理论是研究理性投资者在同一风险下期望收益最高,或同一收益水平上期望风险水平最低的投资组合。在有效市场假设上,传统金融理论大厦主要由以下基石组成:

1. MPT:现代投资组合理论

该理论认为,多元化投资组合的主要好处在于降低个股的价格波动——多样化的战略性作用是该理论的核心思想。

该理论表明,一定条件下,投资组合的选择主要是为了平衡期望回报及其方差,风险可以用方差来衡量,通过分散化可以降低风险。投资组合风险不仅依赖不同资产各自的方差,而且也依赖资产的协方差。

这样,大量不同资产的投资组合选择的复杂的多维问题被简化为一个概念清晰的简单二次规划问题,即均值—方差分析,并给出了最优投资组合问题的实际计算方法，并成为投资学的主流理论。

2. CAPM：资本资产定价理论

该理论是在研究理论 1 的模型如何影响估值过程中产生的，但该理论从诞生以来就因为其模型假设过于理想化，其实用性和有效性均受到质疑。

3. APT：套利定价理论

该理论比理论 2 所需的假设更少、更合理，但依然假设：投资者有相同的投资理念，投资者是厌恶风险的，并且要求效用最大化，市场是完全的。

但不包括理论 2 的如下假设：单一投资期，不存在税收，投资者能以无风险利率自由借贷，投资者以收益率的均值和方差为基础选择投资组合。

4. OPT：期权定价理论

该理论所犯的最基本、低级的错误就是：认为量化模型放之四海而皆准，好像可以把无常的人生变得很有规律一样，但人类并不永远是理性的，包括很多投资高手——不管模型怎么说，投资者永远不会成为一台电脑。

由以上简要梳理可知，传统金融学的理论大厦的基石都不太坚实，怎么能指望用这样的思维体系来指导我们的交易呢？“学院派”一词就是专为这类理论设定的带有贬义的称谓。

二、行为金融学理论

2008 年雷曼兄弟公司的破产，象征着传统金融理论大厦的崩塌，折射出传统金融理论和秩序的困境。应运而生的行为金融学重点研究传统金融学所忽略的人的因素，是关于不确定条件下的决策，是人类决策如何系统地偏离于标准经济理论所做的预测。

简言之：行为金融学是关于心理因素如何影响金融行为的研究，心理因素是人类欲望、目标和动力的基础，也是多种类型的根植于概念性幻觉、过度自信、过度依赖经验法则、情绪等人类错误的基础。

行为金融学的基本假设是：投资者的偏好倾向于多样化并且多变，这种偏好通常是在决策过程中形成的；决策者在决策过程中是随机应变的，他们根据决策的性质和环境做出不同选择，决策者追求满意而非最优方案。

三、博弈思维

博弈思维可谓是连接传统金融学理论和现代行为金融学理论的枢纽，博弈论本身是理性人假设的产物，类似于一个押宝游戏：

每个人写下介于1～100之间的一个数字，要求这个数字应该是大家数字平均数的2/3。例如，5个人分别写下10、20、30、40、50，平均数是30，2/3是20。

你会怎么写？几种情况：

(1)傻白甜：随便写一个碰运气，猜一下是50上下吧；

(2)数学家：不考虑其他人的心理因素，选0和1；

(3)简单思考者：大家对数字不会有什么特别灵感，他们可能会随机选择，那么他们错猜平均数会是50，所以我选33；

(4)聪明过头者：大家都很聪明，他们无疑会选33，所以我选22；

(5)博弈论者：考虑到所有因素后，应该选13。

这个案例与著名的“选美理论”一脉相承，其思维过程与介入龙妖股的资金心理博弈过程如出一辙！

1. 博弈思维是操作龙妖股的标配思维

股市的博弈对手就是价值投资派宣称的“市场先生”，是市场中所有股民行为的平均值，其性格的不稳定是因为市场中“群氓”行为更加情绪化，更加不稳定。

“群氓”是指群体行动中丧失判断能力的人群，或者叫“乌合之众”，他们总是被外表和事物的结果吸引。

非理性是人类的一种基本属性，个体的非理性的传导与叠加，又造成了整体市场的非理性繁荣和衰败。所以，行情总是在绝望中诞生，在半信半疑中成长，在憧憬中成熟，在希望中毁灭。

人类捕杀动物所设的“陷阱”一般有三个特征：

(1)有一个明显的诱饵；

(2)通往诱饵之路是单向的，可进不可出；

(3)越想挣脱，就越陷越深。

人类“博傻”的陷阱，多少与此类似。

以下是避免陷阱的一些建议：

(1)确定底线及预先的约定，比如投多少钱或多少时间；

(2)底线一旦确定，就要坚持到底；

(3)自己做主，不必看别人；

(4)提醒自己继续投入的代价；

(5)保持警觉。

厌恶风险使得当股价接近成本区时就会抛售，使反弹夭折。

市场的大底是由长线的价值投资者造成的，只有当较大一批资金开始不在乎短期波动而进入股市时，才有可能结束绵绵跌势。

非理性是人类难以克服的弱点，个体的非理性累加造成了整体市场的非理性波动，贪婪和恐惧使得价格和价值产生巨大偏差，而具体时代背景、人文环境的不同造成了市场总体心理状态的不同，故而即使是相似的基本面，市场总体反应也不尽相同。传统技术分析是对过去发生事件的统计总结，试图通过概率指导投资。但随着参与者的不断变化，参与者数量和市场中交易的股票也在不断变化。不同类型的股票吸引的人不同，使得使用该类型的分析技术在另一种类型股票上钝化甚至失效！

资本市场是由无数投资者和投机者共同构成的博弈场所，因此，对于脱离基本面的非理性波动，目前最好的解决方案是从行为金融学角度来研究和审视，可以在分析投资者心理和大众预期的基础上来研判价格波动的发展阶段——也就是目前市场常用的流行语：情绪！但大多是徒有其表，缺少具体衡量情绪的量化手段，不具有事前预判性，反而成了“事后抒情文”。

行为金融学是在传统金融理论出现一些异常现象时发展起来的，认为：人是有限理性的，有限控制力的基本预设后，人的感情因素和心理活动在决策过程中具有举足轻重的作用，并将这些因素融入投资决策过程中加以分析。

人类的许多弱点是一致的，可以在一定程度上预测，也可以被利用在市场上获利。

决定股价短期波动的因素是所有参与者的心理因素综合，包括理性和非理性的心理因素。

投机客经常因为无知而获利，在疯涨的牛市里，知识是多余的、经验是障碍，但投机客通常经历的是暂时的利润和最终的亏损。

龙妖体系梳理了和龙妖股甚至股市操作关联性较强的一些基础理论作为龙妖体系的底层逻辑体系，在这些坚实的底层逻辑基础上衍生出一系列具体的技术细节和操作策略。

在龙妖派看来，传统金融学理论和现代行为金融学的关系类似量子力学和牛顿经典力学的关系。

量子力学是反映微观粒子结构及其运动规律的科学。它的出现，使物理学发生了巨大变革，一方面使人们对物质的运动有了进一步的认识；另一方面使人们认识到物理理论不是绝对的，而是相对的，有一定的局限性。

量子力学的研究对象是微观粒子，经典力学的研究对象是宏观粒子。经典力学把自然界中的宏观物体作为自己的研究对象，即使是为处理问题的方便而把一些物体看作一个质点，仍然有大小、质量，描述它的运动状态的参量是坐标、速度、质量和能量等。量子力学的研究对象是微观粒子（分子、原子、原子核和其他基本粒子），它的主要任务是研究微观粒子的运动规律。但是，不能误认为量子力学与宏观世界毫无关系。事实上，量子力学的规律不仅支配着微观世界，也支配着宏观世界，从这种意义上说，所有的物理学都是量子物理学，经典理论乃是它的一种近似。

在微观层面，量子力学的物质表现为不确定，随机的量子甚至是弦，但在宏观、长周期层面仍表现为稳定的经典力学，如同牛顿物理学与量子物理学的关系一样。

同理，传统金融学和行为金融学适用的范围不同，传统金融学适用于长周期、宏观、大样本，行为金融学适用于短周期、微观、小样本——行为金融学的很多定律之间是互相矛盾、互有反例的，这些在个体和短周期内表现为倾向性，但在长周期内就趋向于传统金融学定律，均值回归——做龙妖股的群体思维倾向和做价值投资的差别很大，两者之间是“法术”和“大道”的关系。所以，操作时务必先确定自己的周期和样本范围。

正是因为在微观上短周期行为金融学那些互相矛盾的定律，使得在宏观、长周期下回归为传统金融学原理——“出来混的，总归要还的”。这也意味着操作上要及时介入和退出。

博弈思维是操作龙妖股的标配思维，思维不提升到这个层次，操作龙妖股显然将无功而返。

2. 博弈思维实战运用

博弈思维，就是研究在竞争性活动中，发现和运用制胜对方的最优策略的思维。简言之，就是做决策前要考虑博弈方行为对对方的互相影响，并采取相应措施的策略，一定程度上等同于概率思维。

博弈思维的前提之一是绝对理性人假设，即参与游戏的人全部是绝顶聪明的人——这显然不符合股市实际，也是纯博弈思维用在股市分析上的弊病。

博弈双方的多元选择绝对保密，各自最后方案的决定又要依赖于对对手的分析、估测，因此，估计对手的实力固然很重要，但根据双方以往交手情况，揣摩对方现在的心理更为重要——老手之所以常对新手大伤脑筋，是因为新手不按常理出牌，自己费尽心机的谋划，对方根本无感，效果大打折扣。

越热门的事物，被盯上的人越多，竞争也就越激烈——龙妖是大家眼热的亮点，所以，研究龙妖股，必须将思维升级成博弈思维！

股市中的博弈思维可以理解为动态的辩证思维：随着行情、介入力量的变化，动态调整各个知识要素之间的权重关系。

博弈思维的一个实用要点是：

不要太“深谋远虑”，更多关注当前局面的动态变化。比如，我们不必太关注中长期的趋势，不需要看得那么远，因为中长期的变数太多，是很难预测的。

对中长期趋势有一个定性预判就行，用不着精确规划细节，细节的东西就是看着当下，判断现在什么情况是最现实的，并做好相应对策。

行情走一步，根据新情况重新调整规划下一步计划的思路，这样更加务实。如果走势和预判基本一致，就执行原计划；如果走势和预判背离，就要随机应变调整原有策略。

即所谓“以无招胜有招”。

比如，雄安概念号称千年大计，从当时情况看，这个概念至少应该贯穿2017年全年的炒作主线——当时媒体和各个公众号确实几乎这样众口一辞。但后续走势证明，这个过程时不时冒出个新概念，有些概念的风头压过了雄安概念，比如2017年7月的涨价题材，其代表方大炭素，涨幅远超雄安概念股。

2.3.2 股市博弈思维的核心：对手盘

股市中的博弈思维，最核心是要考虑：谁才是真正的对手盘？

比较宏观的对手盘大致有以下几个：(1)国际金融形势；(2)国家政府；(3)主力机构；(4)证监会。

对龙妖派而言，最重要的对手盘其实是证监会的政策，即(4)；其次是主力机构，即(3)；(1)和(2)只要不是有太大变化，大多数情况下可以无视。

关注证监会的态度，具体做法要灵活，其一般画风是：

涨疯了狂打压，跌疯了狂出利好——证监会短期的疯狂也会让人亏30%。

市场大跌他就慌了，大家“用脚投票”的时候他就会出政策，这时游资就进场了。

具体案例就不举了。

特别应关注在当前市场环境下，证监会对妖股的容忍度：允许几个涨停！如下例，显然是不利于次新股的炒作。

证监会姜副主席：次新股三个板后必须开板，与国际接轨，防止恶炒与大起大落，次新并不是不能玩，只是不能太过分，三连板将成为难以逾越的鸿沟，否则就会遭到监管打压——特停、电话撤单、锁定与冻结资金账号，IPO提速等一系列行政手段就会重出江湖，华大基因2 376元就是其估值，超过就是套……

关注新一代证监会倡导什么，我们就去炒什么！

比如，2017年下半年倡导价值投资，有实际业绩增长的低市盈率股，我们就去炒这类股！

由此挖掘出西水股份、方大炭素等牛股。

不关注证监会的态度，后果很严重，见下例：

笔者当时只关注技术面，不关注证监会对该股的态度，该股票涨停那天是笔者介入的点，当天涨停，买入原因是技术上严重超跌，存在较大上升空间。见图2—51、图2—52。

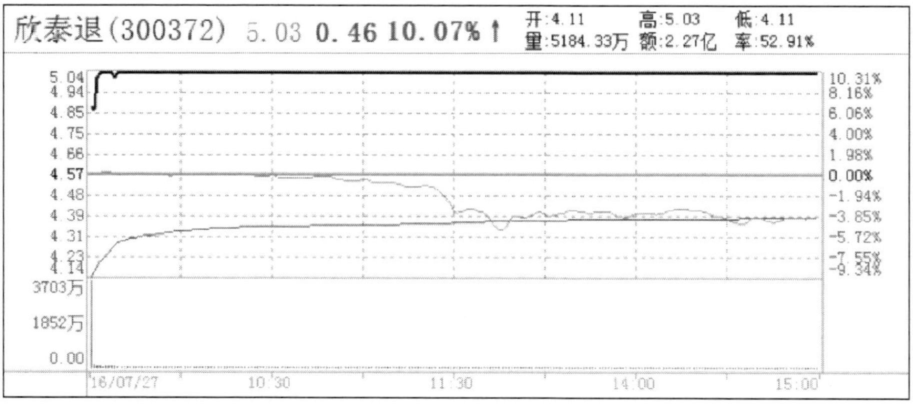

图2—51

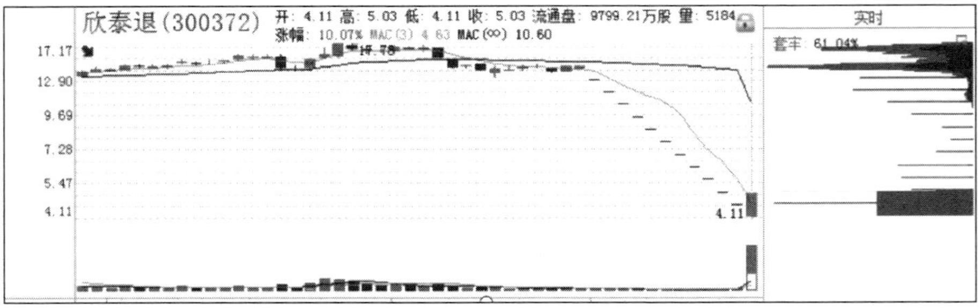

图 2—52

单从技术上分析,该股票在操作上无可挑剔,但笔者当时没有关注证监会对该股票的态度:要把该股票作为退市的一个典型,欲置之死地而后快!

买入后当晚,笔者收到了所在营业部的电话,要求抛出此股票,并出台相应政策:该股票只能到柜台买入,不让网上购买,但允许网上卖出——当时正是接近40度大热天,为购买此股票设置重重障碍!

之后果不出其然,该股票第二天直接一字板,连续跌停到第三天终于打开跌停,笔者被迫清仓止损!见图2—53。

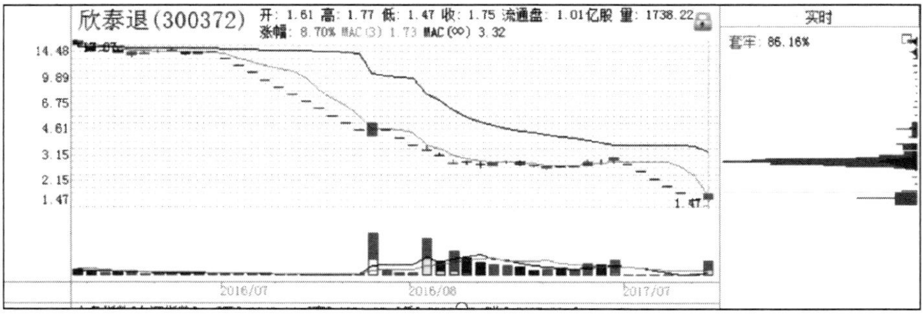

图 2—53

之后,该股票绵绵下跌,再也没有进入过笔者备选。

那么,监管下的未来还有龙妖吗?

（1）自从有股市以来，哪一天不监管？龙妖从来没有少过。

（2）美国股市这么规范，投机性品种依旧很多。

（3）游资不制造龙妖，无法暴利，就没有兴趣在股市上进出，市场一片死水，也是监管层不希望的。

2.3.3　龙妖战法与涨停敢死队手法异同

龙妖战法与游资战法不是一回事——很多人误以为跟着最强资金就是龙妖战法，其实大谬！两者有联系，但本质区别也很大。

涨停敢死队的主力资金是游资，是多方博弈里面的重要力量，龙妖战法是跟随者。

敢死队关心的是短期对手盘：筹码能不能卖出，是两虎相争，必有一伤！他们更关心当前对手是谁？其实力如何？谁割谁的韭菜？

图 2—54

当资金达到一定程度后，介入龙头股、妖股，就要考虑对手盘问题：谁是谁的韭菜？

如图 2—55，该位置，一位私募学员重仓持有，心中不踏实，咨询笔者是否可以持有？

我提醒他：资金达到一定程度后，首先要考虑的是对手盘问题，你的资金是否能安全出逃？

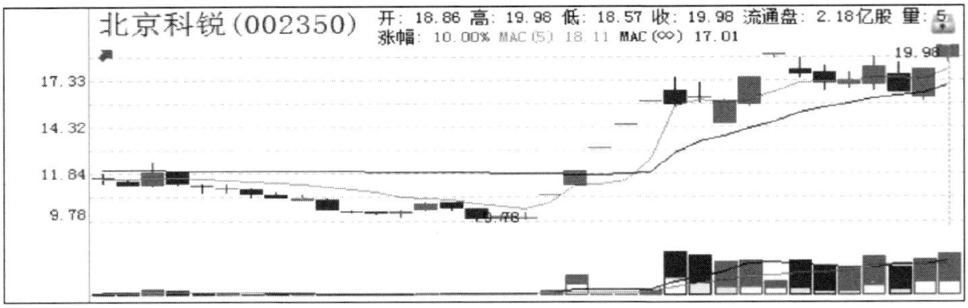

图 2—55

对这个票，我当时的分析是：该股短期调整概率较大，如果仓位适中，我会持仓不动，或滚动操作做 T 降低成本、平衡风险，赌冲高点——我认为会有更高点出来。但你现在是重仓，赌不起！

该股次日走势如图 2—56、图 2—57 所示。

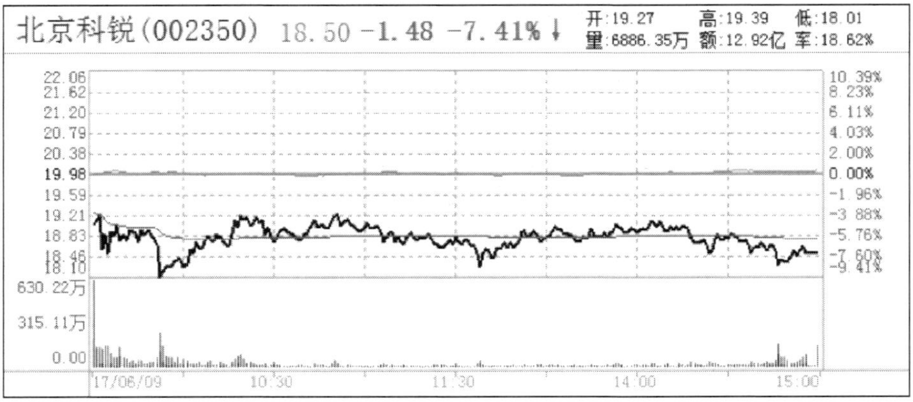

图 2—56

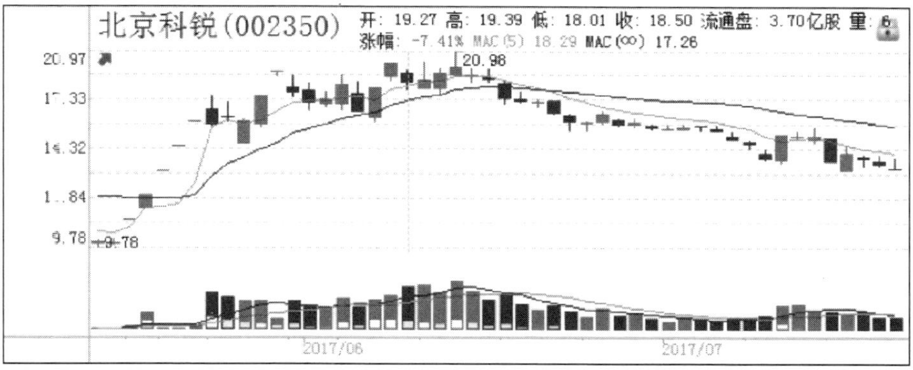

图 2—57

该股第二天直接低开，中间又调整了几天，后期确实也出现了更高点。

该学员为安全计，第二天直接获利清仓——他是前几天进入的，有成本优势。

由此也可以看出：仓位决定心态，仓位也决定操作。

以上是游资要考虑的对手盘问题，而龙妖派关注的是这个博弈游戏的持续性，是“坐山观虎斗”，只要还有新的“老虎”入场，游戏就没有结束，不用担心“老虎”反咬自己，持股就行。

但，可不要在仅有一只老虎时还留在场内！

图 2—58

2.3.4 龙虎榜上的博弈

直接看案例，南国置业，有以下亮点：(1)特色小镇龙头；(2)起涨当天盘后形态良好。见图 2—59、图 2—60。

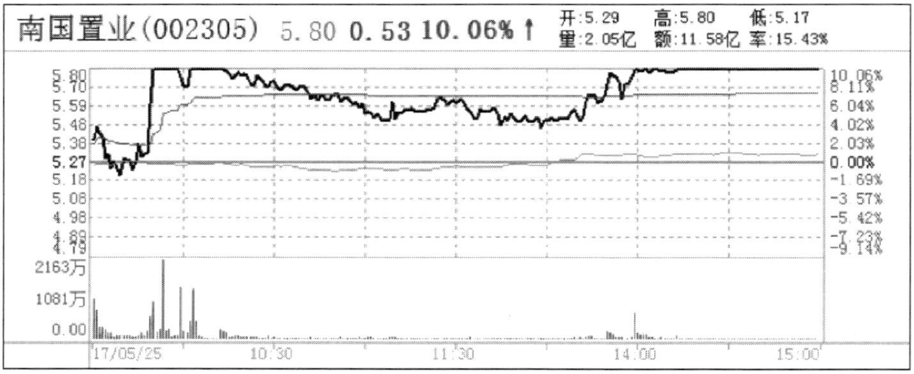

图 2—59

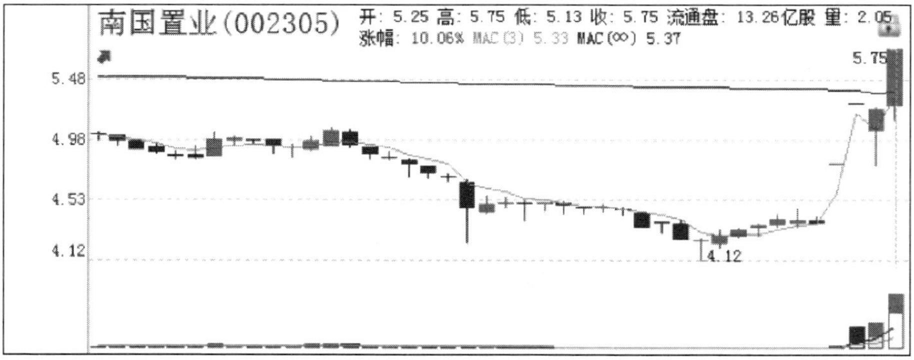

图 2—60

当天龙虎榜如图 2—61 所示，该股是否具有持续性？

南国置业龙虎榜数据

2017-05-25

日期：2017-05-25 总成交金额：115785.19万元，总成交量：20472.32万股

排序	营业部名称	买入金额/万	占总成交比例	卖出金额/万	占总成交比例	净额/万
	买入金额最大的前5名　买入总计 13726.79 万元，占总成交比例 11.86%					
1	海通证券股份有限公司蚌埠中荣街证券营业部	3553.95	3.07%	0.69	0.00%	3553.26
2	华泰证券股份有限公司厦门厦禾路证券营业部	3076.42	2.66%	8.59	0.01%	3067.83
3	长城证券股份有限公司仙桃钱沟路证券营业部	2902.48	2.51%	68.39	0.06%	2834.09
4	万联证券有限责任公司广州东风中路证券营业部	2488.86	2.15%	8.04	0.01%	2480.82
5	国泰君安证券股份有限公司上海威海路证券营业部	1479.87	1.28%	0.58	0.00%	1479.29
	卖出金额最大的前5名　卖出总计 15557.56 万元，占总成交比例 13.44%					
1	机构专用	0.00	0.00%	5714.51	4.94%	-5714.51
2	东海证券股份有限公司广州分公司	0.00	0.00%	2738.16	2.36%	-2738.16
3	招商证券股份有限公司北京建国路证券营业部	184.11	0.16%	2416.05	2.09%	-2231.94
4	机构专用	0.00	0.00%	2320.00	2.00%	-2320.00
5	中信证券股份有限公司北京建国门证券营业部	41.10	0.04%	2282.55	1.97%	-2241.45

买卖净差：-1830.77万元

图 2—61

再看后几天的涨停和龙虎榜情况，见图 2—62 至图 2—67。

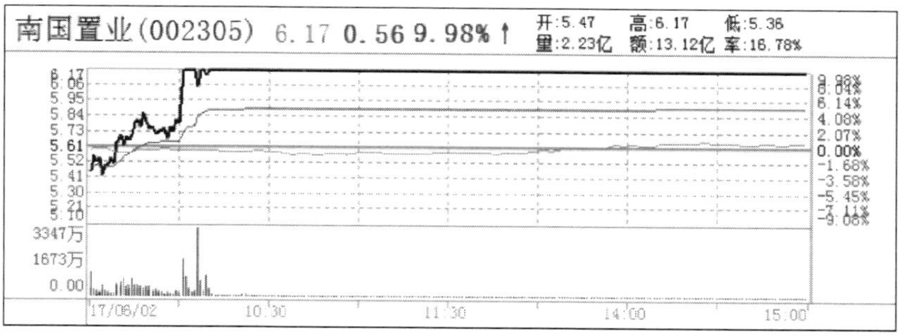

图 2—62

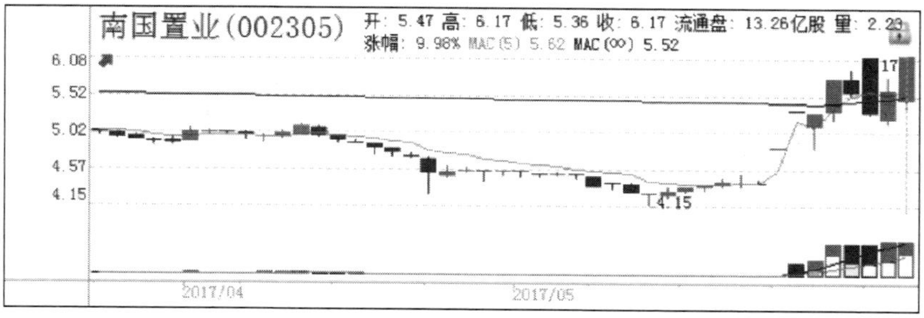

图 2—63

南国置业龙虎榜数据

2017-06-02

日期：2017-06-02 总成交全额：131177.55万元，总成交量：22262.42万股

排序	营业部名称	买入金额/万	占总成交比例	卖出金额/万	占总成交比例	净额/万
买入金额最大的前5名　买入总计 **31818.19** 万元，占总成交比例 **24.26%**						
1	中泰证券股份有限公司深圳欢乐海岸证券营业部	9040.35	6.89%	0.00	0.00%	9040.35
2	中信证券股份有限公司深圳总部证券营业部	8503.76	6.48%	0.06	0.00%	8503.70
3	安信证券有限责任公司深圳深南大道证券营业部	5522.17	4.21%	0.00	0.00%	5522.17
4	中国国际金融股份有限公司云浮新兴东堤北路证券营业部	5120.42	3.90%	0.00	0.00%	5120.42
5	广发证券股份有限公司深圳民田路证券营业部	3462.36	2.64%	9.32	0.01%	3453.04
卖出金额最大的前5名　卖出总计 **20055.70** 万元，占总成交比例 **15.29%**						
1	长江证券股份有限公司惠州下埔路证券营业部	2.97	0.00%	13815.50	10.53%	-13812.53
2	万和证券股份有限公司成都通盈街证券营业部	12.30	0.01%	1831.38	1.40%	-1819.08
3	华福证券有限责任公司厦门湖滨南路证券营业部	16.06	0.01%	1827.68	1.39%	-1811.62
4	光大证券股份有限公司武汉新华路证券营业部	137.81	0.11%	1461.15	1.11%	-1323.34
5	浙商证券股份有限公司临安万马路证券营业部	0.00	0.00%	1110.63	0.85%	-1110.63

买卖净差：**11762.50**万元

图 2－64

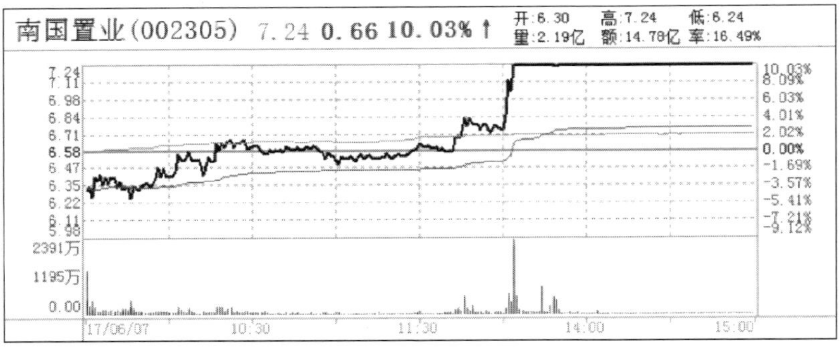

图 2－65

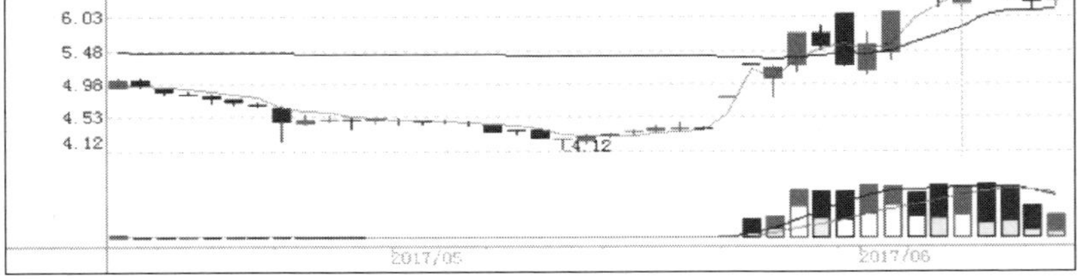

图 2－66

南国置业龙虎榜数据

2017-06-07

日期：2017-06-07 总成交金额：147782.46万元，总成交量：21866.37万股

排序	营业部名称	买入金额/万	占总成交比例	卖出金额/万	占总成交比例	净额/万
买入金额最大的前5名　买入总计 **27576.27** 万元，占总成交比例 **18.66%**						
1	中信证券股份有限公司上海淮海中路证券营业部	7434.80	5.03%	683.77	0.46%	6751.03
2	中信证券股份有限公司上海瑞金南路证券营业部	6995.56	4.73%	0.07	0.00%	6995.49
3	中国银河证券股份有限公司北京阜成路证券营业部	4472.60	3.03%	60.27	0.04%	4412.33
4	招商证券股份有限公司深圳蛇口工业七路证券营业部	3837.62	2.60%	120.94	0.08%	3716.68
5	中信证券股份有限公司上海溧阳路证券营业部	3062.44	2.07%	992.69	0.67%	2069.75
卖出金额最大的前5名　卖出总计 **13701.93** 万元，占总成交比例 **9.27%**						
1	海通证券股份有限公司蚌埠中荣街证券营业部	15.30	0.01%	6071.13	4.11%	-6055.83
2	安信证券股份有限公司嘉兴纺工路证券营业部	456.15	0.31%	1590.88	1.08%	-1134.73
3	中信证券股份有限公司杭州文三路证券营业部	37.46	0.03%	1468.47	0.99%	-1431.01
4	中信建投证券股份有限公司宜昌市解放路证券营业部	2.03	0.00%	1451.95	0.98%	-1449.92
5	中信证券股份有限公司深圳总部证券营业部	1262.31	0.85%	1261.77	0.85%	0.54

买卖净差：13874.34万元

图 2—67

从以上三天的龙虎榜情况可以看到，都是豪华阵容，大佬云集，但次日都没有持续上涨，反而出现了调整走势，最后一个走势，竟然还出现了下跌?!

为什么?

再看一例，西藏天路，2017 年 7 月 12 日，涨停启动。见图 2—68 至图 2—71。

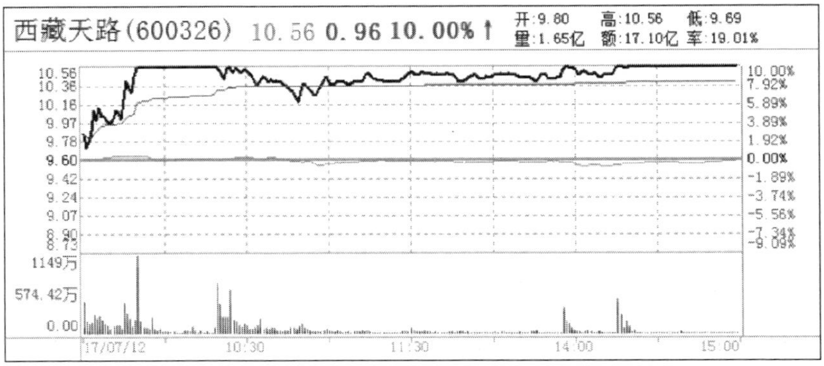

图 2—68

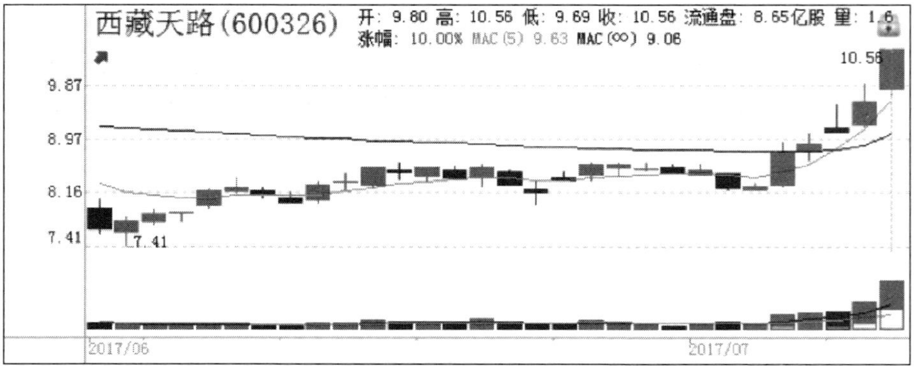

图 2—69

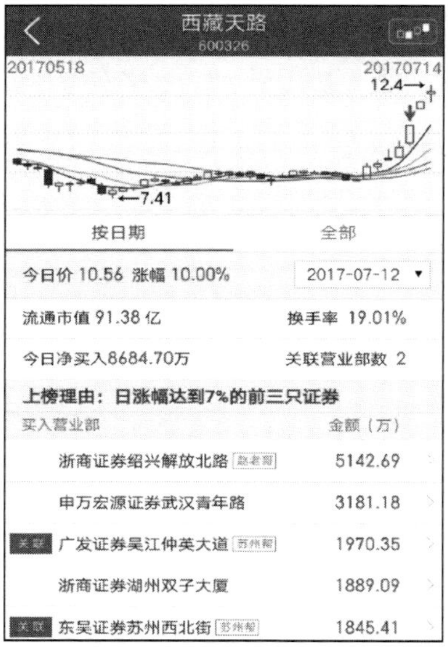

图 2—70

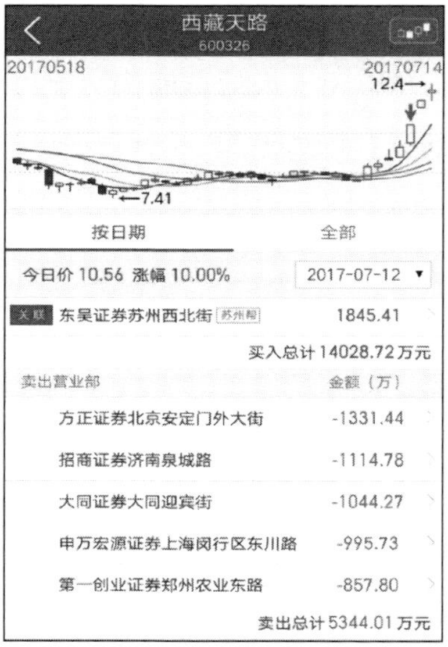

图 2—71

这天，强势游资介入，包括赵老哥进入。

第二天(7 月 13 号)，该股近乎一字板。见图 2—72 至图 2—74。

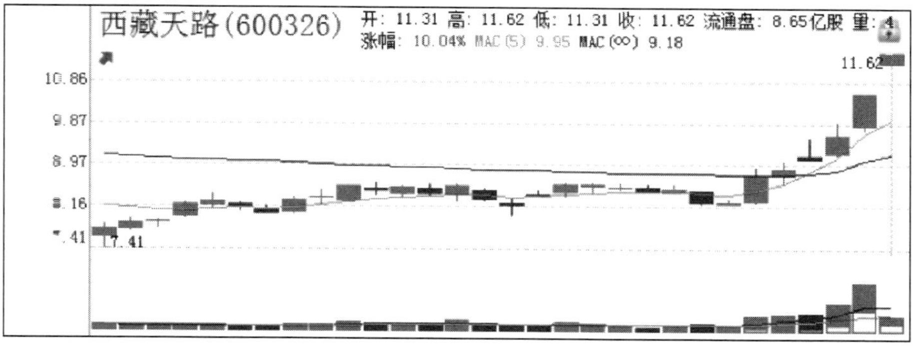

图 2—72

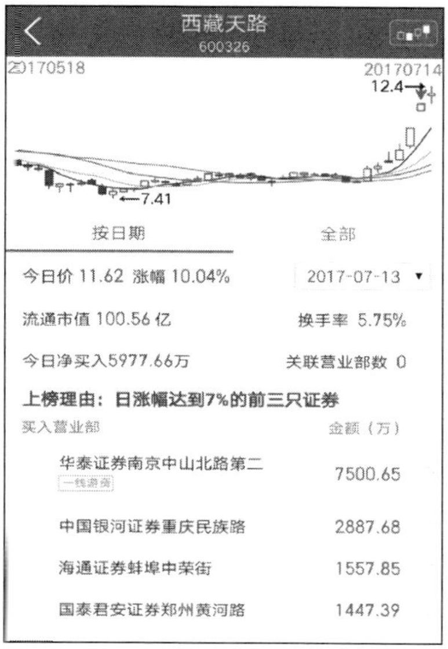

图 2—73

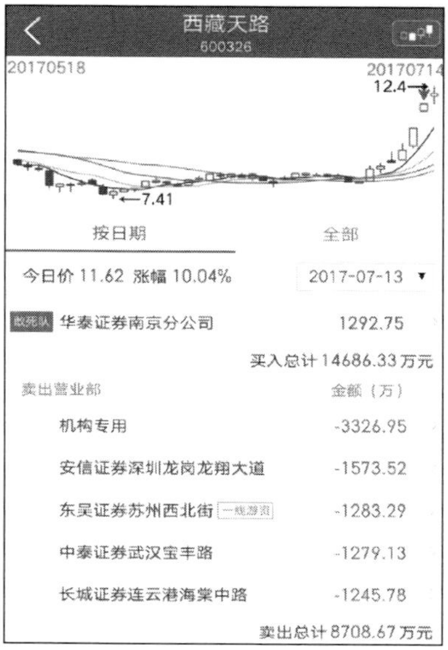

图 2—74

2017 年 7 月 13 日晚，几乎一致看好西藏天路是“宇宙总龙头”时，我在一个小群内明确预判：明天这票极大概率阶段顶。次日该股走势如图 2—75、图 2—76 所示。

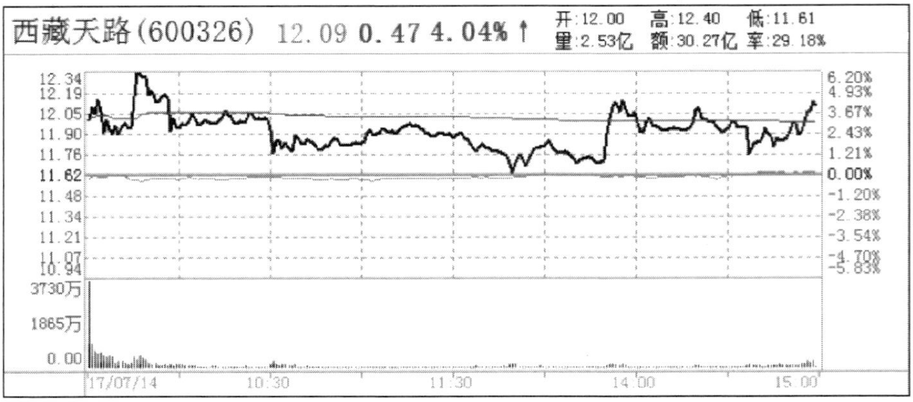

图 2—75

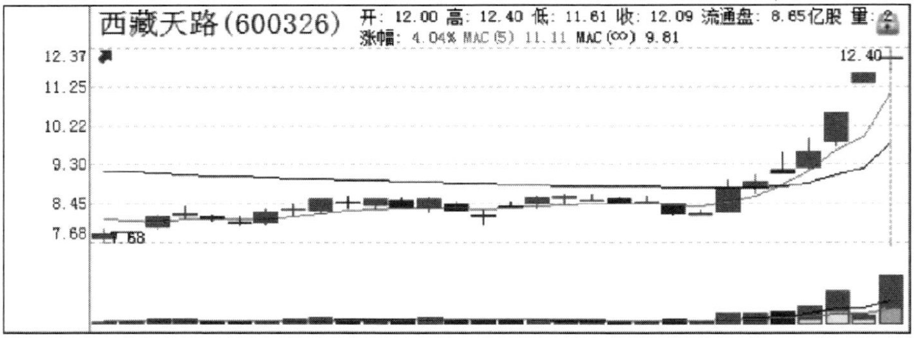

图 2—76

为什么会这样?

豪华机构阵容为何上涨反而没有持续性?一个定性的原因是:

当介入资金性质复杂后,就存在互相博弈性,存在谁先出逃抢跑道,先割对方韭菜问题。

而该票只能成为强势股的核心因素是其缺少龙妖基因!

有人解释该股没有持续是受到大盘拖累,我们对照当日和次日个股和大盘走势可见:大盘不仅没有拖累个股,甚至中间还几次拉升,但个股就像扶不起的阿斗，根本不受大盘感应，继续向下调整。见图 2—77 至图 2—80。

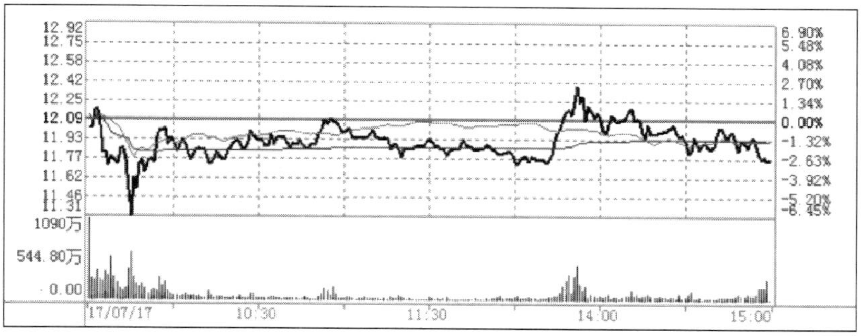

图 2—77

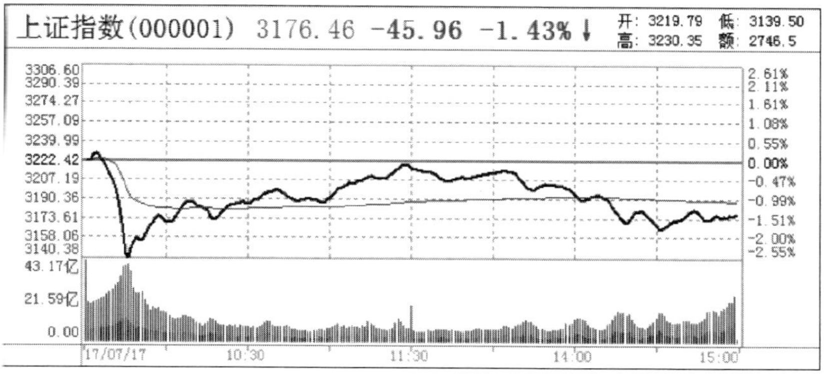

图 2—78

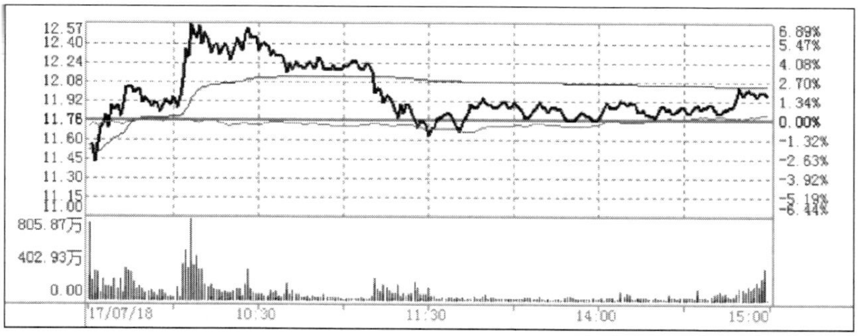

图 2—79

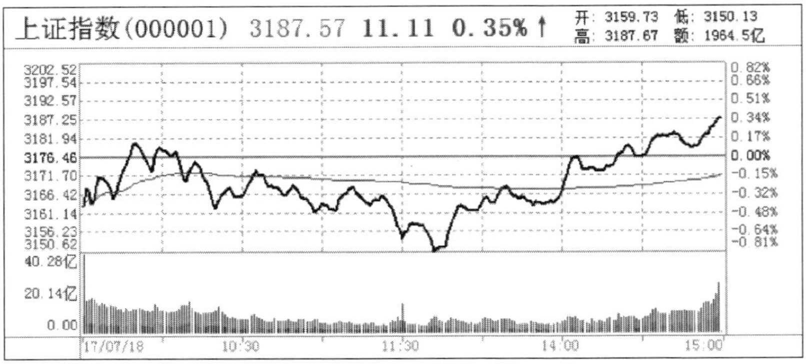

图 2—80

再看一个机构之间的博弈案例，见图 2—81 至图 2—84。

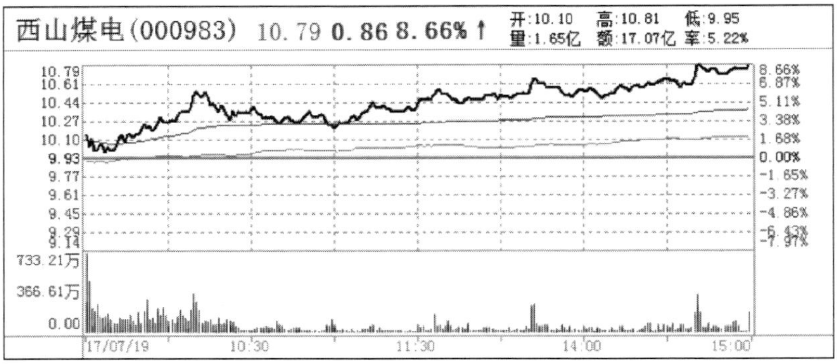

图 2—81

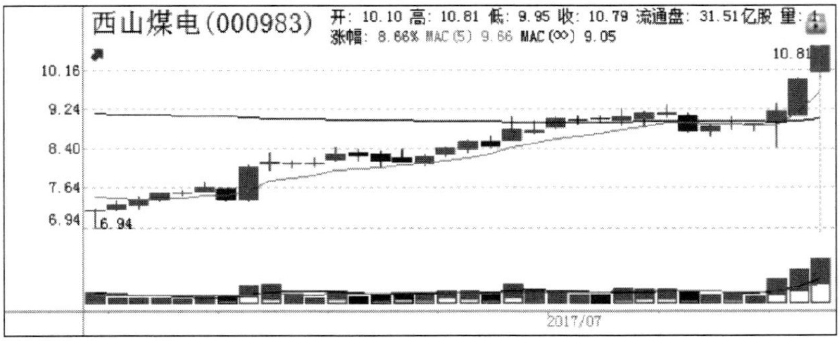

图 2—82

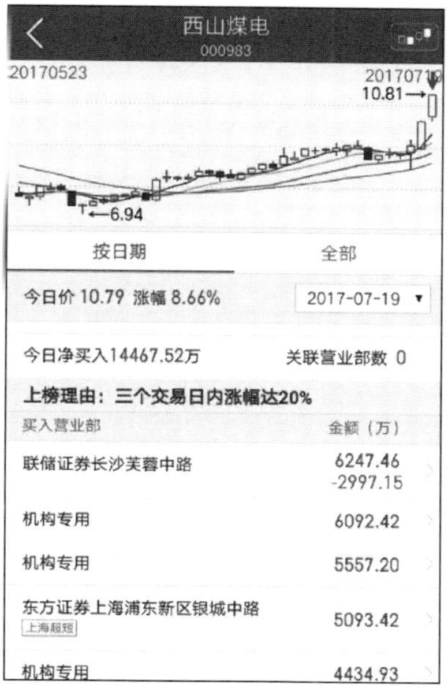

图 2—83

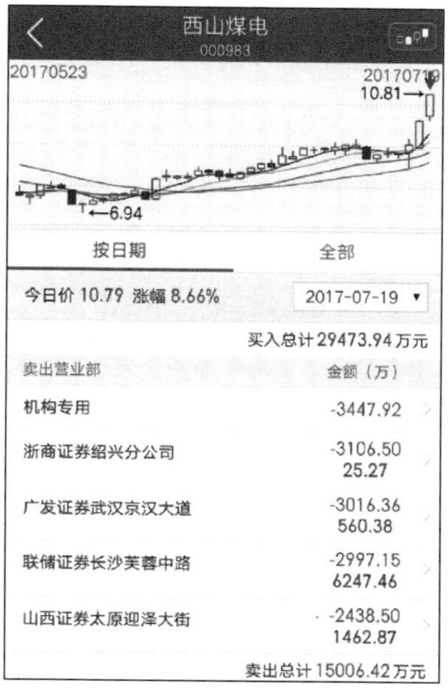

图 2—84

从龙虎榜可见，该股豪华机构阵容入驻，但机构多了，谁去主动拉升？如果一拉升，其他机构借机出货怎么办？

龙虎榜上的购买力一旦实力相当且实力强大，就存在互相抢跑道问题，该股后续走势如图 2—85 所示。

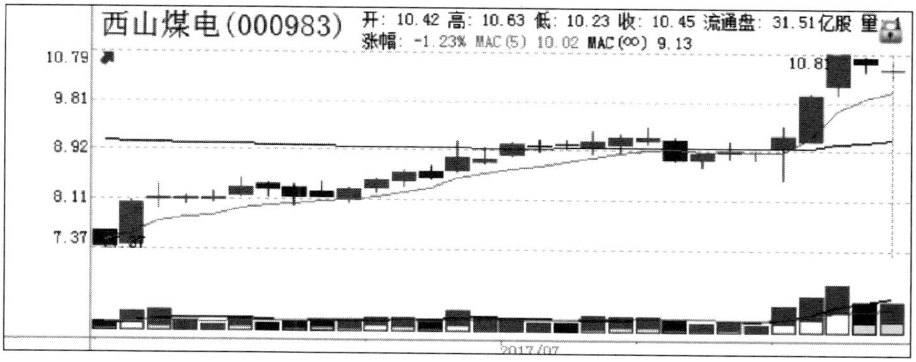

图 2—85

更深层思考：

为什么有时候机构不抢跑道，有时候却会抢？

这样不断思考研究，就能把问题本质研究得越来越透彻，操作也会越来越精准。

2.3.5 一字板后的博弈

一、动态思路

有一位学员总结东方市场该股交易失败的原因，当时逻辑如下：(1)一字板后一般都有些许溢价；(2)国企改革＋大股东资产注入＋转型；(3)底部筹码未动；(4)上方空间很大。

当时一个隐忧是左侧筹码密集区消化不足，前期量能转移只有一次，且左侧高位位置尴尬，我以为会在过峰的位置转换筹码，没有想到一路下行。后来看了前期热点5G等都是一路下行，想到市场情绪太低，应该会有此走势预期，但是这都是马后炮，即便当时看了5G走势，可能还会抱有幻想。这种一字板后的股之前也做错过一回，一直没有找到根本原因。见图2－86。

那么，这类票如何应对呢？

按照博弈观点：

如果之前就持有该股，涨停打开放量（见本书“龙妖战法速成版”），就应该逐步卖出至清仓。

如果之前没持有该股，涨停打开分时逐级下移不过前高，显然都不该买入。

采用这种动态思路，自然就规避了后续惨况，而且方法简洁明了，根本不需要分析复杂的基本面和市场环境等因素。见图 2—87。

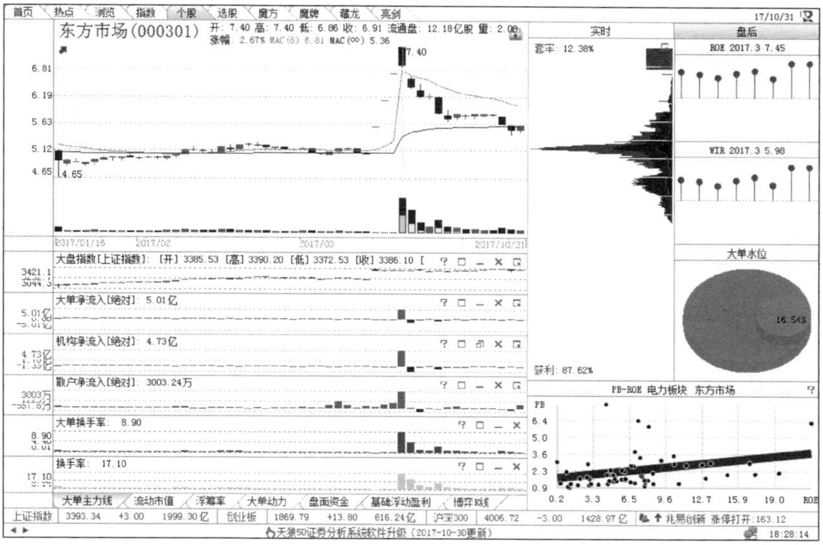

图 2—86

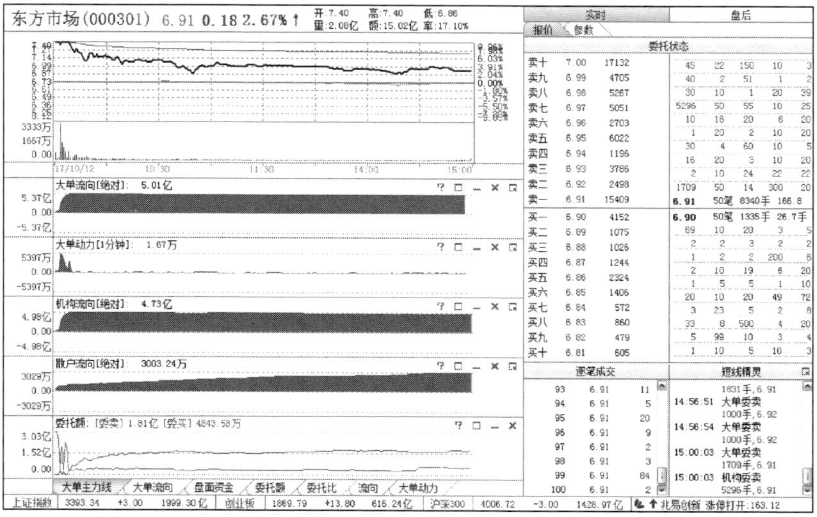

图 2—87

二、一字板博弈思维的谬论

开板票谬论——江粉磁材。

之前有股友预测其美好的基本面，预期开板后至少还有 3 个涨停。

这里面存在一个逻辑悖论：

你能预测其美好前景，依据无非是公开的信息资料，这些资料别人也能看到，包括原先就在该股内的资金。

那么问题来了：

你比别人聪明这么多吗？能看到别人看不出来的信息？

3 个板以上显然是具有明显利好，如果明显，别人怎么会卖？

由以上简单推理可以判断，该股预期空间有限。

笔者就按龙妖战法速成版思路，在开板后第二个交易日开盘介入，因为预期空间有限，故而在下一个交易日冲击涨停后开板瞬间清仓。

事后看，清仓点就是至今的最高点，完成了一次漂亮的截击。

见图 2—88 至图 2—94。

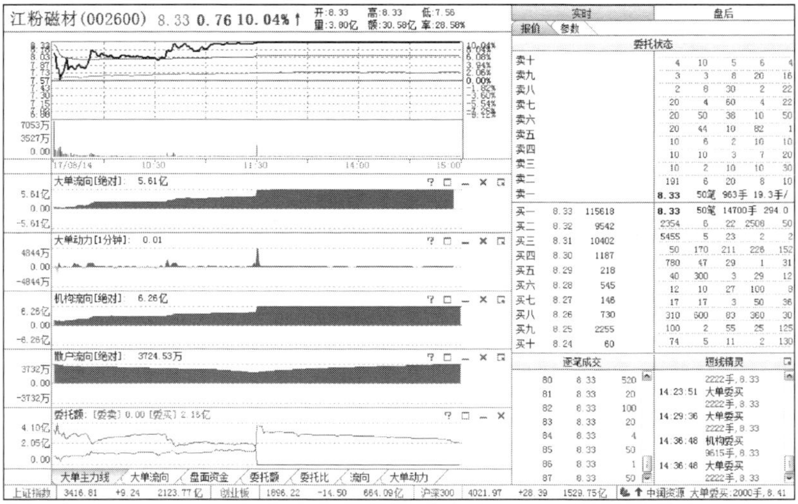

图 2—88

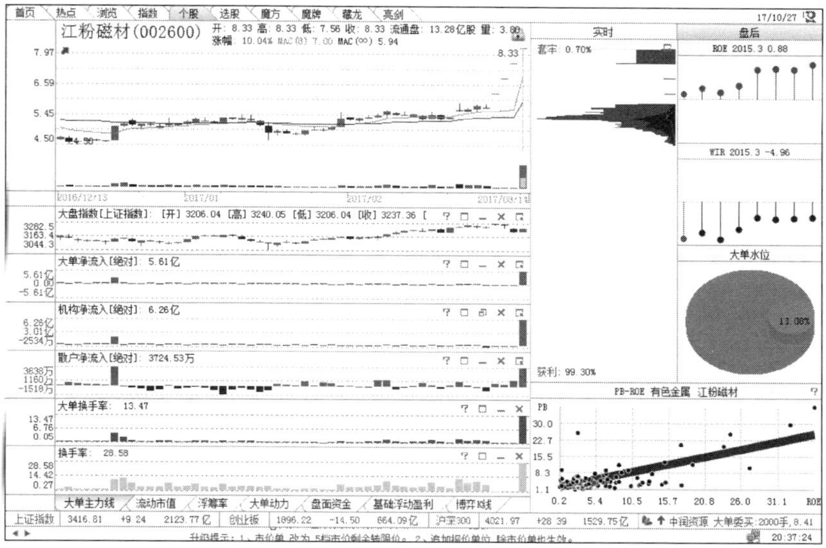
首页 热点 浏览 指数 个股 选股 魔方 魔牌 藏龙 亮剑
17/10/27
江粉磁材(002600)
实时
盘后
大盘指数[上证指数]
大单净流入[绝对]: 5.61亿
机构净流入[绝对]: 6.26亿
散户净流入[绝对]: 3724.53万
大单换手率: 13.47
换手率: 28.58
大单水位
PB-ROE 有色金属 江粉磁材
大单主力线 流动市值 浮筹率 大单动力 盘面资金 基础浮动盈利 博弈K线
上证指数 3416.81 +9.24 2123.77亿 创业板 1896.22 -14.50 664.09亿 沪深300 4021.97 +28.39 1529.75亿

图 2—89

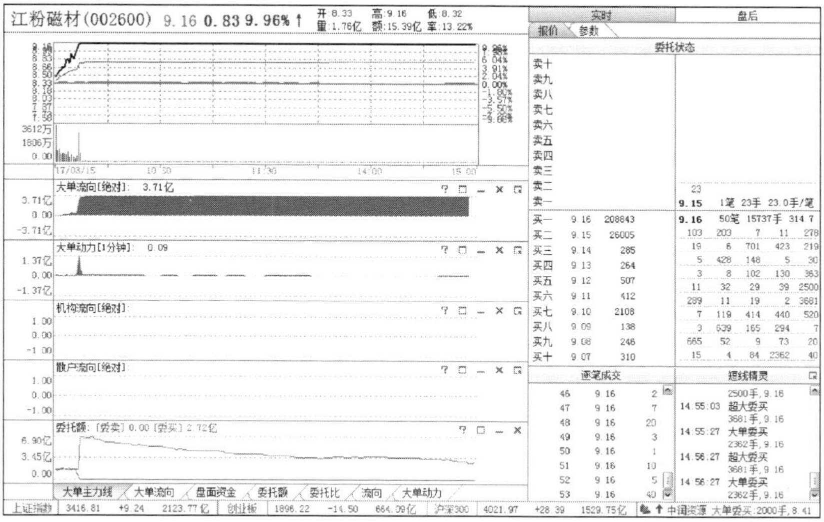
江粉磁材(002600) 9.16 0.83 9.96% ↑
实时
盘后
报价 参数
委托状态
大单流向[绝对]: 3.71亿
大单动力[1分钟]: 0.09
机构流向[绝对]
散户流向[绝对]
逐笔成交
短线精灵
大单主力线 大单流向 盘面资金 委托额 委托比 流向 大单动力
上证指数 3416.81 +9.24 2123.77亿 创业板 1896.22 -14.50 664.09亿 沪深300 4021.97 +28.39 1529.75亿

图 2—90

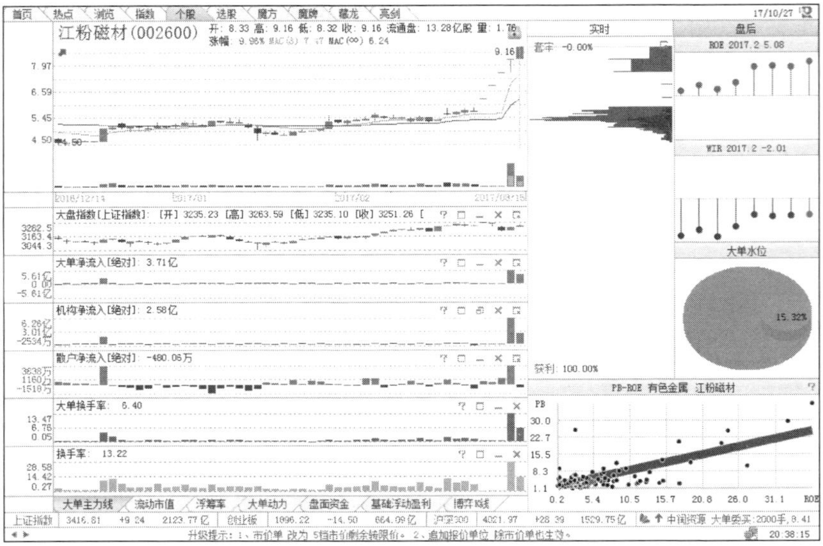

图 2—91

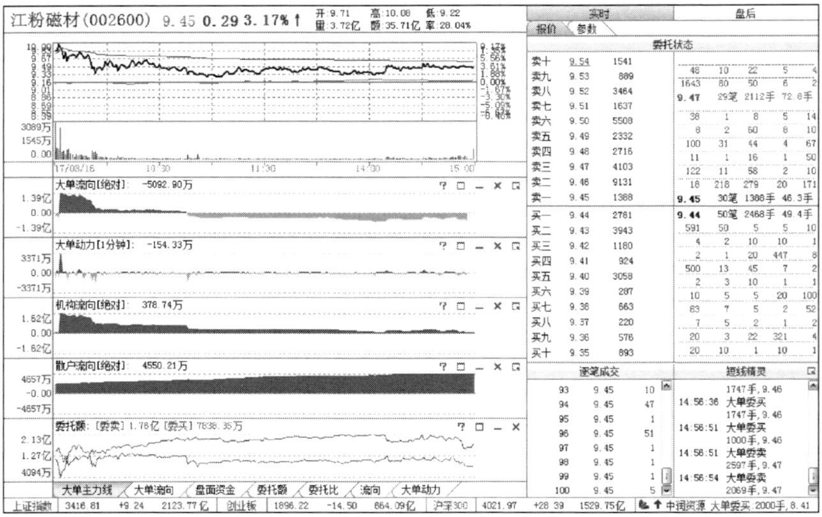

图 2—92

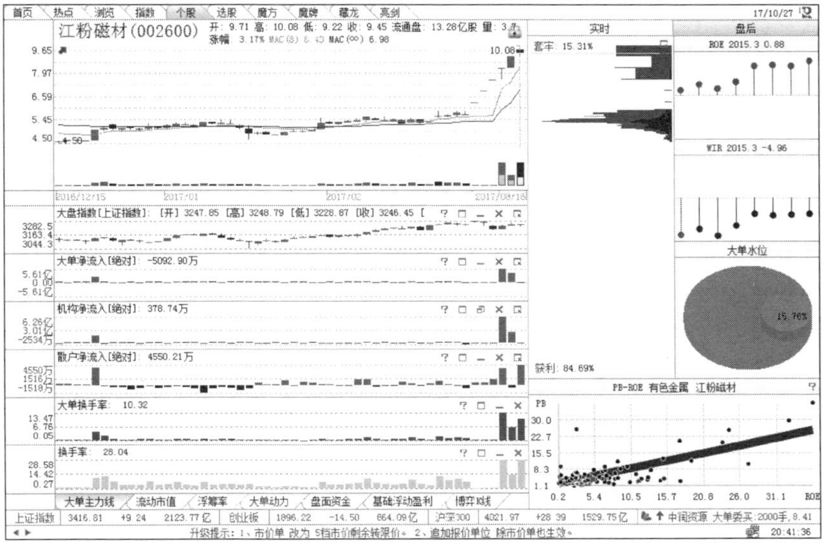
首页
热点
浏览
指数
个股
选股
魔方
魔牌
藏龙
亮剑
17/10/27
江粉磁材(002600)
开: 9.71 高: 10.08 低: 9.22 收: 9.45 流通盘: 13.28亿股
实时
盘后
大盘指数[上证指数]
大单净流入[绝对]: -5092.90万
机构净流入[绝对]: 378.74万
散户净流入[绝对]: 4550.21万
大单换手率: 10.32
换手率: 28.04
大单水位
PB-ROE 有色金属 江粉磁材
大单主力线
流动市值
浮筹率
大单动力
盘面资金
基础浮动盈利
博弈K线

图 2—93

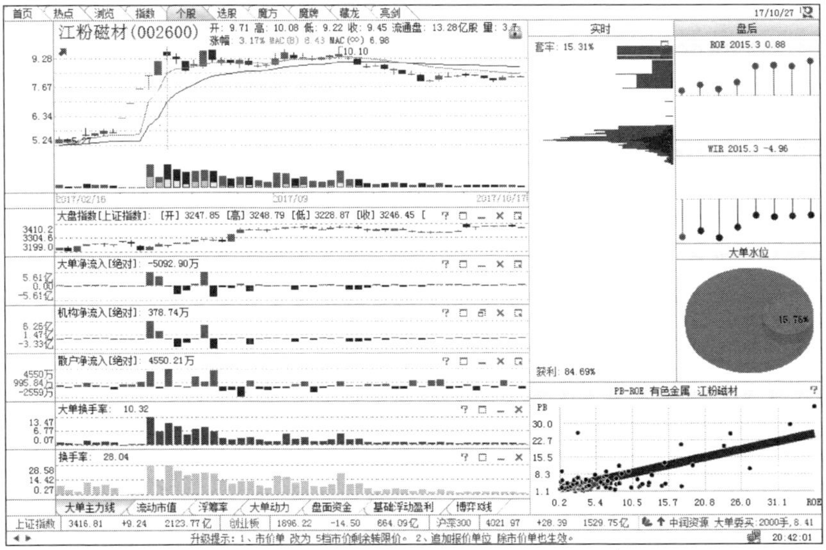
首页
热点
浏览
指数
个股
选股
魔方
魔牌
藏龙
亮剑
17/10/27
江粉磁材(002600)
开: 9.71 高: 10.08 低: 9.22 收: 9.45 流通盘: 13.28亿股
实时
盘后
大盘指数[上证指数]
大单净流入[绝对]: -5092.90万
机构净流入[绝对]: 378.74万
散户净流入[绝对]: 4550.21万
大单换手率: 10.32
换手率: 28.04
大单水位
PB-ROE 有色金属 江粉磁材
大单主力线
流动市值
浮筹率
大单动力
盘面资金
基础浮动盈利
博弈K线

图 2—94

这其实涉及有效市场假说和随机漫步理论，该理论认为：

股票价格的波动是随机的，价格下一步走向哪里，其实是没有规律的。股票市场内有成千上万的精明投资者，每个人都懂得分析，而且流入市场的资料是全部公开的，所有人都可以知道，并无秘密可言，买卖双方同样精明，绝不可能出现很大分歧，所以不可能出现较大价格差。

但价格形成的实际差价，只能从行为金融学中找到解释，其中，人类具有预测的本能使得心理因素起了很大作用。而金融危机造成的股价远远偏离价值的现象，也让传统金融学陷入尴尬困境。

2.3.6 新股博弈

(1)如果没有其他原因(如次新银行股具备稀缺性特点)，新开板的次新股机会和风险都比较大；

(2)在其他热点比较低迷的时候，有一部分游资专门炒作新开板的次新股；

(3)开板当天要涨停收盘才行，开板次日 10 点以前涨停可追进，这类表明市场追涨意愿极其强烈；

(4)追进后涨停持股，不涨停就卖。

具体可参照来伊份、白银有色等案例，不再附图。

案例：次新银行股

炒作原因：板块稀缺。

(1)过去 6 年未有银行新股上市，稀缺性决定其市场炒作价值。

(2)龙头股上市后一字板数量少。

龙头股：张家港行

注意:不要误以为不是一字板涨停越少越好。大参林比张江港行的板数还少,但开板后一路下跌。见图 2—95、图 2—96。

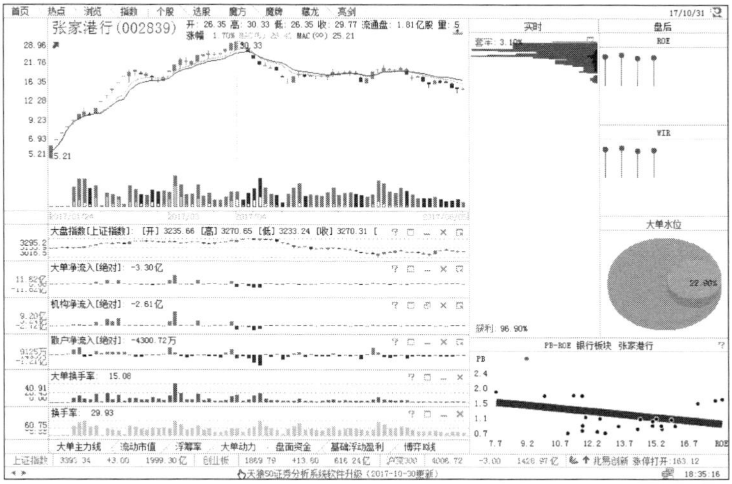

图 2—95

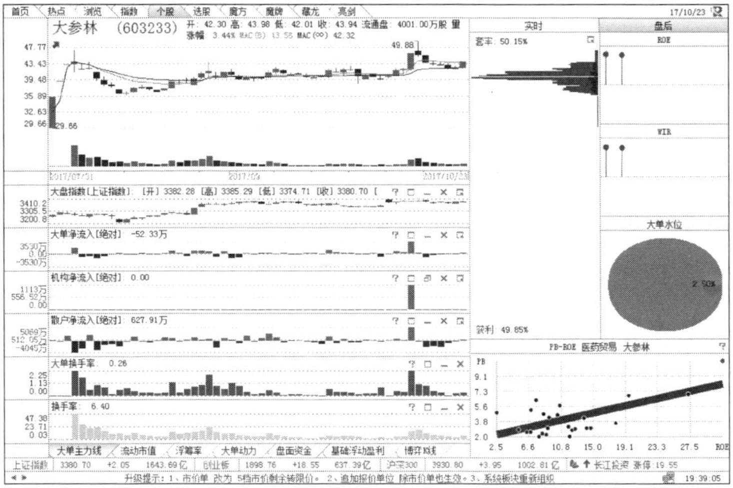

图 2—96

(3)次新股不怕老利好,基本"给点阳光就灿烂"。

2.4 禅学思维实战运用

2.4.1 禅学思维在实盘操作层面的含义

禅学思维近似于现代思维学的系统思维方式，但因为其中包含了个人心性方面的修养，为了体现那种神清气朗的意境，使用了这个比较文学化的用词。

禅学思维是经过前面三个阶段的思维训练后，自然建立起的一套最适合自身、能发挥自身最大潜能的完整的投资理念和交易体系、交易哲学后呈现出的一种通透感，以及看山是山、看水是水的淡定感，是四十不惑、五十知天命的坚韧和知足的澄明之境，是随心所欲而不逾矩的进退有度。

从实盘操作层面，进一步可以将禅学思维细化为两种含义：

一、科学层面

类似绝对真理和相对真理的关系，一法不立，无法不容。凡所有相，皆为虚妄。一切交易体系都是暂时的，都需要不断随时代变化而变化，形成一个动态平衡体系。

禅学中有“知见障”，常规解释是：

智慧不足，不知道自己要求的是什么，要修行的是什么，就盲目去修行，结果走错了路，越修炼越痛苦，最后走火入魔。

现代科学理解的“知见障”是：

“知见障”类似学习机制中的“负反馈”效应，你现有的知识是帮助你成功的原因，同时也可能是阻碍你向更高层次超越的原因，需要主动舍弃一些不适合更高层次的知识和模式，才能自我超越。

二、修心层面

金融市场是一个太容易激发人内心强烈欲望的地方，几乎所有的幻灭都来自对自身欲望的失控，要有意加强心性方面的修炼。

禅学，尤其是禅修，能一定程度上让人洞见自己的本性，明心见性，淡化不合理的欲望。

比如，有人总觉得股市欠了他，非要卖在最高点；或非要让他人教他这、教他那，但从来不想自己应该付出什么。

佛教的究竟境界是“佛即我，我即佛”，自性成佛；儒教最后修炼的境界是“天行健，君子以自强不息”；道教则是“我命由我不由天”。

顿悟之法在于发现了自身内心沉睡的力量，获取真正的自信、自强，依靠自己内心的力量而不需要借助外界的刺激，是被内心的梦想驱动而不是被外界的压力或骚动主导，是“我命由我不由天”的天纵英才，是“四十不惑，五十知天命”的慧行与坚勇的平衡。

在中国，大多数人加入各种宗教是出于现实市侩目的，想从中获取好处或寻求精神安慰甚至是精神麻痹，而不是出于一种精神升华而做的主动修炼。这样的教徒往往不仅没有把品质升华，反而大多甚至还不如一般人，更加自私自利甚至性格封闭，只会虚幻地祈祷而没有一丝真实的力量——大多数人加入各种股票群，也是同样目的。

“大师满天飞”的现象，也有群众不学习、不思考、盲目的原因。包括学习股票知识的大部分人不是来找老师的，而是来找“神”和情绪共鸣者。

比如，不少股友阐述参加培训被骗，对这些股友的经历，我深切同情和理解，并与传销式培训旗帜鲜明地划清界限——因为他们的原因，败坏了“培训”这个原本非常崇高的名词。

至于“上当”，也要客观分析：如果以买不到上海一平方米房子的价格要求学到保证你财富自由的体系，那所有的培训应该都会上当。

马云曾说：有人花 58 元在淘宝上买了劳力士，然后指责淘宝卖假货！同理，我们扪心自问下，当我们上当时，是不是冲着类似“暴利”“速成”“游资心法”这样的字眼去的？用常识判断下：存在这样的东西吗？

防止被骗的最好途径是增强自身的逻辑思辨力，建立合理的期望值，用逻辑而不是暂时的事实去判断和决策。最好的辨别方法就是看对方的逻辑而不是短期的战绩，逻辑对了，战绩肯定不会差；逻辑不对，战绩也是蒙上的。

“穷理、尽性，以至于命”，大意是：穷究天下万物的根本原理，彻底洞明人类的心体自性，达到改变人类命运的崇高目标，使人类行为与自然规律能够和谐平衡、生生不息。这是古之圣人的治学之道，这个顺序其实也是学习的规律。

在龙妖体系里，修心基本可以等同于正思维，具体体现是建立起最适合自己的交易理念和交易体系，并不断完善和成熟。好的老师是教授而不是传授知识，是帮助建立最适合自己的思维能力。通过大量实战案例的剖析，虽然也给出了大量具有实战意义的具体技术和方法，但终极目的是培养独立思考能力和独立人格，不断适应最新情况。

龙妖战法思维修炼的终极境界是形成自己符合市场脉搏的独特的思

维能力，不再迷信大师，而是依靠自己的思维能力自由分析、组合市场元素，创造出最符合当时市场情况的技术、战术、模式、策略。

2.4.2　建立系统思维

一、交易大局观的建立

1. 短线资金情绪规律的理解

对短线交易而言，选对主流，比在非主流个股费尽心思，收益要多得多。市场分析、个股选择、操盘计划、盘中交易、总结优化，其层级关系是由大到小、由浅入深：从市场到个股，是一个范围逐步缩小的过程，从计划到交易，是由理论到实践的跨越，最后的总结优化则是为了交易模式的更加完善，以上 5 个流程缺一不可。

酝酿、开展、逐步蔓延，场内筹码的情绪部分从下跌空间有限转向失望离场。这个过程同时也是场外资金逐步累积的一个过程，当市场情绪逆转那一刻来临的时候，资金又会蜂拥而入，如此不断往复。

这段揭示了市场的炒作规律，描述了市场炒作的一个过程，具体则是指由高到低下跌的动态过程。但这不是瞬间发生的，而是从一开始的酝酿，再到开展，随后逐步蔓延，它不是在一日之内完成的。

如果说股市有什么规律，这种情绪转变的过程就是规律。

场内筹码的情绪部分从下跌空间有限转向失望离场。自此向下合力形成，个股上涨空间不断压缩，亏钱效应自上而下逐步扩散。从龙妖股高位炸板与闷杀，亏钱效应从最高的 12 板向下扩散到 3 板、4 板，甚至 2 板。这个过程并非没有先兆，从当日的跌停板家数的骤然增多而一叶知秋——之前可是连跌幅超过－7％的个股都不足 10 家。

以上这段反过来同样适用，场外资金的情绪从上涨空间有限转向持续进场。当市场处于赚钱效应酝酿、开展甚至蔓延时，进场博取利润；而当亏钱效应酝酿、开展甚至蔓延时，退场防守，控制回撤。

市场炒作阶段决定个人攻防节奏，先明晰市场态度，再确定出击防守节奏，大局观即是如此。市场分析的第一步便是厘清市场当下到底处于哪个阶段。是酝酿，还是已经在开展？甚至从主流蔓延到次主流，从高位蔓延到低位跟风？抑或处于从赚钱效应向亏钱效应转换的拐点？

连板高度、炸板率、涨跌停家数、昨日涨停表现、昨曾涨停表现，这五个指标在交易软件上有，只要能综合运用，对于判断市场的即时状态基本够用。每个指标对于市场情绪有何影响，背后有何意义，在应用中体会更加深刻。

2. 研究方向上追求高性价比

研究短线“一夜情”技术的综合难度和成功率与研究龙妖差不多，但龙妖能实现高利润且风险小。

短线涨停的技术主要是注重研究短线资金介入的强度，比龙妖技术机会多、出击次数多，可以从振幅榜、换手率榜等找到短线资金的活动迹象。但不稳定，趋势性不好，且预期获利低。

龙妖派除了关注短线资金强度外，还需要关注龙妖基因的研究和短线资金介入的持续性概率。为此，会放弃一些短线资金的介入信号。

这样，龙妖的机会就会比短线票的出击机会少得多。

而研究龙妖基因是一项非常艰难的探索工作，真研究出来点东西的，也不愿意公布。在这种情况下，市面上的龙妖派更多的是打着龙妖旗号的打板派。

这也是打板派很难升级成龙妖派的原因之一。

3. 风险回报比

我们以一只股票为实例讲解。

ST 常林:7 月 31 日起恢复上市当日不设涨跌幅限制。

＊ST 常林(600710)2017 年 7 月 24 日晚间公告,公司 24 日收到上交所《关于同意常林股份有限公司股票恢复上市申请的通知》。公司股票将于 7 月 31 日在上交所恢复交易。恢复上市首日,公司股票简称"NST 常林",股票代码不变,公司股票价格不设涨跌幅限制。自恢复上市次日起,股票简称为"ST 常林",涨跌幅限制为 5%。

注:公司因 2013、2014 和 2015 年度连续三年亏损,于 2016 年 4 月 20 日起被暂停上市。

我们来看其恢复上市的表现,见图 2—97。

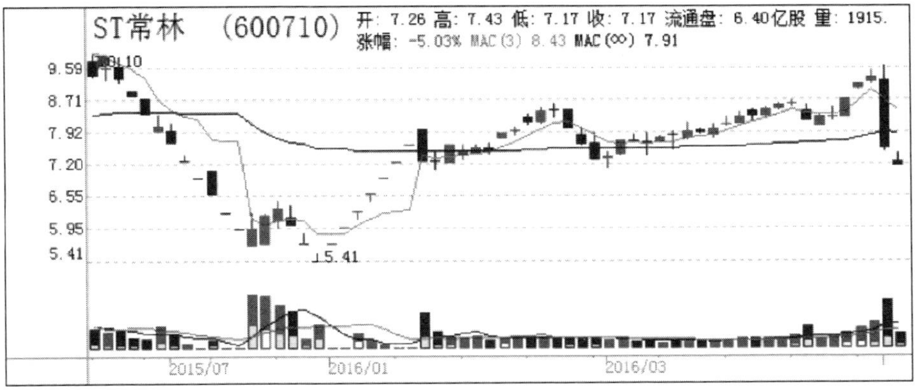

图 2—97

守了一年多,冒着退市风险,等来的结果竟然是开盘暴跌?

同样的时间段,龙妖派高手的这笔资金早就翻了几倍且资金安全性和灵活性远胜冒险持有该股!

所以,我们不仅要关注某股恢复上市后的绝对涨幅,还要关注其停牌时间的等效平均涨幅,以及由此承受的风险。

而西水股份、方大炭素识别起来容易得多,且不存在退市风险。

什么是合适的风险回报比?

个人的风险偏好不同,有人觉得1的风险,2的回报就很好了;可有人认为1的风险,要对应着10的回报才值得一搏。

简化的思考结构如下:

(1)出手一只票,第一预期是这个票可以成为下一炒作周期的核心票,享受波段至少翻倍的溢价;其次它是中小规模行情龙头(有机会成为核心票),是所在板块的龙头,2个涨停板左右溢价,至少有第二天5个点以上的溢价。

出手一只票的风险和当天整体市场氛围、周期位置、个股的成交量、绝对高度等都有关系。首先就是炸板的风险,炸板包括日内炸和次日炸,日内到底回落多少和个股市场地位以及量能等相关;其次就是次日没有溢价的风险,没有竞价的溢价,盘中有没有机会拉起来。

按最优风险和最差回报,下方最多2个点(次日低开),上方至少10个点(隔日摸板),常规而言1∶5,这是一个相对最低的出手风险回报比。

(2)低吸长腿票,主要是人气股低吸,有一定连板高度[低位分歧板的低吸参考第(1)条的打板,本质类似]。最优预期是日内浮盈+次日溢价,不过人气股低吸高度空间有限。

风险首先来自跌停板+次日低开,这个和很多因素相关,各种前提相同的情况下,最重要的是周期阶段,这是亏钱效应最关键的指标。即当天如果拉升有浮盈,第二天的低开回吐。

按最优风险和最差回报,日内最少要有10个点以上的浮盈,并且要思考到第二天的低开回吐,最多就是2个点的面,跌停或下杀的风险极低,1∶5的风险回报比,这才勉强值得出手。

能看见的预期回报越高、能预见到的风险越低越好。超短最佳的风险回报比就是上方的预期是中级周期核心票的至少翻倍溢价,最差是一个首板炸了的5个点左右亏损。

二、坦然接受股价的随机性

金融市场的复杂性和多变量性，使得我们几乎不可能大多数交易买卖在拐点——拐点是随机性的，对随机性运动就很难精确预判断。

拐点区间是相对有规律的，可以通过研究大概率在这个区间成交。

对趋势下注，而不是对短期价格下注，放弃追求买卖在拐点的完美交易——从内心真正接受这一点，就能坦然接受股价的随机性波动，而不再为是否买卖在拐点而懊恼或得意。

在龙妖战法体系中，买卖更加简单：趋势加速买入，趋势减缓卖出，不追求拐点交易，只追求飙升点交易，从而确保了极大的安全性和效率性。

下例，如图2—98所示，在这个位置有人问我是不是“第二春”？笔者怎么回答？

图2—98

如果说是，那是建议第二天买入？那该股当天冲高就被套。如图2—99、图2—100所示。

如果说后期该股还有冲高甚至涨停行为，应该介入，次日利用冲高获利出逃？按前文的大局观以及风险回报比的论述可知，龙妖派是放弃这

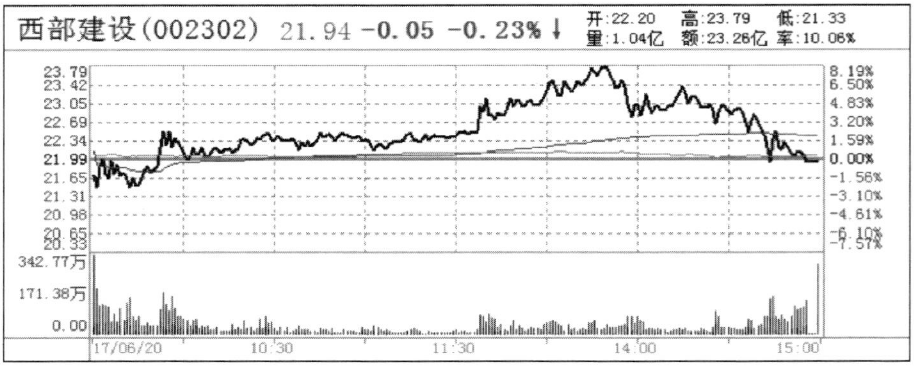

图 2—99

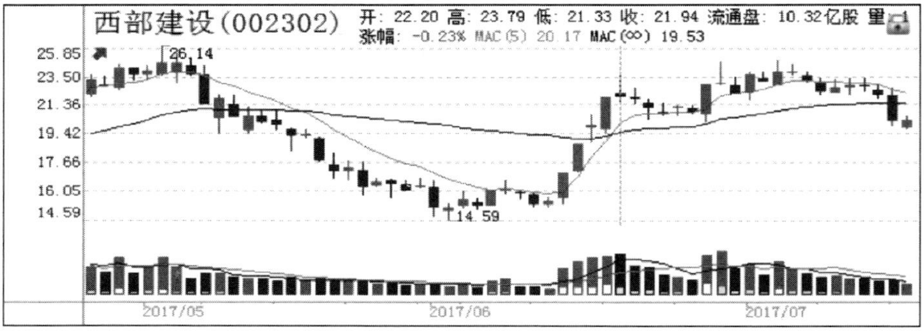

图 2—100

种蝇头小利的。

而且,同期比它涨得好且确定得多的股票不少,为何非要纠结在一只股票上吃满全程?

几乎同期,笔者推荐的三只股票,都比同期持有西部建设的性价比高得多,且风险小得多。

再看下例,涨停那天,笔者断言是反弹出货性质,属逃命机会。

后期虽然瞬间创出了新高,但幅度很小且几乎是脉冲式冲高,属于市场随机波动性质，很难掌控。

学术上精益求精，实盘上坦然接受不完美——股价的随机性，使得不可能抓住一切波动机会。

见图 2—101 至图 2—103。

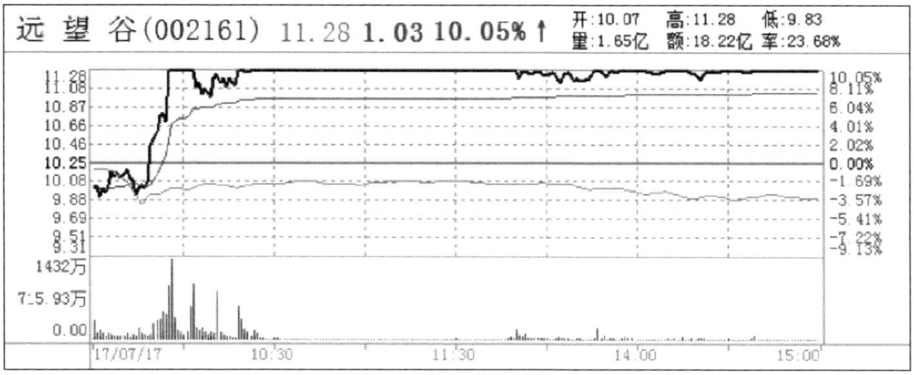

图 2—101

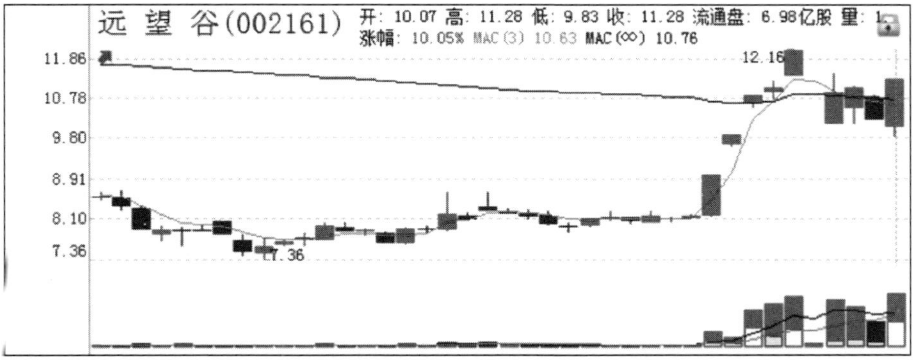

图 2—102

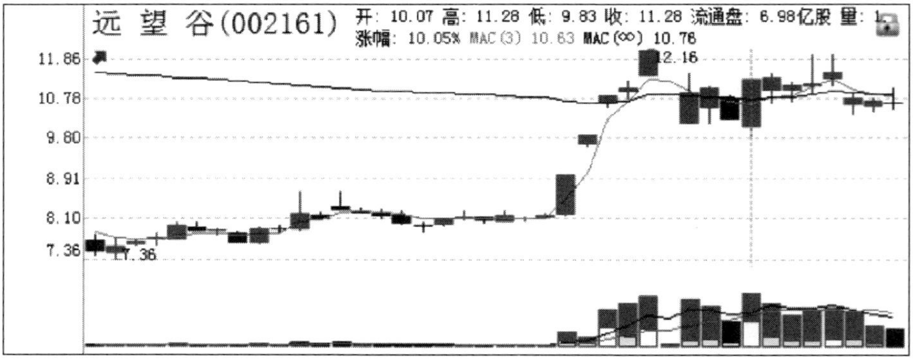

图 2—103

下例,见图 2—104,定位处是笔者认为的阶段性顶点处,后续虽然出现了一个涨停,但这个涨停比较随机,且间隔了几天才出现,不管从预判的难易度、获利效率角度,性价比都不高,没必要火中取栗。

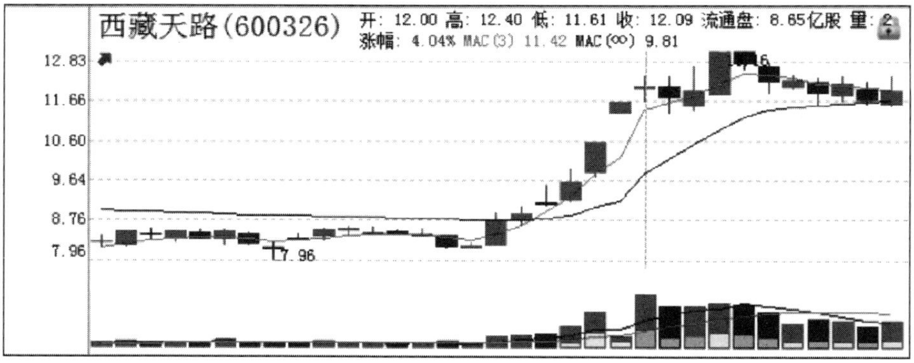

图 2—104

下例,见图 2—105 至图 2—107,可见:同期有更好、更容易介入的个股,保证资金更快、更安全地增长。

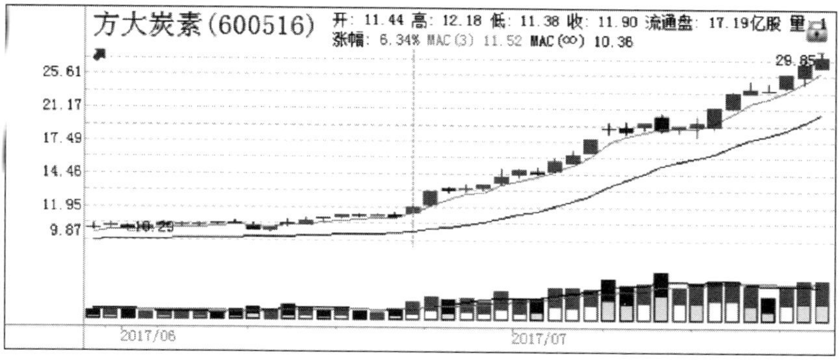

图 2—105

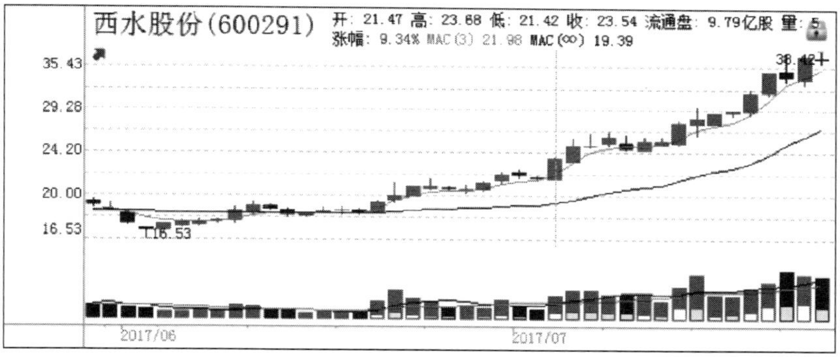

图 2—106

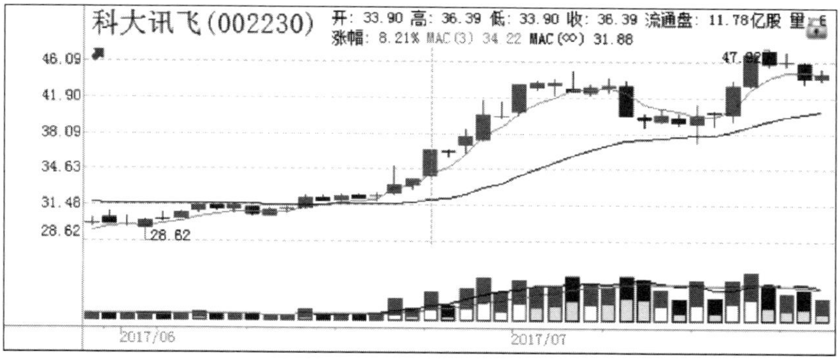

图 2—107

三、明白自身的能力圈

某天，笔者打开电脑，突然发现屏幕变暗了，像是开了护眼模式那种泛黄感——检查后确认没有误选护眼模式。

当时担心是不是看盘多了，眼睛出问题了？

关机重启，屏幕正常，半分钟后变暗泛黄，确认眼睛没问题，是电脑出问题了。

第一反应是屏幕坏了，因为是曲面屏，据说曲面屏损坏率高，反复调试了几次无效，关机，拔掉连接在台式机主机的屏幕 HDMI 线，转接到笔记本上，开机，正常。确认曲面屏没问题，问题出在显卡上的概率大。

拆开主机，顺便清洁了内部灰尘，检查半天也没看出显卡（独立显卡）有什么地方没插好或者损坏迹象。重新接好线开机，故障依旧。

上网查了相关解决方案，似乎都对不上号。折腾了半天找不到问题，心想，算了，我反正又不打游戏和专业设计，就看看高清电影，独显其实本来就可以不要，那就用自带的集显。

为了隔离故障，笔者拔掉了独立显卡，开机，怎么情况还一样?！难道集显也坏了！这种概率感觉很小。

向一位曾从事电脑维修、销售的读者咨询，对方也愣住了，然后试探地问：你把 HDMI 线也换在集显上了吗？

啊？我听了愣了一下：它们难道不是共用一个接口，内部用软件区分的吗？

对方坚定不认可这个假设，并让我拍机箱背面接口图。

笔者一拍，立刻也隐隐感觉不对：怎么在下方还有一个 HDMI 接口呢，而且似乎是正对着独显引出的？过去一直没注意到。

我隐隐想到了什么，提前把原 HDMI 线换到下方那个一直不用的接口上，插上独显。开机，一切 OK 了！

那位读者也反馈回信息：你把 HDMI 换到下面的接口上。

于是，我恍然大悟：原来这几年，我其实一直用的是集显，那个很贵的独显其实就一直闲置没用，出故障的其实是集显！

事后，笔者反思这件事：

(1)为什么一直没有发现自己其实是用集显，但一直误以为是用独显？

(2)为什么集显会坏？

原来，笔者之前一直使用的是显卡的基本功能，甚至高清电影也不看，集显的功能足够应付这些应用。后来买了曲面屏后，缴费看了高清视频、甚至还下了点游戏偶尔玩玩。这下，集显的负荷陡然增加，终于不堪重负，罢工了。

作为以研究实战理论为乐的笔者，自然会从这件事联想到股票交易。股道是一个博大精深的体系，根本不可能速成，甚至没有毕业期，但为了学习方便，笔者根据对股价运行机理的本质的理解，做了分阶段、分科的教学模式，并要求学员开始严守学习体系内的逻辑，先不要盲目创新，其实也是固守能力圈的含义。

不同的体系其实代表了不同的世界观，至少是不同的底层逻辑，而一个体系的深刻领会绝不是靠三言两句就能真正学习到的，“真传一句话”不过是小说情节——不这样写，能畅销吗？这类“话术”可能只是在追求一夜暴富心态严重的东方人中流行，在讲究体系性和逻辑性的西方哲学中，不可能有这么大的市场。

比如，没有想明白仓位控制的本质，也不可能制定出平衡高利润和高风险的具体策略，这时，最好的策略是忌用利滚利的仓位策略，更遑论杠杆交易！建立合理收益预期，这样的交易体系，作为工作以外赚一份零花钱是足够的，但想用这种技术和游资对砍，那就成了文中开头的集显！

亚里士多德如果不去著书立说，不去环球旅行，就按他认为的重物比轻的先落地，太阳绕着地球转，似乎也没有什么大问题，甚至更直观实用！

任何体系都有它的能力圈，只要不超过这个能力圈，可能比更符合客观事实的体系更简单实用。在宏观低速世界，牛顿体系就比爱因斯坦的广义相对论体系更直观好用！只要你别去太阳系就行。

所谓的“正确”，都只是在你的能力圈范围的定义，超出了，就没有所谓正确。研究不断扩展能力圈，实战固守能力圈，才是更实战的策略！

亚里士多德作为普通人，他的体系完全正确！错就错在作为一代哲人，这个体系他就难当此任。

所谓“不惑”，就是对事物有比较清醒的认识和比较理性的看法；所谓“天命”，其实就是客观规律，而“知天”，其实就是对规律的认知和把握。

股市研究得再深也会错，只不过概率大一些而已，原来那些买昌九生化的都是老司机，功课做足了，结果呢？人的智慧是有天花板的，要明白自己所擅长和真正兴趣所在，知道自己的能力圈。胜人者力，自知者明。

我的兴趣和擅长就是不断研究新事物，发现更犀利的规律，把龙妖战法的实战经验系统化、理论化，成为一名实战派学者。

成立私募、代客理财不是我的兴趣和擅长。研究赵老哥、乔帮主、炒股养家等人的手法，跟他们的庄，做他们的朋友，胜率颇高。但如果我做私募，他们就成了我的对手盘，即使竭尽全力，长期也是胜负各半——做同样的事，最后结果基本都差不多，谁也不比谁更聪明。

龙妖战法具有很大潜力和威力，但对人的综合素质要求太高，我个人能否攀登上这套体系的巅峰，只能说尽力而为——这就是我的“不惑”和“知天命”。

四、明白自己交易体系的能力圈

龙妖战法是研究游资、利用游资，而不是学习游资手法，他们是对手盘思路，短炒甚至是“一夜情”思路，很少锁仓。

大资金首先考虑的是对手盘，和赵老哥等游资的互割问题。

龙妖是研究轮炒概率、中短线、锁仓持有主升段思路，是跟庄战法，是中小资金最高效、灵活的交易体系。

其代价就是：不能大资金，否则就会成为游资对手盘。

目前形势下，龙妖战法大多数情况下只适合一个亿以下资金量的个体操作者，资金量再大，就必须升级到价值投机或隔日超短技术——超级牛市行情除外。而其他战法也有自己的难点：

(1)做价值投资，基本等于做 VC(风险投资)了，这个对眼光要求太高——你要能在十年前看出茅台、万科、苏宁，看出十年后的腾讯——当年马化腾自己都准备以 50 万元将腾讯卖给新浪，人家还不要。

VC 曾问马化腾：“未来战略是什么？”

马化腾回答：“我不知道！”

连企业创始人都不知道自己企业的未来会如何，何况外人？

而怎样才算价值低估，连巴菲特自己都说不清。格雷厄姆自己就没靠价值投资赚过大钱，格雷厄姆的价值投资与其说是想多赚钱，不如说是尽量少赔钱。

(2)波段战法：精确把握随机运动的高低点，这要求熟悉大盘、个股支撑、压力，其难度显而易见！

结论：既然“每个爱情都危险”，每个方法都困难，为什么不选择有可能实现资产大幅度增值的龙妖战法呢？

另外，合理的仓位/资金比例——市场的不确定性，不轻易满仓，融资始终留有余地，大成若缺，以及适当的“赌性”，都是禅学思维的必要组成元素。

金融市场的随机无序性，使得再研究都有不确定性而且研究结论都是以往规律的总结和提升，只按自己理解的规律操作的极端理性可以获得稳定的小富小贵。暴富机会来自新情况，短期要暴富，需要一定赌性，即定性准确下的赌——赌完后记得退出总结。

2.4.3 心性方面修炼

比较实用的科学层面的心性修炼其实基本就是行为金融学，过于高大上的内容我们就不展开了，《乌合之众》一书的总结可以作为对目前 A 股大部分股民心态的写真，笔者将其精华提炼总结如下：

影响大众想象力的，并不是事实本身，而是其传播的方式。

群体的叠加只是愚蠢的叠加，而真正的智慧被愚蠢的洪流所淹没。

孤立的个人很清楚，孤身一人时，他不能焚烧宫殿或洗劫商店，即使受到诱惑，也很容易抵制。但在成为群体的一员时，他就会意识到人群赋予他的力量，这足以让他生出杀人劫掠的念头，并且会立刻屈从于这种诱惑。

个人一旦成为群体的一员，他对自己的所作所为就不会再承担责任，这时每个人都会暴露出自己不受到约束的一面。群体追求和相信的从来不是什么真相和理性，而是盲从、残忍、偏执和狂热，只知道简单而极端的感情。

人一到群体中，智商就严重降低，为了获得认同，个体愿意抛弃是非，用智商去换取那份让人备感安全的归属感。

单独一个人必须要为他的行为承担责任——法律上或者道德上。但是，群体则不然，群体不需要承担任何责任，群体就是责任，群体就是道德，群体就是法律，群体的行为自然是合理的。

群体不善推理，却又急于行动。群体只会干两种事——锦上添花或落井下石。群体的权力令人生畏，然而有身份团体的权力更让人害怕。

群众没有真正渴求过真理，面对那些不合口味的证据，他们会充耳不闻……凡是能向他们提供幻觉的，都可以很容易地成为他们的主人；凡是让他们幻灭的，都会成为他们的牺牲品。

群体因为夸大自己的感情，因此它只会被极端感情所打动。希望感动群体的演说家，必须出言不逊、信誓旦旦、夸大其词、言之凿凿、不断重复、绝对不以说理的方式证明任何事情——这些都是公众集会上的演说家惯用的演讲技巧。

夸大其词、不断重复、言之凿凿、绝对不以说理的方式证明任何事情，是说服群众的不二法门。

不断重复的说法会进入我们无意识的自我的深层区域，而我们的行为动机正是在这里形成的。到了一定时候，我们不会记得那个不断被重复的主张的人是谁，我们最终会对它深信不疑，广告能有令人吃惊的威力，这就是原因。

做出简洁有力的断言，不理睬任何推理和证据，是让某种观念进入群众头脑最可靠的办法之一。一个断言越是简单明了，证据和证明看上去越贫乏，它就越有威力。一切时代的宗教书和各种法典，总是诉诸简单的断言。号召人们起来捍卫某项政治事业的政客，利用广告手段推销产品的商人，全都深知断言的价值。

群体精神最需要的不是自由而是服从。他们如此心甘情愿地服从别人的意志，以至于只要有人自称是它们的主人，他们就会本能地听命于他。

对群体来说，也许最不合理的才是最合理的选择。

一件事情，最能打动群体的总是其中最美好、最富有传奇色彩的那部分。在历史上，表面上的东西比实际的东西作用要大得多，非真实的东西总是压倒真实。但如果对文明做一分析，我们就会发现，其实最美好、最有传奇色彩的东西正是文明的真正支柱。

我们可曾了解在人类历史上起重大作用的伟人们的真实生活？比如赫拉克利特、佛陀、耶稣或穆罕默德，很可能不知道。其实，他们的真实生活如何，对我们来说并不重要。我们想了解的，是民间传说所创造的伟人。群体感到激动人心的，是具有传奇色彩的英雄，而不是真正的英雄本人。打动群体心灵的是神话中的英雄，而不是现实中的真实英雄。

2.4.4 龙妖战法的信仰

龙妖战法体系也谈信仰，但这个信仰是经过严谨的逻辑论证和大量实盘检验最后确定的坚不可摧的真实的信念，是建立在坚实物质基础（大量具体的技术细节）上的对市场、交易本质整体、宏观的认识。

在龙妖战法交易体系中，趋势的拐点也有级别不同，打板派只要有一天级别就行，龙妖派追求一周级别。

一个残酷的事实是：不管什么操作模式，对一个宏观随机的运动而言，从长期来看，对错都是一样的。再直接点，对错概率就是50%，加手续费都是亏的——即使是龙妖战法也是这样。但做龙妖会有让我们蒙准时大赚的机会，但买其他的票，冒的风险是一样的，却没有让我们大赚的机会。

龙妖战法的信仰是：只要不是可能的龙妖股的主升浪起爆点的介入，原则上都是错的！

过了龙性妖气票的主升浪段起爆点附近的点，不主动介入，或轻仓介入赚零花钱，或作为买错的补救手段，不再为“一夜情”这种随机波动而纠结。

禅学思维的成就境界是：做交易如同归隐垂钓，而不是拦路抢劫！

图 2—108

龙妖派，追求的是“截击”：攻之欲动未动之时！

静若处子，动如脱兔！

神如雾豹，意若灵犀！

禅学思维也可以叫作“化境”，是前面各个层次切实用功后的一种自动化境界，羚羊挂角，无迹可寻。心性修炼最好是在前三个层次基础上再修禅，免得流入虚幻。

心态是能力的杠杆，在有能力的前提下才能谈心态。学佛一年，佛在眼前；学佛两年，佛在大殿；学佛三年，佛在西天——得意自可忘形，不拘泥于形式，脱规律而守规矩，是为化境。

第三部分

快速进阶之道

本篇为读者铺开了科学赚“快钱”的金光大道。很多大咖会说“欲速则不达”，多数情况下确实如此，但是从诸多方面进行优化调整之后，选择正确的路径，少走弯路，减少试错成本，站在前人的肩膀之上，速成是可以实现的。

3.1　股市科学速成的真正途径

“速成”是包括股民在内的大部分学习者的期望，也因此成为不少传销类培训的噱头，那么，股市技术能否速成呢？

看过笔者书和文章的读者都知道，笔者是旗帜鲜明地反对股市技术速成论的，那今天这个标题何意？

先来看几个故事。

金庸的《笑傲江湖》中，有剑宗和气宗之争，谁厉害？按书中权威说法是：

> 剑宗功夫易于速成，见效极快。都练十年，定是剑宗占上风；各练二十年，各擅胜场，难分上下；二十年之后，练气宗功夫的才渐渐越来越强；三十年时，练剑宗功夫的便再也不能望气宗项背了。然而要到二十余年之后，才真正分出高下。

同书再来一段：令狐冲是如何一夜打败田伯光的？

书中，田伯光的武功原本远胜令狐冲——令狐冲在田伯光手下过不了 8 招，后来令狐冲在风清扬前辈的指导下，练习一夜就打败了田伯光，是地地道道的速成！

怎么做到的？

完整的独孤九剑共有九式：总诀式、破剑式、破刀式、破枪式、破鞭式、破索式、破掌式、破箭式、破气式，只有将独孤九剑练至炉火纯青的境界，才能破尽天下武学，达到无招的境界，这个学习周期是很漫长的。

但风清扬当晚只选了破刀式针对性地训练令狐冲，用之对阵擅使快刀的田伯光。强化训练一夜后，令狐冲大败田伯光！

金庸的《倚天屠龙记》中，黄蓉将九阴真经的招式精炼提取，方便修习者快速入门，武功短期快速提升达到一定水平后，再从头补习内功心法，进而大成。

书中习练速成版九阴真经数月的周芷若很快就跻身一流高手之列，傲视群雄，轻取武当众侠，逼退明教两大护法，甚至对身兼数大神功一体的明教教主张无忌都构成了严重威胁！

速成版九阴真经的威力可见一斑，但当周芷若遇到习练全本九阴真经的黄衫女子后，就形同儿童，三招被秒。速成板的缺陷暴露无遗。

速成版九阴真经的原理和英语速成、日语速成类似：先精炼出常用的句子，再以中文标注读音，手持一本身处异乡，即使语法、句法一窍不通，依然可以应付一些日常状况。

然而，英语水平要登堂入室，必须从头补习语法、句法，方能应付专四、专八等。两个英语初学者，如果天分相当、努力相当，一个从 abc 基础学起，一个走速成的路子，短期内速成者的口语交流能力肯定要强于循规蹈矩者，长期来看，两人能达到的上限是一样的，即速成者在短期高度高，后期成长慢，而从基础练起，起步慢但后劲足。

假使速成者修习一些简单口语就出国打拼，疏于基础学习，那么其水平很难再提高。而基础学得好的，即使口语、词汇量薄弱，后期多说、多用，则很容易提高。

九阴真经同理：速成修习者，短期内武功招式等大有进展，已经进入高手之列，如果再苦心专研内功心法，假以时日，未必不能跻身顶尖高手的行列。但如果初学乍练，自以为是，企图用几招功夫就扬名立万，疏于内功修习，拳理不明，内力不强，体格不健，只是学到些最基础的对根基要求最低的招式求保命而已，武学境界也不过是梅超风之流的水准。而遵循真经总纲易筋锻骨等一路练下来，内功基础已经铸成，武学宗旨、拳理了然于胸，即使不用真经上的功夫，学习其他招式，甚至看看别人的招数，也能心有所悟，无往而不利。

武学一道，讲究阴阳调和、定慧双修，上限取决于个人的天资和努力程度。速成真经能够帮助修习者快速达到一个比较接近自己上限（如60%）的水平，有助于学习者在险恶的环境下求生，否则按常规修习，很可能还没入门就被打死了。

但速成的弊端就是，刚有小成的人，比较容易分心于追名逐利，影响后来内功基础的补习，如果不是有绝大定力者，很容易半途而废。常规学习者先习内功，待有小成再习招式，好处是打内功基础时，习武者实际武功低微，比较容易放下杂念来学习，等内功小成、招式熟练，其武学造诣已经可以登堂入室，缺点是容易没学成就挂掉——可见，不论常规还是速成，实际都各有利弊，只有放在不同时期权衡利弊，才能做好取舍。

最好的例子就是《射雕英雄传》中的黑风双煞，偷得半部经书，练习些招式，便能在江湖上扬名立万，不过之后一直没机会系统修习内功。梅超风打没学过九阴真经的郭靖轻松写意，即使郭靖学会降龙十八掌，归云庄上也不得不靠柱子和无声掌的损招欺负其眼盲侥幸取胜。但等到郭靖学会九阴真经，并在明霞岛上练易筋锻骨小有所成后，梅超风就再不是和他一个级别的对手了。

这些小说故事似乎不足为信,我们来看一些真实案例。

三星快速崛起的奥秘。韩国三星起点很低,之前在电子产品领域基本没有核心技术,而电子行业竞争又特别激烈,根本不允许你慢慢从基础科学逐步迭代上来,如何以最快速度跻身一流厂家呢?

以手机行业为例,三星没有采用传统的从 0 到 1 的思路,即从基础科学到应用科学的循序渐进思路,而是先直接买 1,从 1 到 100,即先直接购买核心元器件,先做系统集成,并利用其外观设计的优势,迅速在手机品牌中占据一席之地!

这条思路似乎所有的厂家都这么做,并不独特,但三星厉害的地方在于:依靠系统集成取得初步成绩后,并没有形成路径依赖,而是抽调一部分资源去做基础研发,夯实基础!

而且,在基础研发的开发顺序上,也是有选择的:先研发与现在工作最直接相关的环节,一旦研发成功,就将该元器件由外购换成自研,逐步迭代升级。目前,三星已经成为核心元器件内存和 OLED 屏幕的超一流供应商。

在这个方面,华为公司的策略也很接近,先是外购高通手机芯片,同步开发自主研发的芯片麒麟系列,并将开发成功的芯片从低端手机逐步应用到高端手机上,现在麒麟芯片已经具备了叫板高通和苹果 A 系列芯片的实力,后续完全可能逐步转型成高通这类核心芯片供应商。

讲完这几个故事,大家应该明白速成的途径了,转化成比较科学化的表达就是:

明确该领域的底层、核心元素是哪些,然后先找到你目前资源能完成的最优选择,比如核心部件全部外购,做系统集成,产业化、积累资金和经验,然后将一部分资源调配到最相关、自己又能完成的次核心元素研发上。完成后，将该次核心元素替代掉。不断良性循环，直至完成该领域的基础学科、核心元器件的纯自主研发。

由此可见，当年联想集团提出“贸、工、技”的战略思路是有其正确性的，这个战略帮助联想迅速崛起，快速获取大量现金！问题是在完成原始资金的积累后，形成路径依赖，没有逐步调整战略重心为“工、贸、技”，更谈不上最后转型为具有核心竞争力的“技、工、贸”战略，以至于一直停留在组装上的产业链低端。

这其实就是如何达到基础科学和应用科学、长期利益和短期利益的平衡，如何找到最佳均衡点互相促进、良性循环，从最容易见效的点切入，逐步完善。

回到开头的故事：独孤九剑的大成境界是无招境界，风清扬对令狐冲说：“死招数使得再妙，遇上了活招数，免不了缚手缚脚，只有任人屠戮。这个‘活’字，你要牢牢记住了。学招时要活学，使招时要活使。倘若拘泥不化，便练熟了几千万手绝招，遇上了真正高手，终究还是给人家破得干干净净。”

殊途同归，剑宗的剑招练到个人的极致，再想提升，就必须加深内功修为，前期专注修炼内功的人在剑招上要输给剑宗，毕竟他内功还没练到火候，剑法又没刻意修炼，没人家精妙，但剑宗招式毕竟是有限的，再精妙也有迹可循，而且没有深厚内功配合，一旦遇到与旗鼓相当的对手陷入拉锯战，体力肯定不能持久，耗也被耗死了。

风清扬当时在剑宗、气宗中没人能打得过，很多人都是被“剑宗”这个字眼限制住了。风清扬在华山辈分高，入门肯定早，内功修为就算不是刻意修炼，也超过大部分人，跟他同辈的人内功修为估计也跟他不相上下。

刚入门的弟子，的确是剑宗更胜一筹，到最后都得修炼内力，令狐冲就是个例子：内伤之后无法使用内力，虽然有独孤九剑，但用不了几次就没力气了。

股市中的速成也应遵循同样的道理：笔者第一本龙妖体系的作品《龙妖战法探秘》介绍了一些容易速成的招数，让读者能迅速上手，先知其然；而第二本《股道溯源》就开始侧重于内在机理的阐述，知其所以然。

股市的大成不能速成，也不存在大成——我们合成的 5 500 万光年远的黑洞，只是它 5 500 年前的面貌，而它现在是什么样子，我们并不知道。

而奇点大爆炸时，暴涨速度超过光速，光永远到达不了地球，也就是说，有一部分宇宙——也许是大部分甚至是无限的宇宙，我们可能永远无法得知其真实面目，所以，人类的认知永远没有所谓的大成。

龙妖体系不可能速成，但可以分阶段成就——科学体系是高深但能测，层次清晰而又浑然一体。

以佛法而言，有阿罗汉、金刚、菩萨、佛境界。

道家修炼，分炼精化气、炼气化神、炼神还虚、炼虚合道。

拳学又有明劲、暗劲、化劲三层境界。

现代教育，分小学、初中、高中、大学、硕士、博士。

既有小成，又永无止境——事实上，当你能初步稳定盈利后，就能比较明显地改善生活，心里也不会太急了——由此可以反推，那些急切要求一夜暴富的，恰恰说明其盈利根本不稳定，盈利机理也不清楚，对能否复制其成绩没有信心。

以上几个故事的原理是合乎科学规律的，在现代教育科学里面，确实是有“速成”的方法，而且有“20 小时学会任何技能”的说法！

TED 演讲《只需 20 小时，你就能学会任何事情》，畅销书作者 Josh Kaufman 认为：只需四个步骤，利用学习曲线，就能用最短的时间入门一项日常技能——真正精通需要 1 万小时，而学会只需 20 小时！

很多人把“1 万小时定律”奉为成功学理论，但它的基础是佛罗里达州立大学心理学家 K. Anders Ericsson 提出的“刻意练习理论”，1 万小时也只是一个平均值；而且其研究的对象，是国际顶尖的象棋大师和小提琴手等。

对不同行业，“精通”所需的时间不尽相同，20 小时适用的是人们日常的学习小目标。

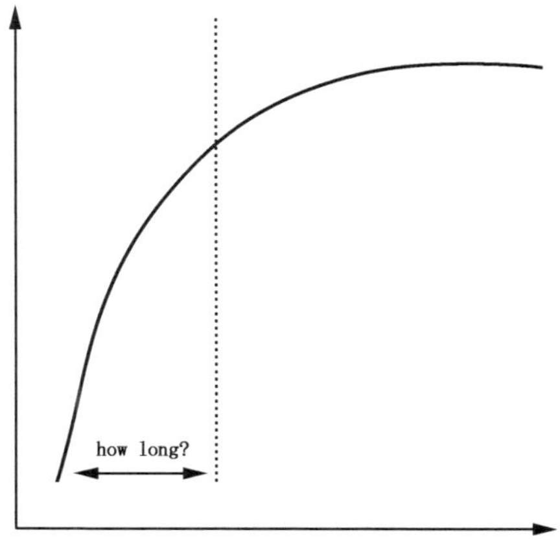

图 3—1　学习曲线

从人类学习曲线图（见图 3—1）可以看出，面对一个全新的领域时，在前期的学习能力提升最快、效率最高、提升空间也最大；而越往后，学习过程对专业性和精通度的要求越高，提升开始变得困难。这也是从“入门”向“精通”过渡的阶段。

精力有限,我们不可能抱着精通每一项技能的目的学习。

通过以下“四步法”,每天只需45分钟,坚持1个月,在运用得当的20个小时内就能成功入门。

(1)让小目标决定导向。

在学习新事物时的常规思路是:确定一个大目标,一头扎进去,打算投入足够多的时间。

这是一种典型的“时间导向”思维,但往往事倍功半。

将“时间导向”转换为“目标导向”,目标由大变小后,可控性增强,更容易抓住根本要素与目标特性,也就更能有针对性地采取行动措施。

(2)阻碍你的不是智商,而是情绪。

“四步法”中前两步的制定,很大程度上是针对情绪对人的观念和行动的影响。

很多时候,前进路上的阻碍并不是智力因素,而是情绪因素。

情绪,又决定了精力的质量。挫败感会极大地削弱行动的积极性。

丹尼尔·戈尔曼认为“情商”分为五个部分,认知自己的情绪、妥善管理、自我激励,就占了其中三点。

大脑自身可以分泌类似多巴胺等能让人感到快乐、安全和成就感的物质。比起外界的物质奖赏的间接刺激,人体自身产生的多巴胺升高,直接影响情绪,成为最佳“催化剂”,这是大脑的最佳奖赏。

速成法越来越多,从某种程度上反映了人们的心气浮躁和急功近利。说到底,不论是学习新技能还是时间管理,最本质和最深层的出发点都是兴趣和热爱,出于人类天真的好奇心,因为喜欢所以想做这件事,因而可以全情投入,用最短的时间得到最大的提升。

人类有一种“自主性功能”,也就是兴趣,兴趣是感情状态,而且处于动机的最深水平，它可以驱动人去行动。

掌握一项技能，学习一个新的门道，最终目的都指向自我探索与自我提升。

(3)环境追求极简，不成为计划的奴隶。

行动前，准备一个尽可能简单的环境。

互联网交织错杂的信息把我们包裹住，就像一个密不透风的茧，沉溺在媒体中的人们通常意识不到，手机里的那个世界，与现实会有脱节。

陷入虚拟的消息世界，损耗的就是对现实世界的理解和工作效率。这种逃避只会徒增焦虑，而最有效的办法就是直面它，用行动去解决。

每个人自身的时间和精力都有限，但比起减少付出时间，在对的时间做对的事更重要。

时间管理中有一点叫“要事为先”，在工作和生活中每天都有做不完的事，唯一能够做的就是分清轻重缓急。要理解，急事不等于重要的事。

每天除了办又急又重要的事情外，一定要注意不要成为急事的奴隶。有些急但是不重要的事情，要学会放掉。

在应对“拖延症”时，常有一个误区：“计划必须完成，否则就是失败”，但这样的误区常常牵一发而动全身，造成恶性循环。

计划赶不上变化，永远都别依赖一份完美的日程表。

灵活的管理时间，时刻矫正冲突和变化，根据自身状态和需要进行调整和取舍，对于调动状态都必不可少。

(4)重复是最好的捷径，技能需要锤炼。

最后一步：练习。

过于重视方法，会忽略练习的根基性作用。通过重复，不断加深烙印和理解，才能把“新的”变成“我的”。

在笔者的课程中，面授时间基本就是 20 个小时，绝大多数学员确实就能基本掌握课程要点进而实战，并取得相当不错的成绩。除了学员刻苦学习外，很大原因是笔者已经把要点梳理好了，减少了大量试错成本。但学员要想真正掌握一个体系，还需要在心态、买卖火候等大量细节上打磨，这个过程速成不了！

我们的学习大多是"T"字形的，在一个领域精通就可以，而其他大多数领域学习重点即可，重点在于了解以及建立跨领域之间的联系。靠意志力学习是一个伪命题：20 小时即可掌握一门技术，成为专家才需要 1 万小时。

知识可以速成，心性的修炼无法速成。所谓"修养"包括两层含义：修之使之正，养之使之强，"修"可以速成，"养"是长期的事，所谓：理可顿悟，事需渐修此之谓也。

最后，把"科学化速成"的要点归纳如下：

(1)幂律原理：找到高价值区。

理清思路，将经验、知识学术化、理论化，去掉低效甚至错误思路，减少无效动作和重复动作。

落实到股市上，就是先集中精力掌握最常态的市场情况，先不关注特殊情况和极端情况。

(2) 对高频场景刻意练习，条件反射。

(3)联机学习。

以上几点在本书其他章节都有比较深入的阐述，这里就不重复了。

基于以上原理，龙妖派编写了"龙妖战法速成版"，相当于周芷若的九阴真经，偏于术，有时效性，可称为"应试宝典"，类似考试前老师划的重点，紧扣大纲，指导性强，讲解深刻，解析详细。速成版偏向实用技术的模仿，成才周期短，但天花板低。

系统的“龙妖体系”相当于全版“九阴真经”，从基本原理出发，有目的、有计划、有组织，全方位、多角度地把技术动作按照一定规律组成各种攻防格斗体系，打造顶级高手。

速成版当然比不上全版的系统全面深刻，但性价比很高，能在极短的时间内练成，相当于考试时的临时突击。“凭着绝顶武功，号召中原武林，得群豪归心”——速成版练成后的效果就是实战超一流，适合刚进股市希望快速入门、能初步在股市盈利者，但其命门也显而易见：

速在版是“不得已而求立等速成”的方法，只能用于一时，是应急的权宜之道，短期内有奇效，一旦被人熟悉后，威力就会直线下降，且发展上限低。

3.2　高效教学和高效学习方法

一、高效教学思路

龙妖体系的教学特点是：将西方分解式教学和东方顿悟式直觉结合。相对于中国式“悟道”，西方教育有以下三点不同：

1. 具体性、标准性

无论讨论的事物还是给出的答案都十分具体且标准化，具有讨论是非的基础。而“悟道”讨论的抽象、宏观、大而化之的问题，很难具体和标准化。

2. 思维方式

西方人善用分析思维（逻辑思维），“悟道”则长于综合思维。

逻辑思维的优点是后人可以在前人基础上去发现问题，或质疑前人观点，从而推进一个体系的整体进步。综合思维往往关注的是宏观问题，大贤大哲雄踞于此，后人只能高山仰止。

3. 受众群体

普通人可以在西方逻辑思维体系里稳步前进，但很难在综合思维中“悟道得道”。目前西方教育方式已经证明能让 80％的管理者达到 80

分，实现了大规模、批量化的目的。

只有按照科学化的方式，按照逻辑方式，才有可能实现真正的速成。这也是西方科学和中国文化之间的差距，逻辑可以有继承性，复制性强，中国文化讲体验、感悟，但没有形成逻辑，就无法继承。为什么龙妖体系的学生能够速成？有些是刚进股市的新股民，可以按图索骥，达到基本定性准确，虽然不能做到妙至毫颠，但大方向不会错。

但如果是用中国式的感悟式教学，就无法速成了。

简言之，西方分解式教学，容易理解，可以量化，直观性强，以理性思维为主，基础扎实，成才率高。东方禅宗说法，拈花一笑，灵犀一点，到这个层面，需要慧根，成者寥寥。

我的老师大多是禅宗式点化，大部分人云里雾里，成才率很低，新人更入不了门。

我吸取了大量西方式分解教学思路，目前股龄 2 个月、入学 1 个月的新股民能够初步稳定盈利，大大降低了门槛和成才率。

以西方武术和东方武术的教学特点和成才率为例：

中国武术人群整体是金字塔结构，西方搏击是圆形或椭圆形结构。中国武术的顶端人物强于西方，但整体基数中国武术的成才率比较低。西方武学，如拳击、古典式摔跤、自由式摔跤、法国踢腿术、西洋剑术等都非常讲究技术，是很细腻的格斗术。中国武术高手的技术更加细腻。大部分人不可能练好中国武术，能练那么细腻的技术需要非常细心、理性、客观才可以做到，现代人大多人心浮躁，性格过于自我，粗枝大叶，甚至鄙视对细节的思考和观察，这样很难练好更细腻的技术。

自由搏击选手徐晓东轻取数名传统武术门派传人就是明证。

简言之：龙妖体系以西方式分解法教学为基础，以“二八法则”为指导，以理工科思维让高端理论落地、可操作化，花 20%的精力达到 80%的效果，达到高成才率的目标。并推出一个可以公式化、应付大多数正常行情的“龙妖战法速成版”，使得龙妖技术的可理解性和可复制性大大增强。再以东方式禅宗顿悟点化，妙到毫巅，两者结合，兼顾了成才率和高峰值水准。

当然，殊途同归，也可以说西方教学和东方教学的顶峰都一样，东西方一体不分，但现阶段两者的差别还是很明显的。

二、信息大爆炸时代的学习方式

当今是一个机会更多、概率更小的世界，战略能力就是找到那些更少但更好的事，达到“投入和产出非线性”。一些具体方法如下：

(一)找到头部：站位比努力更重要

收益不仅和能力相关，更与站位相关。优秀是一种系统的显现。

头部有巨大的借势优势，收益更高，加速度更快。

头部就是你所在赛道里的高价值并且有优势的领域——找到你所能接触到的最好的老师、理论，不要想着找赵老哥等，因为你接触不到！

优秀是幂律规则的简单显现，不管是兵法还是商道，都把时机和站位放到了个人努力的前面。与其哀叹社会的不公，不如尽快挑选头部赛道，抢占头部，享受红利。

不要因为容易而去做一件事，要因为有价值才做。暂时放下自己的优势，思考价值——只要方向正确，资源、技能、优势都可以积累。

如果暂时寻找不到自己的优势、天赋和激情，先进入自己能进入的头部，去最好的城市，去最热门的领域积累资源、增长见识，与伟大同行。等你的眼光上去了，竞争多了，自然会品味出来自己的优势和激情，也有资源可以去实现自己的梦想。

头部效应三原则：

(1)从价值而非优势出发；

(2)思考差异化优势；

(3)从身边的头部做起，从鸡头变成凤头——从小头部走向大头部。

真正的高手都具备一种深思熟虑后做选择的战略能力——做那些“更少但是更好”的事。

笔者1997年选择雷达数字信号处理，2003年选择从安徽合肥来到上海，选择当时最先进的通信行业，2007年选择龙妖战法作为研究对象，都是为了进入头部区域。

快速崛起的三次跃迁：

(1)用“二八法则”高效成长。

优秀不是个体现象，更是系统的显现，依靠细微优势提前进入更高系统，形成马太效应。

学习底层逻辑，看到体系、全貌，这样就不会执意在某一个子系统里做到满分——不需要把量学、K线、资金流等学到极致，龙妖体系够用就好。

(2) 利用系统获取更多机会。

(3)与最优秀的大脑互联。

在有价值的学习上合理投入，以最小的成本获取他人经验，是一种低成本的大脑互联途径。

(二) 联机学习

过去只要肯学习，基本上就能取得相对优势，成为那10%的人。但现在信息、知识的获取成本和便捷性都提高了，比的是学习的效率和质量。

一些学习效率低下的20多年股龄老股民自我封闭，不再联机，知识结构上严重老化，已经被淘汰在10%的人群外了。

先看两个高效学习的例子。

(1)学生甲，想报考国外大牛导师的研究生，他带着大牛导师刚出版的一本学术专著找到自己的系主任请教。

第二天，学生甲记住了系主任讲的书的大意，把主任的观点全部翻译出来，发邮件给海外大牛。

海外大牛也吃了一惊：大三学生有这个思想深度真不容易，他立马回信，并附上了自己的一些观点。

然后，学生甲又去找系主任，把海外大牛的观点又说了一遍。

这样来回几次，学生甲终于顺利申请上了这位大牛导师的研究生。

这样的三脚猫功夫，可以胜任未来的学术研究吗？

可以！

学生甲无意中使用了最有效的学习方式——联机学习。在来回翻译信件，不断把双方语言翻译成自己的话传播出去的过程中，不知不觉地在这个细分领域有了深远的洞见。这些洞见配合专业知识，让他在短期内实现了巨大飞跃。

(2)李小龙快速崛起的启示。

李小龙 19 岁到美国时，练过几年咏春，但也不是最杰出的。

但他 24 岁受邀作为嘉宾出席加州长堤国际空手道锦标赛、在唐人街打败其他中国武术高手时，已然一代高手风范，其间只用了 5 年！

李小龙是一个无门无派的人，创立的截拳道是开放的，宗旨是“以无法为有法，以无限为有限”，没有门派之别。他经常从弟子那里学习他们的武术，迅速整合入截拳道，又分享给更多弟子。学习→理解→分享，是非常快速的小循环，他自己的功夫逐渐集大成。

他从美籍菲律宾武术家伊诺山度那里学双节棍；从跆拳道高手李峻九那里学高踢腿——他也分享给对方隐秘出拳的秘诀；用西方健身系统

训练出近似完美的体格、体能；灵动的步法很大程度上借鉴了拳王阿里的蝴蝶步。

只有在竞争不充分的领域，才有流派。

学生甲在中美导师的思想交锋中获得自我跃迁，李小龙用5年的时间自学成为一代高手。

这两个不相干案例的最大共同点是：不是自己找答案，而是联机学习，“用答案换答案”。

过去自学自悟才是真本事，而在信息爆炸时代，“调用”和“整合”他人的答案更重要。

先打造一个知识模块抛出去，换别人的模块→循环，积累更多模块→整合出自己的模块，实现知识跃迁。

在传授稳定、系统化知识方面，单向教授更优。但在学习最新、尚未有人整理过的知识层面，联机学习显然更快。

比较以下三种学习思路：

自学：自己找答案。遇到问题苦思，这可怎么办？

联机学习：和同行交流，用答案换答案。遇到问题，通过找书、上网寻找答案。

跨界联机：跨行学习交流，用答案换答案。遇到问题，找人，谁最可能知道这个答案？提出高质量的问题。

联机学习是最快的学习方式，人类历史上三次最著名的知识大爆炸（百家争鸣、古希腊文明诞生、文艺复兴）都是跨界联机学习的直接成果。

这三次人类知识大爆炸，都有显而易见的共同点——多元、互联、跨界，最终形成知识跃迁，创造出大师辈出的年代。

今天的互联网信息随手可得，链接无处不在，不同学科交融，我们也面临各种层出不穷的大问题:最新的知识的源头并不在某个教授的脑子里或一本教科书的某一页,它们在大脑和大脑的碰撞中,在问题和知识的交汇之处,在一线高手的实战之中。

教学互长是一种高层次的联机学习。笔者在教学过程中,除了整理、升华了原有的学术体系,更在和私募、游资敢死队的交流、碰撞中进一步提升了思维层次和实战的学术水准。

注意:联机学习要从整合到融合,从物理结合升华到化学变化,否则会成为“大杂烩”。

(三)功利学习

1. 区分源头知识

想成为高手,必须学会区分什么是知识的源头。只有学习源头的知识才可以得到知识的精华。知识根据来源,共分为四类:

(1)一手知识——知识源头(基础理论:讲述底层逻辑,道);

(2)二手信息——忠实转述一手信息;

(3)三手信息——为传播而简化和极端化地陈述(各类一般性股票书,各种秘诀、模型);

(4)四手信息——出于各种动机充满了个人经验的情绪化表达(公众号)。

学习一手和二手信息的人,才可以变得更加高效。

2. 功利学习法

带着问题去学习,而非只是为了学而学。

为学而学的结果往往是当需要用的时候才发现,原来自己没有学到什么可用的知识——书到用时方恨少。为学而学,学习知识缺乏明确的目的,缺乏明确的应用场景。

运用知识才是力量!

3个重要前提：

(1)目标导向：学习需要有极强的目的性，目的是为了解决当下的问题。

(2)及时反馈：学了要有用的地方，否则无法得到反馈进而判断所学知识是否有用。

(3)最近发展区：学习的知识要有适当难度，能力才会有所提升。但难度过大，也会影响学习进度和学习积极性。

3. 阅读方式

(1)认知性阅读：目的是提高自己的心智和认知思维能力。学习难度系数往往比较大，但意义非凡，要投入很多精力去学习。

(2)知识性阅读：目的是增广见闻、扩大眼界。比较适合于碎片化学习和社交型学习，能够增加见识。

(3)娱乐性阅读：目的是放松自我和陶冶情操。

以上三种阅读方式最好能够交替进行，会让阅读乐趣大大提高。

总结如下：

功利性阅读的方法和要点，核心要素在于：(1)找到目标；(2)调整好资源；(3)带着问题，进入学习状态。这三步可以让你跑赢90%的人。

知识量和知识点之间的架构非常重要，如果知识点之间能够形成稳定的架构，知识就成为一种“知识晶体”——编码，知识从散装变成晶体，就不容易磨损，强度大，也容易整体提取。

思维导图就是一种知识晶体，把知识变成知识晶体有4种常见的知识结构：(1)树状：体现事物层级、包含关系，比如书的目录。(2)关联：体现事物相互关系，比如马斯洛需求理论、SWOT分析、公式等。(3)序列：体现先后、因果关系，比如工作流程图和说明书的步骤指南。(4)数据：体现数量差异关系，比如柱状图、饼状图等。

提高认知效率的核心方式是找到知识源头，极其功利地读书，萃取知识晶体。这是一种学得更少，却学得更好的方式。

（四）知识 IPO：学以致用

1. 终身提问者

彼得·德鲁克一生都在写作、咨询和教书。他一生写了 40 本书，其学术研究都来自实践，一边教书，一边实践。他的书没有大段的学术描述和术语，而是紧跟时代的困惑，每本书解决一个问题。

2. 跨界整合者

管理学是人类历史上交叉学科门类最多的专业之一。彼得·德鲁克每隔三年选择一个领域深度学习，学得差不多了，就换一个领域。当他带着一个领域的知识进入到下一个、再下一个领域，便形成了一个可怕的复杂系统。

3. 有一整套知识 IPO 系统

I——输入问题，以持续解决问题为目标；

P——解决问题，以整合多学科知识为手段；

O——输出产品，通过咨询研发、授课整合和写作，让思想产品化。

为自己设计知识 IPO：

（1）有一个真实的、高价值，并且有可能被解决的问题。

围绕这个待解决的问题搜索知识，罗列解决这个问题的各个细分问题。

（2）不是学习知识，而是解决问题。

能改变你行为的信息才叫知识。我们所学的知识，一定要以解决问题为最高标准，不停地问自己：这个知识对于解决问题有用吗？如果有用，是当下就有用吗？如果暂时没用，就做个记号收藏到笔记里，以后再看。

(3)输出倒逼输入，要把解决问题的结果传播出去。

一方面，写作能把这些知识形成体系，整理成能出手的“知识晶体”。更重要的是这个过程能兑换价值，让更多人知道你有解决这类问题的能力。这样，形成迭代，持续放大这个循环，带来一轮又一轮的知识跃迁。

注意：要控制好输入和输出的关系，防止“伤仲永”现象。

(五)以问题为导向

到底要专注，还是要多元？

这个问题的本质其实是“知识树”和“问题树”的关系。

“知识树”思路是典型的专业知识细分的学习路径，在分工高度稳定，每个领域都相对独立、发展缓慢的情况下，一个人有机会学完一个细分领域的所有知识。但在一个高度变化、多领域跨界时代，完成任何任务都需要调取多领域知识，全部学完热点也许已经过去了——学习的速度，跟不上遇到问题的速度。

以“问题树”为导向来学习知识，包括四个方面：(1)面临什么样的问题？(2)如何知道自己已经解决了该问题？(3)会遇到哪些挑战和障碍？(4)有哪些可能的解决方案？

这四个问题会出现很多关键词，指向各个领域，每个领域又会产生新的关键词，然后生长成一颗关于该问题的“问题树”。

我们需要的，是用来解决问题的知识。

在目标上专注，在手段上多元。

1. 应对知识折旧

(1)多读不容易折旧的经典。

(2)不断更新最新内容。

不管学习什么知识，都要问自己：这个能更好地解决我的问题吗？

提问的能力，最能看出一个人思考的深度。

提问能倒逼更新知识，深入思考。

只有基于问题的学习，才符合复利的两个条件：

(1)为解决问题，昨天的思考和学到的知识会马上应用到今天的解决方案上，形成迭代。

(2)如果某个知识有用，就不会忘记；如果无用，忘记就忘记吧！

与当下要解决的问题无关的知识，暂时不用学它，它也不会消失，等需要时，也许有了更好的解决方案。

以问题为导向的学习方法能关注更少，进步更大。

2. 五个绝佳的思考角度

(1)证据：怎么知道什么是对的，什么是错的？有什么证据可以证明？

(2)视角：如果站在其他人视角看这个问题，会如何？换一个角度呢？

(3)联系：它们之间是否存在某种规律和模式？以前在哪里见过这个模式？

(4)猜想：如果它与众不同，那是什么样的？

(5)相关：它为什么重要？

笔者在研究所进行雷达数字信号研究时，将工程经验总结，以学术论文形式发表，很好地总结了经验，提升了思维能力，构成了良性循环。

人都有惰性，而深度思考是一件艰苦的事，要用合理的压力和动力促使自己深度思考。现在，教学互长也是一种压力和动力适中的提升方式，促使自己总结笔记和经验。

3. 总结

跃迁成高手的技术如下：

(1)站在知识源头，萃取知识晶体；

(2)联机学习，用一块晶体换取更多晶体；

(3)以问题为导向学习，创造自己的问题树；

(4)运用知识 IPO,学以致用。

(六)幂律分布:找到高价值区

世界永远是不公平的,阶层分化也是开放社会的必然趋势——正态分布转变为幂律分布是一个不可逆转、不可避免的过程,但个体的命运依然有改变的可能。

从战略层面思考,做终身学习者,扩大视野,提高自己的水平。提醒自己持续发现、关注、观察,验证高价值区。

幂律分布的特征如下:

1. 高度的不平均

"二八法则""马太效应"都是这个现象的表述,不公平是大自然的常态,巨富和富翁之间的差距比富翁和普通人之间的差距更大。

2. 分形

图形细分后,每个部分都是整体缩小后的形状。为此,可以利用下面两个规律来加速进化:

(1)通过"二八法则"的三次方,而不仅是一次方,持续放大自我效能。

每个系统都有杠杆点,该杠杆点能迅速放大努力,事半功倍。幂律分形意味着系统的重点都能继续再分,"二八法则"的三次方:20%→80%,4%→64%,0.8%→51.2%。

即理论上,找到关键点,通过不到1%的努力就能达到51%的效果。

关键:持续找到变化世界的那个20%。

(2)抢占头部,持续迭代,获得巨大的推动力。头部=高价值×高优势。

(七)专注与迭代:聪明人的笨功夫

"妙手"有个重大缺陷:不能迭代,无法刻意练习。

"灵感"无法刻意练习,无法打磨手艺——灵感、聪明没有"护城河"。

“灵气十足”，有“机灵劲儿”，长久看下来，这种类型的人最容易生涯发展成“跳崖”。

“不得贪胜”也是一个被极度低估的道理。各行各业的高手一次次地重复，但还是因为太普通，没有获得应有的注意力——新手都谋求一把翻盘，但是高手都玩持续迭代。

新手看胜负，高手看概率——所有的大胜都是细小优势的持续迭代形成的。

专注让你无敌，迭代让你精进——好的成功是聪明人花的笨功夫。

专注不是短期专注或者专注做一件事不分心，而是长期盯着一件事情来做，一直把事情“做绝”的专注。要做更少但是更好的事。如果一个人已经占据了优势位置，只要保持专注、节制，就不会输。

具体行动如下：

(1)放慢脚步，等待这项技能基本掌握时，再进行下一步；

(2)给自己每天都定一个小目标，定时、定量去完成；

(3)有灵感时及时记录，但不去依靠灵感；

(4)每天保证半个小时的阅读量。

写作能把知识形成体系，构成能出手的“知识晶体”，分享交流，帮助找到下一轮更大的问题以及更大的价值，形成迭代。这个循环持续放大，会带来一轮又一轮的跃迁。

(八)刻意练习

天才是怎样炼成的?

中国传统思维强调“吃苦”，“冬练三九，夏练三伏”，甚至“头悬梁，锥刺股”。而近代则开始强调“爱”，兴趣是最好的老师，强调寓教于乐。

励志故事和流行的成功学书籍爱强调“顿悟”，认为一个人之所以不成功是因为他没想通，他没有认识到真正的自己。好像一旦顿悟到了真正的自己，他就会非常简单地在本来应该属于自己的领域成为天才人物。

事实究竟如何？科学家只相信调查研究。

在过去二三十年内，心理学家们系统地调研了各行各业内的从新手、一般专家到世界级大师们的训练方法，包括运动员、音乐家、国际象棋棋手、医生、数学家、有超强记忆力者等，试图发现其中的共性。

他们的研究甚至细致到精确记录一所音乐学院的所有学生每天做的每一件小事、用多少时间做每件事、父母和家庭环境，来比较到底是什么使得那些音乐天才脱颖而出。他们得出的最关键的结论是：

并不是练习的时间，而是练习的方法最重要！

达到这个途径的具体方法就是：刻意练习。

一般对“刻意练习”是有误解的，本文剖析刻意练习的实质，并给出一些如何针对龙妖体系的自身特点制定个性化刻意练习的方案。

1. 刻意练习的 4 个要点

(1)在“学习区”练习。

心理学家把人的知识和技能由内到外层层嵌套，分成三个圆形区域，见图 3—2。

“舒适区”：已经熟练掌握的各种技能；

“学习区”：经过比较大的努力可以掌握的技能；

“恐慌区”：暂时无法学会的技能。

有效的练习任务必须精确地在受训者的“学习区”内进行，具有高度的针对性。很多情况下，这要求有一个好老师或教练，从旁观者的角度更能发现我们最需要改进的地方。

只在“学习区”练习，是一个非常强的要求。一般学校课堂往往有几十人按照相同进度学习，这种学习没有针对性：同样的内容，对某些同学来说是“舒适区”，根本无须再练；而对某些学生来说，则是“恐慌区”。

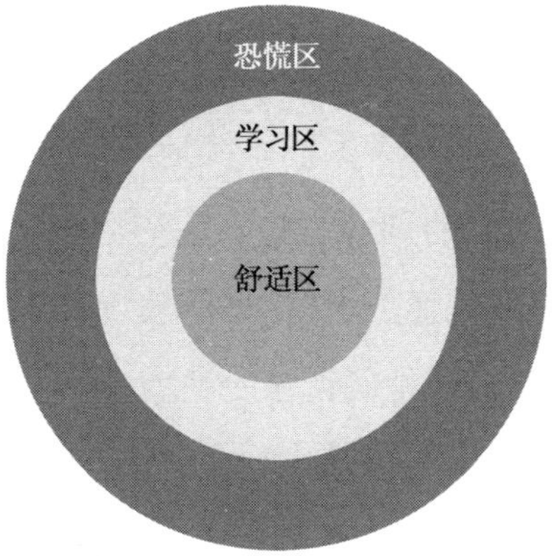

图 3—2

科学教学必须因材施教、小班学习，甚至是一对一的传授。真正的高手训练与其说是老师教学生，不如说是师傅带学徒——同理，龙妖体系的最高端课程也需要采用师徒制方式，进行有针对性的指导，尤其是实盘操作，必须有一段时间手把手地指导和监督，对操作失误进行反馈。

一旦学会了某个东西，就不需要继续在上面花太多时间，应立即转入下一个难度。长期采用这种方法训练，必然事半功倍。

真正的练习不是为了完成运动量，练习的精髓是要持续地做自己做不好的事——同样的练习时间，普通运动员更喜欢练早已掌握了的动作，享受打球的过程；顶尖运动员则更多地练习各种高难度的动作，集中练习在各种极端不舒服位置的技巧。

(2)大量地重复训练。

从不会到会的秘诀是重复。

把不常见的高难度事件重复化是MBA课程的精髓，在商学院里，一个学生每周可能要面对20个真实发生过的商业案例，学生们首先自己研究怎么决策，提出解决方案，最后老师给出实际的结果并做点评。

学习商业决策的最好办法不是观察老板每个月做 2 次决策，而是自己每周做 20 次模拟决策。军事学院的模拟战，飞行员在计算机上模拟各种罕见的空中险情，包括丘吉尔对着镜子练习演讲，都是重复训练。

在体育和音乐训练中，比较强调“分块”练习。首先，你要把整个动作或者整首曲子过一遍，看专家是怎么做的，然后把它分解为很多小块，一块一块地学习掌握。在这种训练中，一定要慢，只有慢下来才能感知技能的内部结构，才能注意到自己的错误。

美国一所最好的小提琴学校里，甚至有禁止学生把一支曲子连贯地演奏的要求，规定如果别人听出来你拉的是什么曲子，那就说明你没有正确练习。职业的体育训练往往是针对技术动作，而不是比赛本身。一个高水平的美式足球运动员只有 1%的时间用于队内比赛，其他都是各种相关的基础训练。

如果没有这种事先的重复训练，一个人面对不常见的事件往往会不知所措。统计表明，工作多年的医生通过读 X 光片诊断罕见病症的水平反而不如刚毕业的医学院学生——因为很少遇到这种病例，而在医学院学到的东西早就忘了。最好的办法其实是定期让医生们拿过去的旧 X 光片集中训练，而不是期待在工作中碰到。

在龙妖体系培训中，曾采用过个股咨询方式帮助加快优化学员交易思路，取得了很好的效果。其中，股龄 2 个月、学龄 1 个月的新股民基本掌握了某项课程的交易思路，初步实现在大势不佳情况下稳定盈利，并选中了京东方 A 当时几乎唯一的大牛股。

(3)持续获得有效反馈。

传道、授业、解惑，对一般人来说，老师最大的作用是激发了他的学习兴趣，教会了他什么东西。

真正的高手都有很强的自学能力，老师和教练对他们最重要的作用是提供即时反馈。

一个动作做得好不好，最好有教练随时指出，本人必须随时了解练习结果。看不到结果的练习等于没练习：如果只是应付了事，不但不会变好，而且会对好坏不再关心。在某种程度上，刻意练习是以错误为中心的练习。练习者必须建立起对错误的极度敏感，一旦发现自己错了会感到非常不舒服，一直练习到改正为止。

最好的教练不会发表什么激情演说，甚至不讲课，说话从不超过20秒。他们只给学生非常具体的即时反馈。所有训练都事先进行无比详细的计划，即使是第一次见面，也能指出学生在技术上最需要什么。这是绝对的因材施教，能源源不断地提供高度具有针对性的具体指导。

获得反馈的最高境界是自己给自己当教练。高手工作的时候会以一个旁观者的角度观察自己，每天都有非常具体的小目标，对自己的错误极其敏感，并不断寻求改进。

显然，在找不到老师的情况下，每天复盘、写总结是股市非常有效的自学方法。

(4)精神高度集中。

刻意练习没有“寓教于乐”这个概念！

如果是练习手指，可以练一整天；可如果是练脑子，每天能练2个小时就不错了。高手的练习每次最多1～1.5小时，每天最多4～5小时，没人受得了更多。

研究发现，所有学生都了解一个道理：真正决定你水平的不是全班一起上的音乐课，而是单独练习。

要想成为世界级高手，一定要尽早投入训练，天才音乐家都是从很小就开始苦练了。

2. 刻意练习的进一步认识

(1)刻意练习发展的技能，是已经拥有一套行之有效的训练方法的技能，形成规模。

要有一位好导师制定和监督的训练方案——他们熟悉杰出人物的能力，也熟悉怎样才能最好地提升这种能力。练习方式很重要。

显然，这需要将实践经验理论化，知道努力练习的目标。

(2)专注和投入。

发生在舒适区外，行业具有足够的竞争性，要求人们尝试刚好超过他当前能力范围的事。这要求人们近乎最大限度的努力。

实战派理论学习，不是听股市心灵鸡汤，不是玩票性质，而是要关注实盘的每个细节和当时的心理反应，努力改正自己错误的思维习惯和行为。专注和投入地提高自身技能，这个过程不会很愉快。

短时间百分百的努力练习，比更长时间只投入70%的努力，效果更好。一旦感到疲劳，立刻停下休息。

(3)要有良好的特定目标，具有客观标准，或一些半客观的标准。并以一系列微小改变逐步实现这些目标，学会化整为零，通过平时复盘总结、读书笔记，累进迭代，逼近大目标。

(4)有意而为，需要完全的关注和有意识的行动。

个股咨询是为了逼迫你写清楚自己的思路。

(5)反馈，以及为应对那些反馈进行调整而继续努力。

从最开始导师监督、反馈，到最后学生自己反馈、监督自己。

成功路上从来就不会拥挤，刻意练习是枯燥、痛苦的。从笔者培训的实际情况看，除了个别原本基础很好、参加培训后赚了几倍学费的，确实都是学习比较积极认真的那些人。所以，股市还是很公平的。

总结：专注、反馈、纠正。

3. 小结

从以上论述可以看出，刻意练习是快速复制现有成果的捷径，但不是创造新事物的途径。

刻意练习只能制造出高手，创造不出宗师——衣钵传人的是刻意练习的产物，一代宗师是“刻意练习＋创造性”的结果。

由此总结出学习效率最高的方式如下：

(1)基础较差时，重点学习前人的先进经验，以继承为主，刻意训练，快速复制前人的先进经验和模式。

一位教围棋的股友告知：业余6段是业余最高水平，不少6岁半的小孩也能达到这个水平——从4岁开始学，两年半到达顶级水平，现在中国围棋前十名在小时候都是这样的。

他们都是通过刻意训练速成了，直接复制前人的先进经验，有模式、有经验，省掉了创新试错成本。

(2)具备自己的独立思路，前人经验已经不能指导你的交易思路时，直接研究市场，提出创造性思路，用市场结果检验、优化。

上述(1)为(2)奠定坚实的基础，(2)是(1)的继承、扬弃和超越。

股市的变动性意味着这是一个“刻意练习＋探索性”并存的领域，偏颇于某一方面都很难长久处于巅峰境界。单是刻意练习，只是能把已经发现的经验和理论进行强化，但不能应对新情况；只有理论探索，缺少刻意训练，现实实力会暂时落后。

高层次的刻意练习是训练思维能力、完成认知水平的跃迁。

3.3 吸星大法如何进化成北冥神功?

——构建龙妖战法知识体系扼要

3.3.1 吸星大法还是北冥神功?

金庸先生的武侠世界里有两种神功:吸星大法和北冥神功,功效类似。其中,北冥神功是逍遥派功夫,吸人内力并储存,通过转化为北冥真气为己所用。吸星大法是日月神教教主任我行的武功,也是吸人内气为我所用,相比北冥神功有一个缺点:真气反噬,反噬时形同废人,甚至会筋脉寸断,危及习练者生命。

为什么会这样?

修炼北冥神功,身体里有一股北冥神功的内力,而吸星大法少的就是这个。北冥神功之所以能够吸取数十人、上百人的内力也不会反噬,根源就在于这个北冥内力,有北冥真气能够同化,无论吸再多异种真气,始终能够同化成北冥真气,体内就只有自己修炼的北冥真气。

任我行的吸星大法就不一样,吸十人内力,体内就有十种不同的内力,没办法化解,吸得越多,体内储存的越多,最后凭自己原本的内力压制不住，只能走火入魔，所以才会遭到反噬。

吸星大法因为异种真气问题，内力很可能存在某种硬上限。

换成现代语言就是：吸星大法类似一个装了多操作系统的电脑，虽然外表是一个整体，也可以应付多个不同应用的平台使命，但本质上还是多个子系统的简单拼装，需要不断切换进入不同操作系统来应付不同的应用，不仅低效，而且在切换间隙会造成盲点，甚至会因为切换频繁造成电脑硬件卡死而暂时死机——任我行在真气反噬时，形同废人。

北冥神功则在高层次上统一了这个问题，不仅在电脑外观上是一个整体，操作系统也整合成一个更高层次、更高兼容度的操作系统，不同应用是在一个操作平台上应用的，高效、流畅、自然。

北冥神功有一个先进的元认知能力，在这个元认知的统帅下去吸取、博采、改造吸收来的精华元素，将之转化成统一的精纯整体，完成了由博采众长到独树一帜的升华。

而吸星大法没有元认知能力，像情绪一样随风飘，自然阴晴不定，将博采众长停留在大杂烩层面。

这个引子其实是阐述了如何将知识转化成能力。龙妖战法知识体系的核心竞争力不在于具体的技术和原则，更重要的是无限开放前提下的融会贯通和自成一派，即以龙妖思维为元认知能力打造知识体系的能力。

曾有人这样评价李小龙：你可以在他面前露一手，但很快就会发现，他玩的比你还要精通！截拳道的精髓在于能以无法为有法，以自己的元认知吸收、改造无限的技术，进而达到以无限为有限。

乒坛天才瓦尔德内尔使用的绝招，似乎都能从其他人身上找到影子，他甚至没有原创过任何一个技术，但他在学习理解了这些技术后，结合自身对乒乓运动更本质、高层的理解后，改造组合，自成一派，随机创造出大量“瓦氏风格”的天才般技术！

3.3.2　构建龙妖战法知识体系扼要

大脑不是用来记忆的，而是用来思考的。技术和互联网如此发达，我们的学习应该不再局限于现有的知识，而更多是探索未来的能力，培养出一个主动思考、会思考的大脑。互联网时代的信息对称性，比的更是信息吸收和加工再创造能力。为此，不要再局限于知识本身，而更多应关注用这些知识可以解决何种问题。一切不为应用的学习都是耍流氓！有应用场景要用，没有应用场景创造条件也得用！

学习不要局限于某个领域，而要注重知识之间的联系。总之，要把所有学过的和即将要学习的知识串联起来，千万不要让它们孤零零地存在。

学习分知识层、能力层和价值观层三类，要明确学习在哪一个层次上。

知识的学习：指具体某个领域的、用来阐述道理或解释事情或完成任务的相关信息，需要更多的是原理性或资讯类东西。

能力的学习：能力是广义的，既包括特定领域的技能，如打篮球、写程序、画插画，也包括超越具体领域的通用能力，如思维、沟通、计划等，需要的是程序性或操作类东西。

价值观的学习：指整体的心智模型和价值体系，也就是对事物的判断。

学习新鲜知识相对容易快乐，越上升到能力层次的学习，越不容易从内容本身获得快乐，因为无法大量集中获得新鲜感。龙妖战法知识体系的高端课程没有面向大众，除了技术本身的硬核性外，其对思维能力的要求，构成了大众进入的壁垒。

低效学习的几个特征如下：

(1)知识零散化，导致信息饥渴症以及信息过载。

(2)只学价值观，忽略知识和能力。

道理只有自己亲身经历过后，才能被称为道理。别人告诉你的经验，也许只能学习“道”，却没有相应的“术”和“器”来支撑，道理都是别人的，你的“道”是空中楼阁。

一套实战派体系，不仅要有高大上的“道”拓展你的上限，还需要脚踏实地的、具体的技术细节和操作细节来支撑你的下限。

如果武器没有代差，人就是决定性因素；如果武器有代差，那么武器就是决定性因素——“术”就是核心技术，人或者说理念是系统整合能力。

(3)将知识与能力割裂。

学会开车但不去实际练习转化成能力，几乎毫无用处。学了很多知识，但从来不用，并没有把它转化为能力，这就是知识与能力的割裂。

在将知识转化成能力的过程中，最基本的一个环节是如何建立知识体系。

构建龙妖体系的知识结构是一项专门的系统，这里只阐述一些共性原则。

把知识体系进行归纳、总结，找出相互间的联系，举一反三，在遇到问题时能够快速反应，最终将知识内化为能力。一个完整的知识体系包括三个要素：知识架构、知识内容、内容之间有联系。

建立知识体系的原则是明确自己的需求：你为什么学习这个领域？将来打算如何应用？这个领域和你现有的其他知识是什么关系？

通过各种可靠渠道建立架构，可以先直接借用一个最接近自己需求的体系，然后在实践中不断修正自己的知识架构，在架构中填充知识，将知识之间、知识与问题之间进行关联。验证一个体系是否科学的一个标志是:成绩能否在同一个人身上大概率持续。

构建知识体系的几个忌讳如下:没下基本功夫,或自作聪明,没有辨别力,朝三暮四,还没建立一个基本体系就妄言“博采众长”,最后基本都是“四不像”——龙妖体系固然不是什么无上绝学,但想超过它,大部分人暂时还没有这个积累。博采众长,建立一个更高层次的体系,有专门的思维方法,绝不是东拼西凑这么简单。

3.4 职业股民是如何炼成的

——兼论过渡阶段的人生策略

很多读者对笔者如何通过自学，从一名通信行业技术人员平稳转型，度过“天劫”成为职业交易者的历程很感兴趣。要知道，通信行业工作很繁忙，天天加班都很难应付当下工作，更不要说抽出时间学习其他几乎完全不相干领域的知识。而计划转型的领域又是一个难度更大的领域——笔者原来所在公司，全国近 8 万人，几乎全民炒股（可悲，这说明工资收入低，不得不另谋副业），但依靠炒股摆脱打工命运的包括笔者在内仅 2 人。

显然，这个成功转型肯定有大量的操作策略和规划，是有计划、有规划的运作，绝非运气使然，且具有很大的复制性。其中，最核心的思维就是如何处理好过渡阶段的大量矛盾——但这方面的资料和书籍寥寥无几，甚至根本没有。

在人生的转型升级过程中，大家缺乏的不是理念和目标，更不缺心灵鸡汤，而是缺乏达到这个目标的具体手段和具体技术实现细节，而每个层次的跃迁都需要有可操作的具体方法帮助完成过渡，才是具有实际意义的建议！

黑和白这样的极端情况反而是容易处理的，在一件事能做和不能做之间也不需要策略和决策：能做就做，不能做放弃即可，很简单！但人生在黑和白之间，更多的是灰色地带，例如去做一件事，能力有所不够，不做又心有不甘。

如何把这个过渡区间处理好，是很多人能否成功转型升级、度过“天劫”的关键！这也是目前成功学类资料和书籍中最缺乏的环节。

回到股票这件事上，绝大多数人处于业余爱好和职业操盘手水平之间，也是经过努力容易达到的层次。这时就很纠结：全职炒股，水平可能不够，收入可能还不如打工高，且不稳定，家人也会反对。但就这样打一辈子工，天天打卡考勤，基本没有自己的时间去优化职业发展道路，放弃理想成为芸芸众生，又心有不甘。而人的精力有限，做好一件事尚且不易，更不要说兼顾几样，还是都需要很高精力和脑力的工作，在理想和现实之间纠结。

本章重点阐述如何平稳转型到职业交易者的策略，全部是笔者亲身真实经历和实操经验。

笔者把业余爱好转到职业操盘的过程分成三大环节，分步论述各个阶段的重点和具体应对策略。

3.4.1　业余爱好阶段的策略

刚进股市，我就几乎本能放弃了所谓的正统基本面研究——我不相信靠着这些大家都能看到、能看懂的东西，就能赚钱，而且是赚大钱。除非你能运用独特的思维或技术从中挖掘出大部分人看不到的东西——不在于看什么，在于怎么看。

自 2007 年 7 月入市，2008 年入市不到一年时遇到“大熊”，那时投机缺少量化概念，喜欢“全仓＋杠杆”。想暴富，独创了信用卡套现技术——

等于加了杠杆，亏50%——但听说那一年股民平均亏75%。

当时因为买的都是热点股，很多时候其实是赚的，败在不知如何止损、止盈和仓位控制上，由此开始认真思考仓位控制技术。

该阶段的学习策略是：学习适合自己性格、风格的体系、技术，提炼所学精华。

集中精力读股票类相关资料，做读书笔记，提炼原书精华。所谓把书“读薄”“读化”，就是发现更本质的东西，从而可以舍弃低一个层次的东西。

这个阶段主要是解决有限时间如何平衡多任务矛盾，就像如何在有限的硬盘里装下尽可能有价值的信息。当时的主要解决思路有以下几种：

(1)重新划分事情权重；

(2)充分利用碎片化时间；

(3)优化工作方法；

(4)找到适合自己当时情况的学习方法。

一、注意点

(一)坚定信念，建立内在驱动力

成功既然是独特的，就意味着没有可以借鉴和模仿的对象，意味着成功需要极其强大的精神力量。

当年确定研究股市时，不知道能不能成功，但我坚信两点：

(1)股市的规律性是可以在一定程度上认识和掌握的；

(2)对自己的智力和毅力有信心。

(二)精确规划时间，用新知识、新方法解决现有问题

学习一些高效规划、管理时间的技巧。用切实举动、技巧一点一滴优

化时间，高效工作。

采用“四象限”法则处理紧急、重要的事，空出有效时间。

有效利用碎片时间，比如现在可以使用喜马拉雅 App 听书。

定期请钟点工整理家务。

网购：2007 年左右网购就是我的标配了，为此节约了大量路途和店面搜索的时间成本。

在工作中不断总结，不断提高效率，如学习总结报告写作技巧，那时我的工作汇报篇幅比一般同事少 2/3 左右，但要点都没有疏漏。

屏蔽一些垃圾邮件，减少浏览和阅读时间。

充分授权，理顺工作流程，并将共性事务流程化，敢于承担责任。为下属承担责任，消除其顾虑，激发其积极性，经过授权，理顺流程后，曾出现过有一天只需要我回一封邮件的情况。

(三)调整业余爱好，聚焦目标

笔者至今不学开车，利用乘坐地铁、出租车的时间休息、思考；至今不打电子游戏。通过以上碎片化时间的管理和优化，使得比一般同事平均每天多出 3 小时左右的自由支配时间，这个时间足够用来看盘、复盘和学习了。

当然，付出的代价是少了不少现实利益，但用可以承受的现实利益换取极大想象空间的未来，是风报比很不错的选择。

1. 精要主义

笔者一向推崇“精要主义”，其本质和“二八法则”一致，把这项工具运用好，就能大大减少很多低效工作，节约大量时间。“二八法则”的理论根源是，世界不是线性的，而是 20%的关键决定了 80%的内容。其三大假设是：

(1)具备事前判断各种信息的能力，否则，无法判断关键少数与一般多数。

(2)所找到的关键事务或环节是可调控的，即所涉及的关键因素是人类群体理性选择的结果，它是人类决策可改变、可利用的规律。

(3)少数关键要素与多数一般要素之间互相独立不相关。

如果社会20%的人占有80%的财富，那么可以推断：10%的人占有65%的财富，5%的人占有50%的财富；20%的人力决定了企业80%的价值，同理，20%的关键工作创造了80%的收益，其他80%的努力，可能是无效的。也就是说，要找到最省力法则和关键的少数。

以下三个思维工具虽然简单，但非常实用，它们是：分支图——将杂乱无章的现实变得一目了然；疑云图——将两难结构加以整理归纳，解决混乱问题；远大目标图——找出目标的实现途径。

采用精要主义和不采用精要主义的表现差别如下：

①精要主义。

思考：更少但更好，选择做，重要的只是少数，怎样权衡取舍？

做法：自律的追求更少。停下来区分、辨别重要事件，为方便执行清除障碍。

②非精要主义。

思考：所有事，所有人。我必须做，一切都重要，怎样把一切都安排妥当。

做法：盲目地追求更多，不假思索地满口答应，在最后一刻仓促执行。

精要主义的基本价值主张：要最大限度地成就真正重要的事，切忌贪多求全，事事应允。

学会选择真正精要的事为止。

目标明确使我们成功，成功使我们有了更多选择和机会，更多选择和机会让我们失去目标,偏离了最本质的事——成功反而成了失败的催化剂。要真正区分无意义的多数和有意义的少数。

选择能力是精要主义的核心:一旦放弃选择权,别人就会替我们选择。几乎一切都是噪声。花更多的时间来选择,以便花更少的时间去做。

接受任何一个机会意味着你要舍弃其他几个机会。精选,只接受前面10%的机会。如果答案不是一个确定的YES,就是一个肯定的NO。

留出空间,设计人生。为自己创造探索和思考的空间。用每天的第一个20分钟阅读经典。

精要目标是既明确、具体,又鼓舞人心,充满意义又容易衡量,以一当千。

2. 放弃:止损就是最大的赢

当没有某件事物时,人们通常倾向于低估该事物;当拥有时,则倾向于高估。可以换位思考:如果我没有这个东西,愿意花多少钱购买它,从而取得真正估值。

删除冗余,扫除最慢行进者:(1)弄清核心目标;(2)锁定障碍;(3)扫除障碍。

从小处开始,不试图一次扫除。注重重要领域每个微小而平实的进步,专注于当下最重要的事。

二、学习篇

记住:终生学习者没有极限!

虽然有家世、机遇、天赋等随机干扰因素,但更多的是看是否勤奋、承压、不断学习。

学习的自由有三个层次:(1)选择学习什么东西;(2)自主学习能力;(3)足够自由选择的视野。

读书要了解其精髓,明白作者心思,学会一些思维方法、方式或思想感情,而不是背几个段落。否则就是读死书,炫耀二手知识。

亲眼所见、亲自试验的就是一手知识——看书加入了自己的思考和实践,践行了其中的理念,书就被看懂了,成了一手知识。

笔者总结学习方法如下:

(一)一门深入,消化吸收

学习适合自己性格、风格的体系、技术,提炼所学精华。为此,笔者集中精力将能找到的公开、半公开股票类资料研读殆尽,做了大量读书笔记,提炼出原书精华,深刻理解了原书精华。

对一般打工族,建议做趋势股、牛股、中线,关注日线级别,下班后复盘即可。

特别热衷短线的,只好打"擦边球"了:如果公司能上网,利用工作间隙看盘;不能上网的,自带笔记本无线上网;再不行用手机软件看盘。

(二)碎片化学习,全局性整合

利用班车、地铁、午休间隙,用手机看电子版书籍——现在还可以听书,充分利用碎片化时间学习。然后再利用相对整块的时间将这些碎片化知识系统化,即化整为零,再聚零为整。

(三)学、思关系

看书,吸收消化它,变成自己的理论,验证它,同时不断吸收他人的观点。观察世界,产生新的疑问;思考,产生新的疑问,寻找合适的书和理论,解决这些疑问,试图发展这些理论,循环往复。

看书的收获有两点:(1)改造思维方式,给予新的思维模型。(2)在现有模型下给数据,让模型更精确。外界只是催化作用,自己心态如何还是靠自己。

笨鸟先飞不是为了超越聪明鸟,而是为了超越自我。成功并非只有一个标准：持续成长和内心的平静最重要。遇到问题，从自己身上找原因，找解决方案，加强自我修养。一定是在解决矛盾后的细节完美才有意义。外部条件解决后，最大的阻碍永远是自己的内心。

理性设定目标：开始的目标要低，容易实现，然后慢慢提高，始终保持每一个短期目标都可以实现，进入一个长效的正向循环中，追求“乐学”和先慢后快的加速度运动。

一件事简单到大脑一次性就能想明白时，聪明才有价值，反之，核心问题就在方法上。

做事有节奏，就是有规律、有计划。最有效的工作方法就是：任务分解。当问题很大时，一般是无法思考的。

优秀人才的特征之一是极强的学习能力。要获取十年的经验，而不是把一年的经验用十年！

改进自己从学会正确认识自己开始。

这是一个协作的世界。

“快”是一种客观状态，别人三天才能做完的事，你一天就做完了。

“急”是一种心态，主观存在。三天才能做完的事，你非要一天搞定。

没有信息过剩，过剩吸收的是垃圾，需要的信息根本没有获取够——能给你带来实际好处的是信息，不能的就是噪声。好的信息是稀缺的，而且是有时间限制的。

成长就是不断用体系化知识，倒逼自己的大脑进化。

所有的知识其实都是信息，信息在不同载体之间，通过不同介质传播时，一定会产生损耗。衰减和走样程度，随着传播链路的节点数指数增长。

信息也可以进化，传播者对原有信息不断加工充实。

大脑其实是一个反馈流程；大脑接受了一定数据、一定的训练，形成了一定的理论，然后不断检验论证对不对。一个聪明的大脑应该非常清晰，并且能触类旁通。

人工智能是在模仿大脑，研究人工智能有利于加深对大脑的认识。机器学习的核心是“模型＋数据量”。学习曲线开始可以比较平缓，随着对新事物的了解，逐步加速。永远不要把自己控制得太狠，以免突然崩溃。

将复杂概念简单化的两种思路如下：(1)避开难点，暂时忽略晦涩难懂的内容；(2)运用技巧，将原来难懂的内容拆解成更简单的内容。

(四)化繁为简的能力

试想把深奥的内容讲给6岁的孩子听，你将不得不舍弃那些看似严谨但对理解原理并没有实际作用的内容。把其中最关键的内容找出来，并采用更简洁易懂的方式表达。如霍金的《时间简史》创造了物理学畅销书奇迹，而全书只有一个质能方程。

最高效的学习方式是将知识讲授给他人！

难以理解的书不是好书——对事物本质了解越深刻的人，行为就越简洁扼要，一语中的，这样的书就越容易理解。

该阶段的几个要点如下：

(1)先根据自己的喜好和性格特点选择最适合自己的战法，围绕这个战法搜集相关资料，梳理资料的精华，分析各个体系的优缺点，把这些元素、体系重新构建成更高一个层次的新体系。

逐步学习相关的知识体系，扩充到原有体系中，丰满或犀利原体系。

笔者一开始就选择了类似龙妖战法的手法，并把当时能买到和下载到的几乎所有关于强势股、黑马、涨停、主升浪方面的资料全部研读殆尽。对一般上班族，建议学习趋势股、牛股、中线股思路。

(2)做笔记。

具体学习上，先是用做笔记方式把各份资料的精华提炼出来——一定要做笔记！这是迫使你思考和总结的有效方法。

(3)写短文。

当这些资料基本吸收消化，进一步就可以将相关专题整理成短文。最好找个地方发表——这不是为了出名或者赚那点可怜的稿费，而是动用了“即时反馈”机制，激励自己不断学习研究下去，形成良性循环——大家能看到现在的《龙妖战法探秘》一书，也是得益于当时积累的部分笔记。

之后，一直遵循着这种学习方法，目前看效果很不错。

在学习方法上，笔者一直在不断改进和提升，并时刻关注最新的先进方法，融入自己的学习中。

三、生活篇

生活上，笔者追求极简生活方式——现在这方面的书逐渐多起来了，有兴趣的可以看一些相关方面的书。

以整理衣柜为例，不要问：这衣服我还会不会有机会穿？而是更尖锐地问：这衣服我喜欢吗？穿上它好看吗？次数多吗？如果否定的次数多，就知道该淘汰它了。

适当打游戏，可以有效提升身心健康、人际关系、组织能力在内的一系列能力。

良好睡眠，保证身心健康。

以“学不学开车”这事为例：其实很多人学开车是跟风，并不是真的需要。尤其在上海，高峰时段的堵车慢如蜗牛。笔者至今都不会开车，不仅省下了至少3个月的学车时间，而且还没有后续养车、找停车地点等麻烦事。

而开车时需要精神集中，基本不能同步做其他事。而假如采用打车、地铁等方式，这段时间就可以用来进行碎片化学习和休息，平均一天至少可以比开车的人多一小时学习时间。

现在各种打车软件盛行，租车业务成标配，省下的买车相关费用即使放余额宝，利息都够随便打车了——20 万元一年利息 6 000 多元，每月 500 多元用来打车、乘地铁应该够了吧？

我一些朋友和原同事的思维方式，我是非常难以理解的，花 30 多万元欠着车贷买辆车，就为偶尔几次郊游、回家、送孩子上学——那钱就算存在余额宝里，靠利息也够买这几次的车票和打车费了；却不舍得买几本书，参加一些有价值的聚会提升自己。

几年下来，相比较社会发展速度，有的人其实已经退步了——人和人的差异本质上是价值观的差异，认为在当前时段什么更重要决定了会先做什么事。

另外，请钟点工做家务这些都是基本思维。

学会休息，休息等于磁盘清理，大大释放空间，加快运行速度。

笔者喜欢听一些禅意音乐，购买一些雅致的软装、音响设备，把环境布置得雅致舒适。

3.4.2 半职业操盘阶段的策略

这是重要的过渡时期，该阶段是最重要也是最难处理的过渡时期，能否处理好，是决定继续打工还是自由职业的关键环节。

一、该阶段的难点和矛盾

用第一阶段的碎片化优化方式，已经不能平衡逐步加大的研究和操盘时间与正式工作时间之间的矛盾，而且技术体系逐渐归于“龙妖战法”，龙妖需要快速看盘和及时操作，而公司越来越严格的管理、烦琐的考核使得自由支配的时间越来越少。

二、解决方案的基本原则

(1)关键时刻充分利用公休假、调休等时间。

(2)放弃在原公司的发展机会和空间。不再承接重要项目，不担任重要职务。

为此我每年至少少了 4 万元薪酬。很多新人认为我是个碌碌之辈，胸无大志。最近遇到原同事，聊起当年在公司的情况，我笑问：“估计你当时表面上‘剑哥、剑哥’地叫着，其实内心嘀咕：这家伙，在公司也算老员工了，怎么还是一个小软件经理？一副不求上进的样子，这辈子估计也就这样了！”

另外有参加过笔者高端交流会的同事，听完后极其震惊：“早知道剑哥牛，但想不到会这么牛！”并疑惑地问：“为什么在公司时感觉不出来你很牛呢?”

我淡淡地回了一句：“千钧之弩，不为鼷鼠发机；万石之钟，不以莛撞起音。”

对方沉思良久。

三、博采众长，改良提升

创造性就是以新的方式重新定义旧思想，突破观念上的障碍。可以分为四个阶段：准备、沉思、启迪、求证。

通过哲学思辨、逻辑推导、实战检验，不断检验、整理实战体系，比较各学派的优缺点，研究它们之间的联系和区别，在实战中改良所学，初步形成适合自己的操作体系——龙妖战法实战交易体系。

这个阶段，研究者的哲学基础和学术研究能力是能否完成这一步的关键。笔者早年系统研习过截拳道、意拳、仙学（前道教协会会长陈搜宁先生所创）的学术体系，其创立思想和过程对笔者影响深远，工作期间实践的雷达数字信号处理的工程实践和学术体系的建立对平稳完成这个阶段帮助甚大。

这个阶段，学习上要培养思考力——把所有知识联系在一起的能力，通过不断锤炼思考力和打磨，结合永不言败的精神，可以培养独立思考和创造能力。

妨碍创造性思考的代表性障碍主要是成功体验。创造性工作需要的不是知识，而是能够灵活对事物进行思考的思维方式——智慧。

当为找不到答案而苦恼时，灵感就不远了。

将复杂问题分解成几个要素，逐个击破。最后剩下核心，一举解决。

将已经消化的信息丢掉，集中大脑脑力思考更深刻的问题。

用自己的语言和思想记录核心内容——这是大脑对信息的处理。

信息分析法：收集、研究课题相关信息→对信息筛选→重复前两步→制作信息图→提取问题本质→问题的选择和分类→解决问题。

发现问题的奥秘就是信息的收集和丢弃。

思考进入死胡同，不妨自问：事情本来应该是怎么样的？

至2010年，笔者进入股市近三年，技术上小成，经常买到涨停。

那段时间，笔者基本上做到了抛开大盘做个股，在高出击率前提下还能保持高成功率，也想辞职去全职交易，做代客理财和私募等——估计就是在“半吊子”时候的积极性最高。

现在想来，其实只是那段时间的行情和自己的交易模式契合得比较好，还是属于“一招鲜”的范畴，对股市的核心原理并没有真正想明白，模式的适应性是有限的。

果然，2010 年推出股指期货后，笔者的一些盈利模式表现得没有原来那样犀利了，由此重新从底层逻辑上再次深入研究，对股市的理解和实战能力终于又上了一个层次。

3.4.3　职业操盘阶段的策略

当半职业操盘无法满足时，笔者离职进入职业化研究、操盘阶段。

该阶段的主要任务是创立、完善、提升龙妖战法实战体系。

刚离职，没有了固定收入，股市的随机性使得资金也有一些波动，最主要是未来的不确定性，心态也不容易稳定，加之父母家人的不理解——他们是在军工研究所过了大半辈子的传统知识分子，理想的生活就是安安稳稳打工过完这一生。而且笔者母亲的身体又不好，不能多受刺激。要是听说我成了“无业游民”，忧心忡忡地非生病不可。那样，笔者又会内疚，进而影响心态，造成恶性循环。但又不能因为父母短期的忧虑而放弃自己的理想，过自己并不想过的生活。

如何平衡理想和现实的矛盾，是初期阶段的主要矛盾。具体策略如下：

离职前，利用在国有大企业的优势，笔者把能办的信用卡全部办下来，共办了 9 家银行信用卡，以便在意外时能有个救急缓冲——所幸一直没有动用到这一步。注意：这样做的时候，笔者的盈利水平已经相当可观且稳定，而且是得到一些秘传的前提下，依然考虑了最坏情况的救济方案，绝不是只有勇猛精进的决心！

一、研究、生活篇

(一)注意点

(1)对所学进行批判性反思,创新更适合新形式的实战体系;

(2)结交高手,交流研究,进一步提高技术水平;

(3)与社会保持接触,保持身心健康。

重点谈一下第(3)点:与社会保持接触。人是群居动物,有交流、交往、沟通的需求,这样才能保持身心健康。我个人反对隐居,不食人间烟火,小隐山林,大隐于市,况且做股票更深层是理解人性,你都不和人接触,如何深入了解人性呢?

《龙妖战法探秘》(内部版)出版后,我也结识了一些隐世高手,大家交换了技术,都有所得,扩大了交流圈和层次。

自由不是不与人交往,而是能比较自由地选择自己认可的圈子和生活方式。

过去的圈子大多是因为工作建立起来的,相关人员的观点、思想不一定是自己认可和喜爱的,但这个圈子你无从选择。

职业化操盘解决了基本生活问题后,就可以任性一下,自己选择自己喜欢的圈子,甚至建立自己认可的圈子和文化。

理论是实战经验的总结和升华,它本身就是实战,是能更高效指导实战的思维体系,不是和实战对立的两样事物。那些把理论和实战对立起来的人,也许学的不是理论,而是玄学。

(二)该阶段要点

对所学进行批判性反思,创新更适合新形式的实战体系。

一个很好的学习方式是“好为人师”。这种“好为人师”不是那种不负责任、随口聊天,而是要能上讲台接受众人检验的系统性深入阐述,是要达到别人花了钱不会骂你的目的——别以为这容易达到,平时那些廉价的赞美是因为免费的,如果对方真正付费了,对你是有要求的。花几十元买本书都有要求,达不到要求都会差评。

多做笔记,写总结,甚至主动上台讲课或交流——在合理的压力下,能够促使自己思考得更系统、理性和深刻。

培训、写作是把隐性思考力显性化、强化、固化的过程,可以使操作更加理性、自觉、高效。

除了专业书籍外,还要从其他相关书籍上寻找灵感和启发,提升和创新自己的体系,在实战中不断检验和优化体系。

特别是相关专业资料基本阅读完毕后,进入创新阶段时,更需要从其他学科汲取思维和研究方法。

二、总结——现实的理想主义战略

有三种人生策略:遇见、定位、创造人生。

你若天生命好,美人无忌,自然可以顺其自然,遇见人生。

你若先天条件好,则定位此生可以达到的目标,精确规划计划,定位人生。

若上天不眷顾你,各方面资源均一般,那么,只有选择不断修炼,提升能力,我命由我不由天,创造一个属于自己的人生。

理想就是从现在的现实通往未来的现实:坚守现实是防守,追求理想是进攻。

理想之路可能艰难曲折,现实之路可能平庸不甘,连接两者的就是现实的理想主义战略,工作是为了活出自我。

职业发展三部曲:生存期、职业期、事业期。

梦想越美好,手段就要越现实;梦想越壮观,手段就要越细致。

在职业发展期间，就可以准备事业期需要的原材料。

好的职业规划，是先生存、再发展，培养适应社会的心态，逐步找到完美职业。

职业期发展得越好，对事业期越有帮助。

先成为业余中的专业者，充分利用业余时间发展自己爱好的专业技能，这特别适合不需要团队合作，仅靠个人技能就能完成的领域。如果这些技能前期回报不明显，则很难跨越生存期。

稳健的职业发展之路是让内功高于自己的职位。

稳扎稳打，小步前进，内功大于外功，让内功高于名声，先关门搞定最精英的一群人，以过人的小心慢慢展开。

在贫穷中，努力几乎无用。每天都要为生存拼命——把精英放在贫困线上，他们往往还不如那些穷人，永远也走不到今天的高度。

从职业期到事业期——事业是成长为自己的样子。

是干一辈子没有创意的职业，还是做改变世界的事业？越是高级人才，越容易被愿景击中。最好的人生是在热爱的领域努力地“玩”。

能力由三个层面构成：知识、技能、才干。“隔行如隔山”，主要是指知识层面的；到了技能层面，则有70%的共性；在才干层面，则几乎毫无障碍。在一个行业做到才干层面，就能鸟瞰其他行业，迅速一通百通。

如果不知道未来会去哪里，就全力把眼前的事做好，等待机会完成技能迁移——现在连接着未来，优先进入与已有技能相似度最高的行业跨界，也就是最有可能迁移的行业，再在新行业积累新技能。

如果实在找不到称心的工作，那就自己创造一个！

比如，笔者研究自由搏击，奠定了务实的理念：玩虚的，是要挨揍的！学习了哲学，具有鸟瞰大部分行业的见识；多年科研经历，学习了如何建立实用体系；就职的通讯行业，锻炼了思维全面性和综合能力。

3.5　一个“龙斗士”的心路历程

2017年，因陈剑老师的开山之作《龙妖战法探秘》，有幸与老师结缘。

我之前自学过三年多市场常见的股票技术，但频繁的操作，随机的盈利概率，注定结果就是账面不断亏损。

这时，经朋友推荐，拜读了《龙妖战法探秘》，这本书让我对股票市场的认识发生了巨大的改变。一开始，因为固有思维惯性，对书中的一些观点一时难以接受，用我跟陈老师的对话就是：按照您书上的观点，我之前学的几年几乎全是错的?!

这让我在感情上一时难以接受，但理科生的客观理性让我尽量以中立的角度重新思考这个问题，一周后，我联系陈老师：我认真思考过了，我驳不倒您，您是对的，我决定重新开始学习。

读完《龙妖战法探秘》之后，恰逢老师应读者要求举办交流会，这是我第一次参加股票类学习交流会。虽然书本内容总结得非常到位，但因为股票市场的整体口碑不佳，让我还是心存戒意：市场上会有教授真正技术的高手吗？既然是高手，还需要出来讲课吗？为什么要把自己赚钱的技术教给别人呢？不会又是一个“大忽悠”吧，但是由于被书本内容所吸引，还是报名了交流会。

到了现场之后，发现来听课的大概三四十人。有意思的是，会场上大概一半的人都在夸赞陈老师是个高手，操作如何妙到毫巅！整个会场被这种气氛笼罩着，这时我心中更加纳闷，难道你们这些人都见过，不也是跟我一样第一次听课吗？难道都是“托”？再加上这次交流会，老师讲的是股市思维，内心的疑虑加上思维层级的抽象，让我觉得一定是一个骗子集团，于是带着失落，提前离开了交流会。

回来后我又开始了一段时间的到处寻找股市秘术之路，但除了《龙妖战法探秘》，不可能找到能够真正吸引我的书了，抱着再学学的心理重新阅读这本书。

在书中遇到了一些不懂的地方，尝试着咨询老师，老师几乎有问必答，而且不论何时，都不厌其烦地解答。老师的行为让我的疑虑慢慢改变：如果是忽悠大师，怎么可能回答得这么认真、清晰呢？又都一针见血，令人豁然开朗。于是，心中慢慢地确认了这是一位有真正技术的老师，我也开始认真、仔细地学习书中内容。

之后，报名了老师的更深入的高端培训，见到了学员群中交流会上的股友，第一次开始接触真正的股市技术，见识到了从来没见过的股市之“术”！并有幸见到老师一些实盘操作，由此解开了前文的疑惑。

通过对“术”的学习，我的技术较之前有了很大的提升，操作中也能发现更多的机会。然而学习了“术”之后，你必须了解运用“术”的适用环境及命门，也就是要运用“道”来指导和合理使用“术”，这就要求提升思维层次来对市场进行分析，是一个需要系统化思维而又需要工程化落地的系统工程。我也理解了“江河之水，何患人掏”，金融市场的深不可测，注定了即使竭尽全力，所得亦不过冰山一角，根本无须担心泄密。陈老师的教学属于研究型教学，每次开课都有实质性突破，而不是“换汤不换药”的商业性教学，是作为教学互长的一种求道手段。

为了帮助我提升思维，陈老师通过聊天、提问题的方式以及分享他对事件的看法，不停地训练和提升我的思维，看到老师的用心，我自己都不敢有所松懈，每天坚持努力思考。

在两年的时间里，每次的进步都是从打破原有思维和认识开始，每当对自己已有认识产生怀疑时，老师总是认真教授，对我的思维正确提升保驾护航，让我从一次次的迷茫中重新找到正确的方向。在学习过程中，我接触到了股市中的高级思维体系和技术体系，也感受到了什么是知行合一。

老师科学严谨的理科生思维，让《龙妖战法探秘》一书承载了满满的干货。书中总结了市场上各种理论、各个维度的精华，是适合 A 股市场生存的必要技能。看懂此书，能够让你了解市场资金动向，了解主力操盘手法，抓住市场龙妖的本质，轻松读懂市场龙头。此书堪称当前金融市场股票书籍中的巅峰之作。

此时，老师的第二本书《股道溯源》即将出版，看完这本书的手稿，我为广大散户朋友感到庆幸。书中不仅将各种实战技巧公示于市场，还解密和传授市场顶级高手的思维模式，感谢老师无私地将多年的研究成果以这种方式进行传播。

“道”“法”“术”的统一，相对稳定的盈利模式，是无数投资人的追求。有心的读者，你将通过对这两本书的学习，超越大部分股民，成为实战高手，成为股市中的赢家。

——(驯牛王子)黄成标

3.6 龙妖，不只是一种信仰

拿破仑说："不想当将军的士兵，不是好士兵！"同样，不想"擒龙捉妖"的股民，不是真正的股民！

12 年前的 6 124 高点附近，我在同事们高昂情绪的影响下跟风入市，带着贪婪和无知，结果不言而喻，并在 2 000 点左右的低点腰斩清仓，被市场扫地出门！

3 年前，我被京东理财栏目的"大咖免费荐股"引诱，再度入市。

大咖中有个姓侯的，采用的策略是"5 日内买点与其后最高点空间超过 3%算胜，亏损 10%算负"，其统计的胜算在 80%以上。我跟了几次，战绩并不理想，由此对他产生怀疑，后续换了几位"大咖"，效果仍不如意。

出于书呆子的思维惯性，我决定从书本中寻求突破。

最初接触的是技术指标，学得一知半解，几次验证过后，发现并没有传说中的神奇，对凭借技术指标决胜股市丧失了信心。

"涨停"二字太惹眼，一时间，我疯狂收集市场上能找到的所有带"涨停"二字的书籍。当然，黑马王子的"四大名著"、陈一击的"一路涨停"系列、张华系列、快乐飞刀系列不会错过。由于对股市了解得很肤浅，基础知识薄弱，学习基本是囫囵吞枣。

涨停是单日上涨的极致，连续上涨甚至连续涨停成了下一步研究的目标。于是，我又买了一堆带有“强势股”“黑马”“龙头”“战法”“交易法”字眼的书籍。

此时，《龙妖战法探秘》进入了我的视线。既然只是“探秘”，肯定只是龙妖战法的冰山一角，然而，这个冰山一角已让我激动不已——“龙妖战法是投机学的巅峰领域，是最犀利的投机战法”。我有一种找到“圣杯”的感觉——其他林林总总的模式、战法，通通一边去吧！

龙头股很少，妖股更是可遇不可求；但是龙头股很暴利，妖股更是梦寐以求。一年抓到一次“大龙”“大妖”，收益足以打败巴菲特或索罗斯，而龙妖战法提供了这种可能。退一步讲，一年抓到两三次“小龙”“小妖”，已足以成为市场中的10%，成为韭菜收割者，夫复何求！

《龙妖战法探秘》不仅探讨了股市长久生存、稳定盈利之道，还有“法”和“术”，指明了龙妖战法的战略方向，同时在战术上具有很强的可操作性。方向对了，剩下的是力度和速度；方向错了，则南辕北辙，渐行渐远。

《龙妖战法探秘》中的K线分析、量能分析、分时图分析看似简单，甚至简单得让人不相信。与众不同的是，其揭示了这些量价形态的内在机理(即市场含义)。理解了内在机理，就不必拘泥于各种花哨的形态名称，因为已得“意”忘形。

探索股价波动规律，是所有投身股市的投机者孜孜不倦的追求。浸淫K线图有些时日，我发现，股价在涨停之间，并非全部反复无常、毫无规律可言。放大周期来看，总能找到一定的趋势，比如连涨中会有回撤，最后加速赶顶；或是连跌中有反弹，最后加速下跌筑底。

买力大于卖力，股价上涨；买力持续大于卖力，股价就会持续上涨。这些主动买入的力量是谁？散户的力量微不足道，众多散户也是一盘散沙，无法形成合力，进而影响股价，以至形成趋势。主导股价波动方向的只能是主力。

资本的本质是逐利。主力资金像狼一样，时时刻刻都在追逐利润。在“人”（智力）、“财”（资金）、“物”等方面准备充分后，选择某一时机、某一板块的某一只股，采用拉高、打压、低位盘整等手法实施建仓。建仓结束后，套牢盘基本消耗殆尽，同时累积了大量获利盘，需要进行洗盘，将不坚定的持筹者清洗出局，换上看好该股的跟风盘，抬高市场平均成本，减少后期拉升中的抛压。洗无可洗时，洗盘结束，主力伺机启动，快速脱离建仓成本区，打开利润空间。拉升到某个高度后，赚钱效应明显，市场跟风踊跃，主力趁机开始派发，一波行情走到尽头。

主力建仓、洗盘、启动、拉升、出货过程中，由于大量资金进出，势必在量价上造成异动、筹码转移，甚至影响到板块、大盘，这就是技术分析。技术分析的目的是通过图表发现主力资金动向（表层逻辑），进一步洞察主力的实力和意愿（底层逻辑）。主力的实力和意愿，就是股价波动的“神”。

主力选时、选股，以及后续的吸筹、拉升、派货、回落，每一步都有相应的交易逻辑。所有的交易逻辑最终都归结于利润最大化。因此，主力要选择易于吸筹的时机，选择市场追捧的个股，方便拉出大空间，并顺利出货。

散户也是有交易逻辑的，和主力一样，都是追求利润最大化。散户成熟的过程，就是交易逻辑逐渐清晰并不断修正的过程。

交易逻辑是什么？做多机制下，买入就是预期股价会上涨，支持预期股价上涨的理由就是买入逻辑。买入逻辑主要是基本面或题材面的利好（可能是潜在的利好），吸引资金不断流入，从而推高股价。这个利好越有想象空间，个股后续炒作力度越大。

简言之，是主力找到高胜算的上涨逻辑→主力资金建仓个股并拉升→散户找到“高胜算”的上涨逻辑跟风买入→主力在跟风盘踊跃时派发。

而《股道溯源》则更加深入剖析了龙妖战法的“道”“法”“术”。从底层逻辑开始，到龙妖战法的王牌——龙妖思维，再到具体可操作的“术”，比如如何复盘、如何看盘、如何高抛低吸，以及直接可以用于实战的“龙妖战法速成版”。

更令人兴奋的是，“快速进阶之道”一篇，为我们铺开了科学赚“快钱”的金光大道。很多大咖会说“欲速则不达”，多数情况下确实如此，但是从诸多方面进行优化调整之后，选择正确的路径，少走弯路，减少试错成本，站在前人的肩膀之上，速成是可以实现的。

本书不只是股票分析的重要参考书，有追求的人都能从中有所启发！

龙妖少，龙妖很好，已经成了股市的共识，不断有人立志成为“龙斗士”，渴望成为“擒龙捉妖”的英雄。

龙妖只存在于股市吗？

实业中，行业领先的企业是“龙”，迅速壮大并领先的是“妖”；工作中，领导上司是“龙”，频频受领导赏识、连升三级的是“妖”；顾客中，大量购买我方产品（或服务）的是“龙”，大量购买同时主动免费推荐产品的是“妖”；生活中，气场强大、魅力四射的人是“龙”，光芒万丈、万众瞩目的人是“妖”；影视剧中，主角是“龙”，屏霸是“妖”。“龙妖”一现，全场都被它的磁力所控制了！

“追龙逐妖”以至于“擒龙捉妖”，实际上就是追求高盈亏比（即高性价比）和高胜算；就是践行“二八法则”——以有限的力量聚集于少量的关键，实现可预期的丰厚收益，不浪费力量在杂毛这些芸芸众生上，不被庸碌之辈一时表面的妖娆所迷醉。

在股市之中，或是股市之外，想把自己打造成“龙妖”，从理念方面、实现手段上，本书同样具有非凡的借鉴意义。

什么是龙妖股？如何“识龙性、辨妖气”？这是龙妖战法的核心，也是大家不懈追求、冥思苦想的龙妖基因。大家不用再去探秘，《股道溯源》揭示了答案！

龙妖基因分为内因和外因。内因是根本，是主要矛盾，具体就是技术面体现出来的控盘品质（或股性）和题材面（业绩也可以算是题材）；外因是催化剂、引爆热点的火苗，是次要矛盾，具体就是消息面（主要是政策）和市场环境。

“王侯将相，宁有种乎”，龙妖战法的底层逻辑之一是“龙妖有种，龙妖天生异相”，就是龙妖基因的内因。

研究了一年多的龙妖战法，在不断逼近持续稳定盈利的目标过程中体会到：如果龙妖战法不能帮我实现目标，其他战法更不可能！

龙妖战法的底层逻辑和龙妖思维，层次清晰，加上落地的“识龙妖、辨妖气”实战技术，坚定不移地运用龙妖战法，持续稳定地学习、总结、反思，持续稳定地实战、监控（严守纪律）、反馈，假以时日，实现持续稳定盈利的目标是可以期待的。

——杨秀才

第四部分

实战技巧

龙妖战法是研究事前研判、盘中应变、事后纠错的实战体系，虽然不完善，但具有实战可行性，是能够真正更有效指导实战的学术体系。

4.1 龙妖派首板战法扼要

市场大多反对做首板，其直接原因是：首板炸板，占了炸板率一半以上。

常规观点认为，容易炸板的原因主要有以下四点：

(1)筹码不干净：不知道谁在什么时候砸出几个万手单，瞬间被秒杀。

(2)确定性不够：涨停是当天价格涨幅的极限。打板追寻的是相对半路或追高的确定性，同理，首板在追强势股的过程中，确定性相对很低。首板很难看出一个票到底强不强。

(3)人气不足：首板不具备人气，尤其是缩量涨停的首板，缺乏换手，大部分时间大多只是跟风。

(4)溢价低：绝大多数或盘中炸过一次的首板，第二天的溢价很低甚至没有溢价，很快会被成本比你低的资金砸坏集合竞价，导致低开。由于前述三个原因，会很快被资金抛弃，走弱后毫无抵抗之力，更谈不上溢价。

以上分析是大多数情况下的大概率事件。甚至网传赵老哥心法有云：一板能看出个毛！

简言之：不确定！

但现在很多连板票如果首板不买入,后面基本就买不进了——赌首板技术不仅是高级技术,甚至成了标配技术。

随手举几个案例,见图 4—1 至图 4—3。

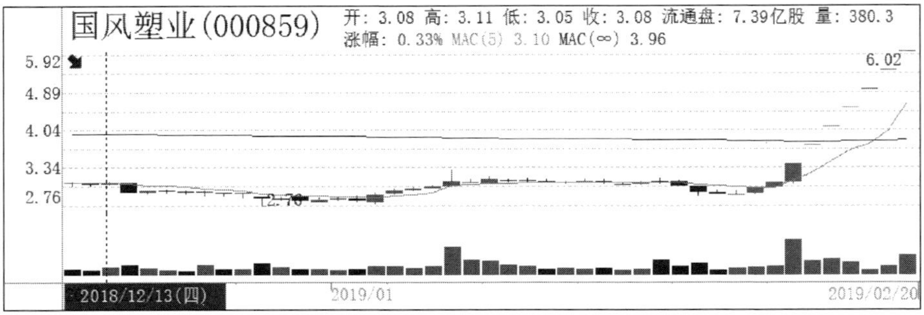

图 4—1

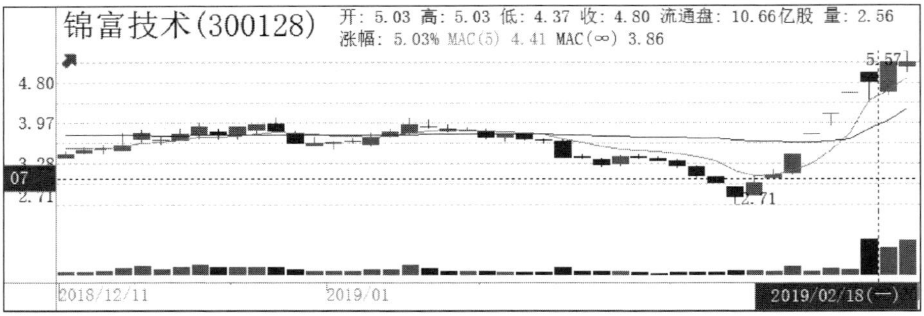

图 4—2

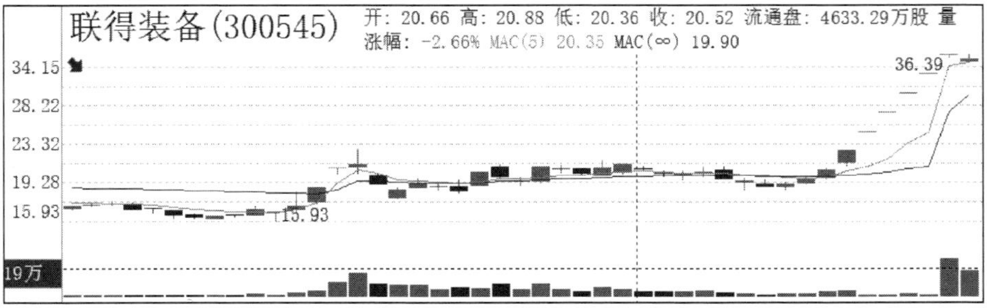

图 4—3

要解决这个问题，涉及一个基本认知：首板是否真的不确定？

我们对以上顾虑逐个盘点分析：

(1)筹码不干净：为什么会不干净？因为控盘度不够嘛。

(2)确定性不够：首板为什么确定性就低？二板就不低吗？二板炸板的不也比比皆是？

(3)人气不足：缩量涨停“一骑绝尘”买不到的还少吗？见上图数个例子，都连续一字涨停了，这样的人气还不足？

(4)溢价低：如果是能连板的票，连续涨停溢价还低？！

龙妖派做了一个冒天下之大不韪的事——“赌首板”！并给出了系统的“赌首板”的技术体系。实践证明，有超过目前市场平均水平的成功率。龙妖派是怎么做到的？

在回答这个问题前，笔者先举一个例子。笔者在培训学员强势股首板技术时，问了大家一个问题：

在座诸位之前都是连我人都没有见过，甚至我微信头像都不是本人，而是一副写意人像，但为什么你们就敢把几万元直接打给我(类似于打首板)？不担心我携款潜逃吗(类似于炸板)？

因为，你们一个看似简单的决定，其实背后有着大量的综合判断，包括对笔者人品、水平、课程含金量等的综合判断，使得做了一个在外人看来很不确定但对你们又是确定的决定。

同理，首板并不是因为板了才变得确定，而是因为本身就具备了连板的潜质——最高级别为龙妖基因，次一级为强势基因。去不去“赌”这个首板，是要研究很多因素的，要花费很多精力去研究包括个股位置、题材持续性、筹码结构、市场氛围、资金情绪、板块强度、狙击时机等因素——这些综合因素，龙妖派称之为“龙妖基因”，其拿捏把握是顶尖级的。

首板是否确定，和个人对个股龙妖基因、大势的预判能力直接相关，至于什么打板、低吸、扫板、排板都不过是对龙妖基因的理解程度不同，自然衍生出来的具体方法而已，是内因和外因的关系：基因是内因，板是外在表现，内因决定外因。

简言之：赌首板需要极强的预判力！

退一步说，首板不上车，二板就确定了吗？以锋龙股份为例。见图4—4，拆解一下该股五板过程。

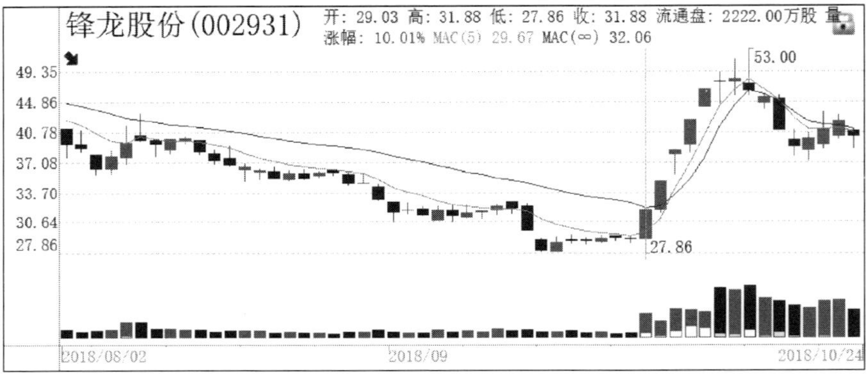

图 4—4

首板，节前周四，炒作超跌反弹。见图4—5。

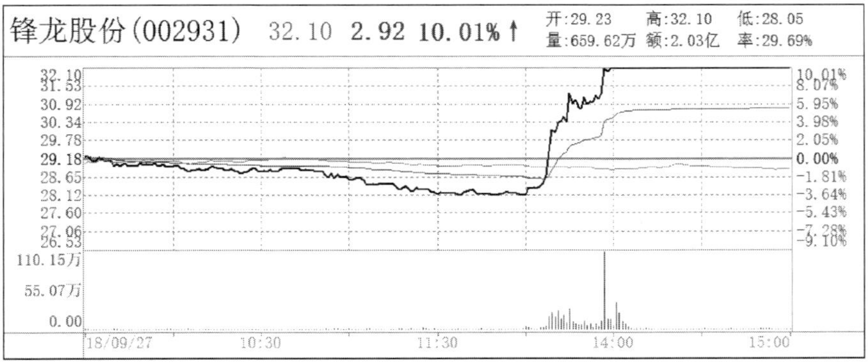

图 4—5

二板，节前周五，超跌二板，但是缩量板。见图 4—6。

图 4—6

三板，竞价高开 7%，而后跳水，随后直线上板，尾盘炸板，最后回封——破板时很容易抛出筹码拿不住。见图 4—7。

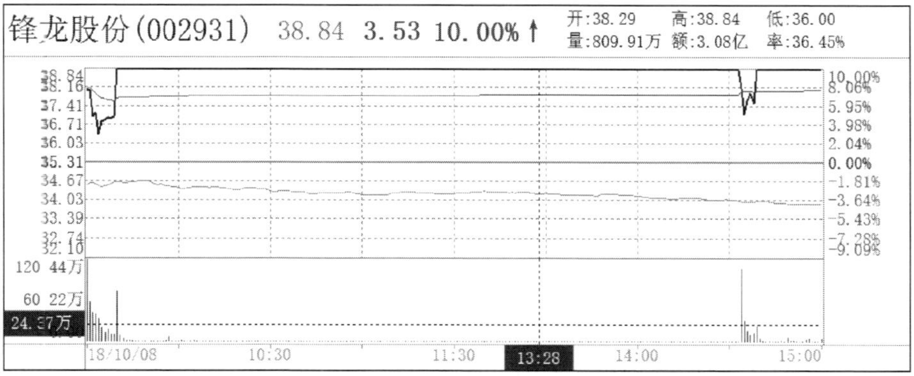

图 4—7

四板，竞价平开，开盘弱转强，盘中有过两次换手，但未开板。见图 4—8。

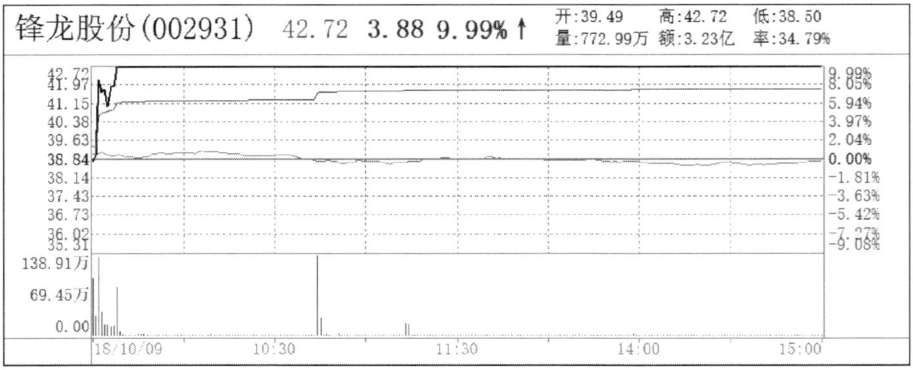

图 4—8

五板，高开 4%，直线冲高涨停，成交量多在高位。见图 4—9。

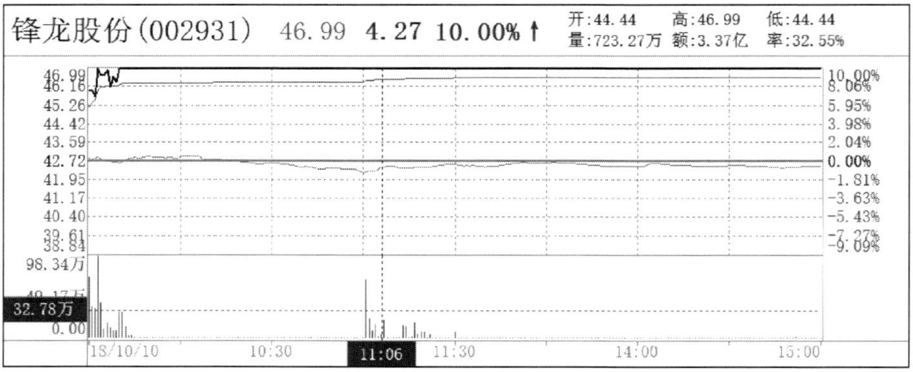

图 4—9

从这个案例可以看到：如果不能理解该股的龙妖基因，不管是在哪个板上车，都很纠结，都不确定，因为从正常角度看，首板介入后，一般会在如下情况离场：

二板，早盘平开不及预期，竞价可能会走，熬过竞价后，应该能拿到涨停。

三板，高开跳水，这个过程非常洗人，多数资金选择止盈，即便熬到涨停，尾盘炸板(大盘暴跌)，应该也跑了。喜欢做回封的资金，会选择在回封介入。

四板，竞价平开不及预期，部分资金离场。熬过竞价，首封极度缩量板，止盈离场，盘中两次撤单，完全给出了逃跑机会。做弱转强的资金，会在这个过程介入。

五板，早盘小高开，涨停附近开始放量，伴随大盘跳水，盘中有过两次明显撤单放量。

总结完五天的分时会发现，假如首板上车，过程中让你出局的理由简直太多了：竞价低开、缩量秒封、大盘大跌、高位跳水、反复炸板，各个理由都是合理解释。

而且，即便首板上车拿到二板后，第三天早盘和尾盘也最可能离场。二板介入，最可能熬不过三板的两次跳水。

但如果三板回封或四板弱转强介入，因为此时已经具备龙头相了，拿到这个五板就很正常，细算下来，最舒服的介入位置并不是在启动期。

当然，在该股已经走出来后，事后可以讲出许多理由"圆场"，如借次新反弹东风、新能源有利好、外销占比较高（编织）等，这些理由都完全成立，但有些逻辑都是随着连板和助攻股逐渐发酵的。

获取超额利润的关键就是：超越了大众的理解力和使用非常规武器。笔者和学员虽然没有操作本案例，但操作过类似案例，使用龙妖体系的盘口分析技术——不同于市场常用技术，其调整属于理论体系可以比较轻松解决的范畴内，大多卖到了最高点，其逻辑可以复现，因而具有一定的可持续性和合理性。

龙妖派在这些分析的基础上，在龙妖思维的指导下，进行了更深刻、广泛的分析，并由此产生了龙妖派独特的"赌首板"技术，以及与此相关的一系列具体操作体系和关键细节。

“赌首板”技术结合了打板和低吸战法的精华。打板当天不能获利，次日最多10个点，但赌板当天获利，次日可有十几个点。安全度更高，获利更丰厚。

做首板有很多误区。这里专门提一个常见误区：对盘口技术和龙虎榜的使用误区。

下例是某“大师”公布在朋友圈的两只票，见图4—10、图4—11。

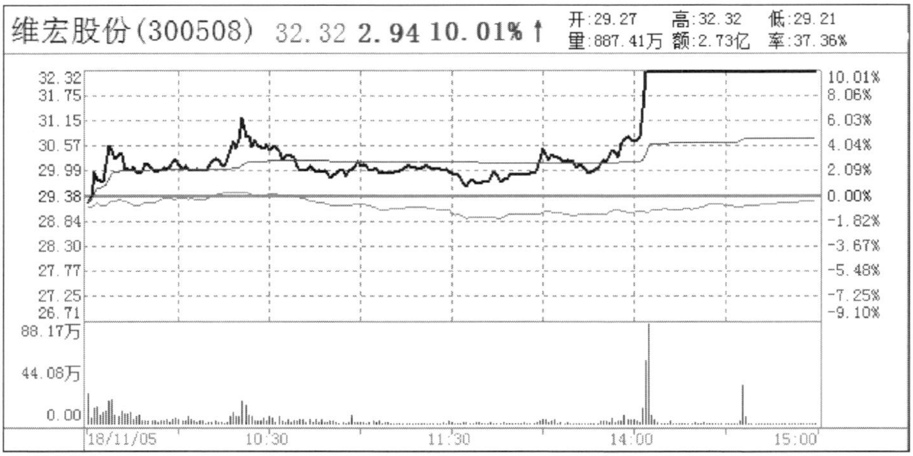

图4—10

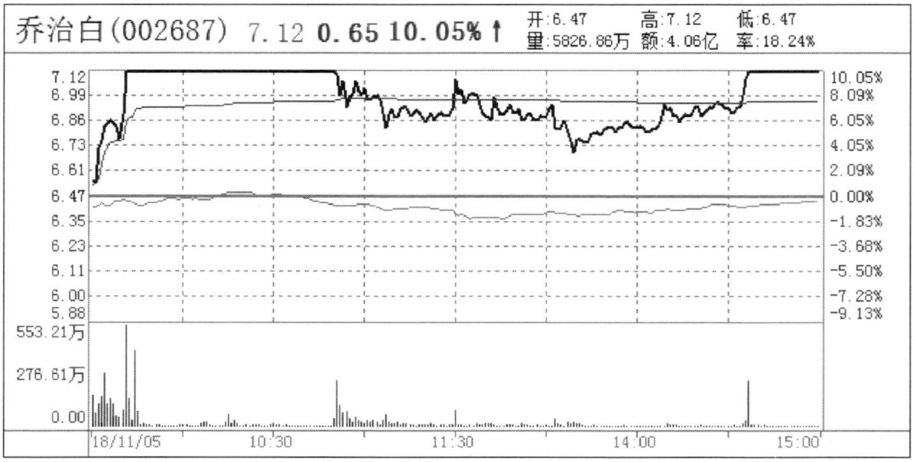

图4—11

龙妖派一看分时盘口就知道：这明明属于早就研究出来的，被龙妖派摒弃的、需要避免的"一夜情"技术！

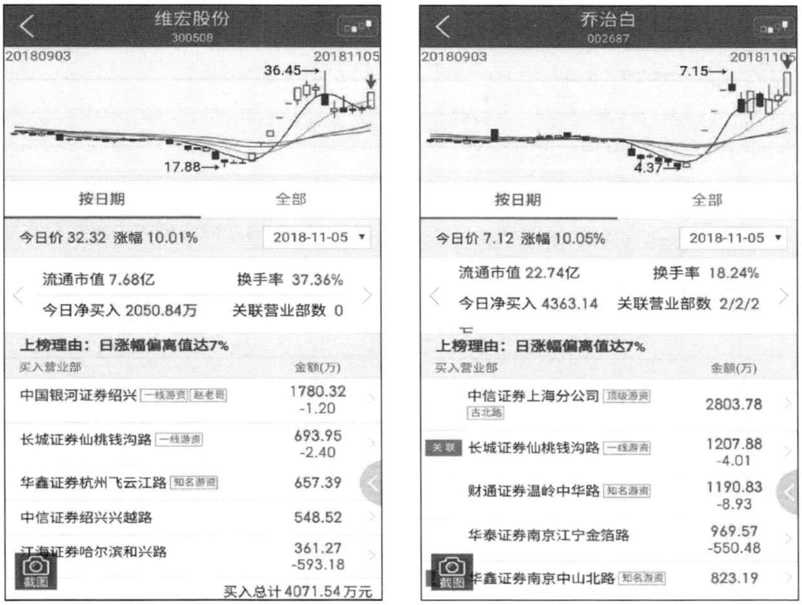

图 4—12

收盘再看龙虎榜（见图 4—12）：顶级游资、一线游资云集！首板就有这么好的架势，该股似乎连板可期。

但龙妖派使用龙妖体系的"龙虎榜分析技术"的博弈分析思路（见本书"2.3 博弈思维实战运用"部分），更加佐证了这两个股"一夜情"概率极大，次日赶快逃命！见图 4—13、图 4—14。

那么，如何提高首板成功率？

这里先谈一些原则性要点，主要考虑 5 点：题材、形态、流通盘、市场赚钱效应、量比。其中，题材、形态是最重要的两项：好股票肯定有好图形，好图形一定是近期小有表现的题材。

经验：金属类＋房地产＋大金融，一般持续性较差，不参与打板。

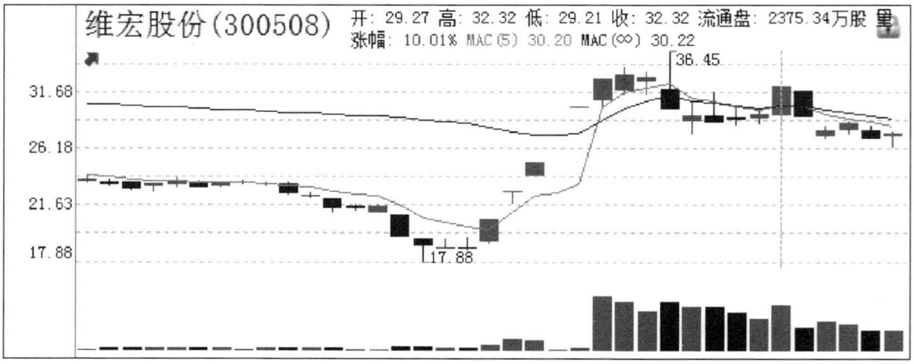

图 4—13

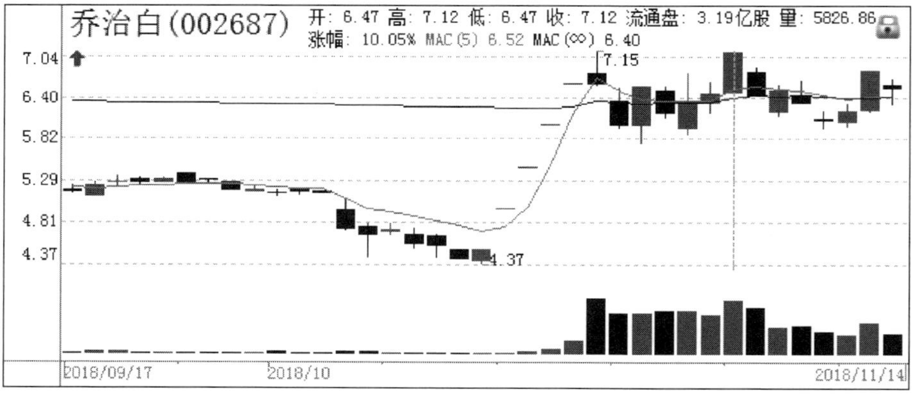

图 4—14

什么样的形态容易有持续性?

流通盘和市场赚钱效应:一般情况下,流通盘太大,或市场赚钱效应较差,跌幅榜上 5 个点以上的有一板,原则上观望即可。

怎么判断首板质量? 一封看筹码,二封看量比,三封明天看。

高质量首板的特点如下:

一封（一次封死，不再开板）检验筹码，上板后很快缩量，筹码稳定，无明显中、大单抛出，小单也能封死，筹码稳定。

二封（封死后开板，再次封死）量比明显大于一封量比，最好最大封单大于一封最大封单，证明封板态度坚决。

三封明天看：正常二封后再难破板，除非气势如虹，一般是观望明天情况再做判断。

择时：震荡时期指数早盘低开低走，顶着大盘下行压力上板，越早板越稳，因为一旦指数回升，即使破板也会有人做回封。午后涨停未必比早上板的差，午后容易出现转势板，特别是直接带动指数止跌回升的转势板。

4.2　龙妖派看盘要点

盘面解读能力是龙斗士必须具备的技能，看盘是获取盘面信息最重要、直接的手段。根据盘面变化，发现风险和机会，确认市场变化是否符合交易计划，决定是否实施交易计划。

短线盘面信息比场外信息、基本面信息更重要，机会和风险也会第一时间在盘面上反映出来。

4.2.1　看盘“三原则”

看盘“三原则”就是：看大局、找联动、抓重点！

1. 看大局

把握全局，多角度地收集盘面信息。

看盘不要只盯自己持仓或将买入的股，还要将眼光放在大盘的整体氛围和板块上，比如整体赚钱效应，领涨、领跌板块，总体涨跌比，这样能够更好地理解个股走势的持续性。

不要过分注重分时图的走势、封单量、大单之类的细节，容易以偏概全，这些不是市场和交易的本质和重点。

附带可以与过去几天的盘面数据进行比较，预判次日行情的可能演化路径。

2. 找联动

股票与股票之间会相互影响，一只股票涨跌会影响另外一只或多只股票涨跌，板块与板块、题材与题材之间也存在一定联动。比如，一只个股上涨，同时带动相关个股上涨，这只个股就有望成为龙头。

3. 抓重点

每个时期总有一个主流板块，各板块都有龙头股，每个时期市场上总有一个人气总龙头，以及大跌时用来护盘的大盘股。还有一些妖股，这些股票在关键时刻影响整个大盘的走势，是看盘时需要重点关注的。

例如，2019 年大妖股东方通信的涨跌直接影响着通信板块，如东信和平、贝通信、南京熊猫的涨跌，其第二波涨跌直接带动妖股风范股份、全柴动力的涨跌。

注意赚钱效应和亏钱效应的变化，只需关注重点板块、重点个股，以及反映市场氛围的数据变化，就可以鸟瞰全局了。

总结如下：

(1)看盘得知道盘面上发生什么异动。异动的微观角度就是个股异动，从同时异动的个股里发现关联性。判定题材启动，并预判是否具备持续性。

(2)看大盘分时，板块题材启动的位置，是否顺大盘(顺势)，是否精准踩点。

(3)自选股是否在这个异动里，如果是联动的，甚至是引领的，判断它们在这种异动背景下，是否值得参与。

也就是说，共三步：发现异动，判断异动，决定买卖异动。

4.2.2 看盘前的准备工作

1. 制定交易计划

根据龙妖战法来制定交易计划，包括仓位、备选股、进场条件、出场条件等方面的内容。

仓位安排不仅要考虑到风险回报比，还要考虑当前资金能承受的风险。如果当前资金回撤超过预定亏损比例，要权衡有没有必要在仓位上进行调整，防止回撤超过自己的承受能力。

对备选股，一般分盘前计划和盘中临时选的。盘中临时选的，必须符合龙妖战法的选股标准。

进场条件：符合连板要求的才能进场，且当时短线情绪符合进场要求等。

如果市场人气、涨停股表现、板块效应三个要素都不错，首选热门板块中股性较佳的股；如果不是，则关注其他股性较佳者。

出场条件：止盈、止损标准等。

2. 模拟训练

防止交易计划中的漏洞和风险，让自己的心理模式处于交易的正常状态中，模拟各种可能场景和变化，以及由此引发的内心情绪，估计自己平时在交易中经常犯的错误。这样推演后，让自己能接受各种盘面变化，保持情绪稳定，保持良好的执行力。

4.2.3 具体观察内容

1. 集合竞价

上午 9:15～9:30，重点梳理以下五大要点：昨天的主流板块，今天的开盘情况，强势持续性，是否超预期，是否有可出击目标。

利用“昨日连板”指标，看昨天涨停个股的高开情况，相比昨天数据变化趋势。

了解涨幅板前列的股票有哪些？是什么原因？有没有好票可以做？

涨幅榜上的股票，如果都看不懂，则利用开盘前 5 分钟查看相关消息面。

要了解跌幅榜上超过 5％的股票较前一日是减少还是增加，亏钱效应有没有减少。除了未开板的次新股之外，以涨停开盘的个股有多少？这也反映了市场的一些氛围。通过这 5 个指标，基本可以判断市场的机会和风险在哪里。

例如，2019 年 2 月 28 日，跌停榜（图 4—15）上的票都是前期大幅上涨的高位妖股，这时就要注意不要轻易追妖股了，图 4—16、图 4—17 的悲剧也许可以避免。

序号	代码	名称	涨幅	当前价	大单净流入	换手率	流通盘
1	002663	普邦股份	-10.11%	3.29	-517.81万	9.18%	12.50亿
2	000563	陕国投A	-10.07%	4.82	7.68亿	2.40%	39.64亿
3	300368	汇金股份	-10.04%	8.33	2156.69万	7.71%	4.65亿
4	000068	华控赛格	-10.04%	6.63	9808.12万	13.02%	10.07亿
5	600643	爱建集团	-10.02%	11.85	1.22亿	4.91%	14.34亿
6	600604	市北高新	-10.02%	11.50	7.84亿	25.50%	13.34亿
7	600061	国投资本	-10.01%	12.85	818.63万	1.59%	41.74亿
8	600053	九鼎投资	-10.01%	26.51	9.37万	2.78%	4.34亿
9	600816	安信信托	-10.01%	7.55	9.26亿	0.57%	46.73亿
10	002243	通产丽星	-10.01%	18.43	-8720.94万	14.87%	3.65亿
11	600895	张江高科	-10.01%	18.88	1.07亿	6.81%	15.49亿
12	002870	香山股份	-10.00%	25.64	-4412.96万	19.55%	4012.00万
13	600635	大众公用	-10.00%	5.76	386.40万	10.65%	24.19亿
14	603099	长白山	-10.00%	10.17	10.30万	3.35%	2.67亿
15	603888	新华网	-10.00%	20.25	-2.68亿	17.80%	1.76亿
16	300586	美联新材	-9.99%	14.77	978.86万	27.66%	6112.50万
17	600783	鲁信创投	-9.99%	23.42	7081.88万	8.85%	7.44亿
18	300211	亿通科技	-9.97%	6.95	5522.26万	3.16%	1.86亿
19	002423	中原特钢	-9.96%	12.38	1250.56万	4.76%	5.03亿
20	600621	华鑫股份	-9.96%	12.02	12.08万	10.35%	5.35亿
21	600303	曙光股份	-9.96%	4.52	1219.00万	5.72%	6.20亿
22	600318	新力金融	-9.96%	9.04	6978.14万	7.19%	4.84亿
23	002575	群兴玩具	-9.95%	9.77	-1018.21万	10.77%	5.89亿
24	601162	天风证券	-9.92%	9.26	-1.41亿	26.66%	5.18亿

图 4—15

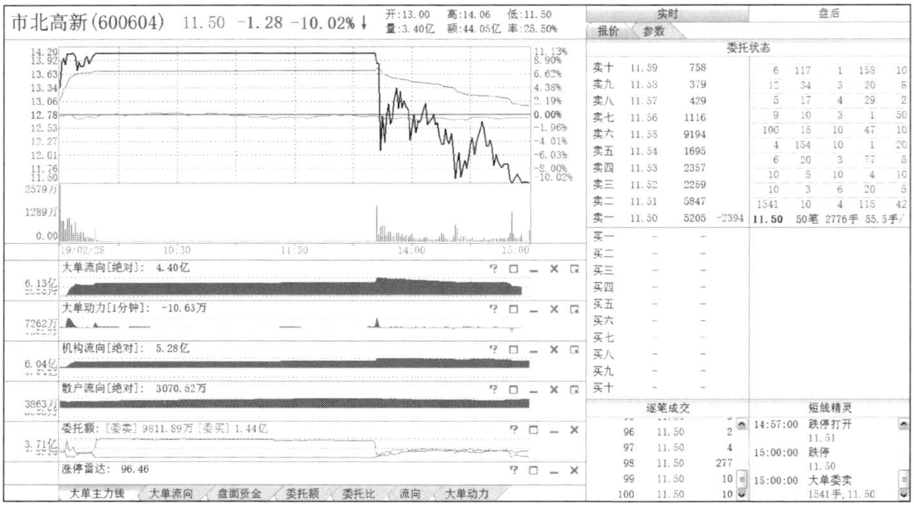

图 4—16

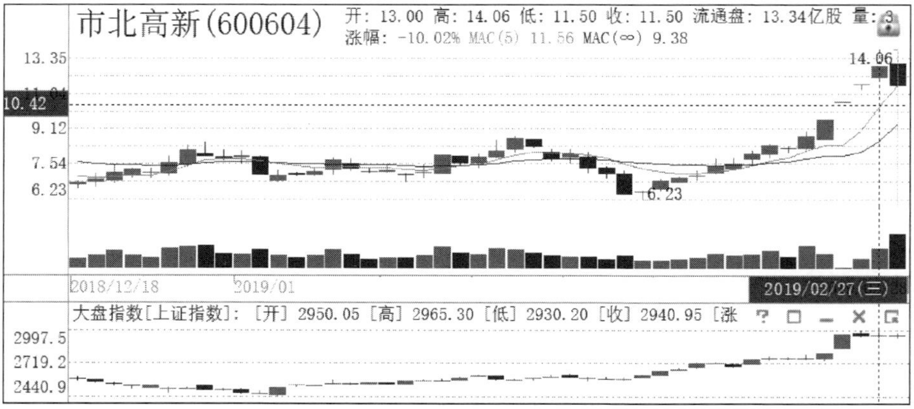

图 4—17

再如,2018 年 5 月 4 日,韩建河山集合竞价超预期,前一日涨停后尾盘打开了,但在 5 月 4 日竟然高开了 7%,雄安板块整体表现也不差,狙击其成功概率较大。见图 4—18、图 4—19。

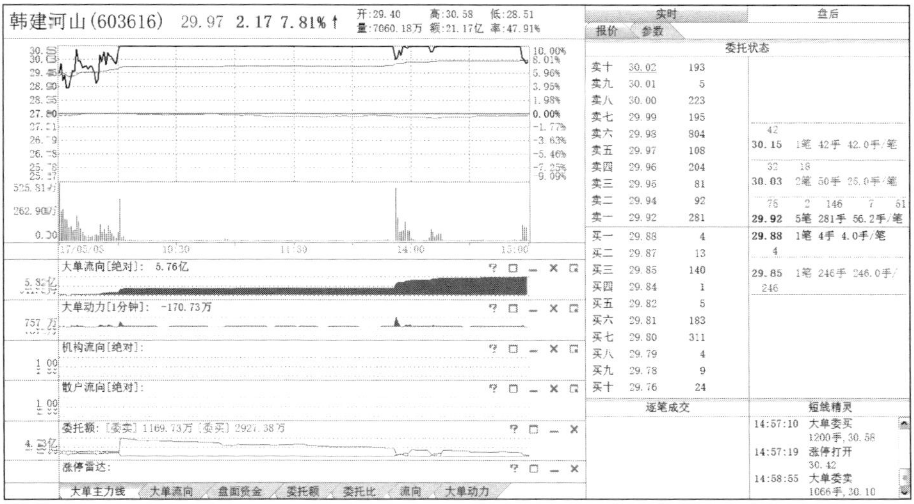

图 4—18

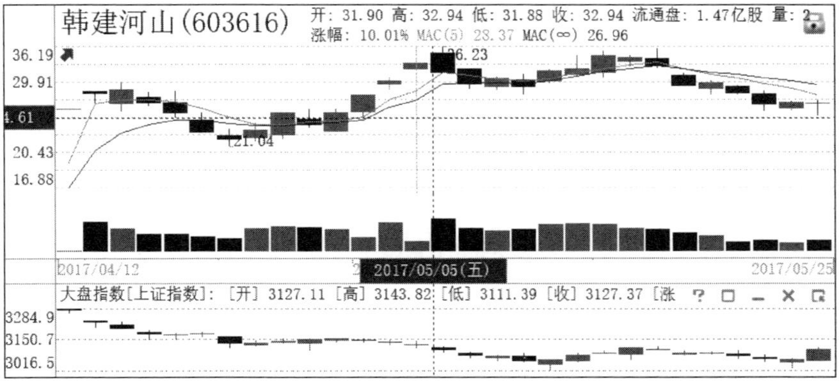

图 4—19

集合竞价能发现机会，也会发现风险。比如某日次新股很强，有 13 家涨停，但次日交易日，超过一半的股票低开，这时就要放弃接力次新龙头的计划。

2. 判断市场强弱

如果第一板里涨停有5只股票以上,说明市场处于超级强势,资金在千方百计利用大盘,拉升自己运作的股票。大盘提供了一个极佳的操作背景。

如果第一板的股票连最后一名的涨幅都大于4%,说明市场处于极强市,可果断展开短线操作。

相反,如果第一名涨幅的票都不超过3%,说明市场非常弱,不提供短线获利机会,应绝对空仓——我们不可能买卖在拐点,只有涨3%以上的票才有短线差价,否则,买进就被套,要赔手续费。

也可以看跌幅榜,看什么类型的股票在出逃、减仓、暴跌。

3. 盘中涨跌时的量价关系是否健康

如果上涨有量,下跌无量,说明其整个状态比较好,属于比较健康的量价关系;反之,则属于不健康的价量关系,这种情况下应停止操作。

4. 连板个股与妖股

涨停板战法代表市场最先进的资金。连板股的数量,直接代表了最近一天市场给打板奖励,会吸引更多的短线资金加入打板。当市场连续多天没有连板个股,突然某段时间出了连续涨停个股,这时短线风险小,对强势个股出击的胜率就大。

5. 涨跌比

可以用市场个股涨跌比来判断市场整体氛围,这是一个很不错的指标。如果市场某段时间内,涨的股票一直少于跌的股票,突然出现了涨多于跌的股票,这时,进场做多的胜率较大。

6. 昨天涨停股的表现

昨天涨停股今天的表现,可以理解为前一天涨停股的次日接力资金情况。如果有资金愿意接力,说明打板有利可图。可以以此来判断赚钱效应：打板这部分资金如果大部分赚钱了，不但会吸引更多的资金加入，而且赚钱的人也会再接再厉，营造了一个较好的市场氛围。

7. 板块效应

同一个板块有10家涨停与全市场有40家涨停的意义完全不一样。没有板块效应的市场都是比较弱的。

8. 异动榜和涨、跌幅榜

从异动榜上可以随时查看哪些股票在冲击涨停。盘中临时选股，基本就是看这个了。当一次股票快速拉升时，要思考是否具有持续性。

从跌幅榜上可以看哪些股票亏钱，今天要规避这类股票。如果开盘有两个次新股在跌幅榜上，一般就不会介入次新股了。盘中动态扫一眼跌嗝前30的股票，如果整体跌幅超过5%，说明市场亏钱效应很强，应减仓或观望。

涨停板数量变化：如果整个市场上午很少有个股封板，下午突然增多，这时，可以参与股性活的股票。

市场四大要素是价、量、时间和人。价格要素排序，上海看61，深圳看63。

第一板直接显示当日最强资金的活动情况，涨在前面的是力量最强的资金，如果市场力量最强资金表现都一般，说明当日市场很弱，没有获利机会。

9. 标杆性股票走势

市场每个阶段都有一些标杆性股票，它们的上涨会激发投资者积极做多，如果它们见顶，就反映市场阶段性调整来临了。关注这些股票，可以很好地预见市场走势，提前做好交易计划。如2019年2月期间的东方通信。

4.2.4 怎样检验看盘水平?

盘中能随时回答出下列问题,看盘水平就基本合格了:

(1)大盘氛围适合交易吗?

(2)昨天涨停个股整体赚钱效应如何?

(3)昨天最强板块今日持续性如何?

(4)有没有新的板块效应出现?

(5)连板个股表现怎么样?

(6)目前涨停个股相比昨天是多还是少?

(7)龙头个股、标杆个股的走势符合预期吗?

(8)交易计划中的执行条件达到了吗?内心有恐惧、贪婪、幻想、偏执等念头吗?

理解了以上原则,就可以按自己需求设计适合自己的看盘界面了,如龙妖战法设计了适合龙妖体系的“龙妖界面”,此处不展开叙述。

4.3　系统性复盘要点

不同行情，虽然侧重点有所不同，但复盘所寻找的本质内容不会变。复盘的几个核心问题如下：

1. 复盘主要复什么？

发现已发生和将发生的异动！

什么是异动？异动最核心的是股价异动，涨停板依旧有着最佳的赚钱效应，关注涨停板这个股价异动依然是核心。

广义的异动包括所有的变化——股价、成交量、突发消息等，但有优先级。

2. 复盘后要得出哪些结论？

(1)今天资金在玩什么：白马还是题材？

板块：是家电、次新还是钢铁？

个股：谁是核心龙头股？

显然要去成交额排行榜里找。大致翻一翻成交额排名前100的都是哪些股票，看看成交在3个亿以上的都是些什么股票——牛市里这条不太重要，牛市资金充沛；但若是熊市，流动性是最大的问题，因此这条最重要。

(2)哪些股票这段时间的弹性好?

在涨幅榜(振幅)里寻找,并且最近几天的情况都要有个印象。

(3)哪些股票还会继续涨?

要去推敲逻辑,就要去翻研报,研究行业板块的基本面,综合上述两点选出个股,再去研究个股的基本面——抓住一个概念就会随便涨已经成为过去式。

以上三点,都是为了找出持续赚钱效应所在。

什么叫赚钱效应?如何寻找赚钱效应?

常规技术是关注空间效应,市场最高出现了几连板?同理,最近谁在持续上涨?最高波段涨幅是多少?这些持续上涨的股票有什么特点?顺着这条思路复盘,就是赚钱效应所在。

复盘的内容可以分成两大块:市场信息复盘和个人操作复盘。下面分别论述。

4.3.1 市场信息复盘

一、市场信息复盘的内容

无论是短线还是超短线投机,盘面呈现出的场内信息重要性远大于场外信息——如果场外信息得不到场内的认可和检验,无论有多么强大的逻辑,都应该以场内信息作为优先考虑的依据来决策。

市场信息复盘的主要内容有大盘、板块、个股三个方面。

1. 大盘

关注昨日涨停股今日表现,有没有连板股。连板代表了打板赚钱的效应极高。涨停敢死队代表市场最激进、最活跃、操作手法最灵活的资金,这部分资金的盈亏很大程度上反映了市场的机会和风险。

将最近三天的数据比较起来看。如果第一天涨停10家,其中有6家次日开盘都是绿盘,并持续到收盘,这说明前一日追涨停的人都是亏损的,会极大影响打板者的信心,打板的人会减少,涨停个股就会减少;涨停股若次日开始好起来,赚钱效应出来了,又会吸引新资金加入打板。

涨停个股次日表现强弱,可以直接用两个标准来衡量:

(1)昨日涨停涨幅:如果涨幅很低,说明市场持续赚钱效应不好。

(2)涨跌家数比:自然连板的个股,也是观察市场的重要指标,市场如果走强或转弱,都会在连板个股上率先表现出来。还有最近的强势股、龙头股的表现,也要重点关注,它们是市场的风向标。

2. 板块

主要看有没有板块效应。板块效应是资金堆出来的,是判断市场的核心指标。

板块效应是市场强弱的核心。有板块效应,就有操作空间,强烈的板块效应代表最强的赚钱效应。

将因同样原因或同样题材涨停的个股放在一起,涨停股票数量最多的那个板块,称为最强板块或主流板块。一般如果一个板块有5～6只个股涨停,就有板块效应。

通过板块效应判断市场强弱:

(1)极弱:没有板块效应,没有出现3个以上同一板块的股票涨停。这时,市场参与度就比较低。

(2)较强:有一个强板块效应,超过6只股票涨停,可以参与。

(3)强势:有多个板块出现板块涨停效应,有主攻、助攻,可以大胆操作。

3. 个股

最近强势股、龙妖表现,是市场的风向标,应注重研究个股题材、信息面、基本面、流通盘大小、历史走势及股性。每天应重点研究涨停个股和跌幅前 20 名的个股。

二、市场信息复盘的具体步骤

1. 热点强弱

热点判断是龙妖战法复盘中关键的一环，主要关注哪些板块在涨、哪些板块在跌、哪些板块在持续涨、哪些板块是上涨之后在回调、板块所处整体位置如何，等等。梳理出主线，今天一共几条活跃线、风口和助攻都是什么情况、龙头是谁。

找出热门板块（涨幅靠前以及连续上涨）中有龙妖基因的股票，做接力。

找出调整板块中有反弹或二次上涨逻辑的股票，筛选个股做反包。

看跌幅榜，是否有符合超跌反弹条件的热门板块等，抄底、抄跌停、抄阴线、抄分时放量急杀。

2. 各指数情况

应了解市场的几个主要指数——上证指数、上证 50、创业板指、沪深 300、深成指、中小板指、中证 500、中证 1000。

虽然龙妖战法不怎么关注指数牛熊，但整体是牛市肯定胜算更大，主要是了解市场重心侧重于哪里？是大票还是小票？是齐涨齐跌，还是有明显分化？分化情况下有没有外力护盘？成交量、日 K 成交如何？波段成交如何？是缩量还是放量状态？

3. 盘面涨跌数据

红盘、绿盘票多少只？红绿比多少？涨停、跌停多少？自然涨停、自然跌停几个？二者对比，感受下市场情绪热度。涨 5%以上的票、跌 5%以上的票有多少，这一定程度上是对涨跌停的补充。

成交额在 10 亿以上的个股有多少？成交额在 5 亿以上的个股有多少？感受市场资金现在能容纳多少只大票同时玩起来？成交额排名第一以及前十的成交额都是多少？横向对比，感受一下今天比昨天甚至前几天的情绪如何。

振幅在 8 个点以上的票有多少？5 个点以上的票又有多少？1 个点以下的票又有多少？振幅第一以及前十的票，日内波动怎样？通过这些数字的对比，直观感受一下市场的整体活跃程度如何。

三、龙妖战法的选票关键

1. 个股在板块中的位置

日内龙、波段龙、换手龙、中军、先锋、带动性等。

2. 日涨幅

主要是筛选个股弹性和股性，涨停最佳。

3. 成交额

涉及个股资金容纳情况，是大资金可以方便进出的，还是小资金的战场。

4. 量能

相对之前一段时间或昨天，是缩量、放量还是平量？是一致还是分歧？

5. 基本面

当前状态下，基本面是上涨的支撑逻辑，这是持股的信仰，也有排雷作用。

此外，基本面还包括波段涨幅、相对位置、历史股性、流通盘、财务情况、是否庄票、周 K 情况，以及是否有解禁、减持、配股、高送，是否有被 ST 的可能等。

（1）涨停板。

涨停板代表着市场上最活跃的那一批票，逐一去分析原因：为什么涨停？怎么涨停的？是板块性质的涨停？还是独立性质的涨停？板块性质的涨停处于什么位置？是龙头还是后排？独立性质的涨停，是什么原因？是公告还是复牌？或者是其他消息的刺激，等等。

空间票就是市场的连续涨停或持续上涨的票，它对盘面整体的情绪有非常重要的刺激，市场最强票打造出来的波段空间，一定程度上反映了当前市场的整体热情，也是赚钱效应的中心关键点，庄股除外。

（2）跌停板。

跌停板主要有两种票需要辨别：一是趋势走坏，需要规避的票；二是被错杀，有修复预期，可以关注并抄底的票。与分析涨停板的方式一样，去找原因，为什么跌停？是不是板块性质的？如果是个股性质的，利空出尽了没有？等等。

（3）振幅、成交额、量比。

找出这个市场中的异动票，分析为什么异动，有没有出现持续上涨的可能性？这涉及该股票的弹性、资金容量以及活跃度。

（4）复牌票、新股。

在复牌票中，有没有一些比较好的标的，如果连续一字打开后，还有没有继续向上的空间？如果下跌，有没有修复的可能性？这都需要基本面支撑。

对于新股，主要涉及次新股的操作。要关注 IPO 核发情况、次新股的整体情绪、开板批次、流通盘、股价、涨停板个数、基本面等。

（5）被砸以及上影线。

找出有反包可能的股票。有些阴线是被恐慌盘踩踏出来的，而不是股价反转下跌的阴线。找出试探性的上影线，而不是上攻失败的上影线。

关键点还是分析逻辑支撑方面。

(6)近期活跃龙头。

把当前强势的龙头以及后期有可能反复的股票放到一个“股票池”里，以方便寻找龙回头、龙头反包、龙头二波、N字板等。

(7)关注盘后的消息面、盘后个股的公告、明天复牌的股票等。

(8)龙虎榜。

龙虎榜是每天大资金进入的数据，是A股中最激进的一群短线投资者的交割单。

看龙虎榜不是去看游资大佬买了什么股，第二天跟进买入，比如无脑跟进欢乐海岸，这个方法具有非常大的不确定性：大部分游资都是超短，今天买、明天卖，可能会成为他们的“接盘侠”。

通过分析龙虎榜提升水平的关键是重点关注一流游资席位，长期持续跟踪，熟悉他们的风格，每天把自己买的股票与这些一流游资对照，看看差距在哪里。

龙虎榜主要关注以下几点：

①主流资金、机构在哪个题材、板块？

②热点票是什么风格的资金买的？

③买方资金是合力，还是独食？

④买五和卖五谁的钱更多？

⑤昨天的主买是锁仓还是砸盘？

⑥是不是有庄股席位在榜？

6. 龙头股

梳理出盘面的几条主线。配合个股复盘，看有没有接力空间。

7. 消息

包括宏观财经消息以及微观个股公告(见图4－20)，其他还有融资融券、大宗交易、IPO信息等。宏观财经消息在财经网站、股票App中就有，个股公告以官媒巨潮资讯为主，见图4—20。

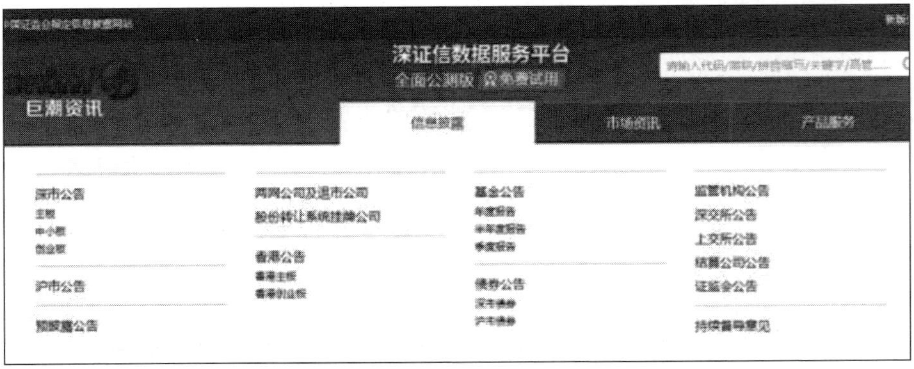

图4—20

推荐以下几个查询网址：

大宗交易查询：http://data.eastmoney.com/rzrq/total.html

融资融券信息查询：http://www.sse.com.cn/market/overview/

IPO信息查询：http://www.cninfo.com.cn/eipo/index.jsp

做出交易计划：

(1)预判明天大势，什么情况下会出手？

(2)如果出手，买哪些股票，买点是什么？

一般至少有3只票做备选。

4.3.2 个人操作复盘

把自己操作的过程重复多遍，主动思考为什么这样操作？有没有更好的选择？应该怎么设计？接下来的几步应该怎么走？

这主要是通过分析自己的交割单来实现，分析赚钱单和亏钱单的共同点。知道自己擅长哪种模式，哪种模式有缺陷，哪些交易违背交易系统。完善自己的交易系统，加强执行力。

信息收集、交易计划拟订、执行复盘，是属于比较个性化的。每个人根据自己的交易系统、交易心态以及风格等，结合市场情况进行复盘总结。其中，写交易日记是一种非常有效的工具。

4.4 灵魂转势板

——转势板的最高境界

什么是转势板?

大盘或板块大跌或连续大跌时,市场情绪和信心非常低落,这时突然有一只股票快速拉板,并进而带领指数和板块止跌企稳或反弹,这个板就是一个转势板。

转势板的特点如下:

(1)在大盘或板块极度虚弱、市场信心和情绪极度低迷的情况下产生;

(2)转势板能够带领板块止跌反弹,至少能带领大盘止跌企稳,如果能带领大盘反弹则最佳;

(3)转势板一般出现在午后,拉板非常迅速,手慢的很难介入。

(4)转势板的涨幅,一般在四五个板以上。

转势板有三个方向:次新、高度、前人气(包括强势反包)。

转势板在情绪低迷时,从气势上给市场信心,有带动的更好。

有灵魂的,有持续性;没有灵魂,纯筹码博弈的,就得靠卡时机。

转势板很少有题材的支撑，就是一个启动时机。资金利用时机，抓眼球，博个高溢价。至于后面由于其他因素走成龙头股和妖股，则是另一回事，至少在当天，转势板如此。

4.4.1　几个转势板的案例

1. 新疆浩源，2018 年 8 月 2 日首板，标准的转势板

在前几日大盘连续小阴线后，8 月 1 日，大盘大跌 1.8%；8 月 2 日，大盘低开后继续下跌，盘中一度暴跌接近 4%。市场出现恐慌，大盘极度虚弱，市场情绪极度低迷。

午后，新疆浩源快速拉板，直至收盘牢牢封死涨停，当时指数冰点，崩溃的情绪下板后带动激活价值的首板，先于指数启动，并有氛围带动。第二天直接一字板，说明市场认可它的地位。见图 4—21、图 4—22。

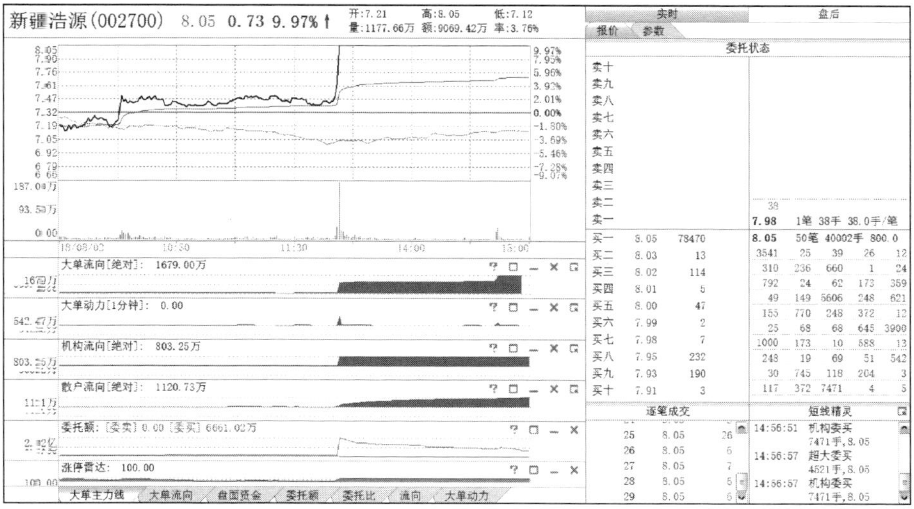

图 4—21

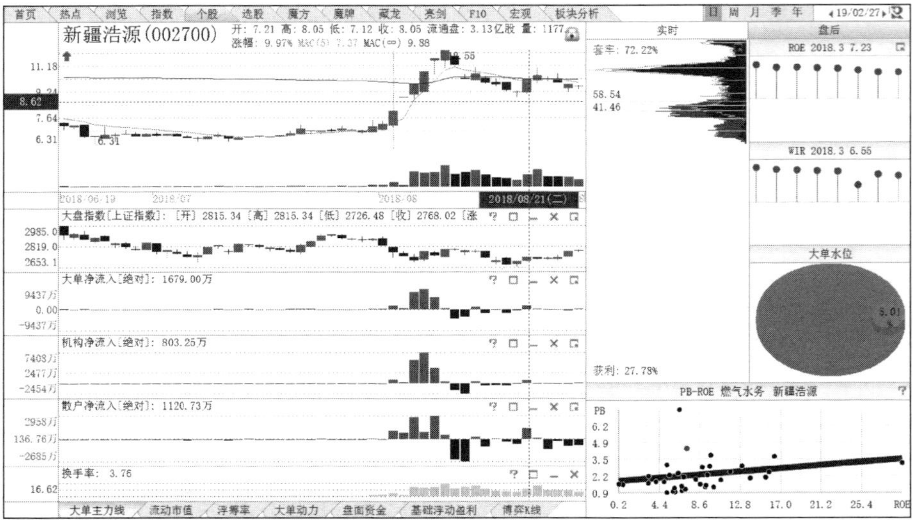

图 4—22

新疆浩源快速拉板后，带领整个新疆板块快速企稳反弹，最终板块大涨1.65%收盘，大盘也止跌企稳，小幅反弹，最终收盘跌2%。见图4—23。

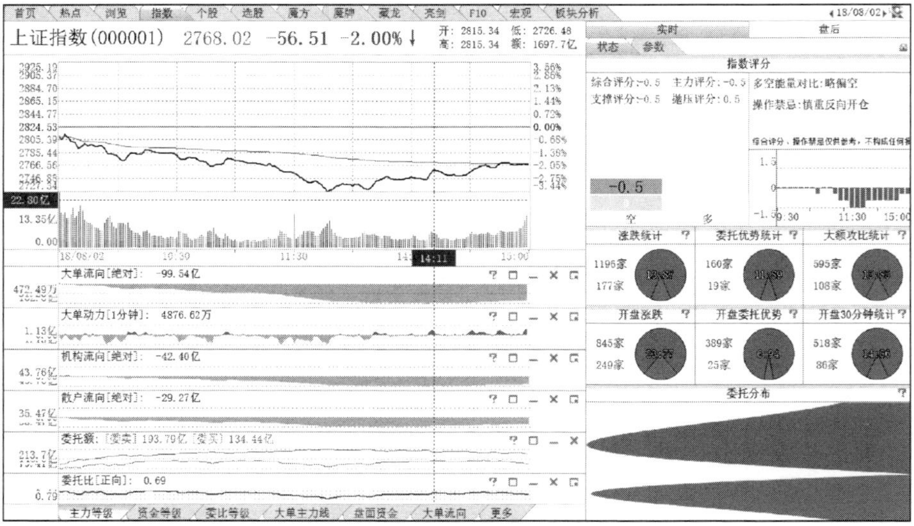

图 4—23

转势板是打开资金切换入口的涨停，是当天盘面的灵魂，也称为灵魂转势板或情绪转势板。

2. 2016 年 8 月 15 日的暴风科技

当时的市场氛围，主流题材是房地产，市场龙头是廊坊发展。前一天上证尾盘拉升，今日直接高开承接获利盘。房地产板块大幅高开 7 个点，反映了市场的肯定和房地产的持续性，赚钱效应爆炸。此时市场不缺连板，不缺硬板，而创业板 K 线破位反抽，当天早盘地产、银行、券商、保险板块气势如虹，震慑空军，强大的隔日赚钱效应使人疯狂。在下跌空间被封杀后，创业板不跟涨反而下杀，于是有了投机空间。见图 4—24。

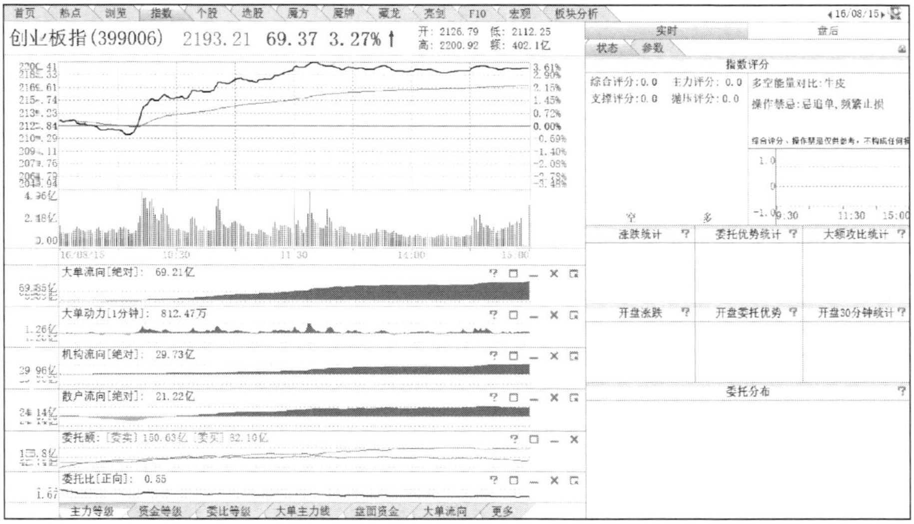

图 4—24

创业板此时是洼地，只要出现点火信号，有足够的逻辑让资金流入——这个启动信号，就是转势板。见图 4—25。

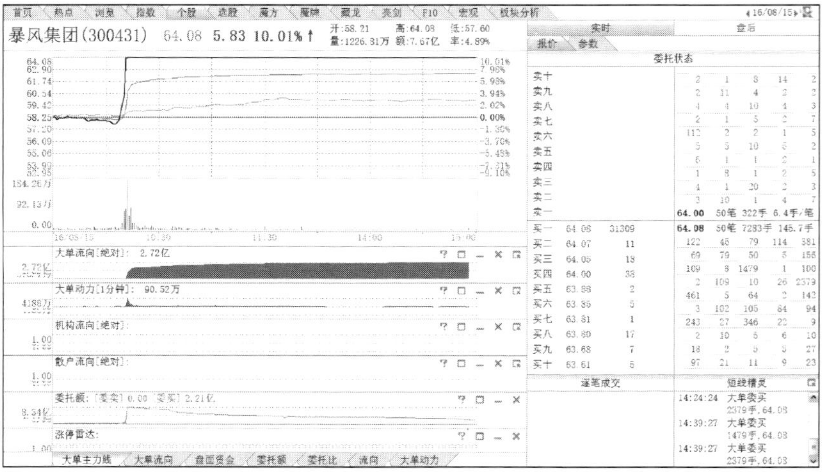

图 4—25

总结：

(1)主板与创业板位差形成价值洼地，有套利空间。

(2)市场整体下跌空间被火爆的赚钱效应封杀。

3. 2016 年 11 月 15 日的中青宝

见图 4—26 至图 4—28。

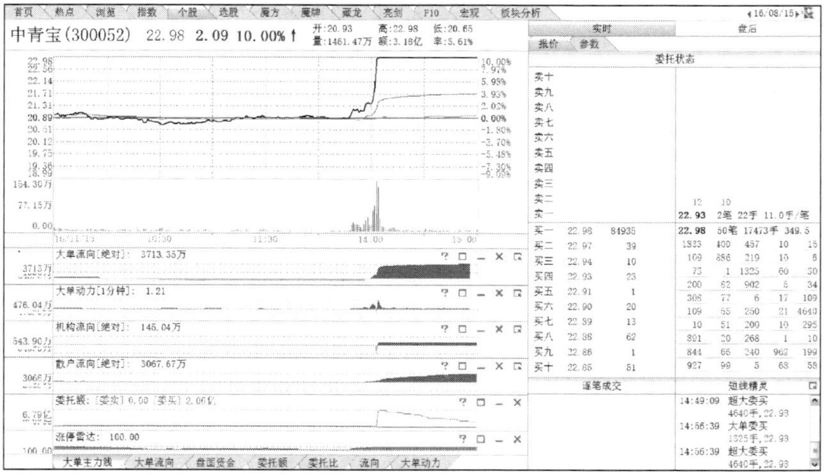

图 4—26

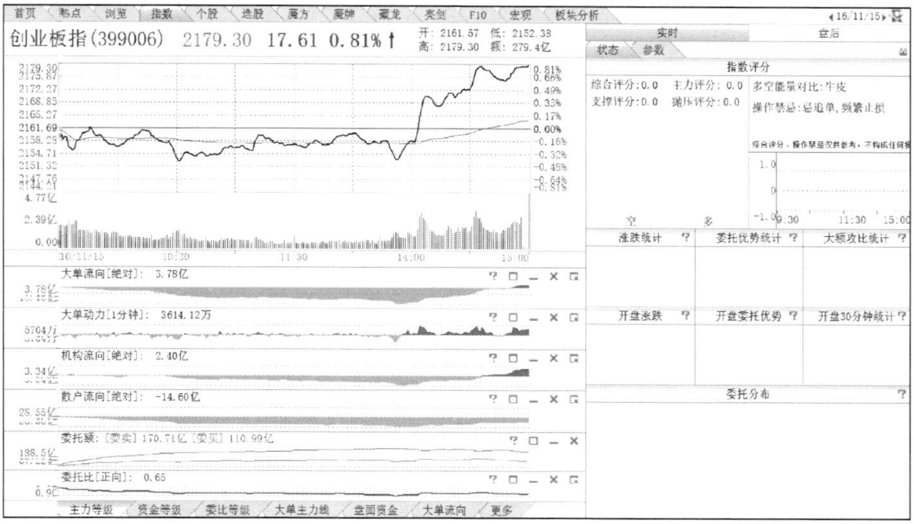
首页 热点 浏览 指数 个股 选股 魔方 魔牌 藏龙 亮剑 F10 宏观 板块分析
16/11/15
创业板指(399006) 2179.30 17.61 0.81%
开：2161.57 低：2152.38
高：2179.30 额：279.4亿
实时
盘后
状态 参数
指数评分
综合评分：0.0 主力评分：0.0
支撑评分：0.0 抛压评分：0.0
多空能量对比：牛皮
操作禁忌：忌追单，频繁止损
涨跌统计 委托优势统计 大额攻比统计
开盘涨跌 开盘委托优势 开盘30分钟统计
委托分布
大单流向[绝对]：3.78亿
大单动力[1分钟]：3614.12万
机构流向[绝对]：2.40亿
散户流向[绝对]：-14.60亿
委托比[正向]：0.65
主力等级 资金等级 委比等级 大单主力线 盘面资金 大单流向 更多

图 4—27

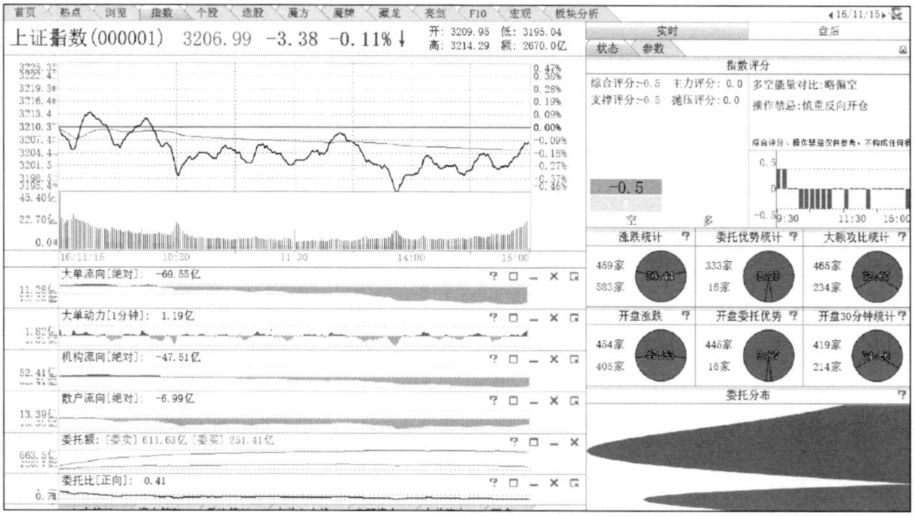
首页 热点 浏览 指数 个股 选股 魔方 魔牌 藏龙 亮剑 F10 宏观 板块分析
16/11/15
上证指数(000001) 3206.99 -3.38 -0.11%
开：3209.95 低：3195.04
高：3214.29 额：2670.0亿
实时
盘后
状态 参数
指数评分
综合评分：-0.5 主力评分：0.0
支撑评分：-0.5 抛压评分：0.0
多空能量对比：略偏空
操作禁忌：慎重反向开仓
-0.5
涨跌统计 委托优势统计 大额攻比统计
459家
583家
333家
16家
465家
234家
开盘涨跌 开盘委托优势 开盘30分钟统计
454家
405家
445家
16家
419家
214家
委托分布
大单流向[绝对]：-69.55亿
大单动力[1分钟]：1.19亿
机构流向[绝对]：-47.51亿
散户流向[绝对]：-6.99亿
委托比[正向]：0.41

图 4—28

处于“二八分化”的氛围，上证主升阶段，主流题材为蓝筹权重，人气是中铁二局和驰宏锌诸。这一期间，上证涨幅对创业板形成了高低位差。

当天早盘众多迹象表明权重回调，题材宝塔实业超预期连板。二类权重股的分化，给了题材喘息之机。市场选择前主流股权，却因为大而广，老股权龙头的拉升得不到强烈反响。资金无法形成一致意见，节奏出问题，导致题材也发生分化。

但此时市场在权重分化后缩量，大盘并没有风险，这时市场的想象力发挥作用，方向肯定是小票题材，即有预期、所需资金也不多的题材，那就是创业板！只要不涉及权重指标股，打小规模战役可行。

于是中青宝直线拉板，所有人反应过来，打开了“二八分化”的题材资金入口，手游概念发酵，创业板指数当天人气被激活。

总结：

(1)中青宝是“二八分化”的转势板。

(2)主板与创业板有位差，形成价值洼地，有套利空间。

(3)当天权重分化但并无大风险，资金才会去寻找题材切换。

4. 2017年1月17日和7月18日的任子行

(1)恐慌释放后的暴力反弹，需要转势板做引子。

(2)早盘超预期强势，出现人气板，出现日内恐慌的破位下跌，才有午后的灵魂转势板。

(3)做空力量需要被相应个股化解。

(4)转势板打开主流资金入场口。

5. 2017年7月27日的万达信息

周期主流主升末期，总龙头方大炭素出现获利盘出逃，意味着可能见顶。一旦总龙头出现风吹草动，恐慌的小弟丢盔卸甲，那么周期如此庞大的资金，必然要寻找一个避难所。

当天方大炭素延伸的高位趋势股华资实业等开盘迅速下跌，主流出现亏钱效应，方大炭素也跟随调整。同时，锂电池和有色也选择向下，此时可以确认周期资金单边流出。

此时，万达信息拉板，结合华谊兄弟早先涨停试探和早盘拉高，可以断定创业板成为周期的承接方。

总结：

(1)主流题材调整期间的避难所，创业板补涨是一个很好的选择。

(2)先前有华谊兄弟涨停试探，各指标股缩量，蓄谋已久。

(3)早盘确定主流题材资金出逃，当天不可能回流。

4.4.2　转势板汇总经验及转势成功的必要条件

转势板属于先锋的一种，成则享受溢价，败则失去预期闷杀。一旦板块后继无力，炸板成为必然。

1. 转势板汇总经验

(1)转势板来源于高低位差的补涨预期，并且上证领先创业板更容易出现。

(2)转势板“四两拨千斤”，一旦出现苗头，很快被资金认可，所以表现形式都是直线拉板。

(3)转势板次日只享受溢价，预期不要太高。

2. 转势成功的必要条件

(1)资金出口必须单边流出。

(2)早盘人气板，午后转势板。

(3)当天的做空力量必须被化解。

4.4.3 龙妖战法的转势板——灵魂转势板

高级的转势板是结合龙妖战法的转势板，是打板中成功率比较高的模式，称为灵魂转势板。

例如，财信发展在 2016 年 3 月 1 日跌幅不大，但大盘跌得很多，在大盘走低的情况下，该股率先领市场人气涨停，而且在大盘还没有红盘的情况下，该股已经涨停。见图 4—29 至图 4—32。

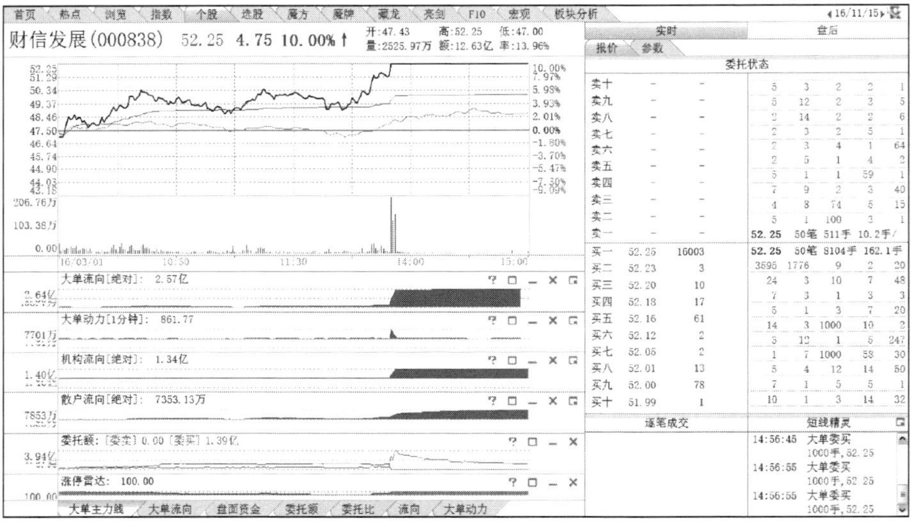

图 4—29

该股扫单、打板、排单都行，成功率非常高，预判能力要达到，因为大盘还属于弱势。

大盘跌到位了，恐慌情绪有了，就做快速反弹龙头，就是灵魂转势板，这样做的成功率非常高。

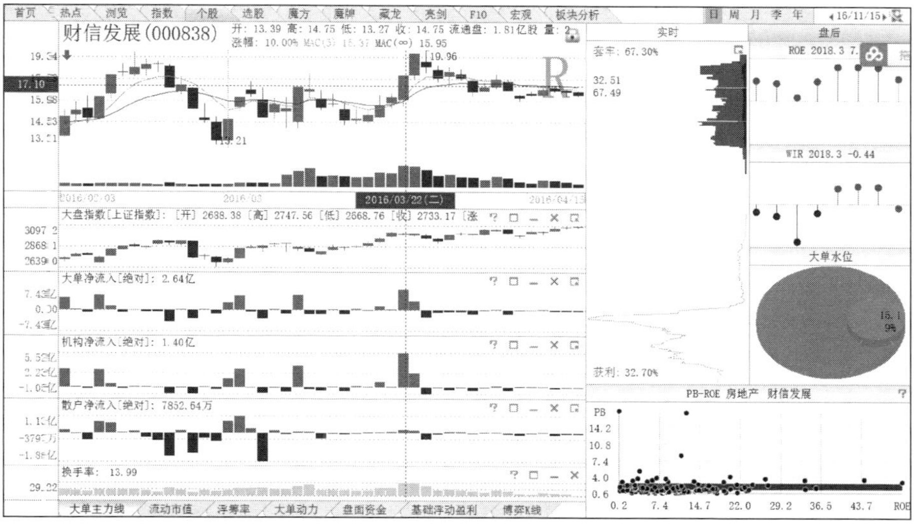
首页
热点
浏览
指数
个股
选股
魔方
魔牌
藏龙
亮剑
F10
宏观
板块分析
日
周
月
季
年
财信发展(000838)
开: 13.39 高: 14.75 低: 13.27 收: 14.75 流通盘: 1.81亿股
涨幅: 10.00% MAC(∞) 15.95
19.96
15.21
实时
盘后
套牢: 67.30%
32.51
67.49
获利: 32.70%
大单水位
2016/03/22(二)
大盘指数[上证指数]: [开] 2688.38 [高] 2747.56 [低] 2668.76 [收] 2733.17
大单净流入[绝对]: 2.64亿
机构净流入[绝对]: 1.40亿
散户净流入[绝对]: 7852.64万
换手率: 13.99
PB-ROE 房地产 财信发展
大单主力线
流动市值
浮筹率
大单动力
盘面资金
基础浮动盈利
博弈K线

图 4—30

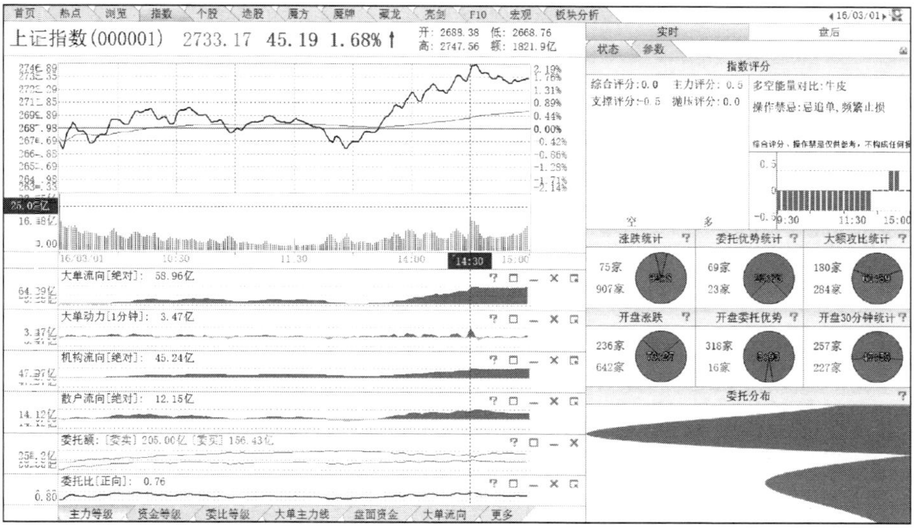
首页
热点
浏览
指数
个股
选股
魔方
魔牌
藏龙
亮剑
F10
宏观
板块分析
上证指数(000001) 2733.17 45.19 1.68%
开: 2688.38 低: 2668.76
高: 2747.56 额: 1821.9亿
实时
盘后
状态
参数
指数评分
综合评分: 0.0
主力评分: 0.5
多空能量对比: 牛皮
支撑评分: -0.5
抛压评分: 0.0
操作禁忌: 忌追单, 频繁止损
空
多
涨跌统计
委托优势统计
大额攻比统计
开盘涨跌
开盘委托优势
开盘30分钟统计
委托分布
大单流向[绝对]: 58.96亿
大单动力[1分钟]: 3.47亿
机构流向[绝对]: 45.24亿
散户流向[绝对]: 12.15亿
委托比[正向]: 0.76
主力等级
资金等级
委比等级
大单主力线
盘面资金
大单流向
更多

图 4—31

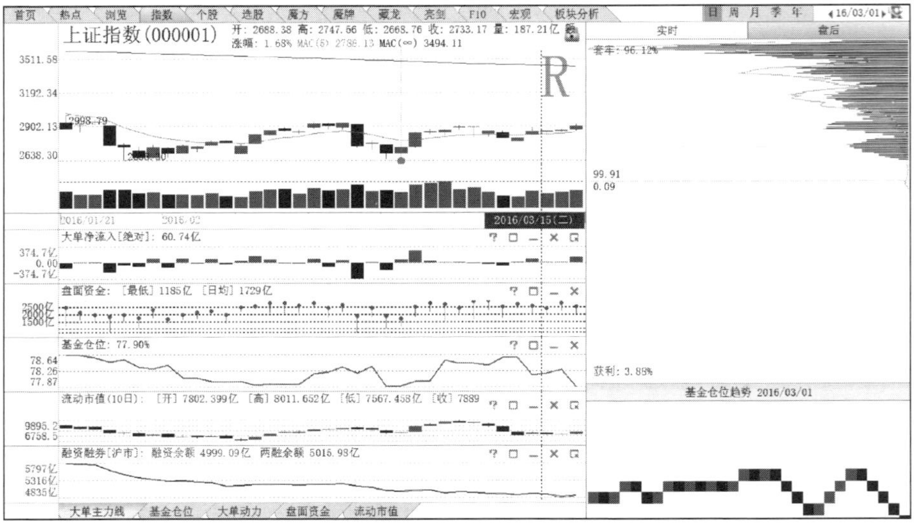

图 4—32

由以上分析我们可以知道,转势板的原理是:转势就是由弱转强。前几天看似羸弱的市场,突然间由弱转强,这时市场上会出现一只转势龙头品种,带领市场。情绪由低迷转为亢奋,参与的就是这个亢奋点。

转势板的最高级别为转势龙头板,要参与先于市场企稳或是带领市场企稳的品种。

转势板的特征如下:

(1)板块前几天都是羸弱的,亏钱效应明显,这样才具备转势的基础。

(2)该标的为"板块龙头+日内龙头",满足"双龙头"特征。

(3)既然是转势,在"势"上必须格外突出,冲板瞬间不能有丝毫犹豫,冲板的那一下都是 90 度的直线段。分时极度强势,越强势越好!

该手法对这些盈利点把握的精妙之处,在于"转势"二字——既是市场情绪的转势,也是盘面的转势。找到这个点后,利用涨停板确认,使用打板手法第一时间参与。

何时止损？思考明白该模式内的盈利到底赚的是谁的钱？

是接力者的钱！如果第二天没有接力，自然就“割肉”。

如何判断第二天有没有接力？假如竞价－7％开盘，还会有人接力吗？

4.5 “面霸”是如何炼成的？

看一个“面霸”：摩恩电气，打板两天直接亏损 20 多个点。见图 4—33、图 4—34。

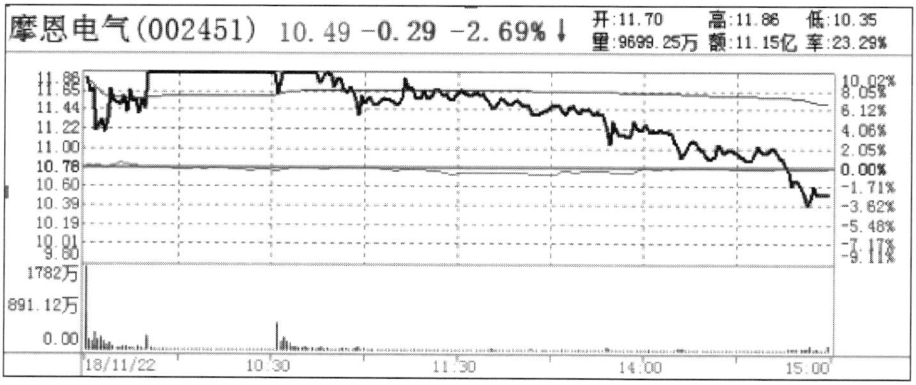

图 4—33

问题是：摩恩电气是一路换手板起来、四板成妖、超预期、顶级游资加持，什么都对了，为什么却成了“面霸”？见图 4—35、图 4—36。

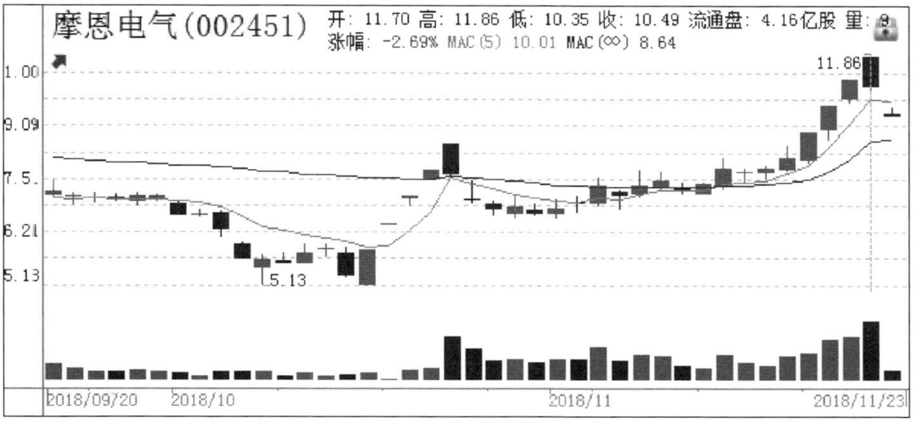

摩恩电气(002451)
开: 11.70 高: 11.86 低: 10.35 收: 10.49 流通盘: 4.16亿股 量:
涨幅: -2.69% MAC(5) 10.01 MAC(∞) 8.64
11.86
5.13
1.00
9.09
7.5
6.21
5.13
2018/09/20
2018/10
2018/11
2018/11/23

图 4—34

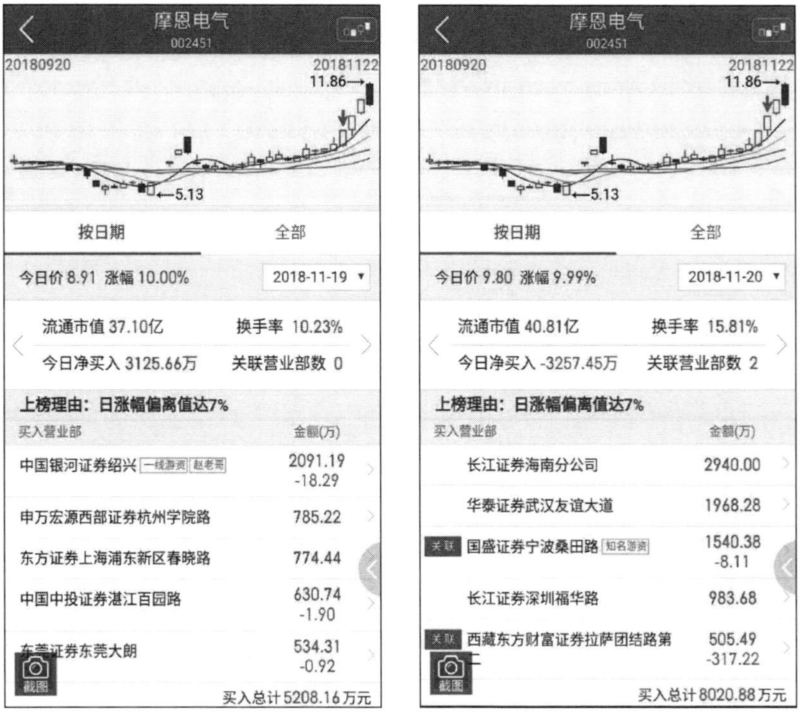

摩恩电气
002451
20180920
20181122
11.86
5.13
按日期
全部
今日价 8.91 涨幅 10.00%
2018-11-19
流通市值 37.10亿
换手率 10.23%
今日净买入 3125.66万
关联营业部数 0
上榜理由：日涨幅偏离值达7%
买入营业部
金额(万)
中国银河证券绍兴 一线游资 赵老哥
2091.19
-18.29
申万宏源西部证券杭州学院路
785.22
东方证券上海浦东新区春晓路
774.44
中国中投证券湛江百园路
630.74
-1.90
东莞证券东莞大朗
534.31
-0.92
截图
买入总计 5208.16 万元
摩恩电气
002451
20180920
20181122
11.86
5.13
按日期
全部
今日价 9.80 涨幅 9.99%
2018-11-20
流通市值 40.81亿
换手率 15.81%
今日净买入 -3257.45万
关联营业部数 2
上榜理由：日涨幅偏离值达7%
买入营业部
金额(万)
长江证券海南分公司
2940.00
华泰证券武汉友谊大道
1968.28
关联 国盛证券宁波桑田路 知名游资
1540.38
-8.11
长江证券深圳福华路
983.68
关联 西藏东方财富证券拉萨团结路第二
505.49
-317.22
截图
买入总计 8020.88 万元

图 4—35

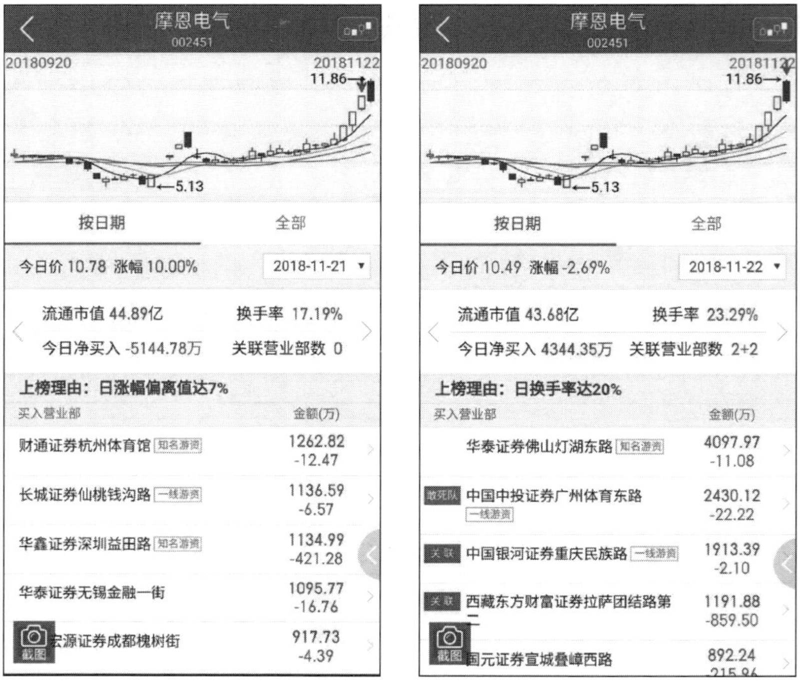

图 4—36

可以看出：顶级游资又在这只股票上做了冤大头！

有人将“面霸”原因总结如下，摩恩电气错在：

（1）昨日成交量接近实际流通值的一半，隔日接力费劲。

（2）标的不够纯粹，吹票太多。

（3）创投低位的高度空间较难打开，股价接近 7 月初的平台最高价，3 进 4 未能形成市场合力。

这些貌似有理的分析，放在实盘上，统统无法操作！简言之，都是事后才知道的信息。我们逐条分析如下：

（1）昨日成交量接近实际流通值的一半，隔日接力费劲——首先，昨日换手率只有 17%，哪来的接近流通市值的一半？见图 4—37、图 4—38。

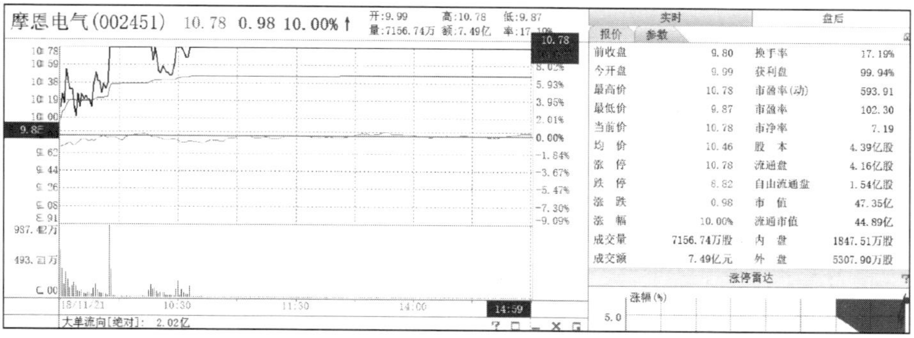

图 4—37

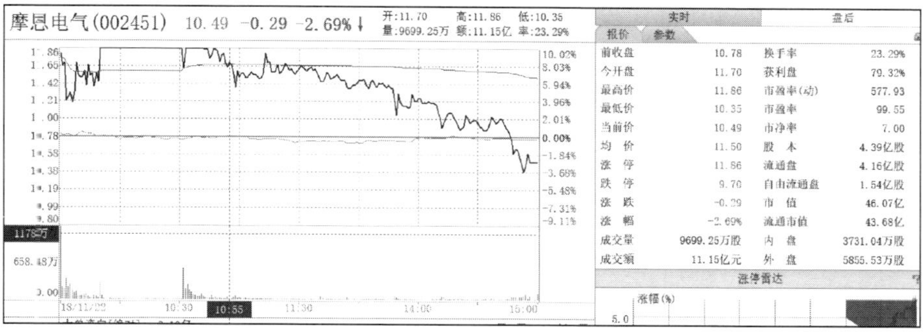

图 4—38

其次,“面霸”那天放量是破板一段时间后才出现的,笔者预判了当日大概率破板,为了验证思路,全天盯盘跟踪该股,可以确认破板很长一段时间,该股根本没有放出量!

对比开板那天和前一天分时的峰值成交量,前一天为 987 万,“面霸”那天为 1178 万,并没有特别异常,甚至破板后全天成交量也没有特别放大。何况在连续换手三板后,适当放量清洗下浮筹也在情理之中,至少,身在当时,似乎很难就此判断会成为“面霸”。

再次,现在满世界都知道换手龙好,现在给你换手了,怎么又成了缺点呢？

(2)标的不纯粹？请问之前的妖股哪一个纯粹了？何况，复合题材不是更好吗？跌下来你说吹票太多，涨上去你又说这说明人气足？怎么说你都是对的?!

(3)更是典型的事后描述和循环论证：本来就是要你预判能否3进4，打开空间，成为空间板，结果你却说因为没有3进4，所以低位空间没有打开？死循环就是这样产生的。

我们再看看情绪派是怎么解释的：

分歧和一致都是一种情绪，而情绪非常脆弱，最容易受影响，尤其是人多时，“灯心人效应”也如此，异曲同工，看他的人太多了。

图 4—39

用某老师的话来说：“灯心人”本身没有问题，问题出在市场大众已经对他产生了偏见，这个偏见就是他买入的股票有危险，第二天容易“核按钮”，所以每当他贴单的时候，市场就开始产生这种幻觉，有些人一看他买了，就撤单了，他人看到别人莫名撤单，一想到“核按钮”，也就纷纷跟着撤了，然后持股的资金就不坚定了，跟着卖出，导致恶性循环。如果这只股票差，没有市场地位，基本就挂了！如果这只股票好，有可能成为龙头，他的贴单就刚好能制造分歧，只要他说的这只股票当日封住，次日没有“核按钮”，反而容易变成牛股。所以，一个人的言论本身没什么，问题出在大家对他产生的集体性偏见！

现在不看他都不行了，生怕打个龙头跟他撞车，这是现在龙头股战法最大的“黑天鹅”了！

并创造了一套情绪理论：

我们身处的是数字的第一维和事实的第二维，但我们穿越的游戏却是梦想的第三维和情绪的第四维展开的。

对此，笔者认为：这真是随便杜撰点新名词就能成为理论的奇葩股市！梦想和情绪不是事实和数字吗？至少是基于现有事实和数据的梦想和情绪吧？自己看不懂数据和事实，就杜撰一个更玄乎的名词来自我麻痹、自欺欺人？

那么，由数字和事实不能预判摩恩电气的走势吗？看如下对话截图（图 4—40、图 4—41），部分是语音转换，语句字词可能不通顺，字不对但大致能看出是预判摩恩电气的走势，内容是预判开板时能不能买入。

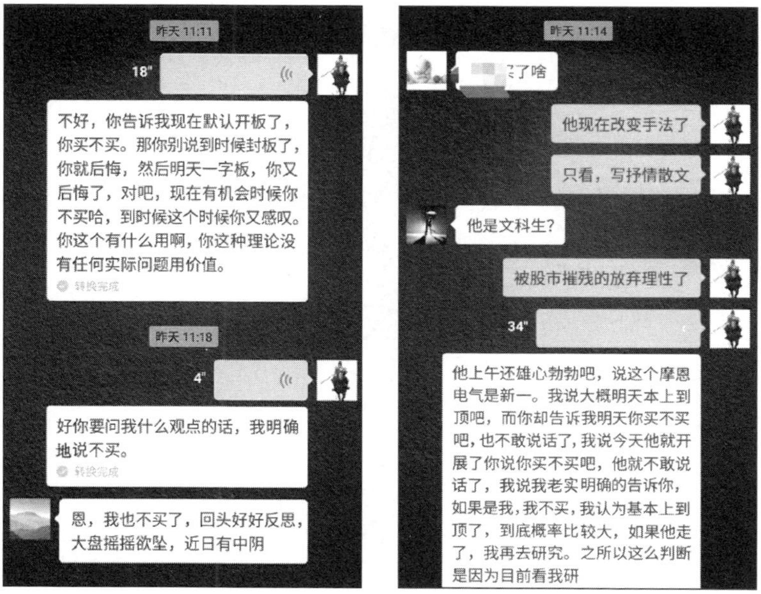

图 4—40

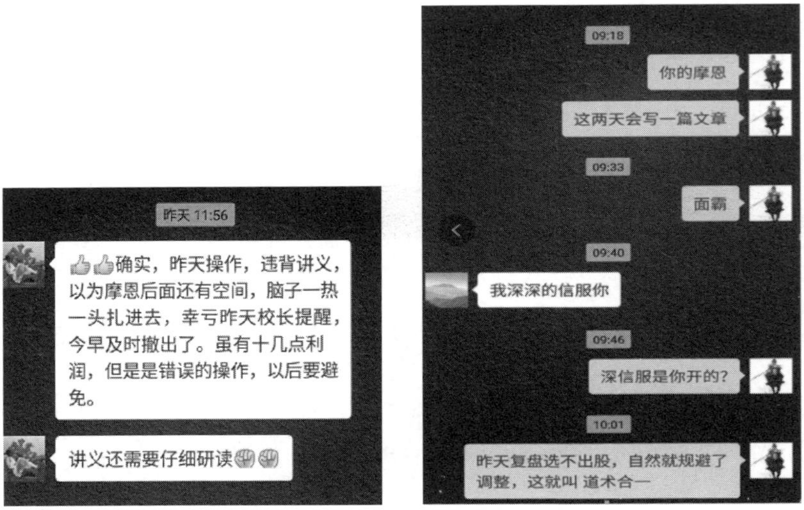

图 4—41

对话都有时间,“灯心人”是 11:27 发文,我们可是之前就说了不能买这只股票——难道我们还预知了“灯心人”会买这票带坏人气?

而且,把个股走势好坏寄托在个人身上,这种分析思路也太随机和不稳定了吧?只需要用反证法看看,是否“灯心人”上板的票都会被砸?显然直接用数据证伪了。

本文虽然没有揭示龙妖战法的具体预判方法,但笔者使用的方法就是从事实和数据推导做出的正确预判,而批判错误的研究方向,至少减少了探究者的无效试错成本,节约了研究精力。

4.6 机构龙妖如何低吸和高抛?

机构龙妖的定义见本书其他章节,这里不再赘述。精妙的买卖点其实是因人而异、个性化的,书本只能给出比较共性的操作原则,学者当以此作为基石,结合自身理解改良创新,刻舟求剑罪不在教授者。

4.6.1 低吸的要点

在阳线实体内调整几个交易日后的低吸,有以下几个要点:

(1)基本面逻辑支撑:必须的前提。

(2)成交量:调整期间越缩量越好。成交量和长阳那天相比,最好能达到一种断崖式萎缩的状态。如果这时K线又是小实体,基本上当天尾盘就是买点。

(3)调整幅度:调整在前面阳线实体内,不破掉实体更好。新一根调整K线不破调整新低,再配合第一条缩量更好。

(4)调整时间:一般不超过5天,买点大概率在第三天的分时急杀点。要配合杀跌程度,比如调整第二天急杀到长阳涨幅的一半,基本就可以介入了。如果长阳涨8个点,第三天盘中杀到-4,再配合成交量,基本就可以买了。

(5)趋势:越强越好,趋势斜率越大越好。前一根阳线越强越好,6 个点以上更佳,具体要根据市场具体环境决定。

总之,这些条件同时出现最好,但成交量是标配,不一定非要严格达到阳线成交量的 1/2,但是一定要出现明显缩量。

下例(图 4—42)中,拉升过程中成交量一直很稳定,没有异常,当然没有卖出理由。

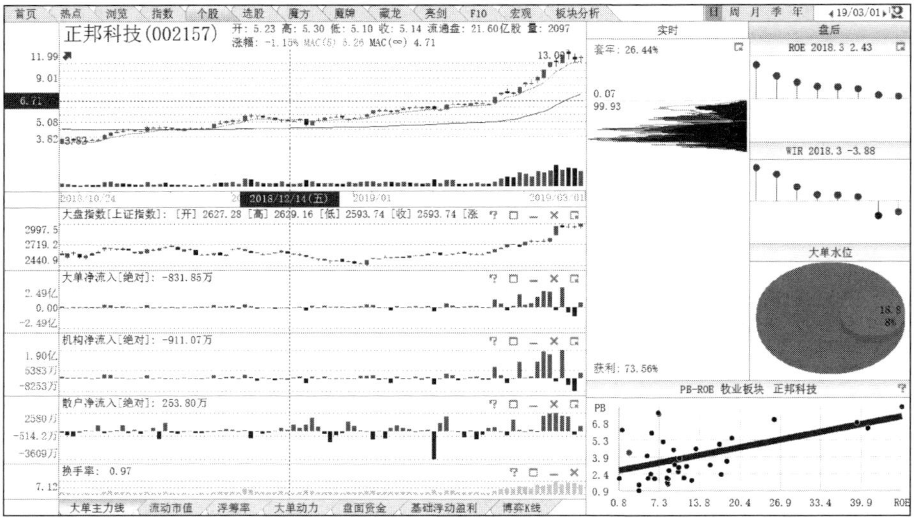

图 4—42

遇到量能明显萎缩,调整也在长阳实体内,但第二天的拉升不持续,有调整迹象,这就涉及卖出的技巧。

4.6.2 高抛的原则

对龙妖股,主升浪没有走完之前,所有的卖出都是暂时的,都是为了规避短期调整的平衡手段。一些基本的短期离场原则如下：

(1)成交量：出现明显放量，暂时离场。

(2)持股时间：最多拿两天，第四天如果还是缩量的小实体调整，可以再拿一天。但如果第五天还不拉，要果断走，尤其是在放量的情况下。

(3)介入后不仅没有拉，反而继续杀跌，怎么办？因为按照上述方式介入的位置相对已经比较低了，这样还能跌，说明该股性质已经走坏了，设定一个止损线——一般相对前一根下影线，浮亏 3 个点走人。

(4)止盈：综合当时的市场情况和盘口，出现明显拉升一般要走——尤其是在放量时，接下来调整的概率很高。

结合以下实际案例(图 4—43 至图 4—48)，对上述原则的理解会更加直观、深刻。

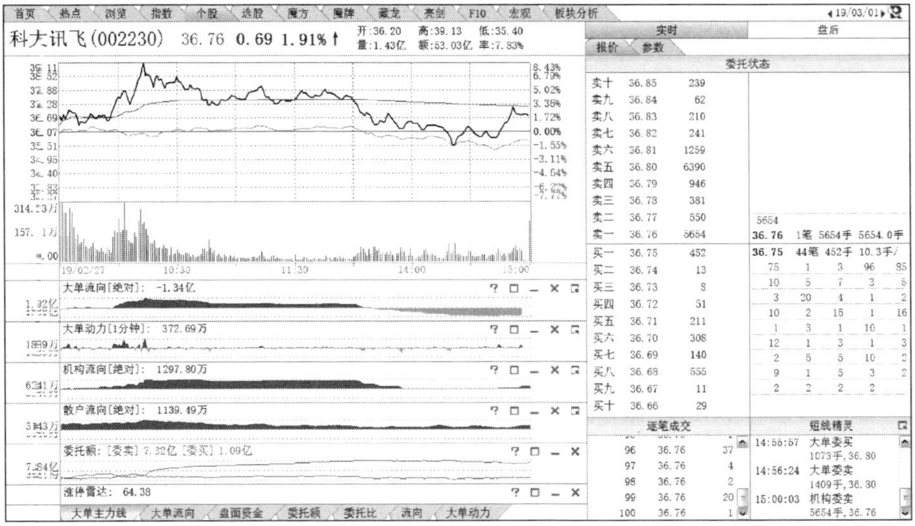

图 4—43

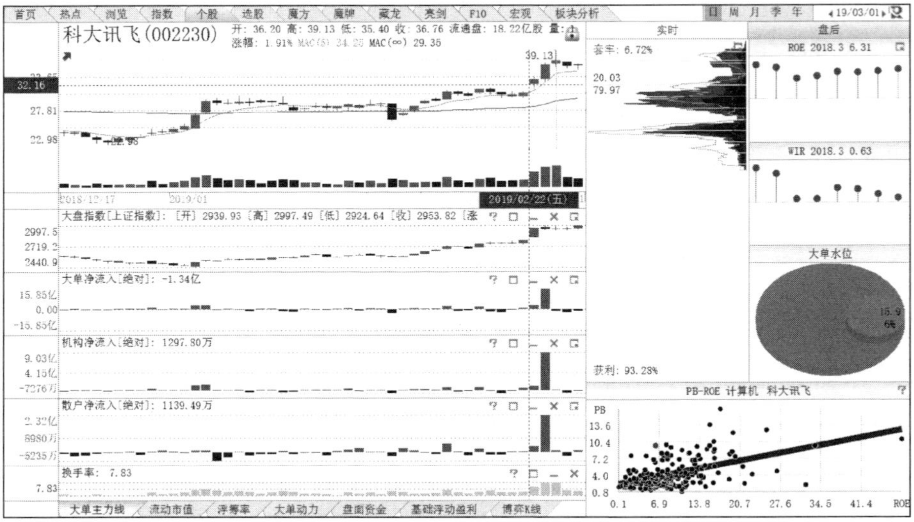

科大讯飞(002230)
开: 36.20 高: 39.13 低: 35.40 收: 36.76 流通盘: 18.22亿股
大盘指数[上证指数]: [开] 2939.93 [高] 2997.49 [低] 2924.64 [收] 2953.82
大单净流入[绝对]: -1.34亿
机构净流入[绝对]: 1297.80万
散户净流入[绝对]: 1139.49万
换手率: 7.83
套牢: 6.72%
获利: 93.28%
ROE 2018.3 6.31
WIR 2018.3 0.63
大单水位
PB-ROE 计算机 科大讯飞
大单主力线
流动市值
净筹率
大单动力
盘面资金
基础浮动盈利
博弈K线

图 4—44

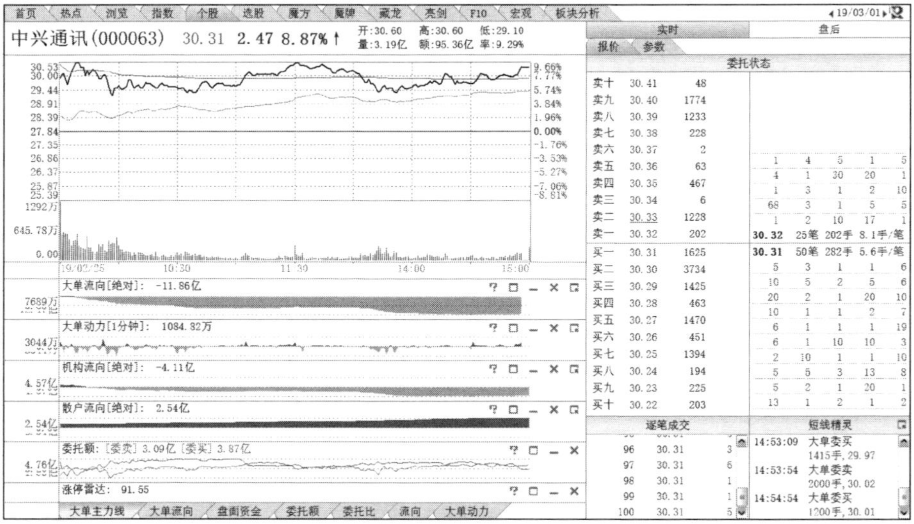

中兴通讯(000063) 30.31 2.47 8.87%
开:30.60 高:30.60 低:29.10
量:3.19亿 额:95.36亿 率:9.29%
大单流向[绝对]: -11.86亿
大单动力[1分钟]: 1084.82万
机构流向[绝对]: -4.11亿
散户流向[绝对]: 2.54亿
委托额: [委卖] 3.09亿 [委买] 3.87亿
涨停雷达: 91.55
委托状态
逐笔成交
短线精灵
14:53:09 大单委买 1415手, 29.97
14:53:54 大单委卖 2000手, 30.02
14:54:54 大单委买 1200手, 30.01

图 4—45

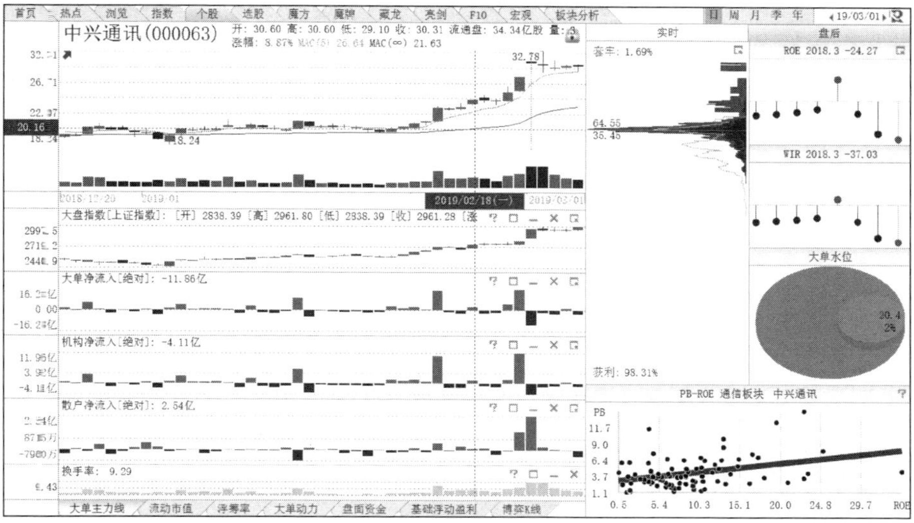
中兴通讯(000063)
开：30.60 高：30.60 低：29.10 收：30.31 流通盘：34.34亿股
实时
盘后
大盘指数[上证指数]：[开] 2838.39 [高] 2961.80 [低] 2838.39 [收] 2961.28
大单净流入[绝对]：-11.86亿
机构净流入[绝对]：-4.11亿
散户净流入[绝对]：2.54亿
换手率：9.29
获利：98.31%
大单水位
PB-ROE 通信板块 中兴通讯
大单主力线
流动市值
净筹率
大单动力
盘面资金
基础浮动盈利
博弈K线

图 4—46

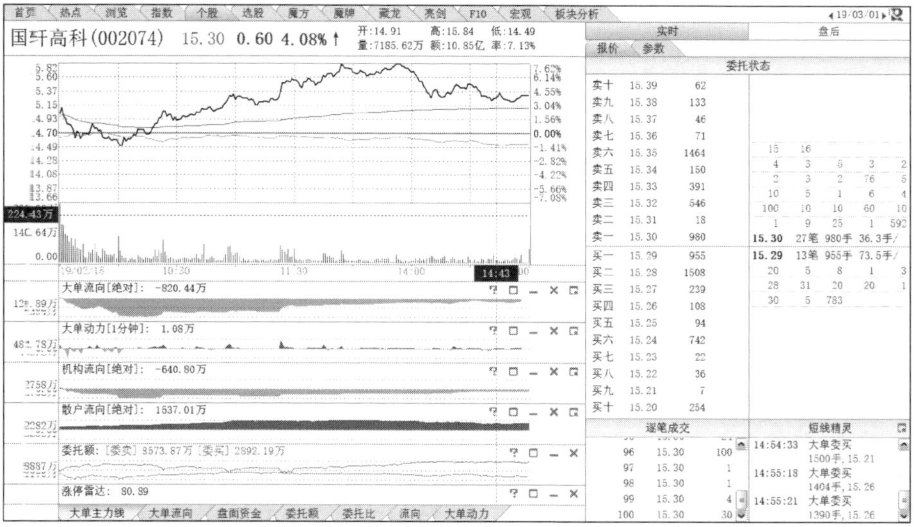
国轩高科(002074) 15.30 0.60 4.08%
开:14.91 高:15.84 低:14.49
量:7185.62万 额:10.85亿 率:7.13%
实时
盘后
报价
参数
委托状态
大单流向[绝对]：-820.44万
大单动力[1分钟]：1.08万
机构流向[绝对]：-640.80万
散户流向[绝对]：1537.01万
委托额：[委卖] 8573.87万 [委买] 2892.19万
涨停雷达：80.89
逐笔成交
短线精灵
大单主力线
大单流向
盘面资金
委托额
委托比
流向
大单动力

图 4—47

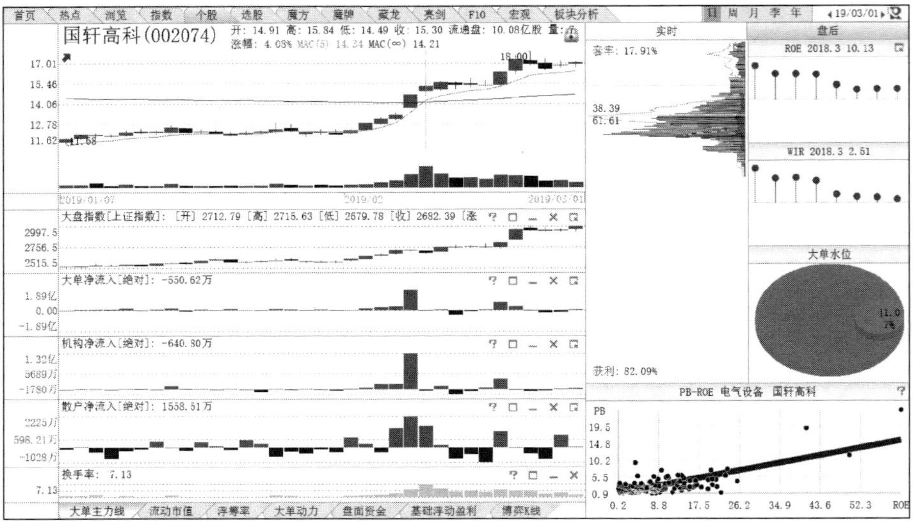
首页 热点 浏览 指数 个股 选股 魔方 魔镜 藏龙 亮剑 F10 宏观 板块分析
日 周 月 季 年 19/03/01
国轩高科(002074)
开: 14.91 高: 15.84 低: 14.49 收: 15.30 流通盘: 10.08亿股
涨幅: 4.08% MAC(5) 14.34 MAC(∞) 14.21
实时
盘后
ROE 2018.3 10.13
WIR 2018.3 2.51
大单水位
获利: 82.09%
大盘指数[上证指数]: [开] 2712.79 [高] 2715.63 [低] 2679.78 [收] 2682.39
大单净流入[绝对]: -550.62万
机构净流入[绝对]: -640.80万
散户净流入[绝对]: 1558.51万
换手率: 7.13
PB-ROE 电气设备 国轩高科
大单主力线 流动市值 浮筹率 大单动力 盘面资金 基础浮动盈利 博弈K线

图 4—48

4.7 超预期战法的本质

4.7.1 超预期战法概述

超预期战法是目前市场的显学，该战法的核心为：

利用股票超预期的表现带来超预期的利润，其关键是发现、理解并介入市场中走势超预期的个股，从中获取利润。

所谓“超预期”，指的是超出市场对此股票的主流心理预期，走势超预期是股票走势的必然结果。超预期战法只探讨合力股而非高度控盘的庄股的走势，从市场群众心理对股价影响的角度来探讨股票短期走势。

超预期战法的意义在于，当天捕捉到走势超预期的个股，可以追涨半路，也可以打板，对“烂而不弱”或是相对抗跌的可以低吸参与，甚至在超跌后的反弹启动时低吸结合追涨参与。手法因人而异，在自己认为舒服的点买入即可。

打板的主要理由是：进入当天强势的个股，有很大概率第二天还是强势。在超预期的位置买入，也是希望在超预期的位置之后，还能强势，搏的是从高潮到退潮还有一个潮起潮涌的过程。

比较典型的超预期情况有以下几种：

(1)市场氛围偏弱时，大部分股票处于绿盘，空方占优势，出现一只上涨速度快的合力人气股，一路上涨打至涨停，此时它超出了市场主流预期。

(2)市场氛围很弱时，大部分股票处于连续下跌状态，而一只横盘抗跌的合力人气股，走势也超出了市场主流预期。

(3)市场氛围不明朗、多空情绪犹豫时，涨幅大、涨速快(连续换手二板甚至更多)的合力人气股，走势超预期。

转势板也只是超预期战法的一种，是很多超短高手喜欢打的板(市场由弱转强时领涨龙头的板)，这一招也对应着超预期——领涨票肯定是涨得快，而且当天启动时间早于后来启动的跟风股，所以在它还没有快速上涨到涨停前，大部分股票还处于多空犹豫状态，领涨股在上涨时超出了市场主流预期。

还有很多种超市场预期的情况，甚至很极端的撬跌停板也可以尝试从超预期的角度分析。还有很多情况可以举一反三。像停牌一段时间复牌后的股票，本应补跌，但在原来的持筹者卖出后出现快速上涨走势，也是超预期，等等。

超预期的关键在于：能否较为准确地预判到市场对这只股票走势的主流预期，关键在于理解市场本来的主流预期应该怎样，这样才能识别出走势超预期的个股。

预判的方法很多，如盘中对此股和其联动股票的类比(板块效应)。从横向(联动股票、板块、整体市场氛围)和纵向(当天以及前一日甚至更长时间之前的走势)进行分析，从而发现市场目前走势超预期的个股。

4.7.2　超预期战法的实际效果

那么，超预期战法的实际效果如何？

既然超预期战法能成为显学，显然是有很多成功案例，这里不再例举。按照归纳法思维，只要能举出一个反例，就可以推翻原命题，我们当然不会这么学究，但比比皆是的反例，让我们对超预期战法的准确性已经“不寒而栗”！

随手举几例如下：

1. 绿庭投资，尾市炸板

见图 4—49、图 4—50。

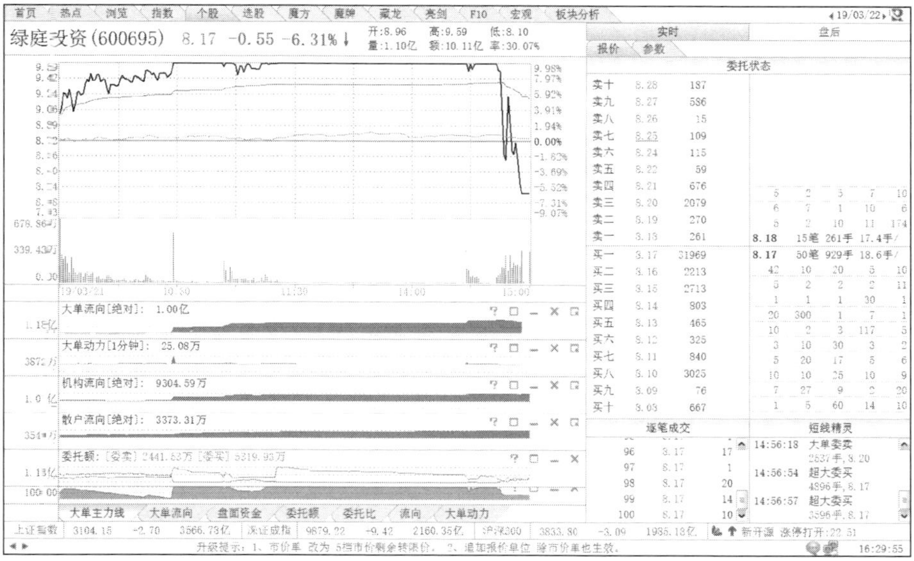

图 4—49

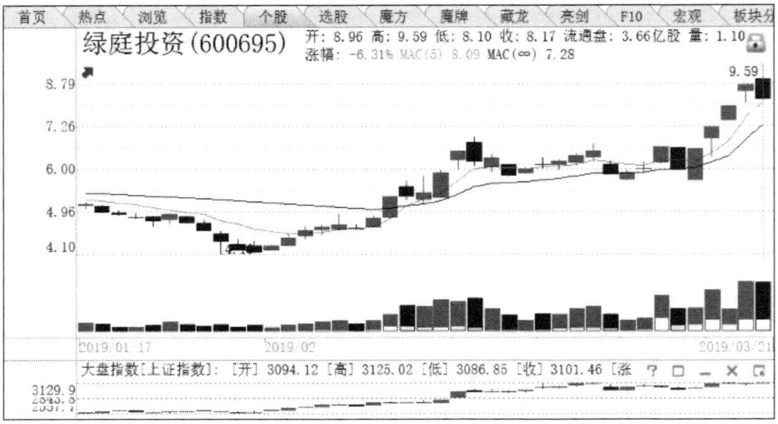

图 4—50

次日开盘，昨日炸板，今天正常预期应该是大幅低开才是。但是，开盘小幅高开，并快速上冲。算不算超预期？

当然算！

买不买？

当然买！否则就是知行不合一。（见图 4—51）。

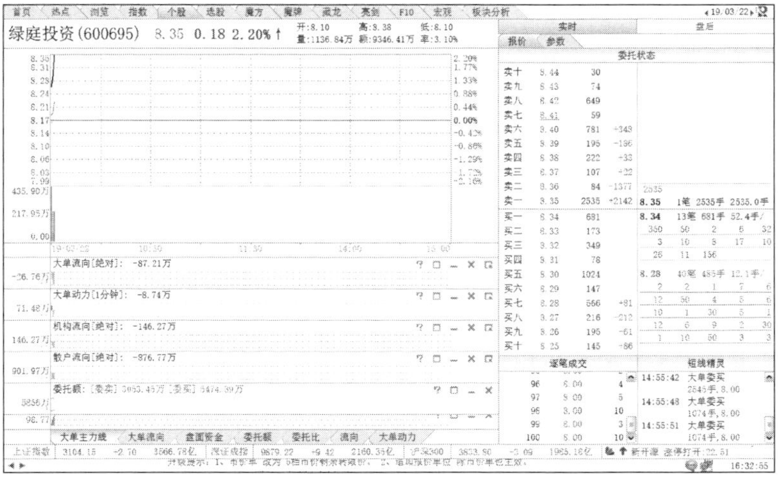

图 4—51

买了结果如何？见图 4—52 至图 4—54。

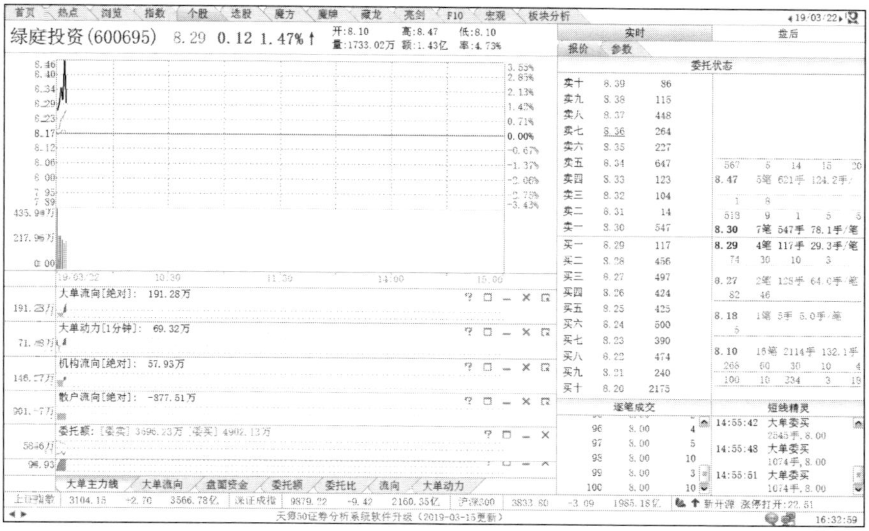

图 4—52

图 4—53

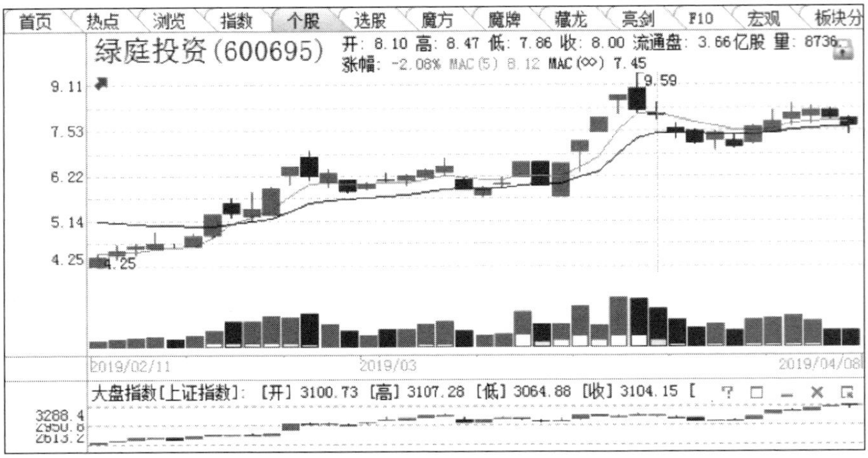

图 4—54

由上可见,买了当天直接被套!

2. 金证股份

见图 4—55。

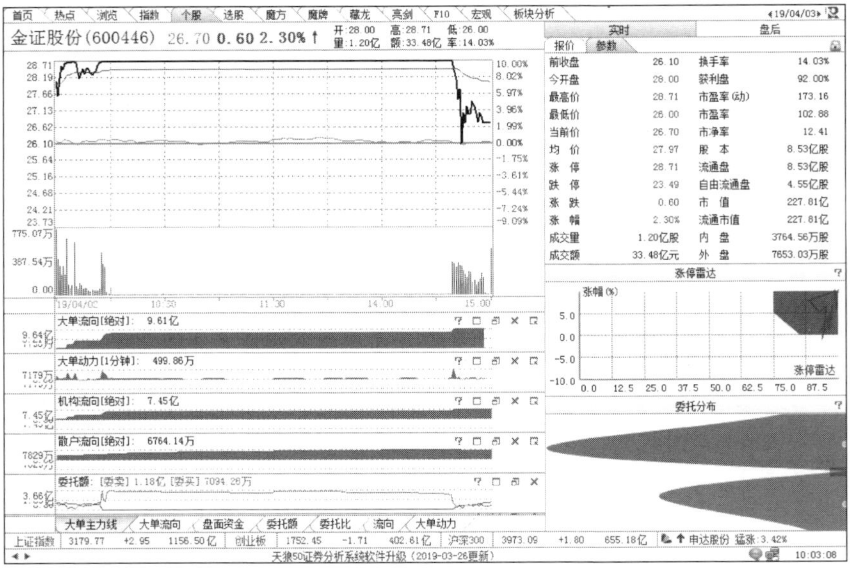

图 4—55

3. 御银股份

见图 4—56、图 4—57。

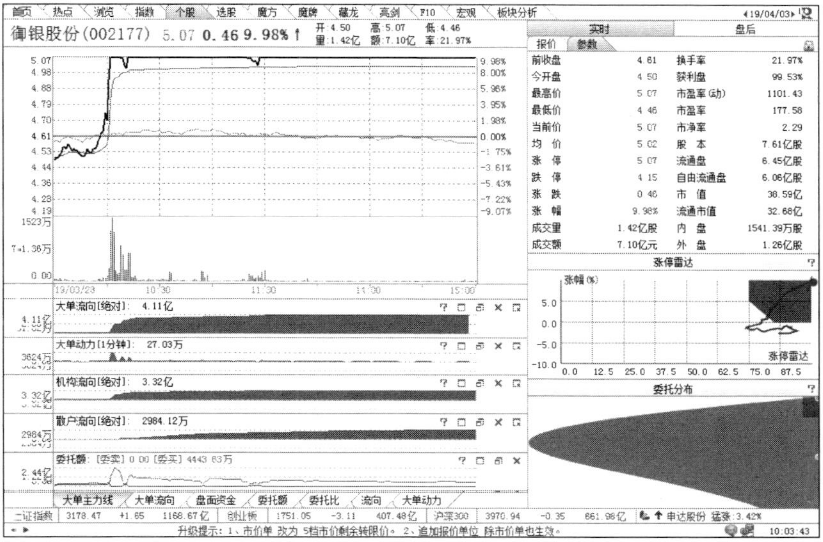

图 4—56

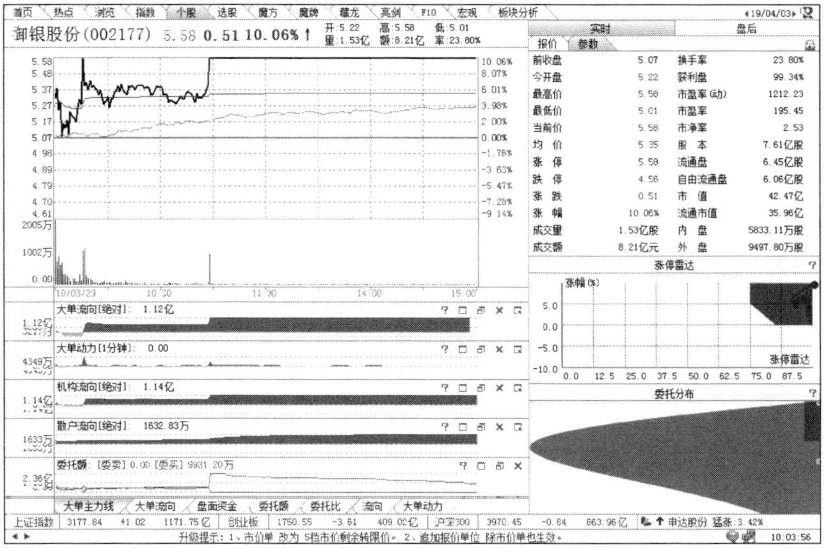

图 4—57

4. 中国出版

见图4—58、图4—59。

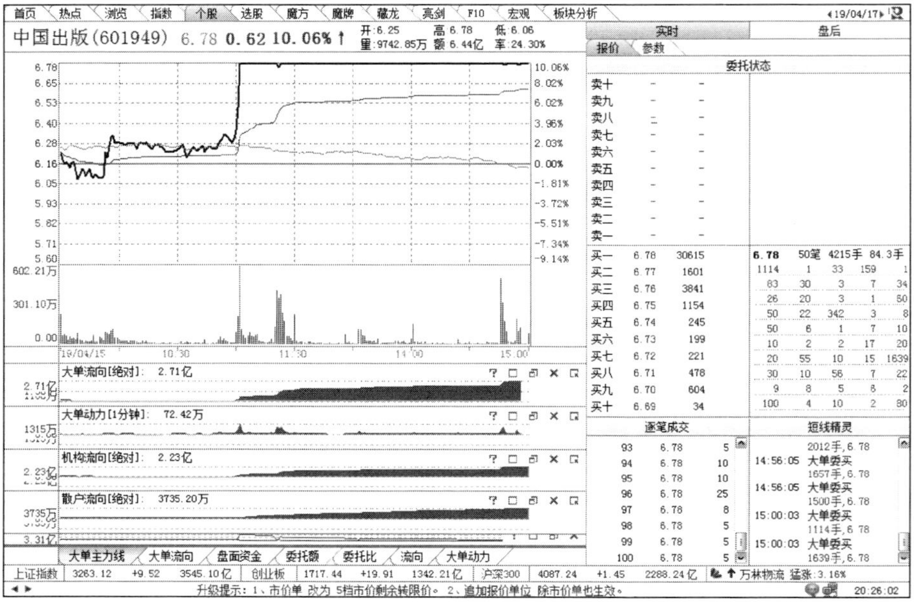

图4—58

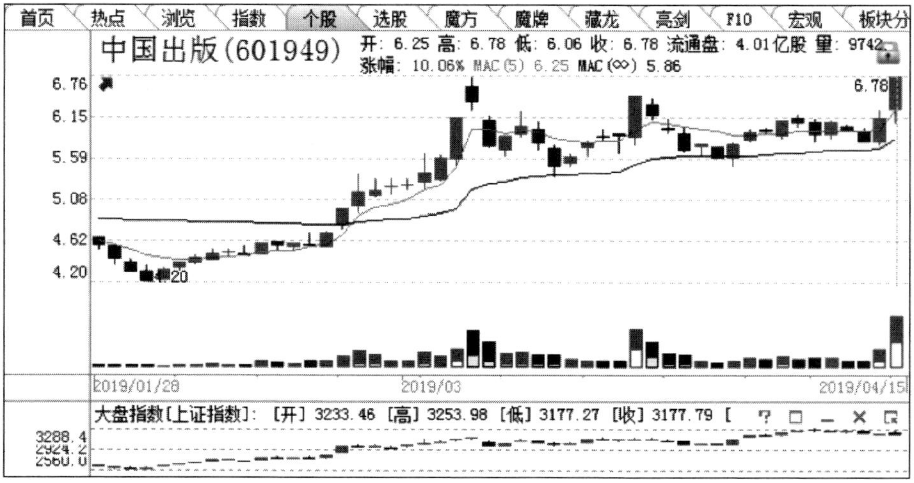

图4—59

开盘低开，低于预期。见图 4—60 至图 4—63。

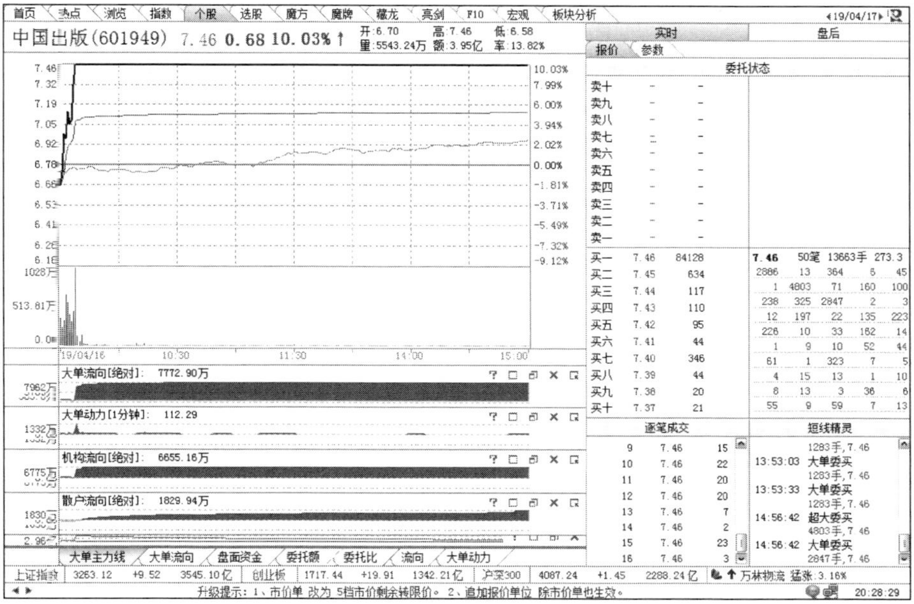

图 4—60

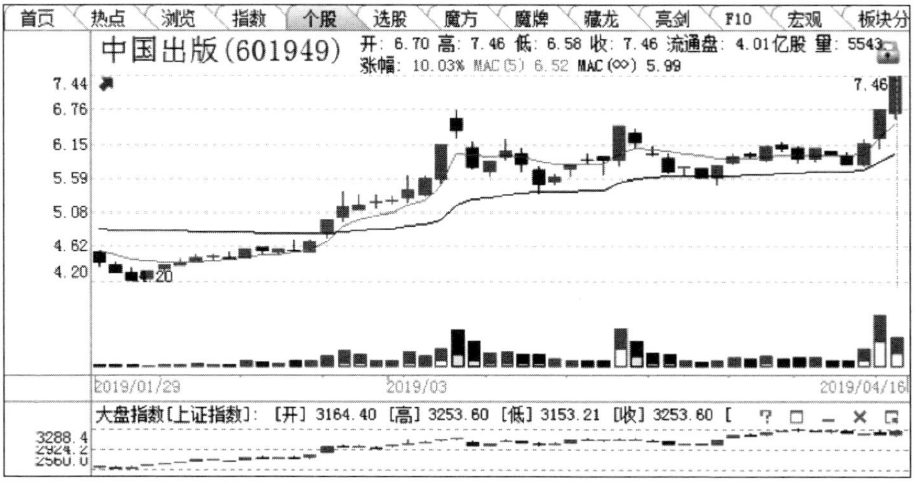

图 4—61

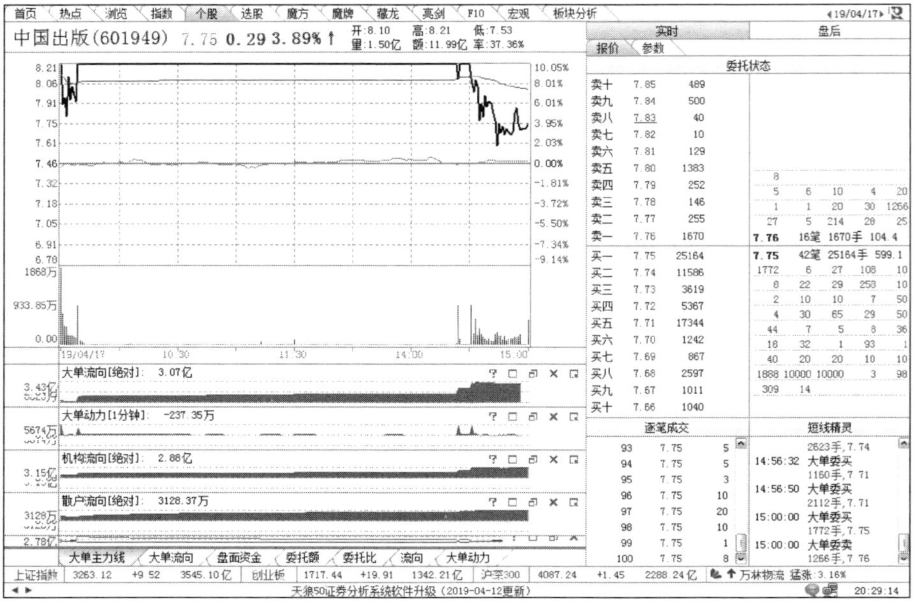

中国出版(601949) 7.75 0.29 3.89%
开:8.10 高:8.21 低:7.53
量:1.50亿 额:11.99亿 率:37.36%
委托状态
逐笔成交
短线精灵
大单流向[绝对]: 3.07亿
大单动力[1分钟]: -237.35万
机构流向[绝对]: 2.88亿
散户流向[绝对]: 3128.37万
天狼50证券分析系统软件升级(2019-04-12更新)

图 4—62

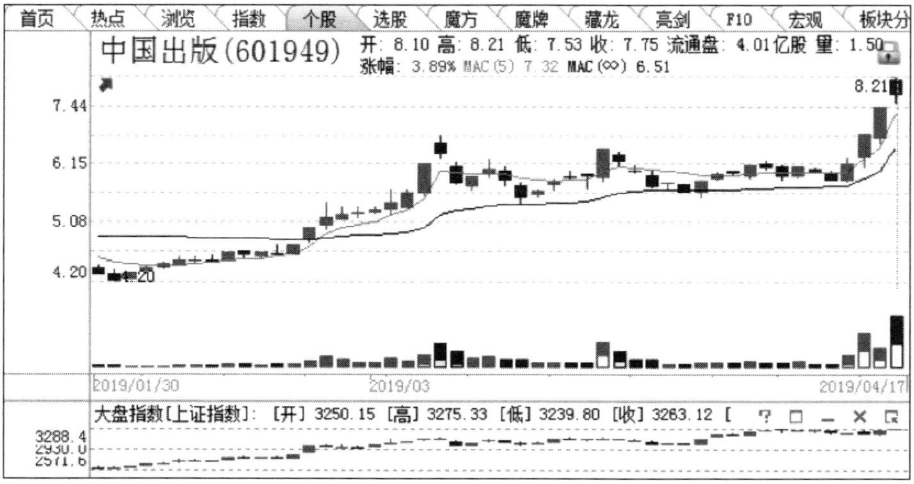

中国出版(601949)
开: 8.10 高: 8.21 低: 7.53 收: 7.75 流通盘: 4.01亿股 量: 1.50
涨幅: 3.89% MAC(5) 7.32 MAC(∞) 6.51
2019/01/30
2019/03
2019/04/17
大盘指数[上证指数]: [开] 3250.15 [高] 3275.33 [低] 3239.80 [收] 3263.12

图 4—63

5. 美都能源

当天大盘下跌，该股纠结挣扎后上板，算不算超预期？见图 4－64、图 4－65。

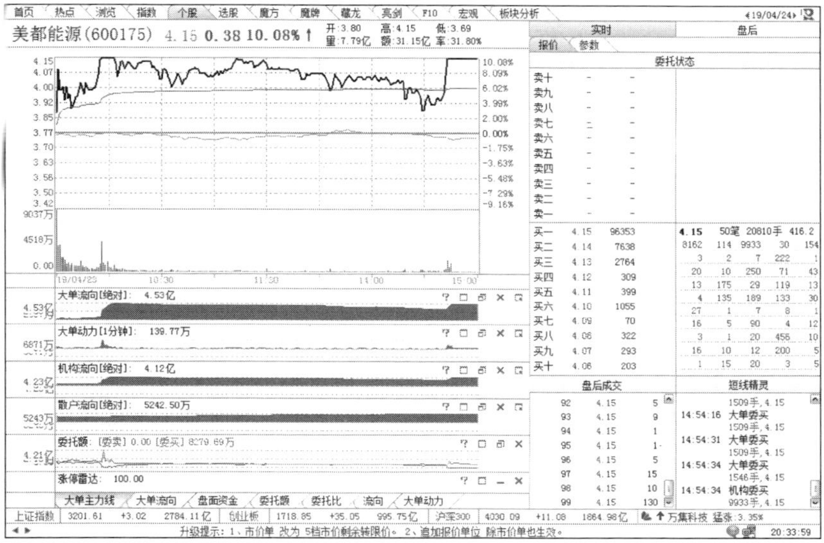

图 4－64

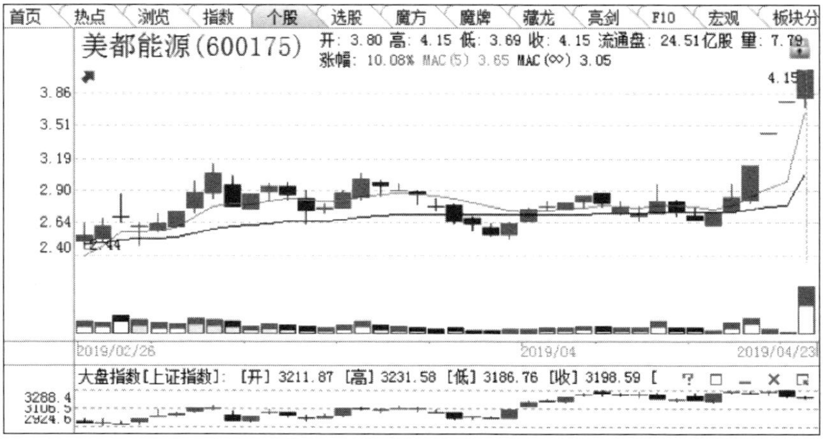

图 4－65

当然算!

按照超预期战法,就应该买入。

当天大盘情况如图 4—66 所示。

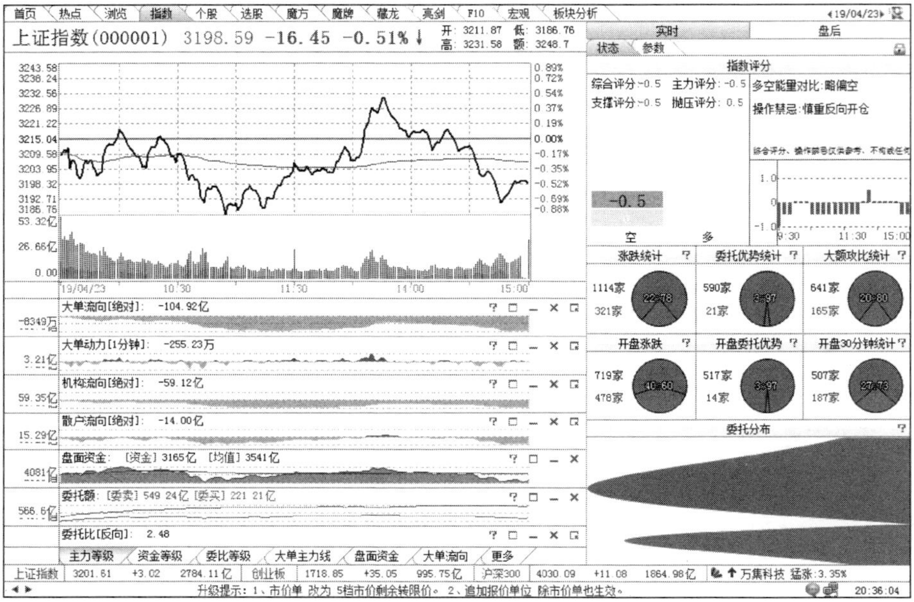

图 4—66

次日,大盘小幅高开,但该股却大幅度低开,明显低于预期,是不是应该卖出?

当然应该!

但该股后续走势却是震荡后涨停!

如果按照超预期战法操作,就做成了典型的“高吸低抛”的割肉游戏!见图 4—67、图 4—68。

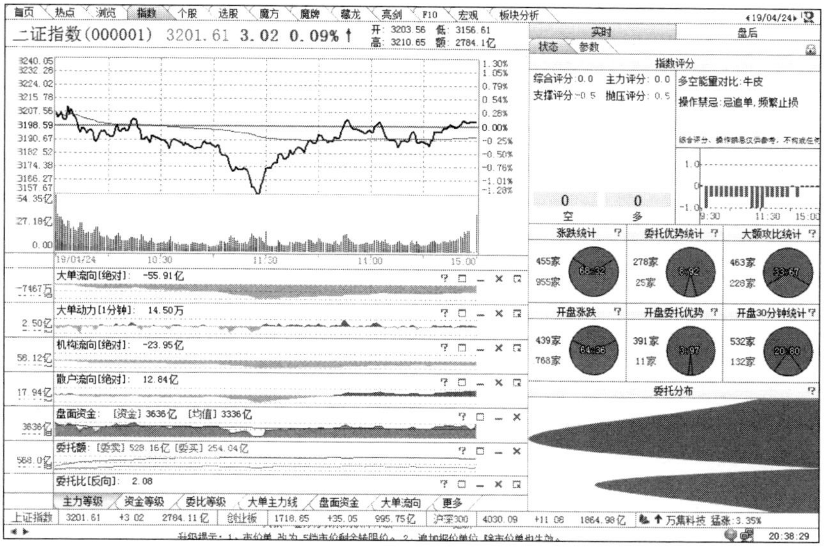
上证指数(000001) 3201.61 3.02 0.09%
开: 3203.56 低: 3156.61
高: 3210.65 额: 2784.1亿

图 4—67

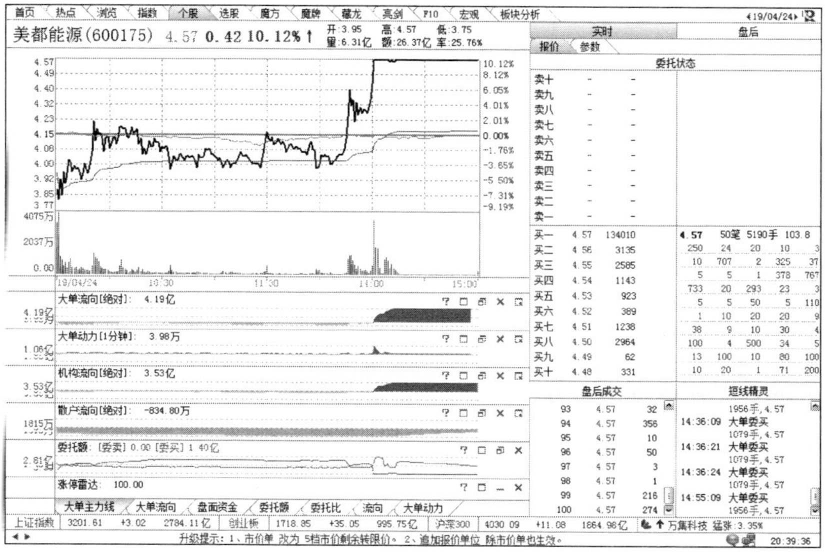
美都能源(600175) 4.57 0.42 10.12%
开:3.95 高:4.57 低:3.75
量:6.31亿 额:26.37亿 率:25.76%

图 4—68

4.7.3 超预期战法的本质

为什么会这样?

核心原因是,什么才算是“预期”,是一个没有客观标准、没有量化、很主观的感受。

什么是“主流预期”? 是谁的预期? 是主力资金的预期还是散户的预期?

如果是主力资金的预期,那岂不是与“得散户者得天下”相矛盾?

如果是散户的预期,散户是乌合之众,是失败者,跟踪失败者的预期能赢吗?

而且,超预期战法与低吸战法在逻辑上是矛盾的:既然超预期才能进,那么,至少必须高开,否则就是低于预期。但既然高开,又怎么能低吸? 如果说预判下一刻会拉升,那么,又违背了不预测市场的理论。

由此简单分析可知,超预期战法在逻辑上是不自洽的,故而会在实战中出现多处矛盾,且时灵时不灵。

科学研究的目的是不断用新假说包容住反例,从而将研究和认知推向更高层次。

碰巧,以上几个案例笔者亲自操作过,反预期操作,做到了“高抛低吸”。能做到这点的根本原因是:龙妖战法对股价运行机理的理解,几乎完全不同于市场的理解! 而比市场更高概率的成功率,使得我们有理由相信:这个理解比目前市场的理解更深入、更本质。想透彻理解这个问题,需要做一个专题系统阐述,足够写成专著,这里扼要阐述如下:

首先,龙妖战法并不只做合力股,只要是有连板潜质的股票,就属于龙妖派狙击的目标。这样,庄股和强势股都在龙妖派的狙击目标中。

明确了这一点，进一步需要将狙击的目标先定性分类：是属于庄股、强势股，还是合力股？不同个股的“主流预期”的定义是不同的：

如果这是庄股性质的，则市场散户的数量虽多，但在该股上却无法构成主流预期，重点应该关注该股主力的预期情况。

上述几个反例基本属于这类，显然就不能简单依靠散户的“超预期”来操作了。

强势股是依靠市场散户的情绪推动，或者是几个游资推动的，但这些游资力量比较分散，行为符合博弈论的“囚徒困境”思维，基本也就等同于大散户，这时散户的预期就成了决定该股走势的关键。

显然，合力股兼具庄股和强势股的特点，其超预期也兼具两者特点，并在不同阶段有不同侧重，这也是一个需要专门深入研究的课题。

4.8　龙妖战法速成版

前文阐述过，“龙妖战法速成版”类似周芷若的九阴真经，以幂律定律为指导，总结了现阶段龙妖股（尤其是龙头股）的一些常见技术特点，就算不懂内在机理，比着葫芦画瓢，也能应付现阶段常态行情的不少情况，“蒙对”龙妖，成才周期短，实用性强。

为缩短学习周期，速成版去掉了一些非常态或性价比低的高级技术。速成版在理念和技术细节上与全版都有一定差别，对内在机理阐述不多，偏于“术”，类似批量工业制品和艺术品的差别，不追求妙到毫巅的神操作。

使用速成版流程，能解释大约70%左右的市场逻辑，而其他一些特殊情况，要想穷尽，基本需要具体情况具体分析，建立数套个性化逻辑，学习的性价比较低——这也是你无法任何时候赢得任何人的原因，总有人在钻研那些你暂时尚未涉及的冷门技术。

想更上一层楼，就需要从底层逻辑入手，深刻理解内在机理，提升自身造血机能，并尽量研究冷门逻辑，以便在不同行情都能自创技术，随机应变，将技术发挥到妙到毫巅的“拐点交易”。

最后，再次强调，“龙妖战法速成版”是有时效性的！使用时切记这一点！

以下阐述“龙妖战法速成版”的具体内容。

4.8.1　理念升级

一、大盘的作用

传统观点：炒股就是炒大盘。

龙妖战法速成版理念：炒股就是炒热点。

思路：先选出重大利好，然后凭追涨停技术买最强的股票。

如果大盘出现牛市，券商股会成为大热点，及时追进券商股的“龙一”。2019 年 2 月 22 号，券商板块集体启动，带动大盘暴涨。其中，华林证券成为这波上涨的龙头。见图 4—69。

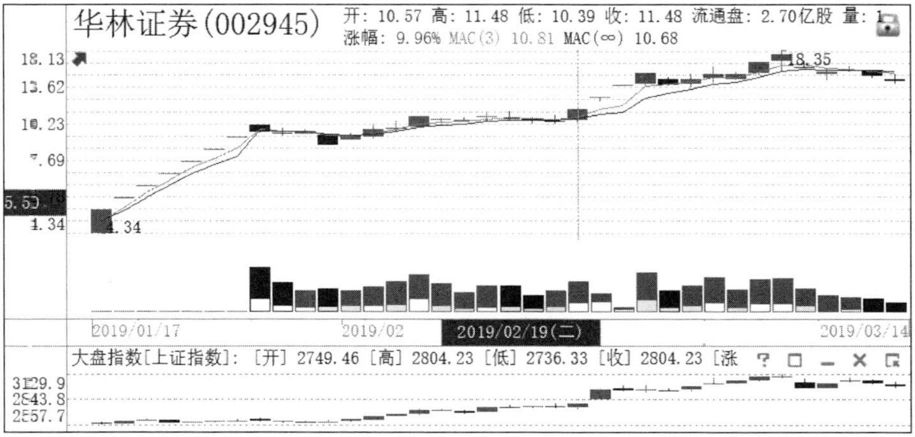

图 4—69

显然，对龙妖派而言，大盘并不十分重要：牛市，就是权重股成为大热点，并且市场上的大热点比较多。

熊市，就是市场有时存在一两个大热点，有时没有大热点。题材股、小盘股上涨。

中国股市大部分时间都是熊市，熊市并不可怕：

如果炒股炒大盘，A股熊长牛短，权重股机会不大。

如果炒股炒热点，加上追涨停技术买最强的股票，机会很多。

如果有热点炒作，大势不会差到哪里去，至少局部的机会不错，追击局部具备重大利好的热点“龙一”。

如果没有热点，大势就危险，那时没票买，就自然处于空仓状态。

龙妖战法提炼了几个模式的选股算法，实践证明，当几个算法都选不出备选股时，大势基本处于危险状态，因为选不出，所以就自然规避了风险，做到了攻守合一，简洁高效——实践证明，学员也因此自然避开了大势的几次调整。

并且在中证期货时代，“二八分化”是一种重要的做空手法：

(1)中证期货经常做空个股，单日跌停几十只是常态；

(2)权重股经常制造“二八分化”，帮助中证期货做空。

在市场具备大热点的时候，中证期货也会做空。如果操作出现问题，首先应该反思买的票是否具备“龙一”实力。

不看大盘看大势，大热点就是大势，市场的风口才是关键，追击风口上的“龙一”，是赚钱的关键。市场一般会有1～2个风口；如果没有风口，就暂时空仓。

不用太在意指数，一个大热点一个大热点地操作，没有大热点就空仓。市场只要有局部机会，就可以操作。

大势＝指数＋热点，大势就看两点：(1)是“八二”还是“二八”格局？(2)非一字板自然涨停个数。

只关注风口上的大热点，只做风口上大热点的龙头，其他票不做。按照热点个股自身的规律来把握买卖点。

不参与没有利好支撑的票——没有利好，就不是大热点。

消息面决定热点，炒股就是炒消息，90%以上的牛股之所以走牛，是因为背后有重大利好支撑，听正式消息就可以。

平均每两个月，就会有一个大热点出现——A股历史上最惨烈的2008年也有六个大热点。满仓操作大热点的“龙一”。2018年指数全年下跌，但却是历史上妖股最多的一年！

市场上的中等热点比较多。中等热点的仓位不要太重，一般半仓，买卖点把握比大热点保守。大热点和中等热点都操作“龙一”。

只看涨停——如果连涨停都拉不出来，无论具备什么利好，都肯定不是热点龙头股。

注意：软件板块的分类是滞后的。2017年10月20日，上海自由港被通达信归类为上海自贸；江南嘉捷明明是360借壳题材，但被通达信归为3D打印题材。这样就查不到相关利好。

弥补的办法是看新闻和公众号，看市场大众将之归为什么题材。

二、美股和港股的影响

(1)美股和港股里，如果某只股票有特别突出的表现，对A股的相关个股是重大利好；

(2)带来的热点属于中等热点；

(3)如果10点以前涨停，去追“龙一”；

(4)美股和港股对A股大盘的影响可以不考虑。

龙妖战法要求所选股票的业绩是上升的，至少不亏损，但市场最近的特点是，把亏损股作为“龙一”炒作，如安凯客车以及被称为“东方不败”的东方通信都是亏损股。究其原因，中国股市龙妖股炒作的核心原因是重大利好，而不是业绩，不是价值发现——龙妖考虑的是利好和强势度，不需要业绩因素。

三、风口级别简单判断

风口主要是指消息面与热点，包括：

1. 中央级别的利好

中央级别：中共中央、中央政治局、国务院的消息；政策是最重要的消息，没有之一。

中央级别的利好、投资万亿元以上、在全球或者全国有重大影响力的事件，会带来大热点。

党中央的会议，沾边就炒。如果是会议直接利好，关联度高，会形成大热点。

行业协会和民间会议，一般不炒。那些老题材更不会炒。

省部级政策利好，要看影响力。

其他有影响力的政策会带来中等热点，如广州市的租售同权。

2. 重大事件

重大事件是指有全国影响力的事件，有世界影响力更好。

重大事件的关键是要“新”，如果之前已经炒过，炒作力度会下降很多。

中央政府参与的具备全国影响力的事件会成为大热点，比如北京奥运会。

中央级别利好带来的大热点，要点如下：

利好来源于中共中央、中央政治局、国务院、党中央会议；利好要“新”，之前没有炒过。

第一天 10 点以前涨停的股票，都可以追进；第二天 10 点以前涨停，板块里第一只非一字板涨停的股票，可追。

“龙一”的第一波炒作，能买到就要买。“龙一”的第二波和第三波炒作，在第一个涨停次日集合竞价买进。

其他具备全国影响力的事件，如果“龙一”是中小板或创业板个股，也会成为大热点。

如果“龙一”是主板个股，只能第一个涨停追进，涨停持股，不涨停就卖。

具有全球影响力的事件，如果没有影响到中国，就属于中等热点；如果事件影响消除，炒作就会停止，如勒索病毒事件。

炒股就是炒消息，热点是跟着消息面走的，消息来源必须是正规的官方消息，不要听小道消息和所谓专家说法。

热点启动于正式消息公布之后，但众人还没有反应过来的时候。

3. 大题材

上市公司的超级重组、并购，如针对个股的重大利好——“两车”合并。

重大科技突破，新股主营业务具有独特性。

四、仓位

不会空仓等于不会炒股，熊市天天满仓肯定亏。

空仓：指数处于下跌趋势或者指数在横盘震荡，单日非一字板涨停（很多一字板是新股）数量少于 20 只（连续 3 天）。

半仓：指数在横盘震荡或处于上升趋势，单日非一字板涨停数量是 20 多只。

满仓：指数处于上升趋势，单日非一字板涨停数量超过 30 只。

五、思维误区

开始不敢追涨停，追了几只票赚了钱后，看到涨停就想追——这两种做法都是错误的。追涨停的两大忌讳是“勉强”和“恐高”。这两点不仅是技术问题，还有心态问题，追涨停一定要冷静。追涨停是一门技术活，必须符合技术要求才能追。

为什么要追涨停？追涨停买进的票，短线足够强势，而且机会很多。

什么票不需要追涨停？大热点的“龙一”和已经走牛的票，因为这两种票足够强势。重点追击 10 点以前的涨停——涨停越早，就越强。

追涨停的质变：仅仅纠结于技术面，依据阴线洗牌或其他的技术形态去追涨停，是初级层次。

个股炒作的原因不能只看技术面，形态可以走好，也可以走坏。单纯只看形态，阴线洗牌最可靠，但也没有抓住问题本质。

尤其是对涨停股，依据消息面和市场风口去追涨停，能够实现操作水平的质变。

重大利好和市场风口是个股炒作的本质原因，尤其是对连续三板以内的强势股而言，追涨停是一种重要的选股方式。

什么是技术？

技术是细节把握，力求精准，采用最合理的技术去应对。

深入研究最新热点动向，掌握主力最新手法；彻底改变思维，精准技术，针对实战。具体的技术运用要根据市场的情况微调。龙妖技术就是研究涨停后的持续性。

龙妖战法彻底放弃了低吸、中线持股的思路；龙妖就是炒热点“龙一”，追涨停是一种重要的选龙妖方式。龙妖不是买一只票慢慢持有。如果龙妖不涨停，就是不正常！

4.8.2　宏观研判和板块热度结合

既然龙妖战法是做板块龙头战法，那么，只要大势不处于拐点处，有板块效应，就可以出击。因此，对大势只需要关注几个拐点时候的板块情况即可，不需要时刻关注。

选股流程大致如下：

(1)有没有板块效应，有则进入第(2)步；无，停止。

(2)判断板块持续性，有则进入第(3)步；无，停止。

(3)判断板块个股持续性，有则分批买入；无，停止。

板块效应如何判断？是不是一只股票涨了，同板块其他股票也能跟着涨？

为此，直接看领涨板块、涨幅板块和涨停数——板块涨 1 个多点，怎么能算板块效应？至少涨 3 个点以上，才算有板块效应。

板块集体冲涨停，“龙一”能不能追进呢？

注意：板块联动不是追涨停的依据，追涨停的依据是重大利好和风口是否“大”和“新”。如果知道利好，又有板块联动的票，追不追取决于对利好的判断；如果不知道利好，板块集体冲涨停，则不能追进“龙一”。

4.8.3　操作流程

一、“龙一”与追涨停

追涨停是把握热点“龙一”的最好办法；大部分热点“龙一”，要在第一个涨停追进。

具备重大利好或是风口上的股票，如果在10点以前涨停，直接追；如果在10点至10:30之间涨停，要看到明显的板块联动且冲第一；追涨停的时间一般是在10:30之前。

二、热点龙头股的买点

(1)“龙一”启动初期，前三天能买到，就要买。

(2)“龙一”连续一字板后，能买到就要买。一般还能惯性冲一个板。

(3)板块启动第二天，10点以前涨停的股票，涨到百分之七八，适当抢跑追进。

注意，这些要点一般是常规情况下的操作原则，真正的原则是深入分析不同股票、不同行情情况，具体情况具体分析。

以下进一步细分几种情况：

1. 板块启动第一天

(1)板块启动第一天，两只以上的龙头股一字板买不到；

(2)确认板块具备重大利好，买最接近龙头的跟风股。

如上海自由港概念，第一天启动时，前几只股票直接一字板买不到，这时买高开最多的上海三毛，第二天也有10个点以上利润，虽然不是暴利，但关键是这样买确定性高，容易掌握。见图4—70至图4—73。

2. 板块下午启动

(1)板块下午集体涨停，涨停数量超过10只；

(2)“龙一”第二天一般都是一字板，买不到；

(3)如果是大热点，第二天追10点以前涨停、而且是板块里面第一只非一字板涨停的股票；

(4)如果不是大热点，第二天不宜追跟风股；

(5)第二天10点以前涨停，次日回补两个涨停中间的缺口买进。

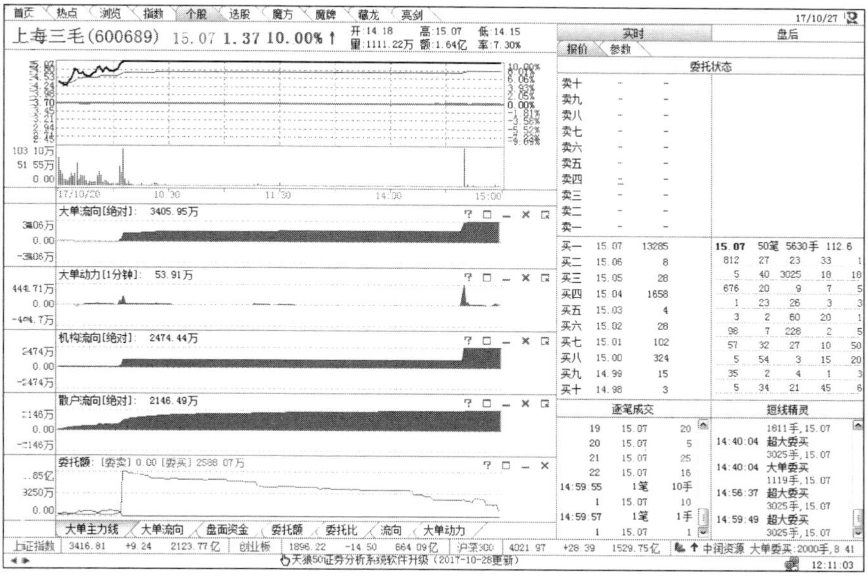

上海三毛(600689) 15.07 1.37 10.00%
开:14.18 高:15.07 低:14.15
量:1111.22万 额:1.64亿 率:7.30%
实时
盘后
委托状态
大单流向[绝对]: 3405.95万
大单动力[1分钟]: 53.91万
机构流向[绝对]: 2474.44万
散户流向[绝对]: 2146.49万
逐笔成交
短线精灵
大单主力线
大单流向
盘面资金
委托额
委托比
流向
大单动力

图 4—70

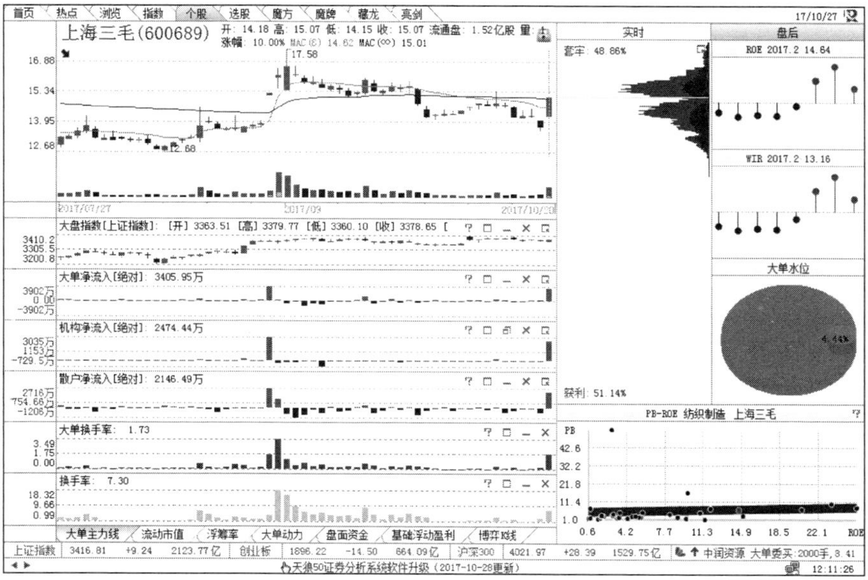

上海三毛(600689)
实时
盘后
套牢: 48.86%
获利: 51.14%
ROE 2017.2 14.64
大单水位
PB-ROE 纺织制造 上海三毛
大盘指数[上证指数]
大单净流入[绝对]: 3405.95万
机构净流入[绝对]: 2474.44万
散户净流入[绝对]: 2146.49万
大单换手率: 1.73
换手率: 7.30
大单主力线
流动市值
浮筹率
大单动力
盘面资金
基础浮动盈利
博弈K线

图 4—71

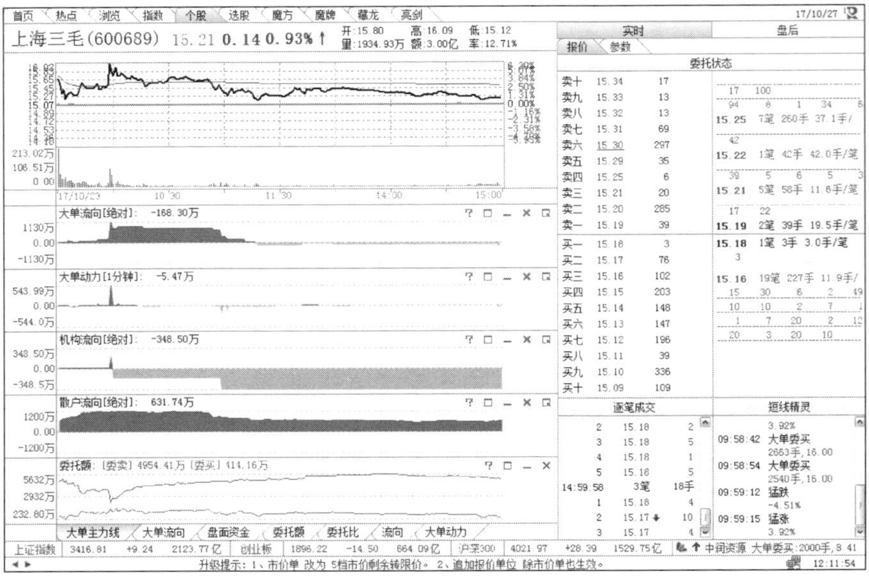
首页 热点 浏览 指数 个股 选股 魔方 魔牌 藏龙 亮剑
17/10/27
上海三毛(600689) 15.21 0.14 0.93%
开:15.80 高:16.09 低:15.12
量:1934.93万 额:3.00亿 率:12.71%
实时 盘后
报价 参数
委托状态
大单流向[绝对]: -168.30万
大单动力[1分钟]: -5.47万
机构流向[绝对]: -348.50万
散户流向[绝对]: 631.74万
委托额: [委卖] 4954.41万 [委买] 414.16万
逐笔成交
短线精灵
09:58:42 大单委买
09:58:54 大单委买
09:59:12 猛跌
09:59:15 猛涨
大单主力线 大单流向 盘面资金 委托额 委托比 流向 大单动力
上证指数 3416.81 +9.24 2123.77亿 创业板 1896.22 -14.50 664.09亿 沪深300 4021.97 +28.39 1529.75亿
中润资源 大单委买:2000手,8.41
升级提示:1、市价单 改为 5档市价剩余转限价。2、追加报价单位 除市价单也生效。
12:11:54

图 4—72

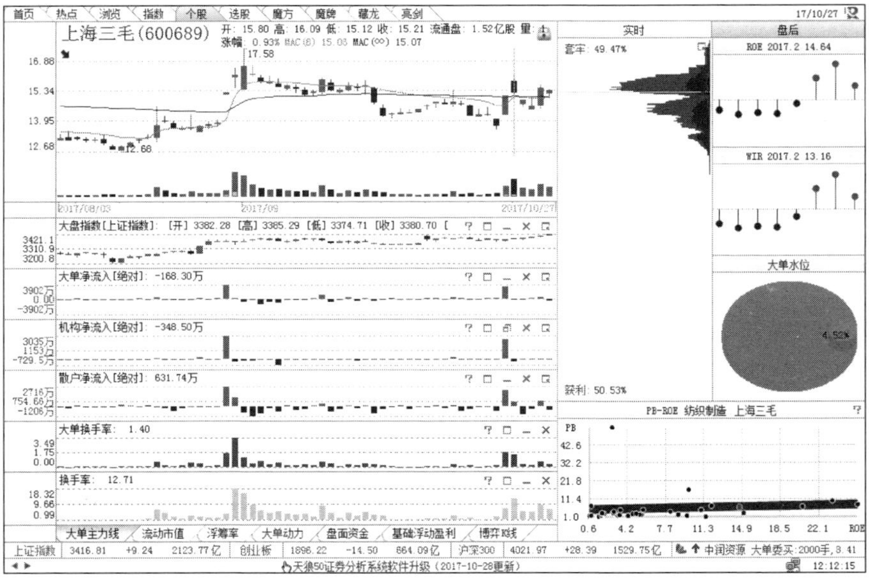
首页 热点 浏览 指数 个股 选股 魔方 魔牌 藏龙 亮剑
17/10/27
上海三毛(600689) 开: 15.80 高: 16.09 低: 15.12 收: 15.21 流通盘: 1.52亿股
涨幅: 0.93% MAC(8) 15.08 MAC(∞) 15.07
17.58
12.68
实时 盘后
套牢: 49.47%
获利: 50.53%
ROE 2017.2 14.64
WIR 2017.2 13.16
大单水位
4.52%
PB-ROE 纺织制造 上海三毛
大盘指数[上证指数]: [开] 3382.28 [高] 3385.29 [低] 3374.71 [收] 3380.70
大单净流入[绝对]: -168.30万
机构净流入[绝对]: -348.50万
散户净流入[绝对]: 631.74万
大单换手率: 1.40
换手率: 12.71
大单主力线 流动市值 浮筹率 大单动力 盘面资金 基础浮动盈利 博弈K线
上证指数 3416.81 +9.24 2123.77亿 创业板 1896.22 -14.50 664.09亿 沪深300 4021.97 +28.39 1529.75亿
中润资源 大单委买:2000手,8.41
天狼50证券分析系统软件升级(2017-10-28更新)
12:12:15

图 4—73

例如，环保概念板块，第二天买农尚环境，因为“龙一”大千生态第二天买不到。见图 4—74 至图 4—78。

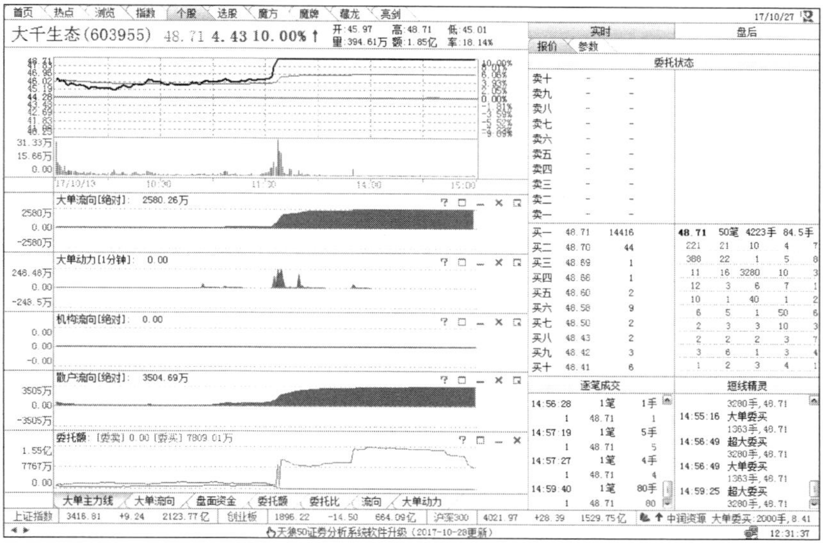

图 4—74

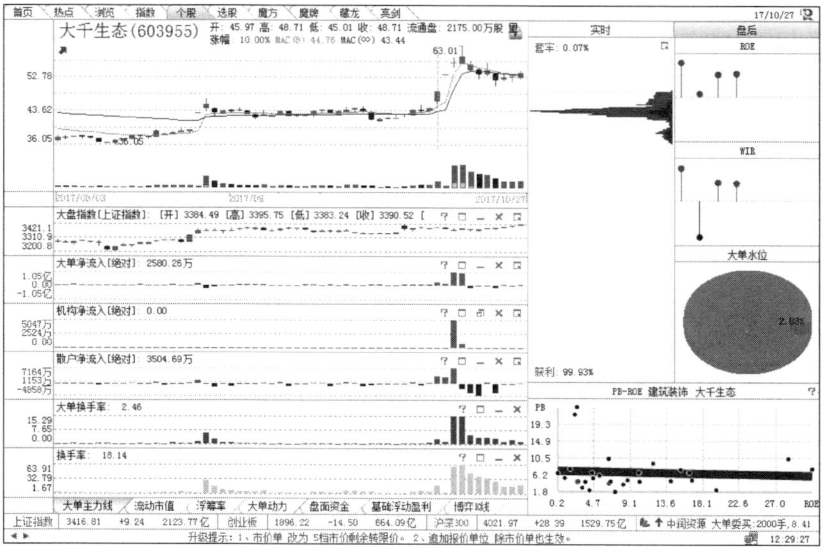

图 4—75

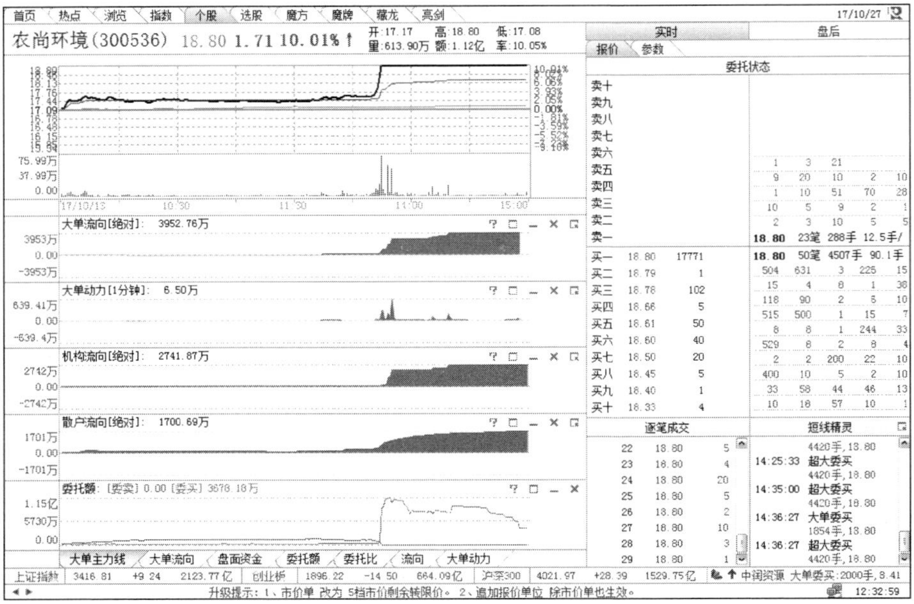

首页 热点 浏览 指数 个股 选股 魔方 魔牌 藏龙 亮剑 17/10/27
农尚环境(300536) 18.80 1.71 10.01%
开:17.17 高:18.80 低:17.08
量:613.90万 额:1.12亿 率:10.05%
大单流向[绝对]: 3952.76万
大单动力[1分钟]: 6.50万
机构流向[绝对]: 2741.87万
散户流向[绝对]: 1700.69万
委托额: [委卖] 0.00 [委买] 3678.18万
大单主力线 大单流向 盘面资金 委托额 委托比 流向 大单动力
实时 盘后
报价 参数
委托状态
逐笔成交
短线精灵
上证指数 3416.81 +9.24 2123.77亿 创业板 1896.22 -14.50 664.09亿 沪深300 4021.97 +28.39 1529.75亿
升级提示：1、市价单 改为 5档市价剩余转限价。 2、追加报价单位 除市价单也生效。
12:32:59

图 4—76

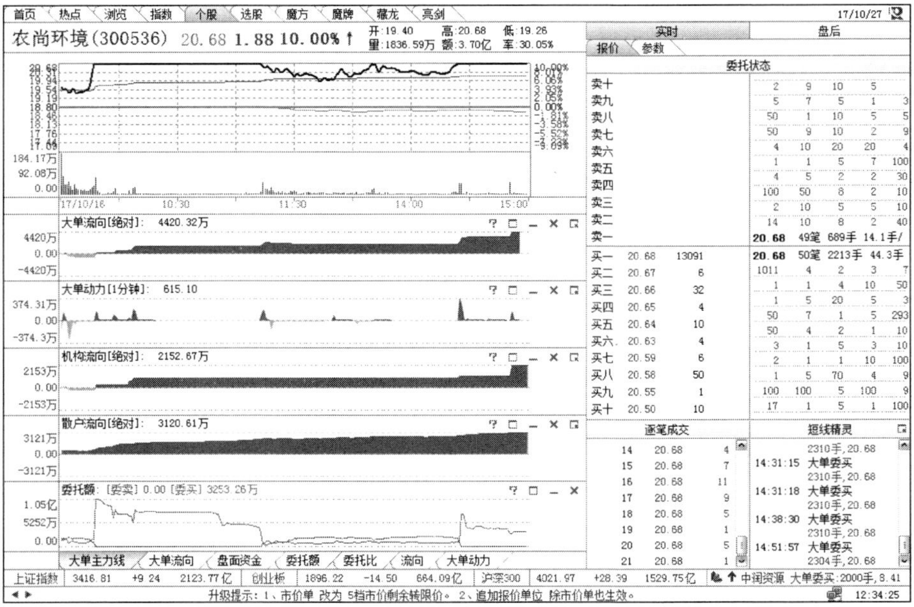

首页 热点 浏览 指数 个股 选股 魔方 魔牌 藏龙 亮剑 17/10/27
农尚环境(300536) 20.68 1.88 10.00%
开:19.40 高:20.68 低:19.26
量:1836.59万 额:3.70亿 率:30.05%
大单流向[绝对]: 4420.32万
大单动力[1分钟]: 615.10
机构流向[绝对]: 2152.67万
散户流向[绝对]: 3120.61万
委托额: [委卖] 0.00 [委买] 3253.26万
大单主力线 大单流向 盘面资金 委托额 委托比 流向 大单动力
实时 盘后
报价 参数
委托状态
逐笔成交
短线精灵
上证指数 3416.81 +9.24 2123.77亿 创业板 1896.22 -14.50 664.09亿 沪深300 4021.97 +28.39 1529.75亿
升级提示：1、市价单 改为 5档市价剩余转限价。 2、追加报价单位 除市价单也生效。
12:34:25

图 4—77

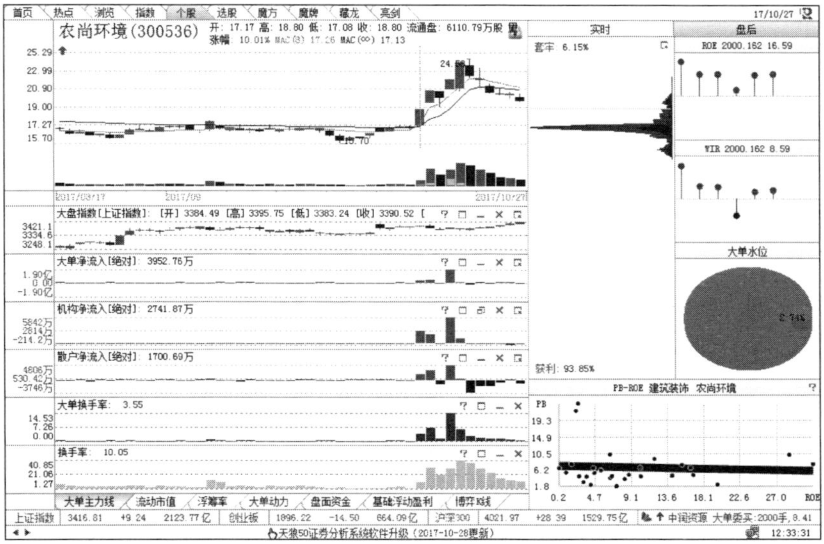

图 4—78

再如，2019 年 2 月 22 日证券板块集体暴动，次日“龙一”华林证券给开板买进机会。如果错过，还可以买最接近“龙一”的天风证券。见图 4—79 至图 4—83。

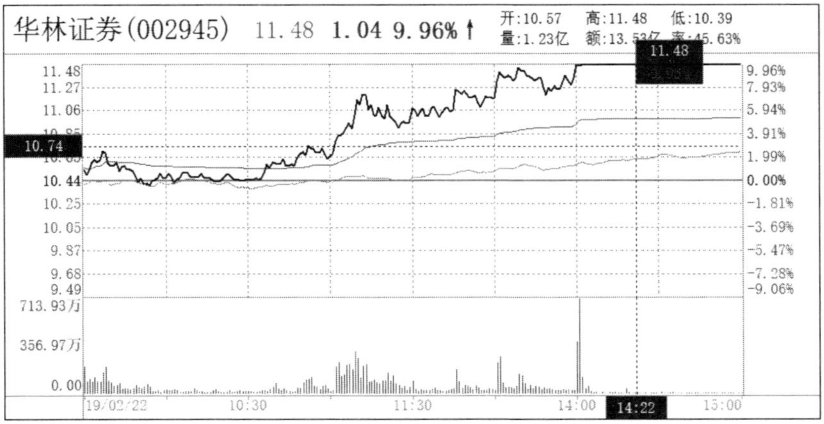

图 4—79

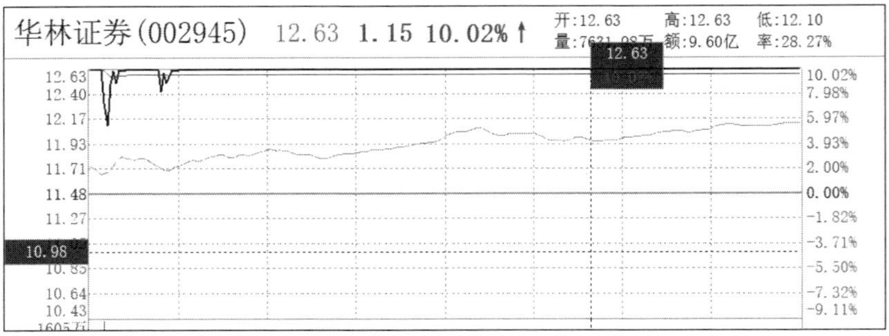

图 4—80

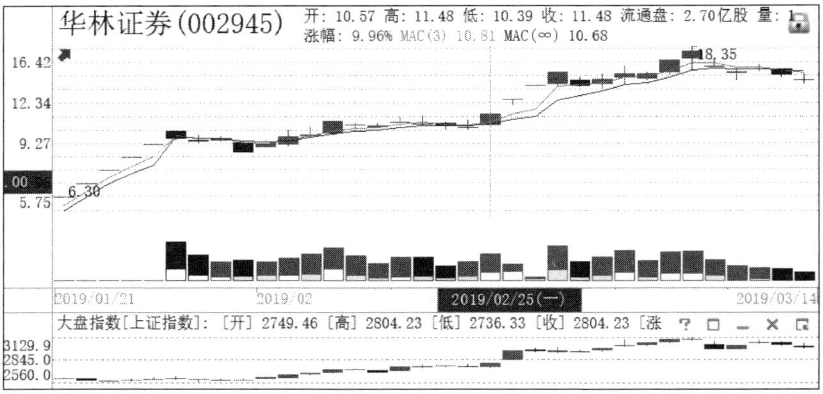

图 4—81

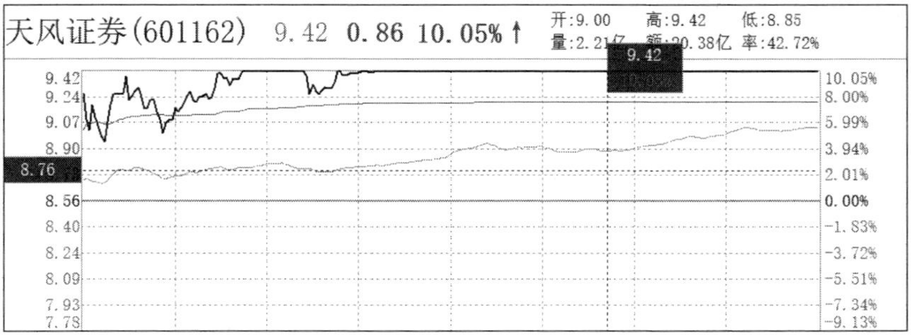

图 4—82

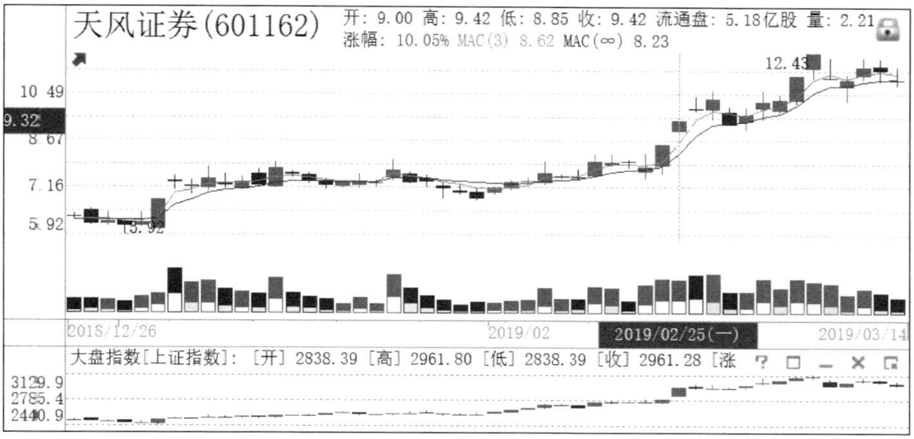

图 4—83

3. 板块启动第三天

(1)热点龙头股启动第一天可能会比较突然,买不到。当天查新闻确认是否有热点(具备重大板块利好、板块个股涨停 3 只)。

(2)第二天一字板,中途不打开。

(3)第三天开盘就买,如果开盘是涨停,挂涨停价排队买进。

(4)连红见绿卖。

晚上复盘应关注以下内容:

(1)看同花顺或开盘啦或一些公众号的涨停复盘,了解当下市场的风口,看涨停个股背后的利好。

(2)选出可以追第二个涨停的股票。

(3)选出已经走牛而且可以直接买进的股票。

4.8.4 技术升级

一、阴线洗盘的本质

阴线洗盘不是追涨停的依据，但却是重要的叠加条件，其作用在于降低高位风险，提高准确率。追涨停的依据只有两个：消息面和市场风口。

选股首先考虑是否具备重大利好，以及个股是否处于市场的风口上。

具备重大利好或者处于市场风口上的股票，又具备阴线洗盘，如果在10点以前涨停，要追；如果在10点至14:30涨停，分时图要是长波或折叠波。

板块具备重大利好，而且正在炒作；两阴洗盘加上处于市场风口，十拿九稳；抢跑追进，不做超短。

板块处于风口上，当天出现板块利好，可以是一般利好。

具备阴线洗盘，洗盘幅度大于5%；10点以前涨停，而且是板块里面第一只涨停的票——这说明是龙头级别股票，8%抢跑追进。这种票十拿九稳，而且这种机会还比较多。

阴线洗盘增加了安全性和冲击力，单阴洗盘或两阴洗盘都行，都要求大于5%；分时图好，是阶段性底部第一个涨停。

阴线洗盘之前必须涨停，阴线洗盘其实就是反包板。

普通热点10点以前涨停，大热点10:30以前涨停，这种股票一般会连板。

涨停持股，不涨停就卖。

小盘次新是热点就行，不一定要“龙一”。

见图4—84、图4—85。

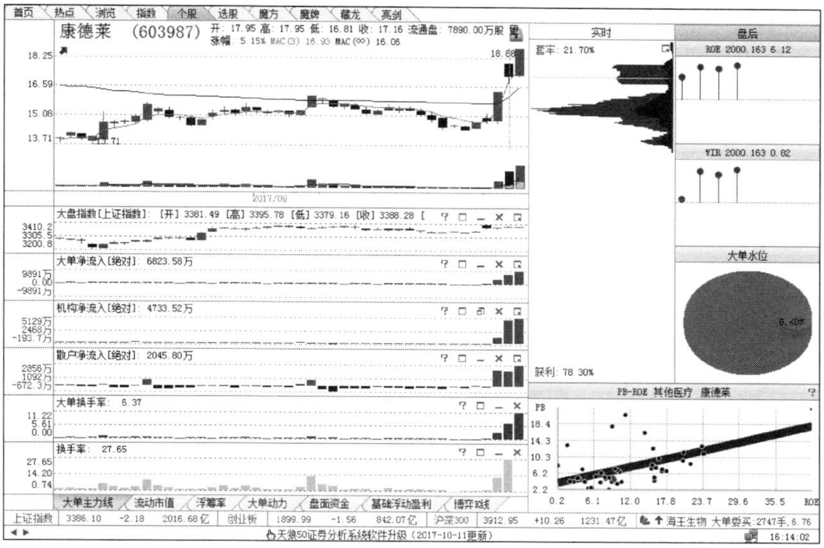
首页
热点
浏览
指数
个股
选股
魔方
魔牌
藏龙
亮剑
康德莱　(603987)
实时
盘后
大盘指数[上证指数]
大单净流入[绝对]: 6823.58万
机构净流入[绝对]: 4733.52万
散户净流入[绝对]: 2045.80万
大单换手率: 6.37
换手率: 27.65
大单水位
PB-ROE 其他医疗 康德莱
大单主力线
流动市值
浮筹率
大单动力
盘面资金
基础浮动盈利
博弈k线
天狼50证券分析系统软件升级(2017-10-11更新)

图 4—84

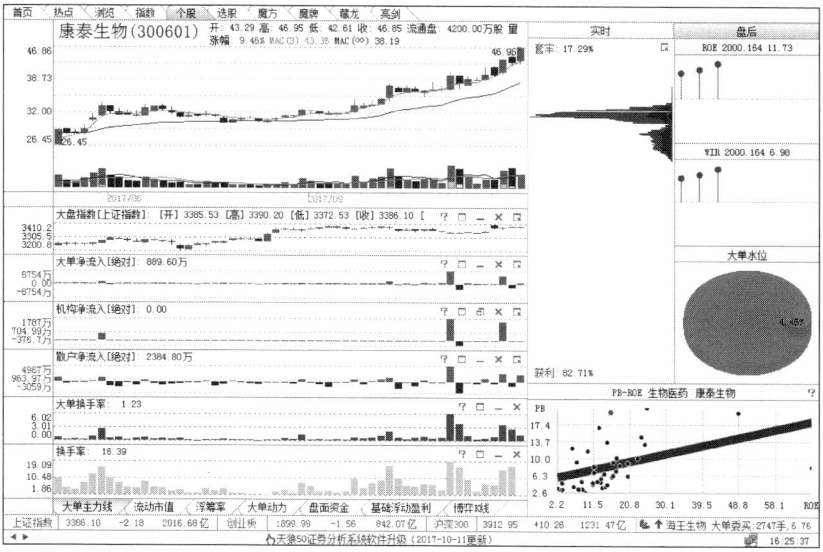
首页
热点
浏览
指数
个股
选股
魔方
魔牌
藏龙
亮剑
康泰生物(300601)
实时
盘后
大盘指数[上证指数]
大单净流入[绝对]: 889.60万
机构净流入[绝对]: 0.00
散户净流入[绝对]: 2384.80万
大单换手率: 1.23
换手率: 16.39
大单水位
PB-ROE 生物医药 康泰生物
大单主力线
流动市值
浮筹率
大单动力
盘面资金
基础浮动盈利
博弈k线
天狼50证券分析系统软件升级(2017-10-11更新)

图 4—85

二、泰山压顶后的涨停

泰山压顶是指高开低走的中大阴线，不带上影线，开盘价就是最高价，是阴线洗盘的极致。

一波上涨之后出现泰山压顶形态，之后一般会持续下跌。

热点龙头股在泰山压顶形态次日出现涨停，可以追进；追进后，涨停持股，不涨停卖出。

见图 4—86、图 4—87。

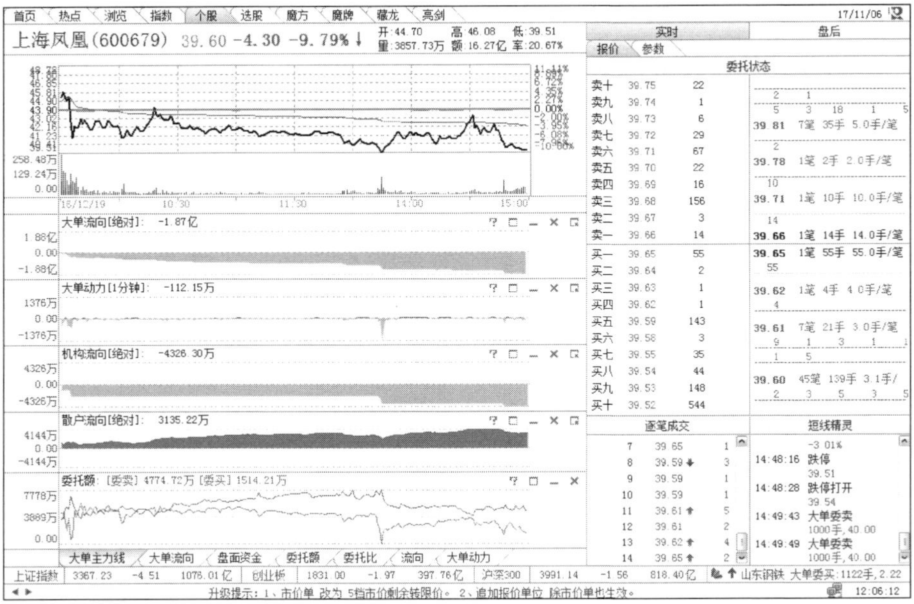

图 4—86

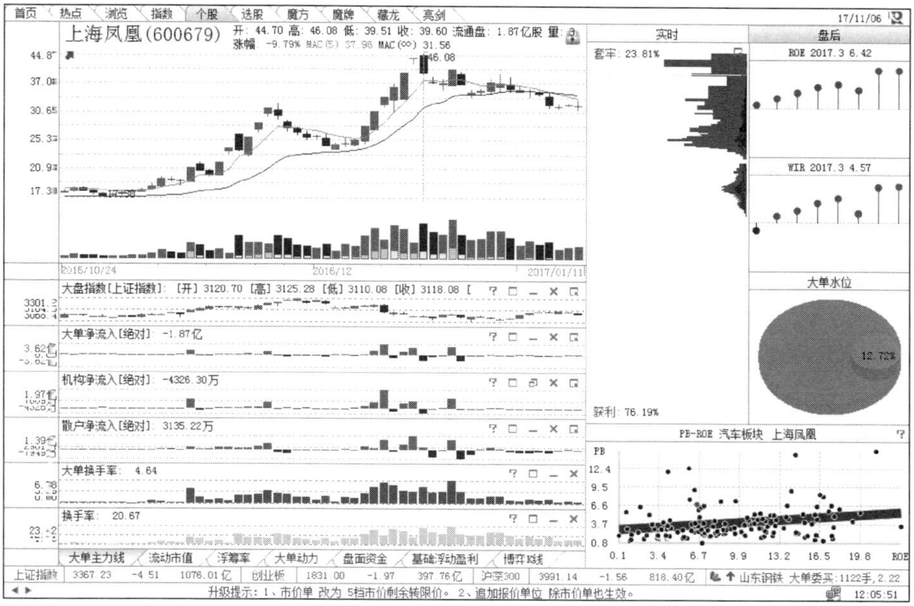

图 4—87

三、反包

反包是阴线洗盘的延续。

(1)属于市场的大热点,股价处于低位,阶段性底部第一个涨停——低位反包板。

(2)之前单阴或双阴洗盘都可以,洗盘幅度大于 5%。

(3)上午涨停的显然比下午涨停的实力强,分时图好,抢跑追进;下午涨停,第二天要是高开(低开就不买),挂涨 1%的价格买进。

(4)如果分时图好,涨到 7%追进。

(5)如果分时图不好,第二天要求高开,在黄线以下买进。

(6)其他的反包板,一概不参与。

见图 4—88 至图 4—91。

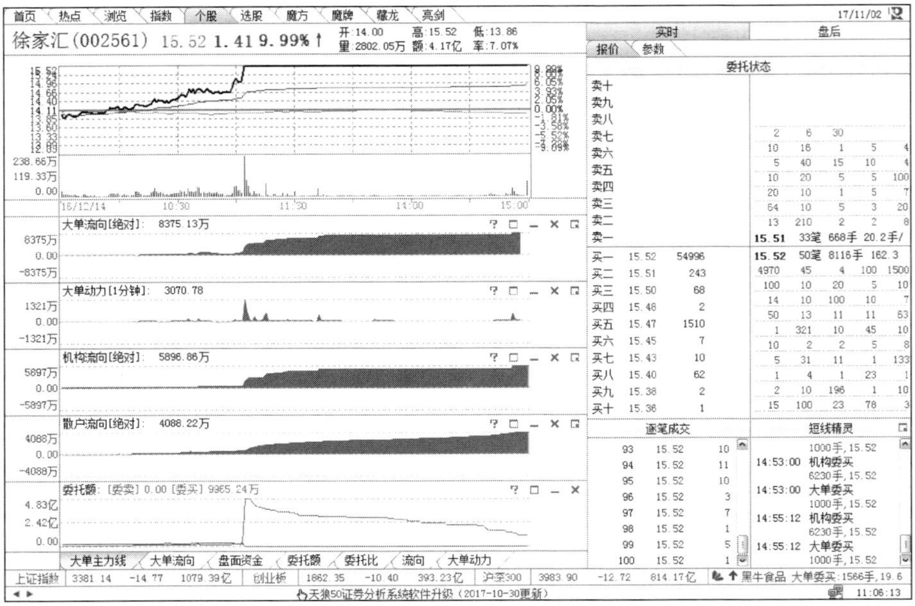
首页 热点 浏览 指数 个股 选股 魔方 魔牌 藏龙 亮剑
17/11/02
徐家汇(002561) 15.52 1.41 9.99%
开:14.00 高:15.52 低:13.86
量:2802.05万 额:4.17亿 率:7.07%
实时
盘后
报价 参数
委托状态
大单流向[绝对]: 8375.13万
大单动力[1分钟]: 3070.78
机构流向[绝对]: 5896.86万
散户流向[绝对]: 4088.22万
委托额: [委卖] 0.00 [委买] 9965.24万
逐笔成交
短线精灵
大单主力线 大单流向 盘面资金 委托额 委托比 流向 大单动力
天狼50证券分析系统软件升级(2017-10-30更新)

图 4—88

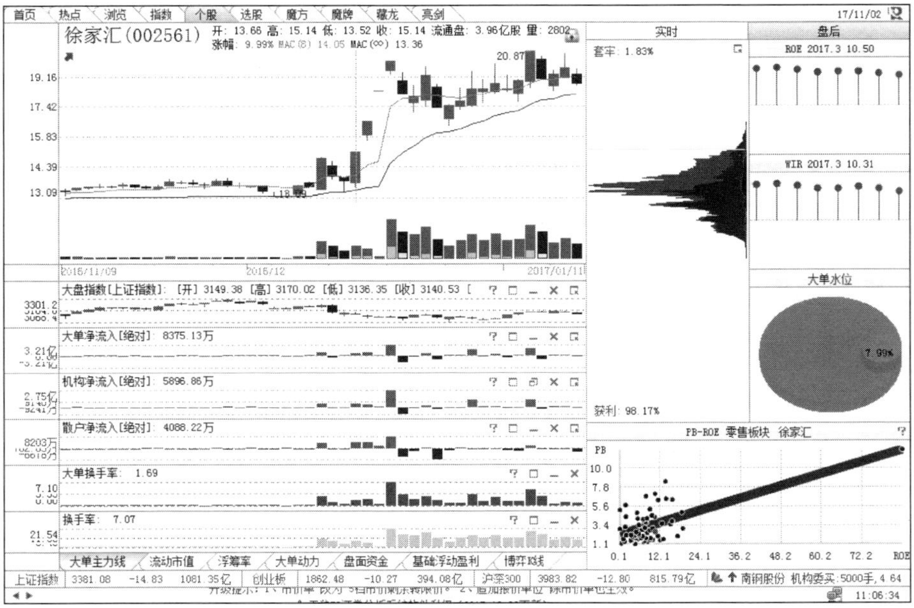
首页 热点 浏览 指数 个股 选股 魔方 魔牌 藏龙 亮剑
17/11/02
徐家汇(002561) 开: 13.66 高: 15.14 低: 13.52 收: 15.14 流通盘: 3.96亿股
实时
盘后
套牢: 1.83%
获利: 98.17%
ROE 2017.3 10.50
WIR 2017.3 10.31
大单水位
PB-ROE 零售板块 徐家汇
大盘指数[上证指数]: [开] 3149.38 [高] 3170.02 [低] 3136.35 [收] 3140.53
大单净流入[绝对]: 8375.13万
机构净流入[绝对]: 5896.86万
散户净流入[绝对]: 4088.22万
大单换手率: 1.69
换手率: 7.07
大单主力线 流动市值 浮筹率 大单动力 盘面资金 基础浮动盈利 博弈赢线

图 4—89

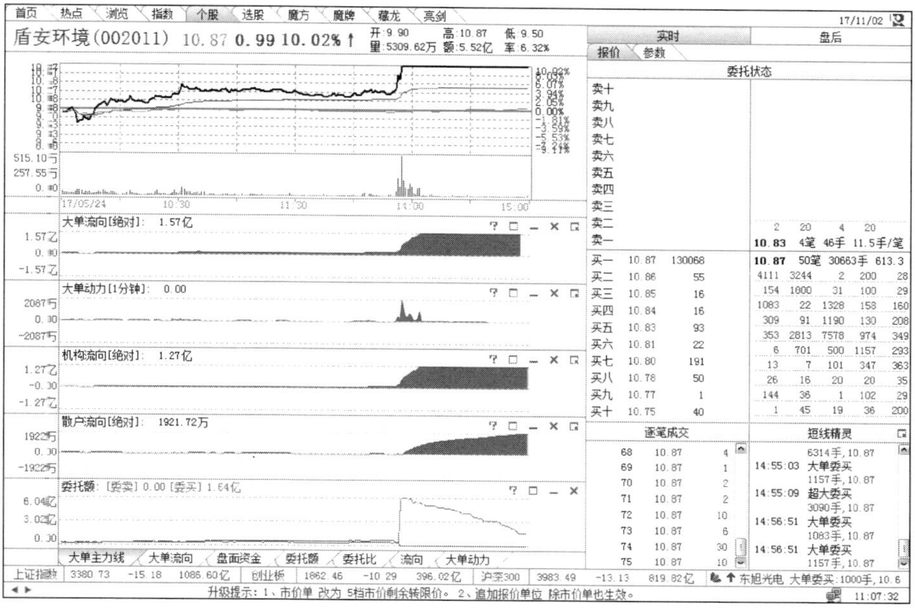

图 4—90

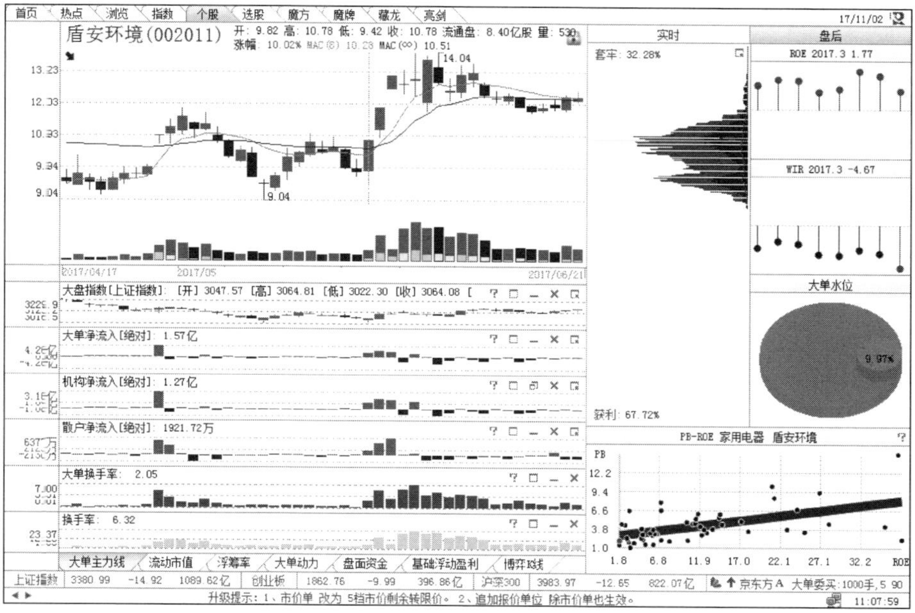

图 4—91

下午的反包，原则上不参加。

即使下午有反包可能，但分时走得纠结，放弃。

见图 4—92 至图 4—94。

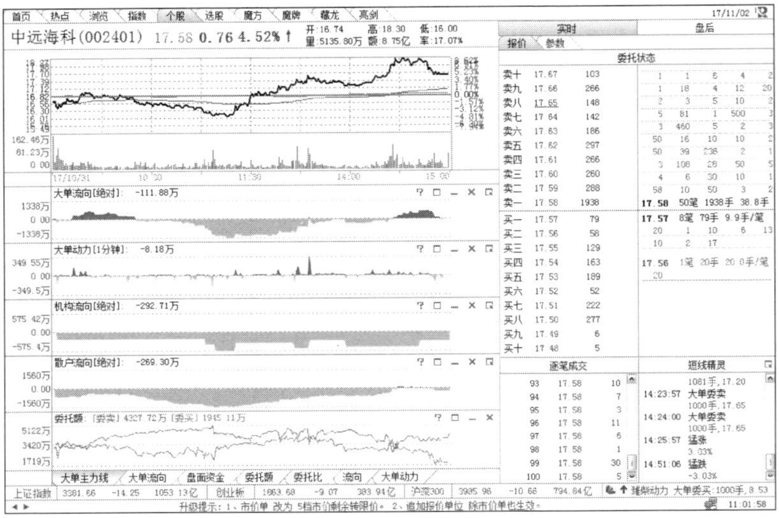

图 4—92

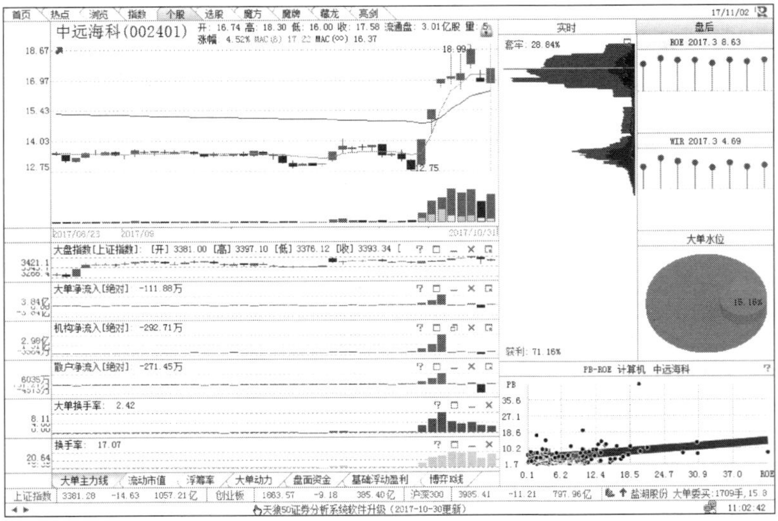

图 4—93

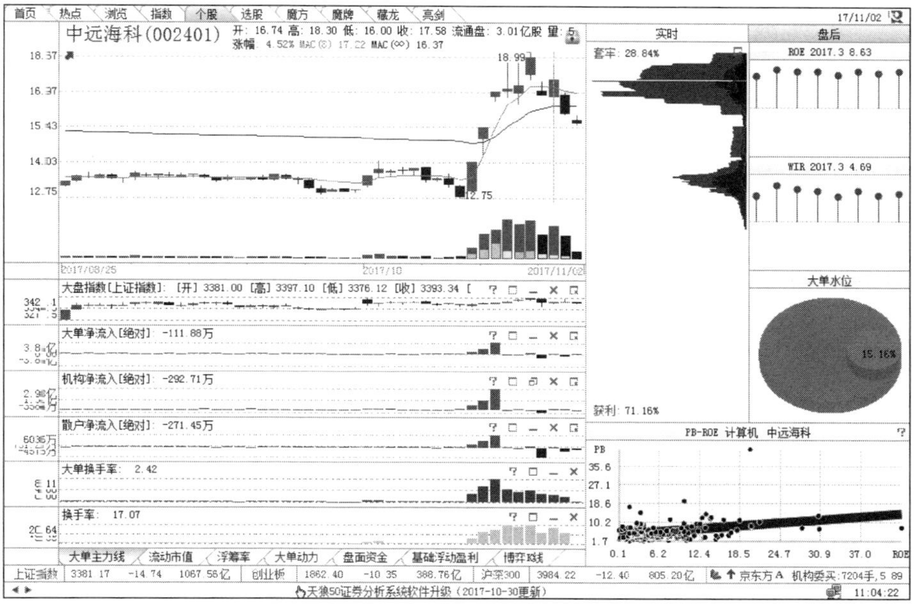

图 4—94

四、一字板战法——连续一字板后能直接买进的类型

大热点的“龙一”，多个一字板涨停后，打开涨停即可买进；因为大热点足够强势，打开涨停之后一般还有几个涨停，这种票所属的板块必须是大热点或是大风口。

判断的技术特征：板块涨停数量多（出利好当天，板块个股涨停 5 只以上），而且利好不断。

该股至少拉出 3 个一字板涨停，之前没有一字涨停，确认是“龙一”，确认“走妖”。

之前的一字板只是为了把股价拉离底部，不是主升浪；之后能买到就要买。

五、个股的重大利好

被收购兼并、重组、借壳上市、控股权或大股东地位争夺——在具备重大利好的情况下，个股将出现大热点“龙一”的表现。

例如，华北高速公告，招商公路拟发行 A 股换股吸收合并华北高速，换股后华北高速退市并注销，招商公路作为存续公司申请上市。见图 4—95 至图 4—99。

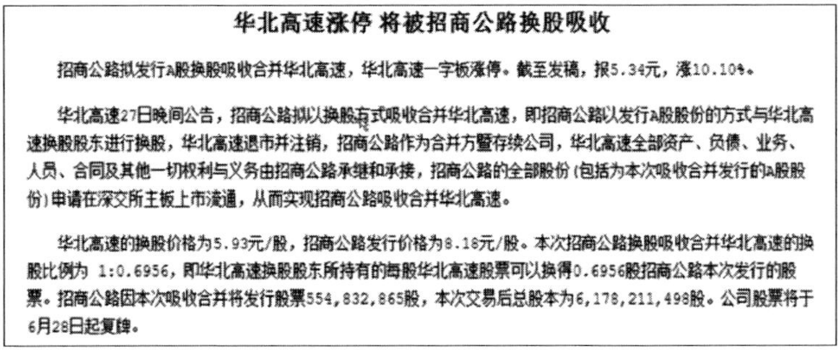

华北高速涨停 将被招商公路换股吸收

招商公路拟发行A股换股吸收合并华北高速，华北高速一字板涨停。截至发稿，报5.34元，涨10.10%。

华北高速27日晚间公告，招商公路拟以换股方式吸收合并华北高速，即招商公路以发行A股股份的方式与华北高速换股股东进行换股，华北高速退市并注销，招商公路作为合并方暨存续公司，华北高速全部资产、负债、业务、人员、合同及其他一切权利与义务由招商公路承继和承接，招商公路的全部股份(包括为本次吸收合并发行的A股股份)申请在深交所主板上市流通，从而实现招商公路吸收合并华北高速。

华北高速的换股价格为5.93元/股，招商公路发行价格为8.18元/股。本次招商公路换股吸收合并华北高速的换股比例为 1:0.6956，即华北高速换股股东所持有的每股华北高速股票可以换得0.6956股招商公路本次发行的股票。招商公路因本次吸收合并将发行股票554,832,865股，本次交易后总股本为6,178,211,498股。公司股票将于6月28日起复牌。

图 4—95

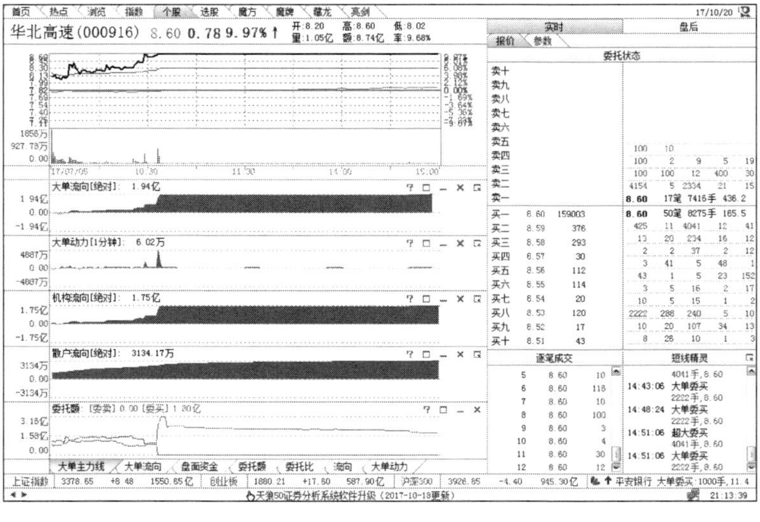

图 4—96

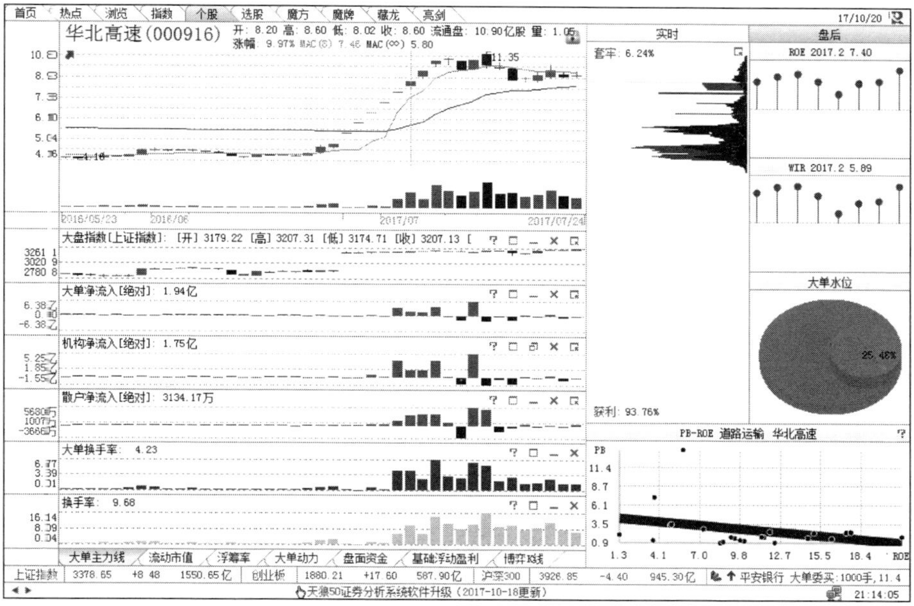
华北高速(000916)
大盘指数[上证指数]
大单净流入[绝对]：1.94亿
机构净流入[绝对]：1.75亿
散户净流入[绝对]：3134.17万
大单换手率：4.23
换手率：9.68
PB-ROE 道路运输 华北高速
大单水位

图 4—97

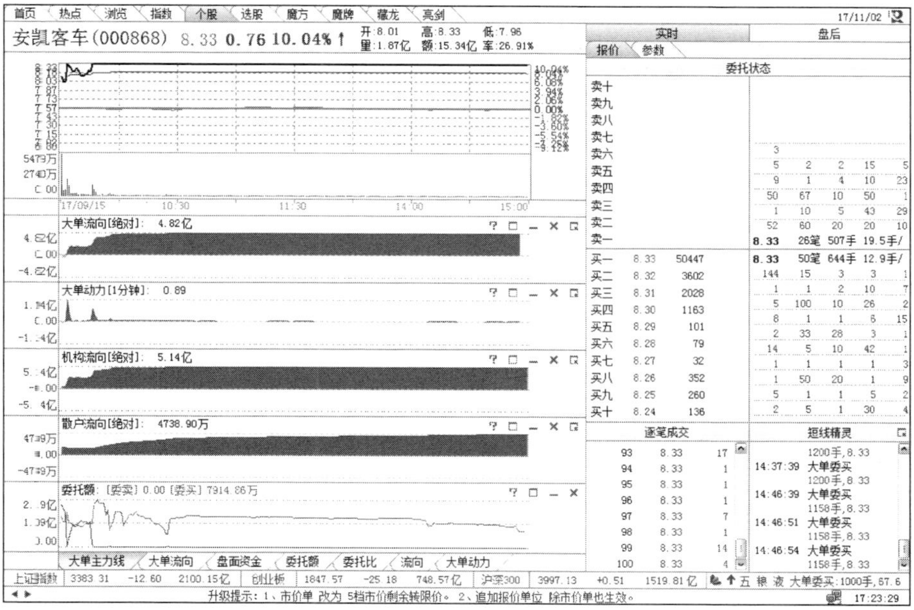
安凯客车(000868) 8.33 0.76 10.04%
大单流向[绝对]：4.82亿
大单动力[1分钟]：0.89
机构流向[绝对]：5.14亿
散户流向[绝对]：4738.90万
委托状态
逐笔成交
短线精灵

图 4—98

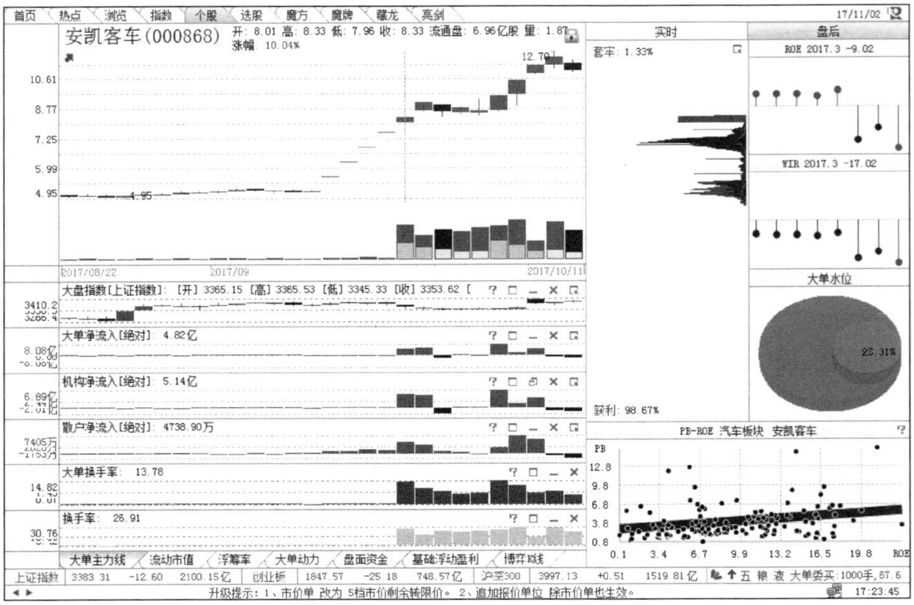

图 4—99

六、一字板打开不能直接买入的类型

普通热点的“龙一”,启动第一天涨停开板,不能挂涨停价直接买进。如果涨停不被打开,则买不到;如果打开涨停,则容易出问题。

普通热点的强势度不够,需要技术面的支撑。短线主要是分时图技术:要求是在 10 点前涨停;10:00～10:30 的需要明显的板块支撑,且是板块冲在第一。

例如,畅联股份,上海自由港题材只是中等热点。见图 4—100、图 4—101。

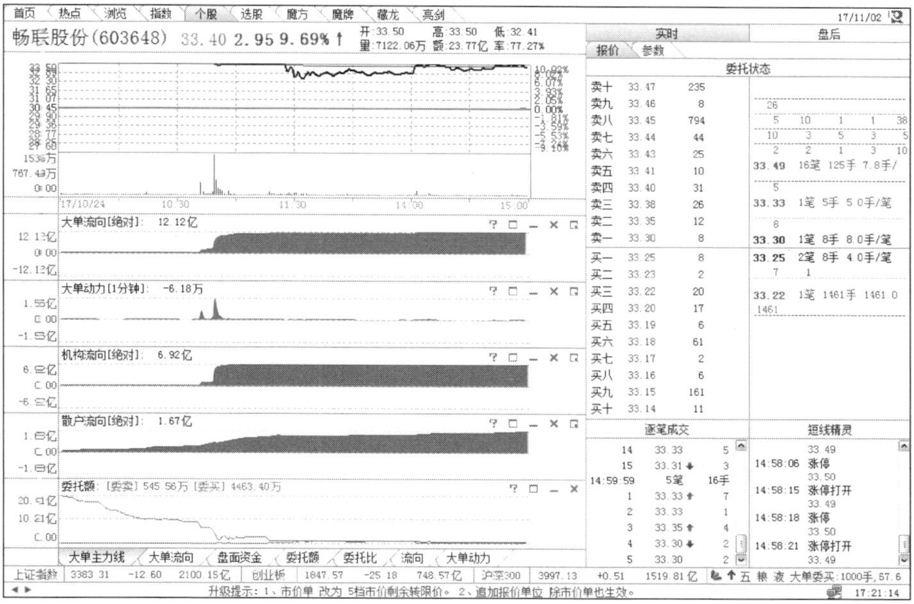
首页 热点 浏览 指数 个股 选股 魔方 魔牌 藏龙 亮剑
17/11/02
畅联股份(603648) 33.40 2.95 9.69%
开:33.50 高:33.50 低:32.41
量:7122.06万 额:23.77亿 率:77.27%
实时
盘后
报价 参数
委托状态
大单流向[绝对]: 12.12亿
大单动力[1分钟]: -6.18万
机构流向[绝对]: 6.92亿
散户流向[绝对]: 1.67亿
委托额: [委卖] 545.56万 [委买] 4463.40万
逐笔成交
短线精灵
14:58:06 涨停
14:58:15 涨停打开
14:58:18 涨停
14:58:21 涨停打开
大单主力线 大单流向 盘面资金 委托额 委托比 流向 大单动力
上证指数 3383.31 -12.60 2100.15亿 创业板 1847.57 -25.18 748.57亿 沪深300 3997.13 +0.51 1519.81亿
17:21:14

图 4—100

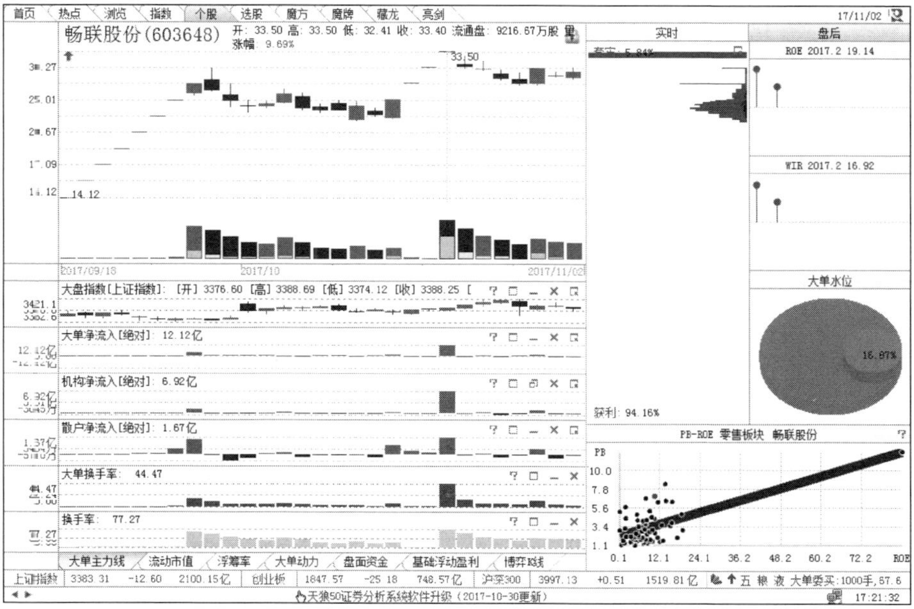
首页 热点 浏览 指数 个股 选股 魔方 魔牌 藏龙 亮剑
17/11/02
畅联股份(603648)
开: 33.50 高: 33.50 低: 32.41 收: 33.40 流通盘: 9216.67万股
涨幅: 9.69%
实时
盘后
ROE 2017.2 19.14
WIR 2017.2 16.92
大单水位
16.87%
获利: 94.16%
大盘指数[上证指数]: [开] 3376.60 [高] 3388.69 [低] 3374.12 [收] 3388.25
大单净流入[绝对]: 12.12亿
机构净流入[绝对]: 6.92亿
散户净流入[绝对]: 1.67亿
大单换手率: 44.47
换手率: 77.27
PB-ROE 零售板块 畅联股份
大单主力线 流动市值 浮筹率 大单动力 盘面资金 基础浮动盈利 博弈K线
上证指数 3383.31 -12.60 2100.15亿 创业板 1847.57 -25.18 748.57亿 沪深300 3997.13 +0.51 1519.81亿
天狼50证券分析系统软件升级(2017-10-30更新)
17:21:32

图 4—101

4.8.5 卖出技术

一、波段卖点

连红见绿有两种形式：

(1)绿色之前是四连红，只看颜色，不管涨跌。

(2)绿色之前没有四连红，但出现了两次绿色。

连续2～3根红色K线后，出现1根绿K线。第一次出现绿K线不是卖点，第二次是卖点。

波段卖点技术何时使用?

(1)升级版连红见绿卖，用在热点龙头股身上很合适：大热点“龙一”的第一波、第二波上涨均可。

(2)大热点龙头股把之前的涨幅全部跌完后，如果再出现利好，则再次炒作。见图4—102。

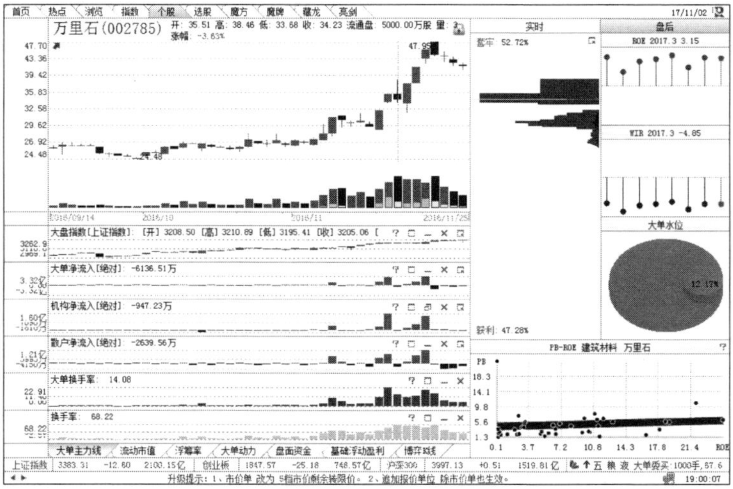

图4—102

如果涨幅已经比较大，第一次连红见绿就是卖点；如果涨幅不大，第二次连红见绿才是卖点。涨幅大小和之前高点比，相对于前高至少拉出两个涨停才算涨幅大。见图 4—103。

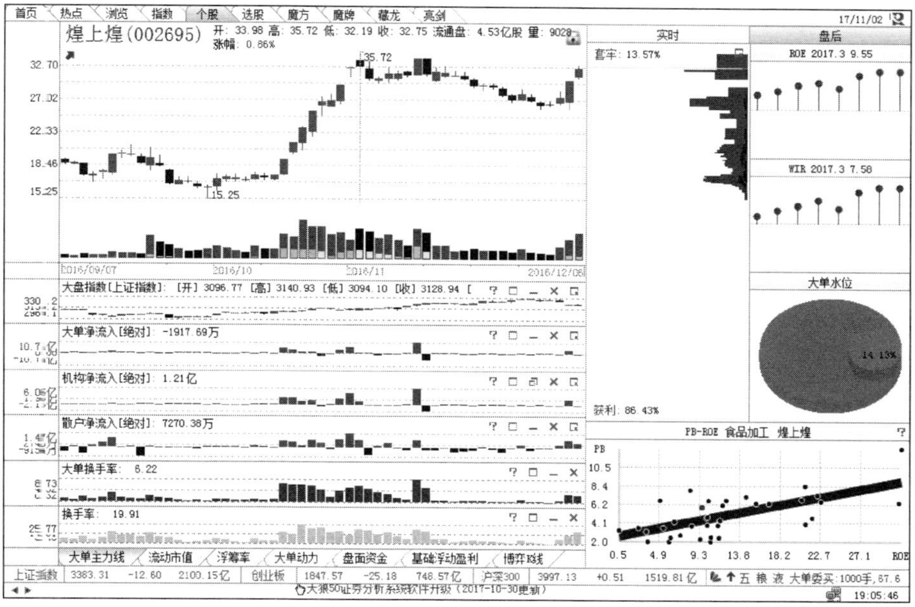

图 4—103

由此衍生出"首阴战法"：第一次出现绿色的 K 线，尾盘买进；第二次出现绿色的 K 线，尾盘卖出。

注意：只能针对"龙一"。

见图 4—104、图 4—105。

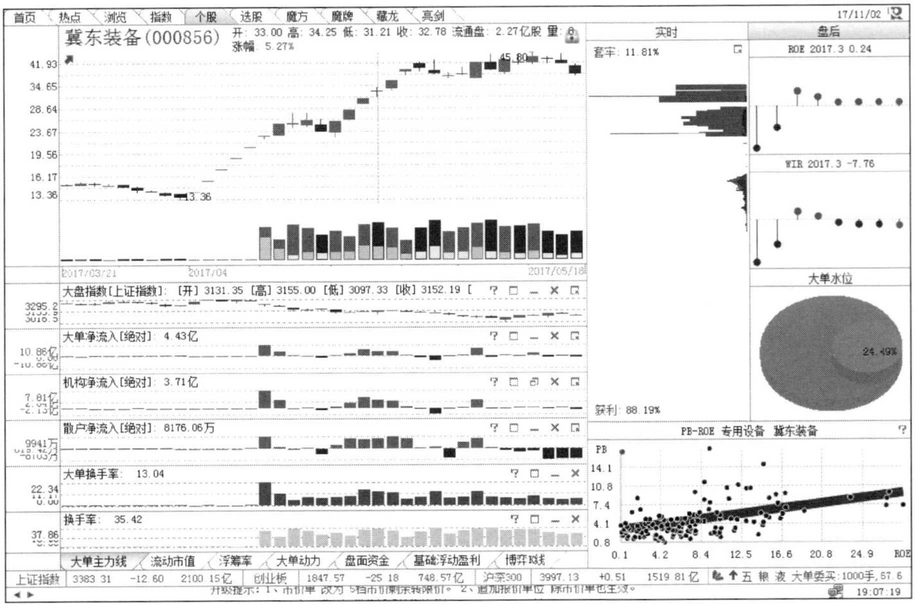
冀东装备(000856)
开: 33.00 高: 34.25 低: 31.21 收: 32.78 流通盘: 2.27亿股
涨幅: 5.27%
大单净流入[绝对]: 4.43亿
机构净流入[绝对]: 3.71亿
散户净流入[绝对]: 8176.06万
大单换手率: 13.04
换手率: 35.42
PB-ROE 专用设备 冀东装备

图 4—104

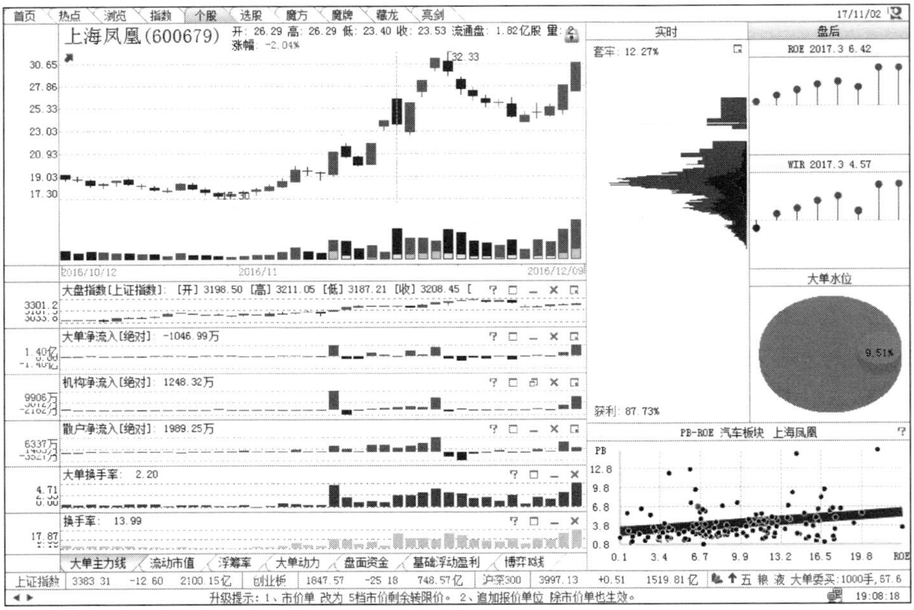
上海凤凰(600679)
开: 26.29 高: 26.29 低: 23.40 收: 23.53 流通盘: 1.82亿股
涨幅: -2.04%
大单净流入[绝对]: -1046.99万
机构净流入[绝对]: 1248.32万
散户净流入[绝对]: 1989.25万
大单换手率: 2.20
换手率: 13.99
PB-ROE 汽车板块 上海凤凰

图 4—105

二、短线分时卖点

(1)近期最常见的是涨停后被砸开。

(2)涨停持股,不涨停就卖。分以下几种情况:

①涨停之后被砸开,小V型而且是10点以前,不卖;

②10点以后涨停被砸开,立即卖出;

③10点以前被砸开,5分钟之内不能封回涨停,卖出。

见图4—106至图4—109。

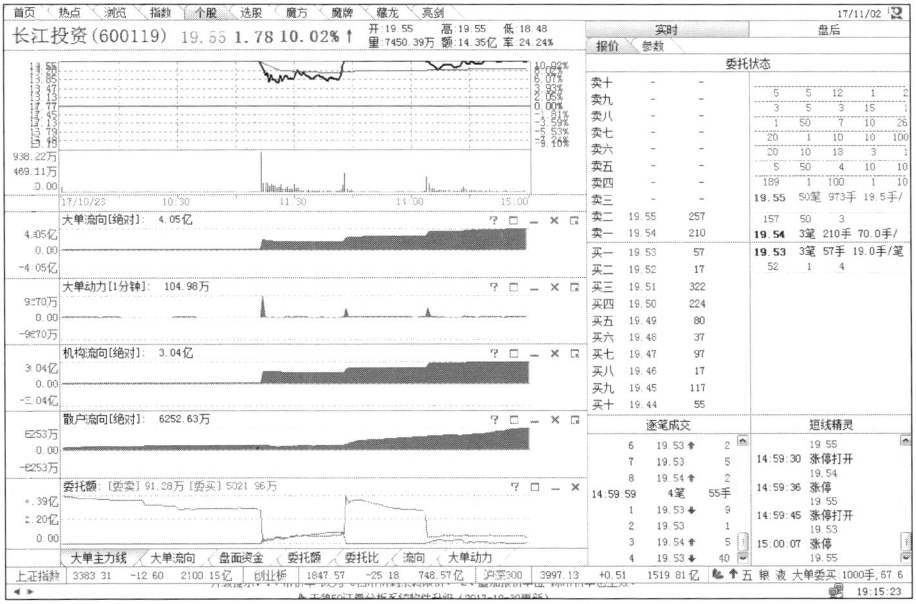

图4—106

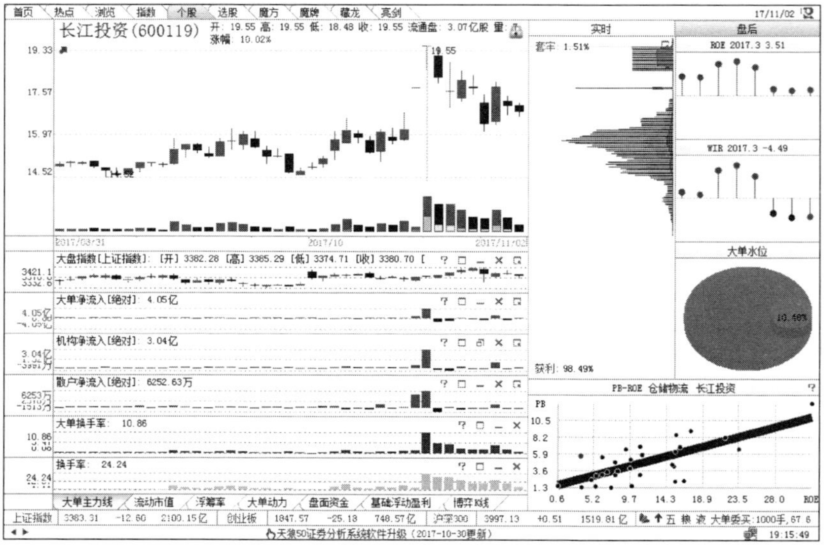

图 4—107

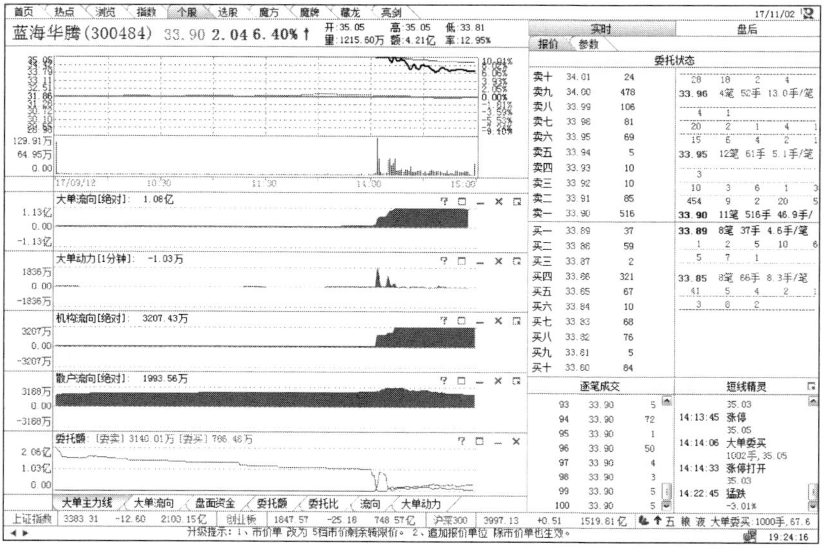

图 4—108

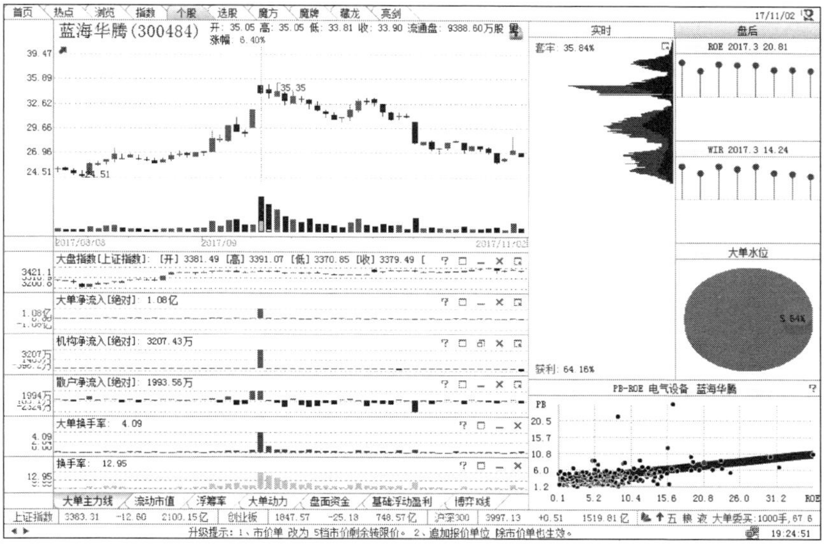

图 4—109

(3)常规的短线卖点:拉到7%以上不涨停。见图4—110、图4—111。

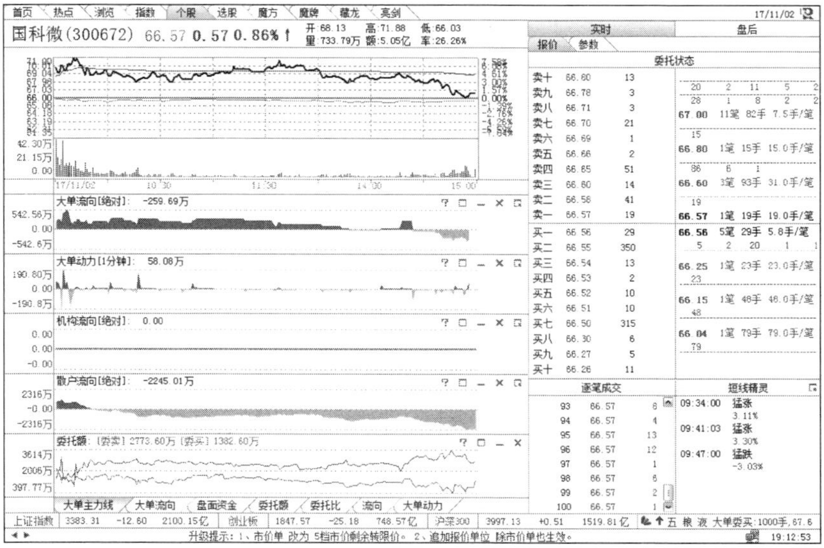

图 4—110

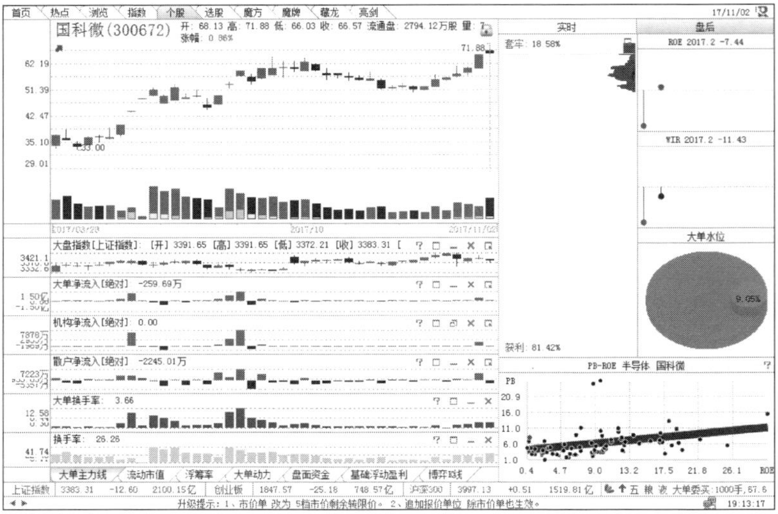

图 4—111

(4)分时图下砸后,如果拉升不创新高,就是卖点。

例如,国电、神华重组有利好,有板块跟风,但当天第一只 10 点前涨停,但分时图下砸后,拉升不创新高,就是卖点。见图 4—112 至图 4—114。

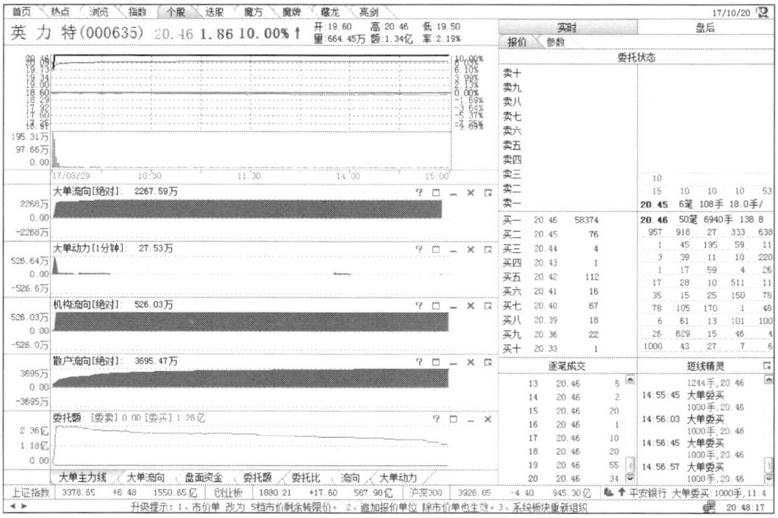

图 4—112

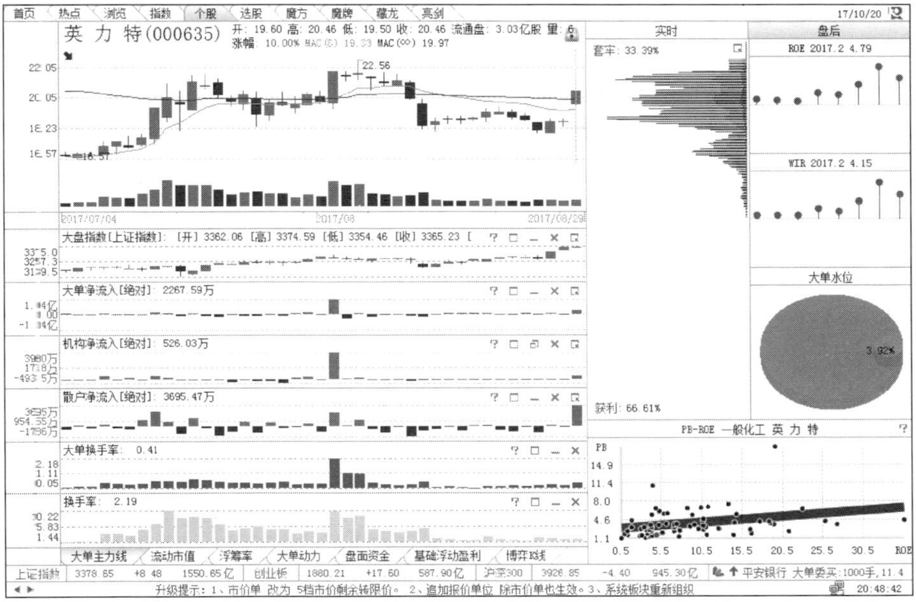
首页 热点 浏览 指数 个股 选股 魔方 魔牌 藏龙 亮剑
英 力 特(000635)
实时
盘后
大盘指数[上证指数]
大单净流入[绝对]: 2267.59万
机构净流入[绝对]: 526.03万
散户净流入[绝对]: 3695.47万
大单换手率: 0.41
换手率: 2.19
大单水位
PB-ROE 一般化工 英 力 特
大单主力线 流动市值 浮筹率 大单动力 盘面资金 基础浮动盈利 博弈K线

图 4—113

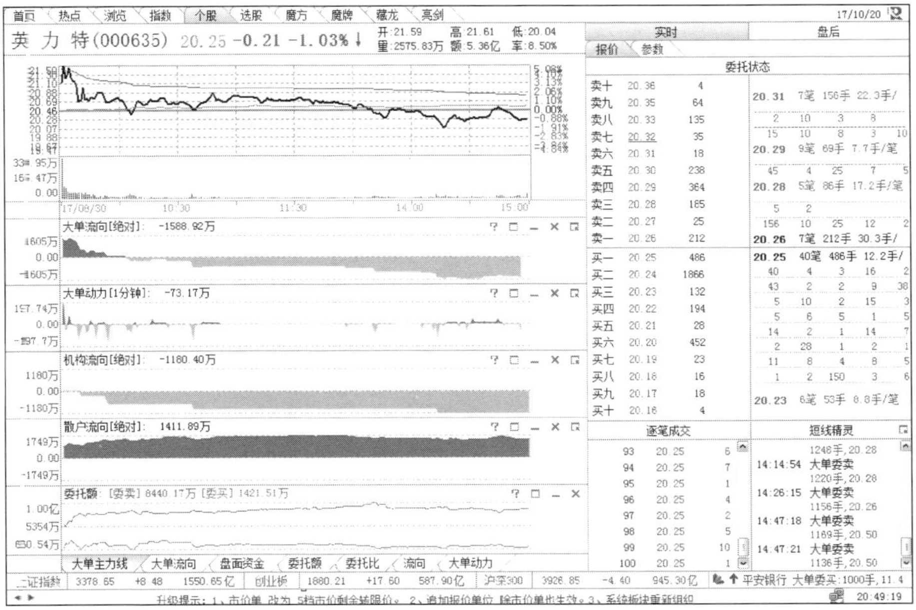
首页 热点 浏览 指数 个股 选股 魔方 魔牌 藏龙 亮剑
英 力 特(000635) 20.25 -0.21 -1.03%
实时
盘后
委托状态
大单流向[绝对]: -1588.92万
大单动力[1分钟]: -73.17万
机构流向[绝对]: -1180.40万
散户流向[绝对]: 1411.89万
逐笔成交
短线精灵
大单主力线 大单流向 盘面资金 委托额 委托比 流向 大单动力

图 4—114

分时卖点技术:如果盘面走坏,就卖出。

分时下来不创新高,就是卖点。见图 4—115。

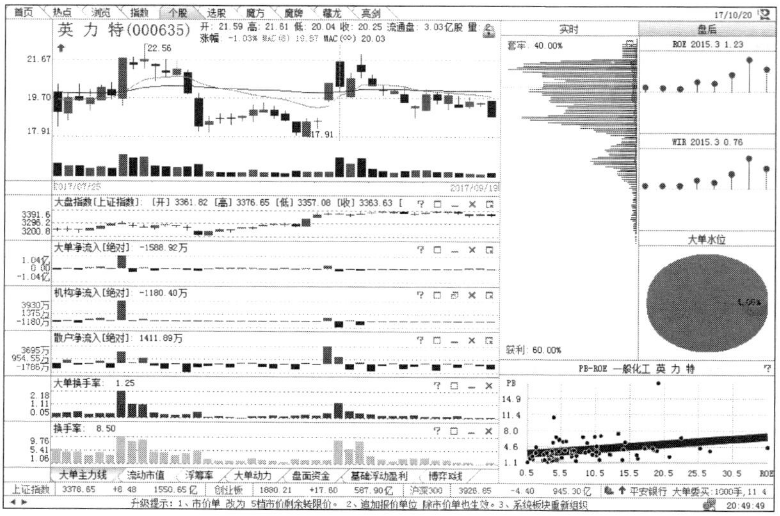

图 4—115

又如,武进不锈:钢铁股+次新股。见图 4—116 至图 4—119。

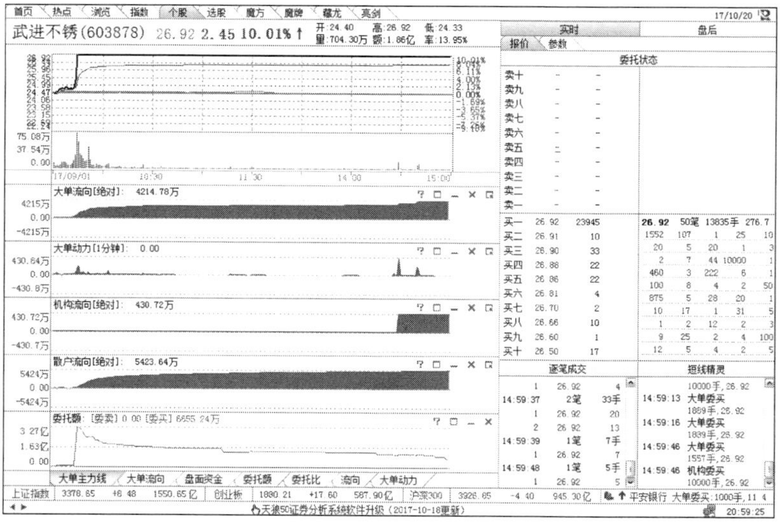

图 4—116

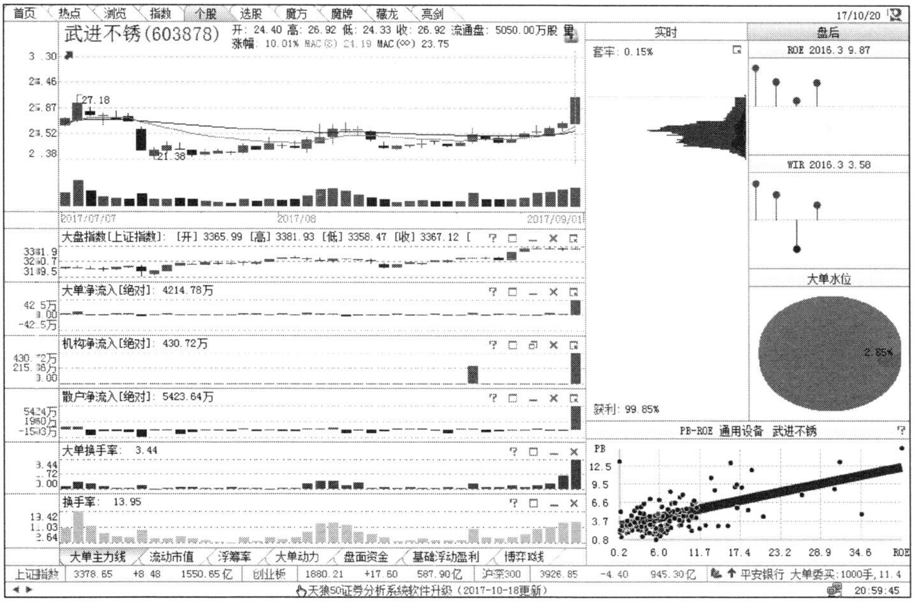

图4—117

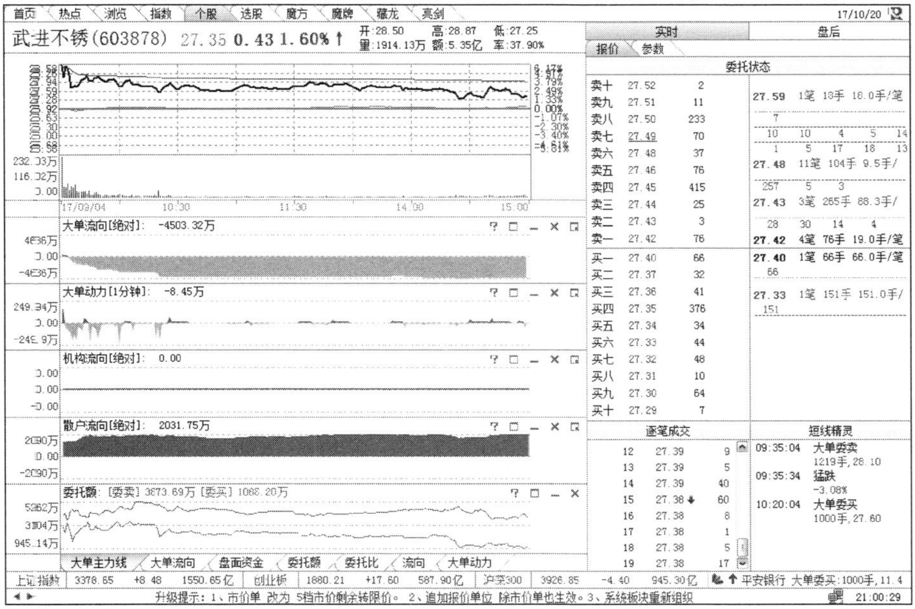

图4—118

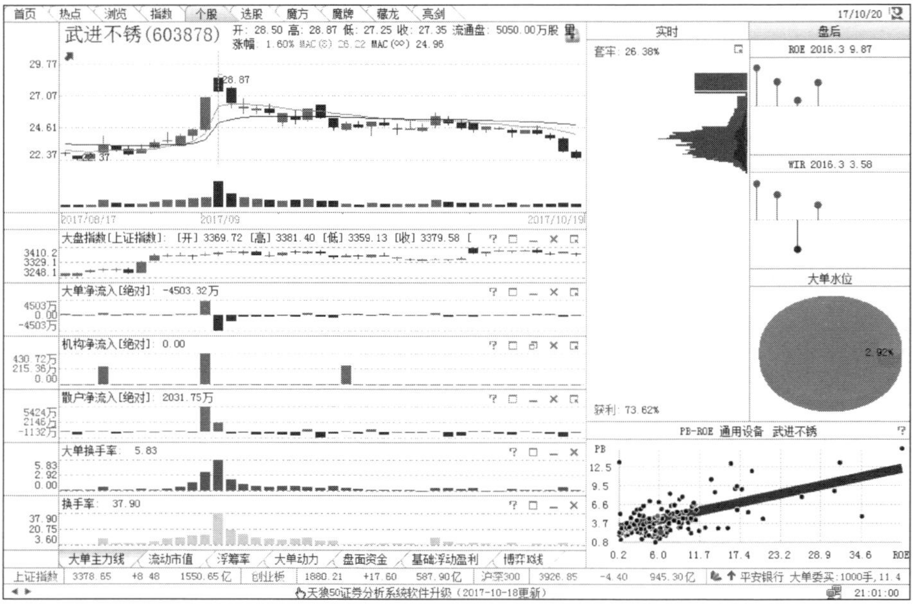

图 4—119

4.8.6 仓位控制

一、仓位控制核心:适当分仓

是满仓单干,还是分仓?

站在收益率波动曲线的角度去评估,分仓是适合打板模型的。“黑天鹅”非常多,另外 A 股特有的“超级停牌制度”,是所有做超短交易的人的噩梦。停牌后不一定就是暴跌,但满仓单干停牌后,带来的资金损耗很高。因为做的是超短交易,并非是赌消息来潜伏,获取的是交易的复利,而不是消息带来的暴利。

简单来说,停牌后即便带来暴利,也是意外之财,跟你的系统收益没有任何关系。

二、风险规避

风险至少包括首板失败、二板失败以及二板以上板失败。原因大体概括为：

(1)大盘宏观环境；

(2)是否属于公告；

(3)股性是否活跃；

(4)股本是否适合；

(5)换手是否合适；

(6)是否属于同板块跟风涨停；

(7)股价所属的区间位置;等等。

把这些原因一一剖析出来,能够识别的风险要素会很清晰。

简言之,见涨停就上,非常危险!

4.8.7 低吸与做T技术

一、低吸

(1)低吸其实是涨停后捡漏；

(2)如果不是涨停后捡漏,低吸的票一般都不强；

(3)炒龙妖股就是炒热点“龙一”,买票的主要方式是追涨停,追涨停是一种重要的选股方式；

(4)低吸只针对三种情况:一个涨停回补缺口,一个涨停跌完,两个涨停回补中间的缺口。

二、做 T 技术

做 T 只是在股价走势具有不确定性时用来平衡风险和收益的方法，以笔者亲自操作的安凯客车和澄天伟业为例，来阐述如何使用这种技术。

1. 安凯客车

见图 4－120、图 4－121，笔者在该位置分时还是负时介入，当天涨停，获利 13%，有足够的安全空间。

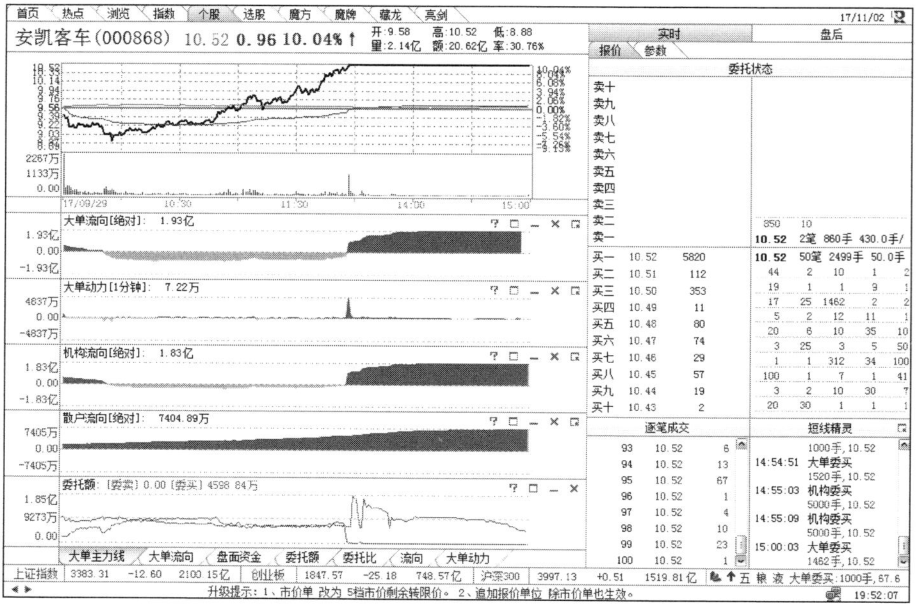

图 4－120

第二天分时高开干净利索涨停，但打开涨停，当时思维不够清晰，且当天大盘高开太多，有回调概率，担心受大盘牵连回落。

但该股第二波启动后涨幅并不大，为了平衡风险和收益，涨停打开瞬间，卖出部分仓位。见图 4－122、图 4－123。

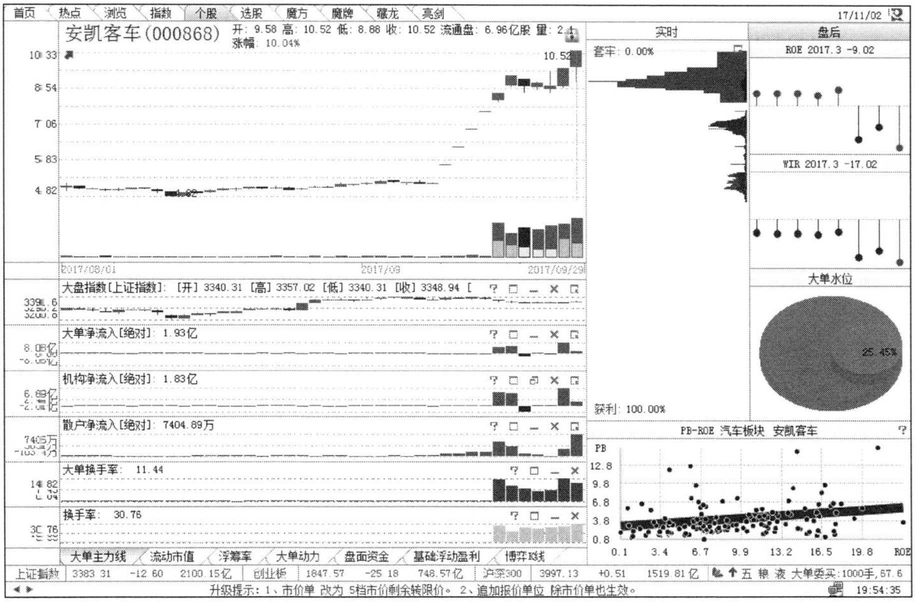

首页 热点 浏览 指数 个股 选股 魔方 魔牌 藏龙 亮剑
17/11/02
安凯客车(000868) 开：9.58 高：10.52 低：8.88 收：10.52 流通盘：6.96亿股
涨幅：10.04%
实时
盘后
套牢：0.00%
获利：100.00%
ROE 2017.3 -9.02
WIR 2017.3 -17.02
大单水位
25.45%
大盘指数[上证指数]：[开] 3340.31 [高] 3357.02 [低] 3340.31 [收] 3348.94
大单净流入[绝对]：1.93亿
机构净流入[绝对]：1.83亿
散户净流入[绝对]：7404.89万
大单换手率：11.44
换手率：30.76
PB-ROE 汽车板块 安凯客车
大单主力线 流动市值 浮筹率 大单动力 盘面资金 基础浮动盈利 博弈K线
上证指数 3383.31 -12.60 2100.15亿 创业板 1847.57 -25.18 748.57亿 沪深300 3997.13 +0.51 1519.81亿
升级提示：1、市价单 改为 5档市价剩余转限价。2、追加报价单位 除市价单也生效。
19:54:35

图 4—121

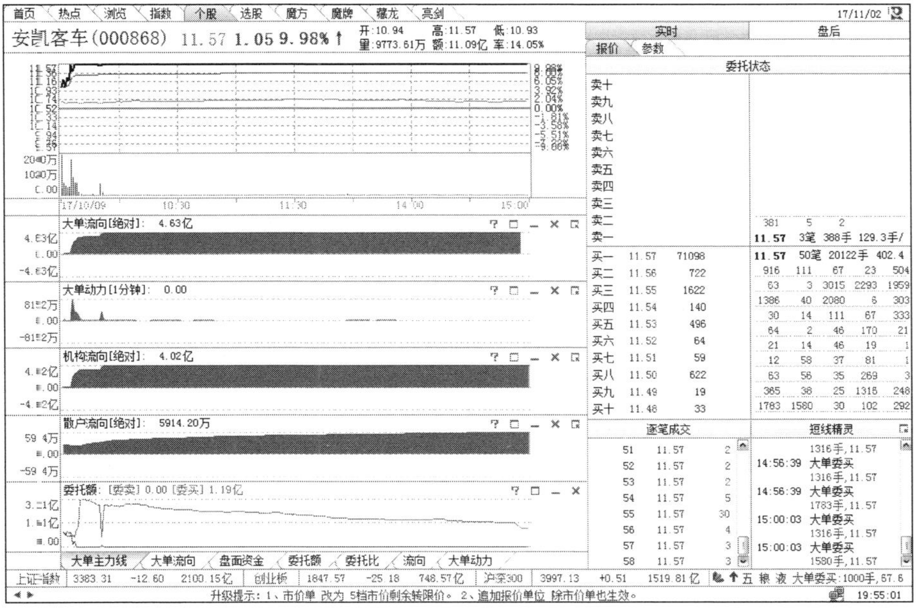

首页 热点 浏览 指数 个股 选股 魔方 魔牌 藏龙 亮剑
17/11/02
安凯客车(000868) 11.57 1.05 9.98%
开：10.94 高：11.57 低：10.93
量：9773.61万 额：11.09亿 率：14.05%
实时
盘后
报价 参数
委托状态
大单流向[绝对]：4.63亿
大单动力[1分钟]：0.00
机构流向[绝对]：4.02亿
散户流向[绝对]：5914.20万
委托额：[委卖] 0.00 [委买] 1.19亿
逐笔成交
短线精灵
大单委买
大单主力线 大单流向 盘面资金 委托额 委托比 流向 大单动力
上证指数 3383.31 -12.60 2100.15亿 创业板 1847.57 -25.18 748.57亿 沪深300 3997.13 +0.51 1519.81亿
升级提示：1、市价单 改为 5档市价剩余转限价。2、追加报价单位 除市价单也生效。
19:55:01

图 4—122

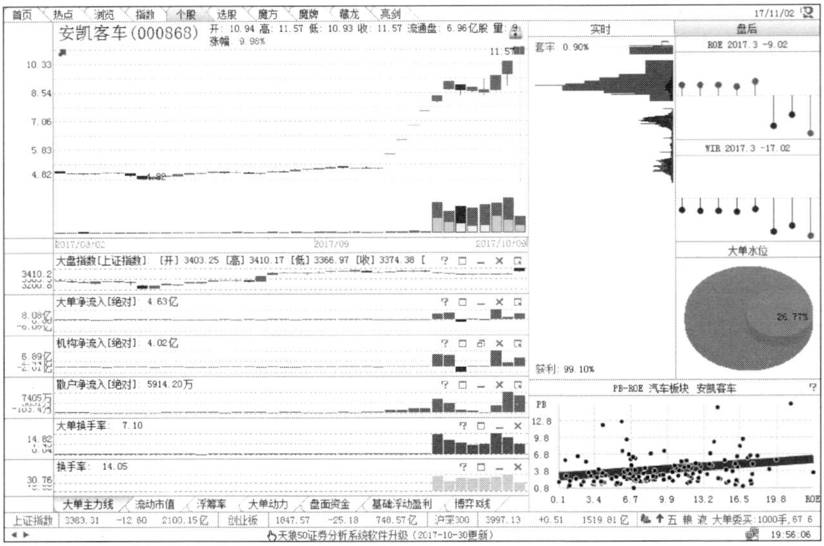

图 4—123

当天大盘情况如图 4—124、图 4—125 所示。

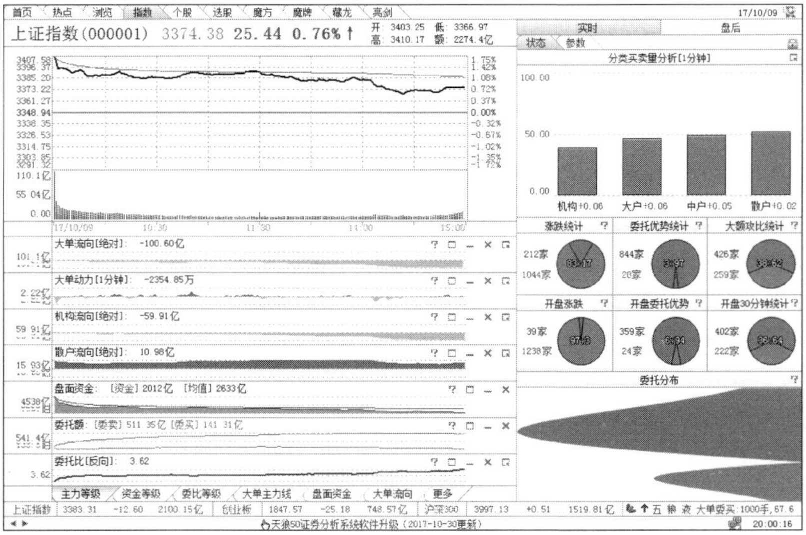

图 4—124

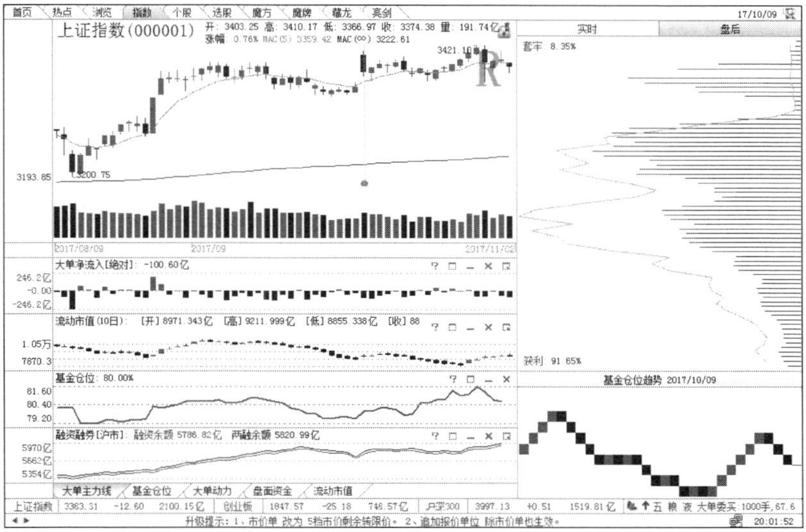

图 4－125

该股第二天平开上涨，一路震荡上行，笔者在一个相对高位清仓，之后该股持续回落。见图 4－126、图 4－127。

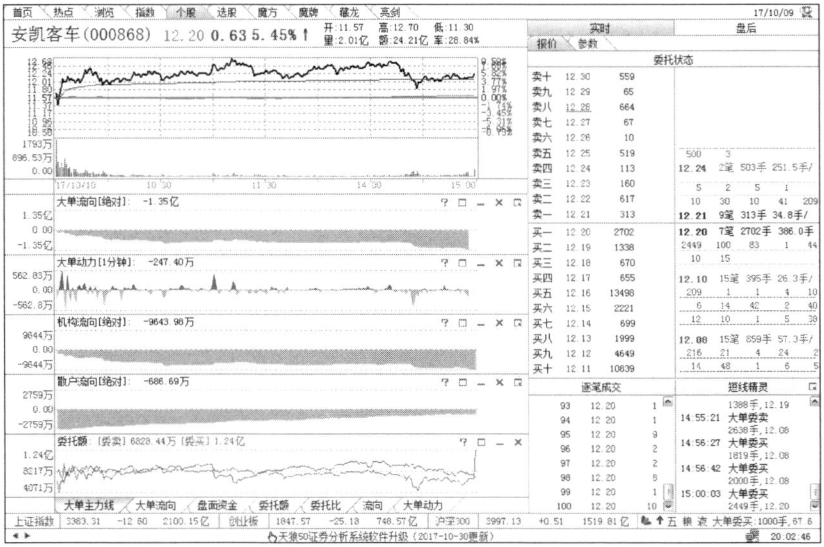

图 4－126

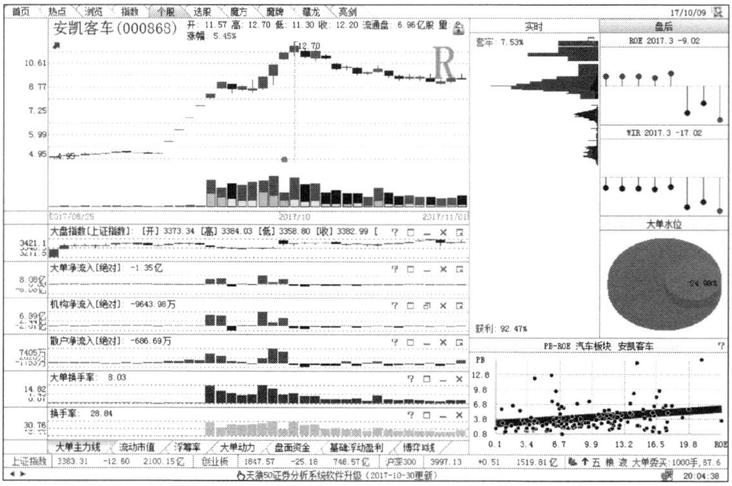

图 4—127

2. 澄天伟业

笔者在图示位置做了一次 T:涨停刚打开减仓,回落后快速上拉买回,见图 4—128、图 4—129。其理由是其涨幅位置临界,可上可下,买卖依据主要看盘口和当时市场整体情况。

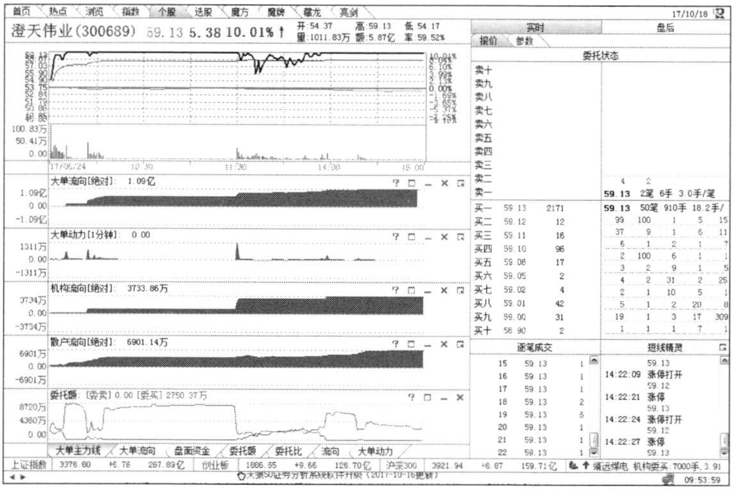

图 4—128

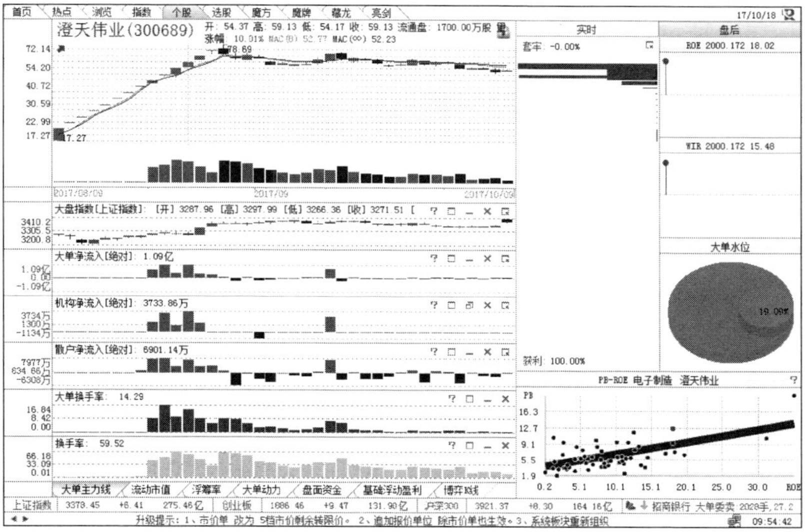

图 4－129

在图示位置又做了一次 T，见图 4－130、图 4－131。经过这几次操作，利润空间已经非常大了。

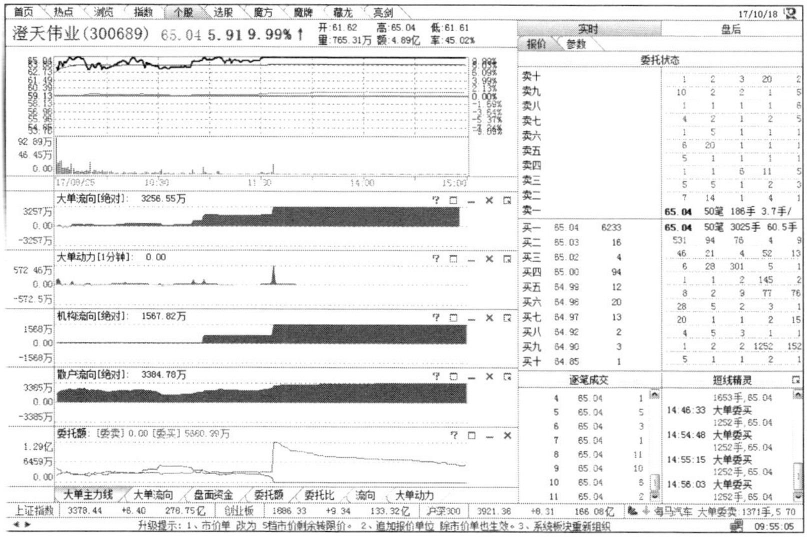

图 4－130

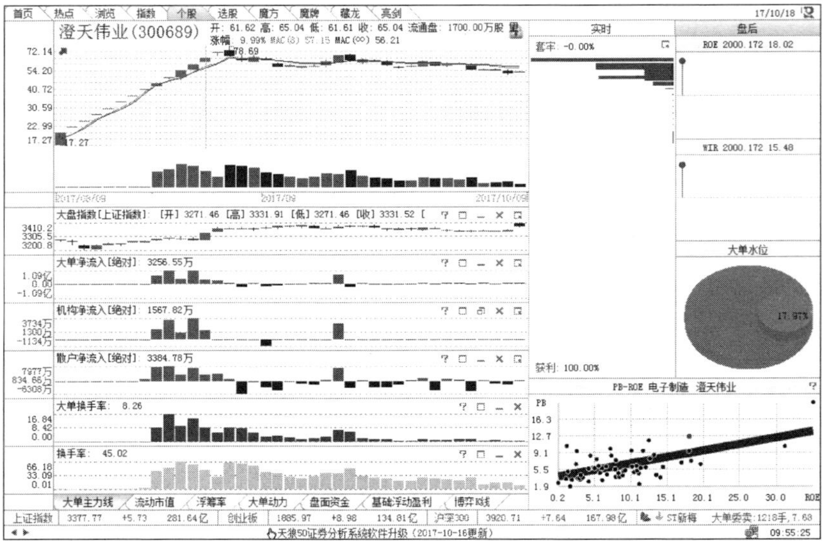

图 4—131

越到高位,越要做 T,保持灵活性。见图 4—132、图 4—133。

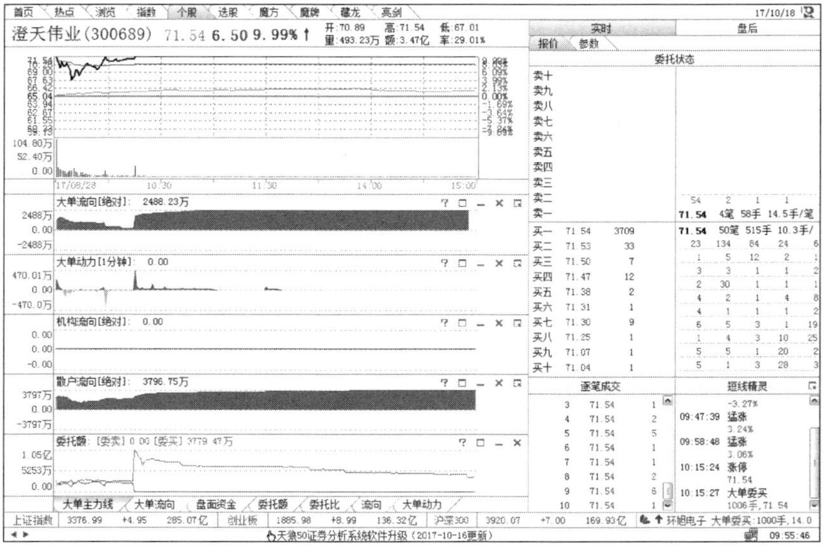

图 4—132

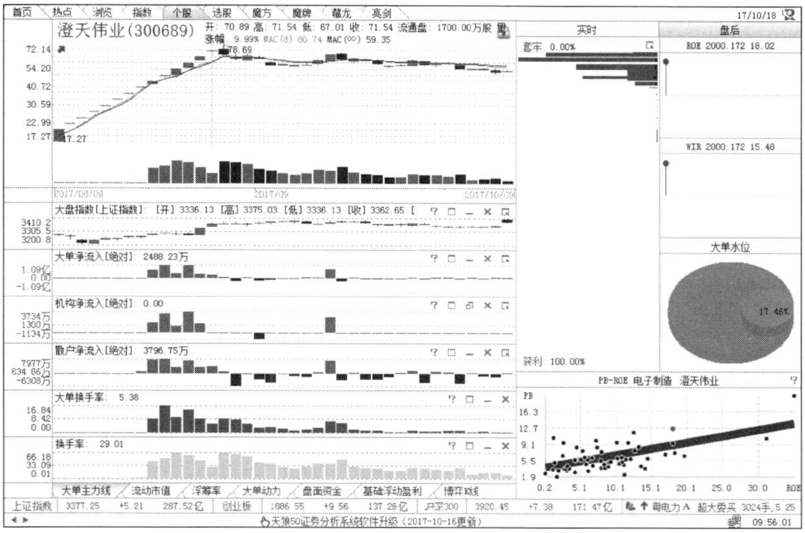

图 4—133

见图 4—134、图 4—135,又做了一次 T,这次失败了,在尾盘跳水阶段把能卖的股数全部清仓,第二天稍微上冲后清仓剩余股数。

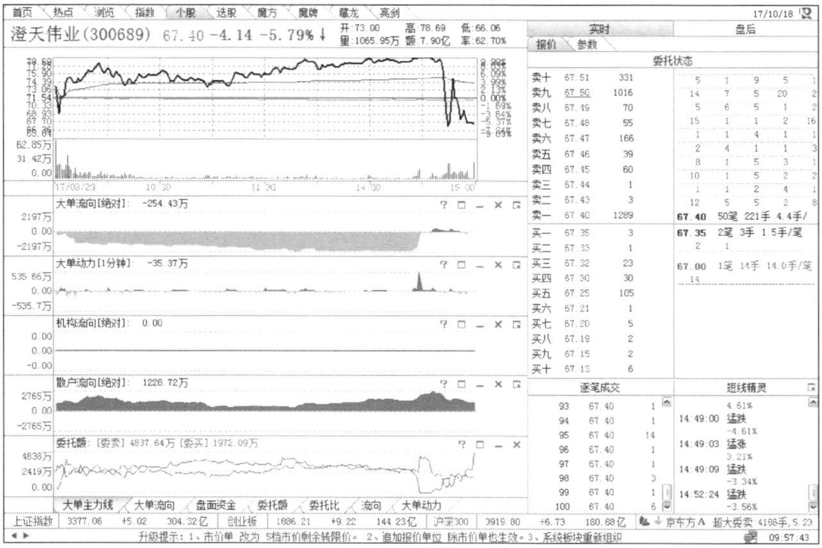

图 4—134

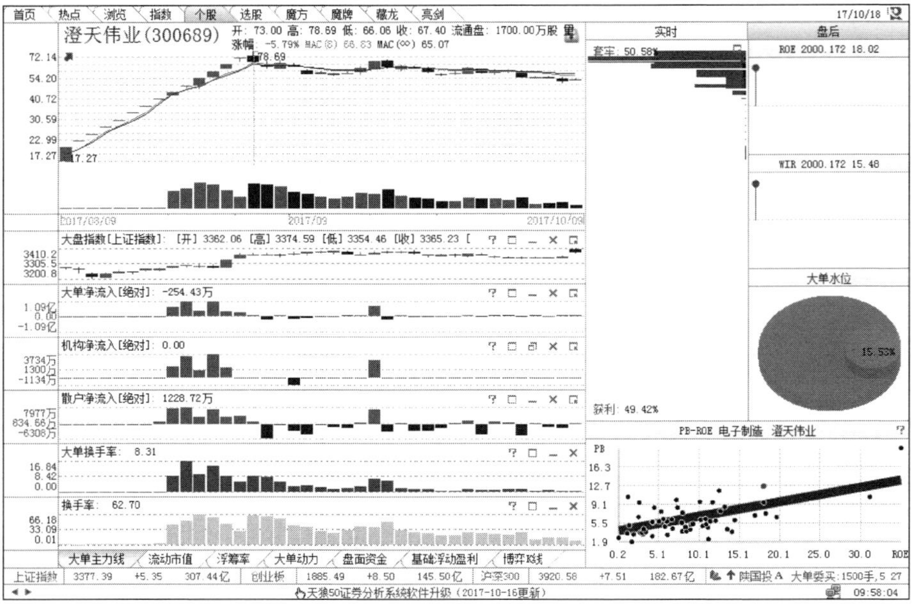

图 4－135

该股的操作曾同步公布给群友和朋友。

注意:笔者后续做 T,目的是为了平衡风险,不像个别股友理解的是为了多赚。

放弃类型:尾盘拉升。

例如,东华测试,没有利好＋不是风口＋尾盘突袭。见图 4－136 至图 4－139。

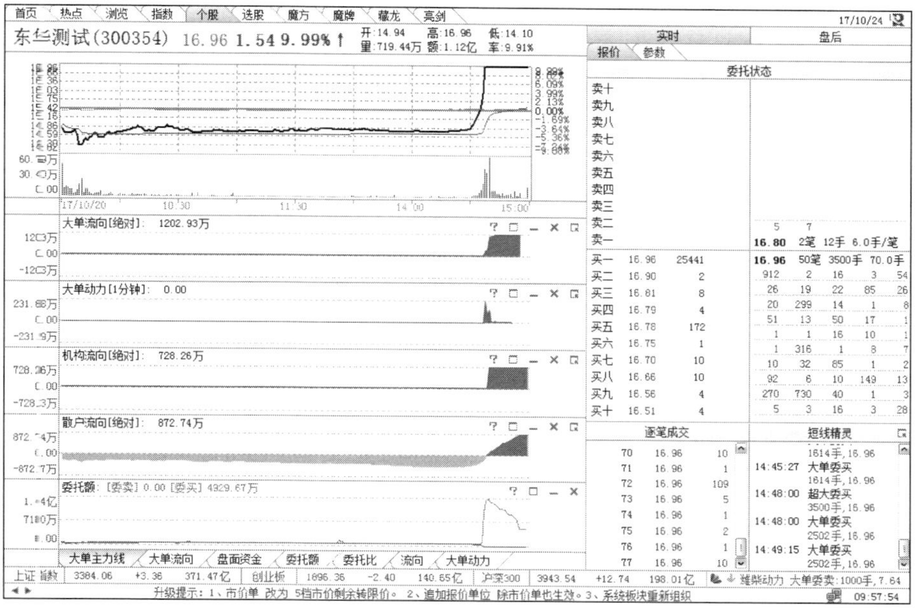
首页 热点 浏览 指数 个股 选股 魔方 魔牌 擒龙 亮剑
17/10/24
开:14.94 高:16.96 低:14.10
量:719.44万 额:1.12亿 率:9.91%
实时 盘后
报价 参数
委托状态
大单流向[绝对]: 1202.93万
大单动力[1分钟]: 0.00
机构流向[绝对]: 728.26万
散户流向[绝对]: 872.74万
逐笔成交
短线精灵
大单主力线 大单流向 盘面资金 委托额 委托比 流向 大单动力
09:57:54

图 4—136

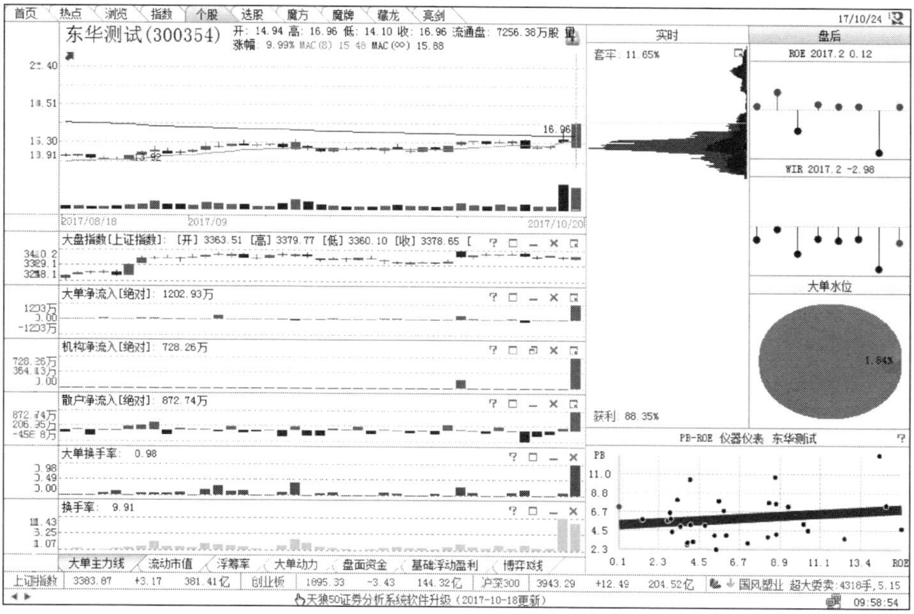
首页 热点 浏览 指数 个股 选股 魔方 魔牌 擒龙 亮剑
17/10/24
东华测试(300354)
实时 盘后
套牢: 11.65%
获利: 88.35%
大单水位
PB-ROE 仪器仪表 东华测试
大单净流入[绝对]: 1202.93万
机构净流入[绝对]: 728.26万
散户净流入[绝对]: 872.74万
大单换手率: 0.98
换手率: 9.91
大单主力线 流动市值 浮筹率 大单动力 盘面资金 基础浮动盈利 博弈K线
09:58:54

图 4—137

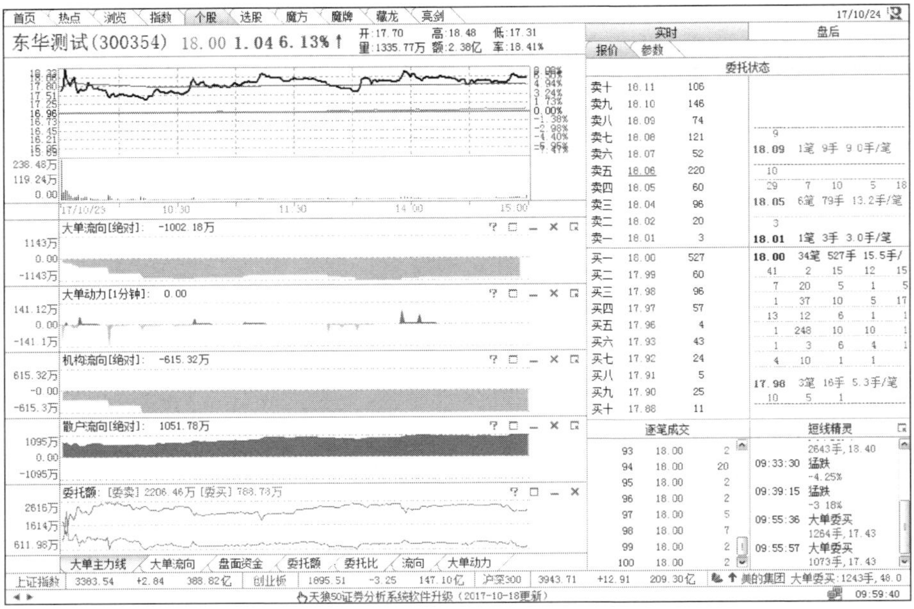
首页 热点 浏览 指数 个股 选股 魔方 魔牌 藏龙 亮剑
17/10/24
东华测试(300354) 18.00 1.04 6.13%
开:17.70 高:18.48 低:17.31
量:1335.77万 额:2.38亿 率:18.41%
实时
盘后
报价 参数
委托状态
大单流向[绝对]: -1002.18万
大单动力[1分钟]: 0.00
机构流向[绝对]: -615.32万
散户流向[绝对]: 1051.78万
委托额: [委卖] 2206.46万 [委买] 788.73万
逐笔成交
短线精灵
大单主力线 大单流向 盘面资金 委托额 委托比 流向 大单动力
上证指数 3383.54 +2.84 388.82亿 创业板 1895.51 -3.25 147.10亿 沪深300 3943.71 +12.91 209.30亿
天狼50证券分析系统软件升级(2017-10-18更新)
09:59:40

图 4—138

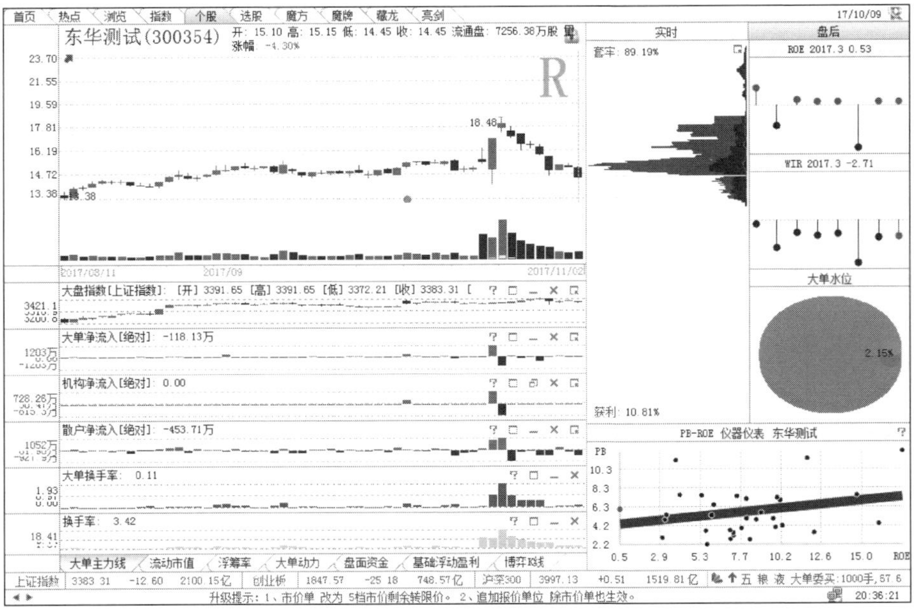
首页 热点 浏览 指数 个股 选股 魔方 魔牌 藏龙 亮剑
17/10/09
东华测试(300354) 开: 15.10 高: 15.15 低: 14.45 收: 14.45 流通盘: 7256.38万股
涨幅 -4.30%
实时
盘后
套牢: 89.19%
获利: 10.81%
ROE 2017.3 0.53
WIR 2017.3 -2.71
大单水位
2.15%
PB-ROE 仪器仪表 东华测试
大盘指数[上证指数]: [开] 3391.65 [高] 3391.65 [低] 3372.21 [收] 3383.31
大单净流入[绝对]: -118.13万
机构净流入[绝对]: 0.00
散户净流入[绝对]: -453.71万
大单换手率: 0.11
换手率: 3.42
大单主力线 流动市值 浮筹率 大单动力 盘面资金 基础浮动盈利 博弈K线
上证指数 3383.31 -12.60 2100.15亿 创业板 1847.57 -25.18 748.57亿 沪深300 3997.13 +0.51 1519.81亿
升级提示: 1、市价单 改为 5档市价剩余转限价。 2、追加报价单位 除市价单也生效。
20:36:21

图 4—139

4.8.8　龙妖战法速成版要点总结

(1)只做大热点“龙一”；

(2)只做上午10点前的涨停票；

(3)只做上午10点前的长波、折叠波。

见图4－140、图4－141，抗癌板块领涨股太极集团涨停，是否为龙头股呢？

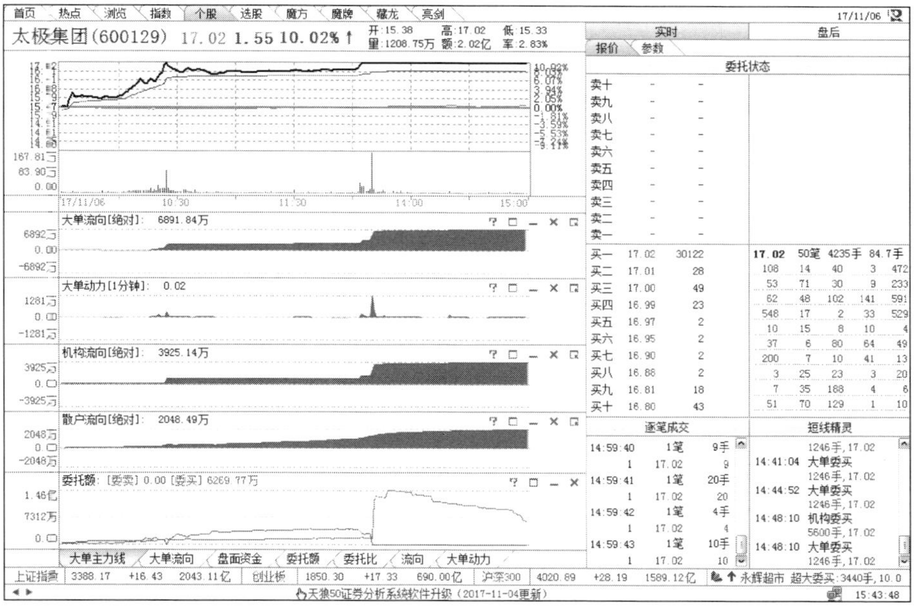

图4－140

分时图是折叠波、长波吗？10点前涨停了吗？显然都不是，排除。图4－142为其后续走势。

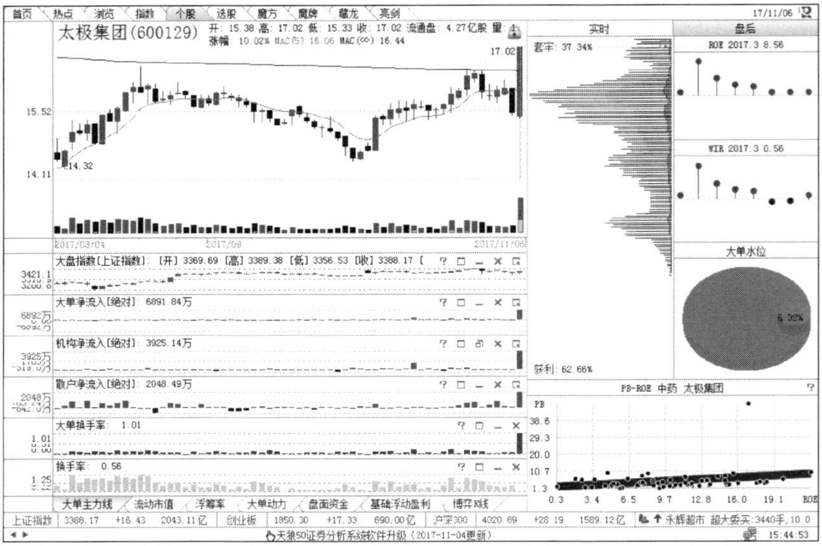
首页 热点 浏览 指数 个股 选股 魔方 魔牌 藏龙 亮剑
17/11/06
太极集团(600129)
开: 15.38 高: 17.02 低: 15.33 收: 17.02 流通盘: 4.27亿股
涨幅 10.02% MAC(5) 16.06 MAC(∞) 16.44
实时
盘后
套牢: 37.34%
ROE 2017.3 8.56
WIR 2017.3 0.56
大单水位
获利: 62.66%
PB-ROE 中药 太极集团
大盘指数[上证指数]: [开] 3369.69 [高] 3389.38 [低] 3356.53 [收] 3388.17
大单净流入[绝对]: 6891.84万
机构净流入[绝对]: 3925.14万
散户净流入[绝对]: 2048.49万
大单换手率: 1.01
换手率: 0.56
大单主力线 流动市值 浮筹率 大单动力 盘面资金 基础浮动盈利 博弈K线
上证指数 3388.17 +16.43 2043.11亿 创业板 1850.30 +17.33 690.00亿 沪深300 4020.89 +28.19 1589.12亿
天狼50证券分析系统软件升级(2017-11-04更新)
15:44:53

图 4—141

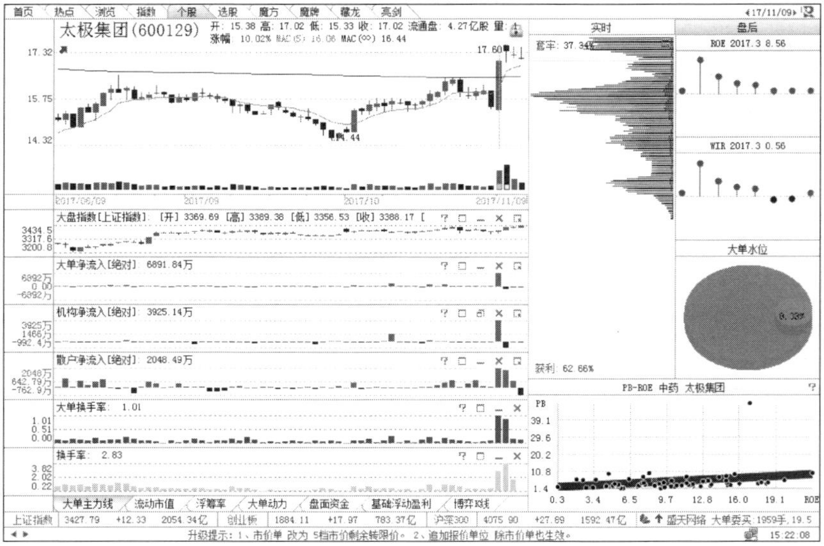
首页 热点 浏览 指数 个股 选股 魔方 魔牌 藏龙 亮剑
17/11/09
太极集团(600129)
开: 15.38 高: 17.02 低: 15.33 收: 17.02 流通盘: 4.27亿股
涨幅 10.02% MAC(5) 16.06 MAC(∞) 16.44
实时
盘后
套牢: 37.34%
ROE 2017.3 8.56
WIR 2017.3 0.56
大单水位
获利: 62.66%
PB-ROE 中药 太极集团
大盘指数[上证指数]: [开] 3369.69 [高] 3389.38 [低] 3356.53 [收] 3388.17
大单净流入[绝对]: 6891.84万
机构净流入[绝对]: 3925.14万
散户净流入[绝对]: 2048.49万
大单换手率: 1.01
换手率: 2.83
大单主力线 流动市值 浮筹率 大单动力 盘面资金 基础浮动盈利 博弈K线
上证指数 3427.79 +12.33 2054.34亿 创业板 1884.11 +17.97 783.37亿 沪深300 4075.90 +27.89 1592.47亿
升级提示: 1、市价单 改为 5档市价剩余转限价。 2、追加报价单位 除市价单也生效。
15:22:08

图 4—142

第五部分

龙妖逻辑

龙妖派认为，能“成龙走妖”的股票必然具备一些与众不同的特征，称之为“龙妖基因”或“龙性妖气”，这就是龙妖的内因，带有“必然性”。

但妖股能不能走妖，妖气能发挥到什么嚣张程度，则有赖于外因，这个外因大多是当时的市场炒作环境和炒作题材，具有“偶然性”。

这就是龙妖的必然性和偶然性的统一！

5.1 妖股上涨逻辑解析

本章以几个著名妖股上涨案例,分析其共性规律。

5.1.1 贵州燃气

贵州燃气是次新股,成妖时正是2017年价值投资兴起热度不减时。2017年很多炒概念的亏损严重,持有绩优蓝筹股的却赚得盆满钵满,风水轮流转,贵州燃气正是开启2018年概念炒作的第一股。

2017年12月,由于"煤改气"政策刺激,液化天然气挂牌价创出9 400元/吨的历史新高,多地出现"气荒",液化天然气价格呈现暴涨趋势。这时涨价概念便成为市场热点,贵州燃气在这个时候借助涨价概念发力,开始涨停;涨价概念正好也跟价值投资业绩预增相关,符合市场风向,但价值投资又不是这样连续涨停的!见图5—1。

同时,贵州燃气是一支次新股,筹码不乱,易换手,不是简单的价值投资,是游资炒起来的,市场达成这个共识后,其他资金纷至沓来。也许2017年价值投资导致概念炒作的资金亏损严重,存在报复心理,贵州燃气在短暂调整4天后再次接力,继续5个涨停板,将其炒作推向高潮,短

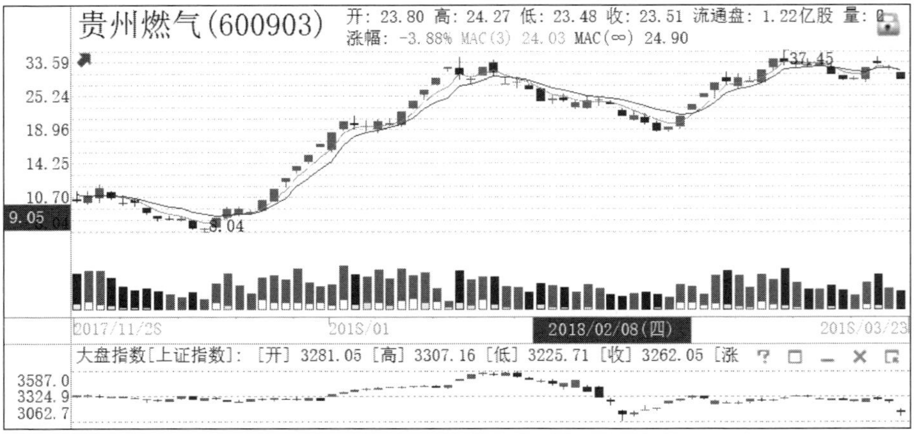

图 5—1

短不到 2 个月，股价翻了 4 倍。

如果说第一波的涨停板是由价值投资的衍生品涨价概念带动的，第二波则完全是真正的游资接力炒作。

5.1.2 万兴科技

万兴科技也是次新股。如果说贵州燃气是开启 2018 年概念炒作的第一股，那么万兴科技可以算是第二股，其技术形态和炒作手法完全是对贵州燃气的复制，更多是对 2018 年概念炒作行情的确认。见图 5—2。

由于贵州燃气开启了 2018 年概念炒作的第一股，导致很多先知先觉的资金开始改变投资方式，纷纷从大市值的白马股中撤出，本来已经涨幅过大、需要调整的白马股，在这种情形下纷纷开始调整；而此时此刻，中国互联网三大巨头 BTA 的股价在海外市场却创出了历史新高，腾讯从上市至今股价翻了超 500 倍。监管层也提出了大力支持高科技“独角兽”企业上市的口号，要让 A 股也有自己的 BTA，让投资者享受高科技企业大

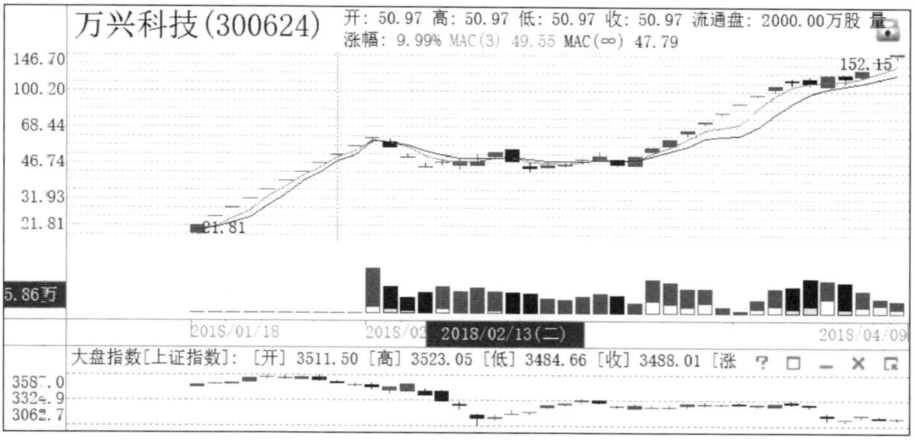

图 5—2

发展的红利。

万兴科技由于业务及产品正符合监管层及市场的要求，很快被市场当作科技行业的“独角兽”，连续出现一波涨停板，随后经过短短两天的高位调整，第三天继续开启第二波的 4 个涨停板，股价在短短不到两个月翻了近三倍。其上涨气势远胜于贵州燃气，算是对概念炒作的完全确认。

5.1.3　宏川智慧

宏川智慧完全就是贵州燃气和万兴科技的复制品，没什么新花样。见图 5—3。

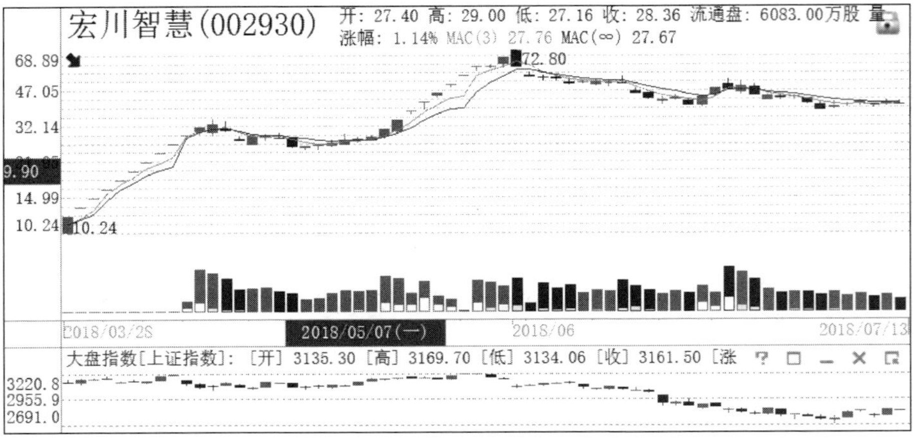

图 5—3

5.1.4 恒立实业

这只妖股与前面三只不同：首先，该股并非次新股，技术形态及筹码换手等也不相同；其次，该股涉及的概念也与以往不同，有相当大的想象空间——重组及创投叠加概念。见图 5—4。

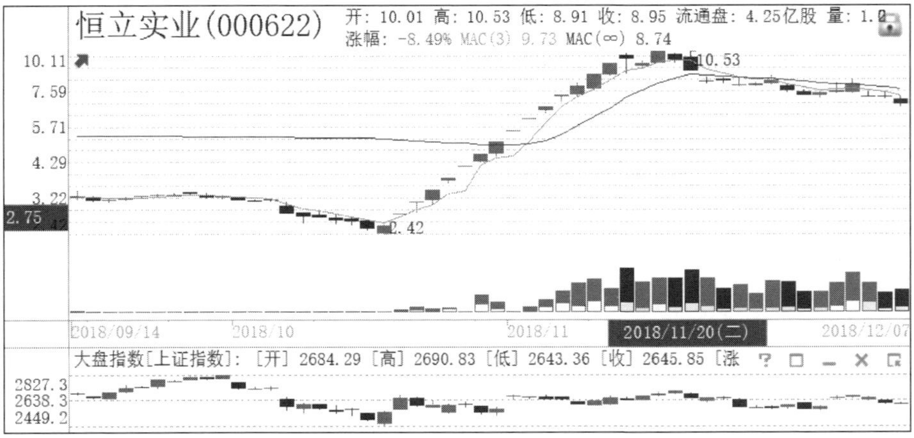

图 5—4

2018 年 10 月 20 日，证监会发布公告，将 IPO 被否企业筹划重组上市的间隔期从 3 年缩短为 6 个月。政策幅度之大可想而知，这对一些仅仅有个壳的小市值垃圾股是天大利好，又可以讲重组故事了。该消息经过周末发酵，周一开盘，恒立实业就被作为壳资源龙头顶死一字涨停板，随后就是 17 天 14 个涨停板的超级神话，打开了市场连板新高度。在此期间，出现了大量的低价小市值的壳资源垃圾股跟风——绿庭投资、乔治白、合金投资等，很多壳资源概念股被资金爆炒。

如果说贵州燃气是开启 2018 年概念炒作的第一股，那么恒立实业则是将概念炒作推向高潮的第一股，是概念炒作的一个转折点。在恒立实业之后，概念炒作无须那么谨小慎微，虽然其间监管层有多次喊话，但那也是矫枉过正，出于好意保护投资者，避免市场过热对新入市的股民造成伤害。

5.1.5　东方通信

东方通信是一只让我们惊悚仰望的妖股！该股在 5G 消息出来后，率先涨停，可惜好景不长，创投概念那时正热，大部分资金还在创投的衍生概念中，没有过分关注它，走势上出现了与以往妖股不同的地方，调整特别多——短期内市场主流热点永远只有一个，如果出现了多个可以炒作的主流热点，后面出现的一定要等到前面的主流热点熄火后才会走热。东方通信就是这样一个很好的例子，出现得太早，走势不好看，很少一字板，这导致很多资金不敢跟风，但多了很多次上车机会。见图 5—5。

该股能连续上涨，“天时”上自然是受到了 5G 牌照、华为事件、5G 手机等多个连续事件的刺激，这也是概念炒作必须经受的，相关事件越多，越具有可炒作性，才能吸引更多市场资金的眼球。

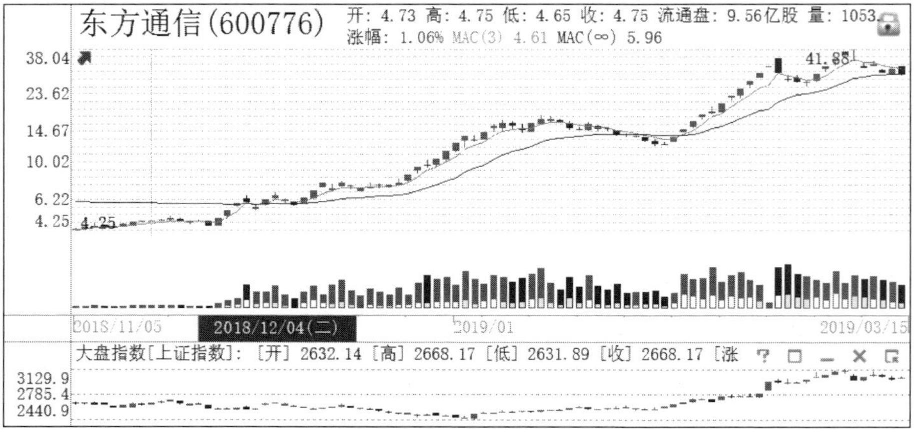

图 5—5

东方通信缩量涨停。这个股票应该归类到“文学范畴”，它负责为整个 A 股市场打开空间，是一个证监会认可的、提振 A 股人气的定心丸。不必关心后面还有几板之类的话题，只需知道它成了“钦定”的风向标就可以了。

东方通信走到现在，它的意义已经变了：它的第一属性，不再纯粹是 5G，也不再是妖股，而是人气、人心，是“宇宙总龙头”！如果上层真的要活跃股市，甚至发动牛市，那么，打造一只十倍股作为先行信号，制造赚钱效应，是吸引场外资金进场的最好手段之一。

东方通信这种走势，在历史上有过——2013 年的中青宝。

2013 年甚至 4G 都还没有普及，那一年，手游是主角。中青宝 10 个月 10 倍，那一年，创业板提前走出了牛市，然后过了一年多，A 股才全面走牛。

2013 年的行情低迷程度，跟 2018 年不相伯仲。

东方通信暴涨的逻辑分析如下：

首先，东方通信是一家什么公司？

从股权结构看，这家公司的大股东是普天东方通信集团，最终隶属于中国普天，中国普天这个名字太熟悉了，它曾经有过辉煌的历史。

中国普天拥有首信、东信、波导、普天四个自主品牌，爱立信、诺基亚、松下、摩托罗拉四个合资品牌，以及普天三洋、普天东芝两个复合品牌的移动终端产品。

中国普天曾经是小灵通的最大生产商。

东方通信是做什么的？它真的是5G概念龙头吗？

毕竟公司名称里有“通信”二字，通信业务在哪里？

根据东方通信公司2018年半年报：通信网络优化业务，继续保持与主流设备厂家紧密合作，市场份额稳步提高；工程业务，新增江西、贵州、上海等地业务；设计业务，中标中国移动通信集团设计院的河北、湖北、云南、江西、内蒙古五省业务；专项服务，中标上海铁塔监控中心服务项目、福建移动网络运营支撑系统项目等。

从公司实际的经营范围来看，实际上只有铁塔和移动的几个运维项目，甚至截至2018年半年报时，公司都没有公告中标的5G项目。

实际上，所谓的5G概念，已经不足以支撑东方通信现阶段的股价，这些许多分析师也都分析透彻了。

如果说东方通信2018年前的起涨确实受益于资金对5G板块概念的青睐，那么其后的东方通信上涨，则是人心汇集的表现，甚至是背后资金有目的而所为，是市场“老大哥”所为。

这个市场中，谁才是真正的大哥，不是一线游资。东方通信起涨至今从来没有被停牌过，只有少数几次警示函，如果是一般的妖股，早就被关“小黑屋”了。想想恒立实业、市北高新这些翻倍妖股都是被停过牌的，但东方通信翻了几倍多就是不停牌！

它的前十大流通股东，汇金和证金俨然在列，明白这个市场上谁是真正的大哥了吗?

而在2019年2月11日,A股罕见地重登新闻联播。新闻联播的级别,大家都懂的。

龙虎榜上不难发现几个人气极高的大游资频繁出入,赵老哥、欢乐海岸、金田路等,但他们只不过是嗅觉更灵敏罢了。无论“老大哥”的目的是什么,东方通信确实沸腾了人心,让许多投资者蠢蠢欲动。

回到2013年,中青宝翻10倍用了10个月,眼看东方通信要翻10倍,时间仅仅不到半年。2013年的一年多后,A股走进了全面牛市,那么2019年的一年多后,A股又会如何演绎呢?

东方通信、全通教育,都是炒一个概念和想象——以高控盘为基础的情绪和梦想。

鉴于该股的特殊性和逆天涨幅,本书将专列一节详细探讨该股炒作逻辑。

5.1.6 妖股上涨的共性规律

从贵州燃气到东方通信,可以发现,一只妖股的炒作,需要“天时”“地利”“人和”三者的配合。

1.“天时”

政策及消息面的配合,有了政策和消息,才有炒作的依据,也就是概念,这个概念越有想象力,后期的炒作力度越大。

2.“地利”

个股本身的基本面和技术面要过硬,要符合或接近“天时”的要求,这样才能上下一致,让市场资金感觉安全可靠,也算是为“人和”打下良好的基础。

3.“人和”

市场上炒作资金的需求，更应该说是资金背后的人的需要，这部分炒作资金既包括游资，也包括散户。由于2017年价值投资盛行，导致游资及大部分偏向短线的散户亏损严重，发现追热点的方法不行了，这时他们很想回到曾经的热点炒作市场。一旦发现市场上确实有这样的股票，符合“天时”“地利”的条件，他们当然会“群起而跟之”，助推其大涨。

5.2 “补涨龙”炒作逻辑及实战技巧

现在市场中很多“人精”，什么是龙头很多人都看得出，第二天都是顶一字，如何处理？上个“杂毛”还是等第二天再去买？如果第二天又被顶一字，如何是好？三板有时会因为当时盘面不好，盘中会打开缺口，但如果盘面好，则根本不可能打开，这样只能等它四板去买，但四板风报比已经很差了。也就是说，看好的股票经常顶一字或是打板排在后面，又不想买“杂毛”，但又不得不买，因为没有股票可买。怎么办？

这时，挖掘“补涨龙”是一个很不错的思路。

要知道“补涨龙”，先得知道什么是补涨。

5.2.1 补涨的一般原理和操作策略

一、补涨的一般原理

快速扫盲：什么是补涨股？补涨股一般涨多少？

补涨，是指在大盘指数大幅上涨时，有个别板块或股票没有上涨，等到这一轮大涨后，才开始上涨；或有的股票在停牌期间股市大涨了，复牌后资金都喜欢买它，相当于补回停牌时错过的行情。

为何买补涨股？

按股价向着阻力最小的方向运行规律，显然，无论是反弹行情还是持续向好的行情，机构资金都必然会流向一些涨幅落后或股价还躺在相对低位的股票。

如何建补涨股票池？

过滤一些价格高和流通盘比较大的股票，再有针对性地选出目标个股。如果股票池里数量较多的是某类股，如房地产股，这也意味着本轮反弹很可能就是以房地产股的全线补涨作为反弹行情的结束标志。对比与其他股的空间距离，并以此作为目标股的止盈点。

当一轮上涨行情启动后，不可能所有的股票一起上涨，总会有领涨的股票。在领涨股票涨幅较大，无法继续上涨时，之前没有上涨的股票就显得很便宜，有了补涨空间。这时买入补涨股，等待其跟风上涨，是比较稳妥的做法。

短期持有非主线个股肯定是跑不赢主线热点的，非主线想表现，要等主线休息时才行，比如消费股和周期股的走势经常呈“跷跷板效应”。但如果指数不断上台阶，理论上也为其他个股的上涨提供了空间，这也就增加了补涨的确定性，后续也会有资金来挖掘。对于持有非主线个股的投资者，也不要后知后觉地盲目追买已经涨高了并且自己不熟悉的个股，这样有可能会从“不赚钱”演变成“亏大钱”。

一般来说，补涨股和落后股总会有着各种各样的利空原因才导致股价的落后和滞涨，买这些股票也许赚不了大钱，但想亏钱也挺难。做补涨股的最大好处是确定和稳定。

做补涨股很容易让人联想到超跌个股的抄底，但做超跌股是左侧交易，做补涨股是右侧交易。补涨股是从超跌股中演变过来的，交易策略更安全。它的几大标准是：

(1)以个股所对应指数的涨幅和相对应的指数所处的位置为标准；

(2)流通盘要小，个股的价格要低于市场平均价，K 线形态要好；

(3)目标股盘中成交要活跃，符合近期行情的热点；

(4)只要不是面临退市的垃圾股，短线可以不用考虑业绩因素，只要有题材，“给点阳光就灿烂”。

二、如何控制风险

做补涨股最大的风险就是行情太弱时，所选的目标个股还没来得及反弹，就又一次成为下跌的先锋，尽管发生这种情况的可能性比较小，但要想控制这种风险，就要每天关注涨幅榜的热度和大盘的成交量变化以及大盘的位置是否改变。

简单认为买补涨股就是“买一些还没涨的股票等着涨就行了”的观念是错误的，事实上，买补涨股只成功了一半，这个策略只能先保住本金，别亏钱，至于能不能赚钱、能赚多少钱，要靠平时盘面经验的积累及对当天的热点进行分析，理清行情的脉络层次后再灵活运用，才能更有针对性。熟练掌握后，也可以把这个策略放在某个你认为会大涨的热点板块个股上进行类似的操作。

三、补涨的操作策略

1. 降低空间预期

补涨股之所以不能率先被资金挖掘，说明它可能不是当前市场热点，或其基本面存在一定瑕疵，才导致资金关注度低，涨幅较小。对于这类股，上涨空间也不可能和龙头股一样，预期不要太高。

2. 分清资金属性

虽然都是补涨，但参与的资金性质会有本质区别。超跌、低价、业绩巨亏的个股更受游资青睐，这种炒作不需要基本面的支撑，完全由市场情绪决定，参与要遵守严格的纪律，不要被动地从短线变成中线。

对有一定基本面支撑的消费类个股，参与补涨资金的选股逻辑也有别于游资。这类个股的补涨更多是源自与龙头股的比价效应。比如白酒板块，茅台最先上涨并且创出历史新高，这带动了五粮液的上涨，进而也会刺激洋河出现反弹。原因就是茅台的新高为整个板块个股打开了上涨空间，而且就基本面而言，虽然洋河与茅台存在差距，但并没有像短期股价涨幅差距那么大，所以短期就有机会出现轮动补涨。

当然，这种思路也是建立在选择好行业的基础上，并非所有行业都适用。从白酒、家电等相对稳定的大消费行业中挖掘是一个相对稳妥的方法，这也是外资喜欢的品种。同时，挖掘位置低的品种只适合短期的轮动补涨，中长线选股还是行业龙头优先。

但是，“补涨龙”不是这样，不仅安全，而且涨得多！

5.2.2　“补涨龙”基本原理和操作策略

“补涨龙”的基本原理就是：很多时候，总龙头位置很高了，市场就会产生恐高心理，还有担心“特停”的风险，就会出现龙头“高处不胜寒”的感觉。这个时候，市场会新挖掘题材内的低位补涨龙头，只要跟上，往往也是大赚的。

下面以方大炭素、中科信息、贵州燃气、东方通信为例，阐述“补涨龙”的挖掘策略。

一、方大炭素之“补涨龙”的挖掘

2017 年 7 月 18 日，方大炭素尾盘涨停，这个涨停具有重大意义：大

盘在 7 月 17 日市场深度恐慌，18 日早盘继续恐慌到情绪冰点，方大炭素是尾盘带领市场反弹的人气龙头股，人气龙头的回归，回归时间节点和人气奠定了之后的空间。

此时，市场会疯狂挖掘方大炭素的各种属性进行补涨：

（1）石墨电极：宝泰隆、永东股份进入补涨，补涨龙头是宝泰隆。见图 5—6。

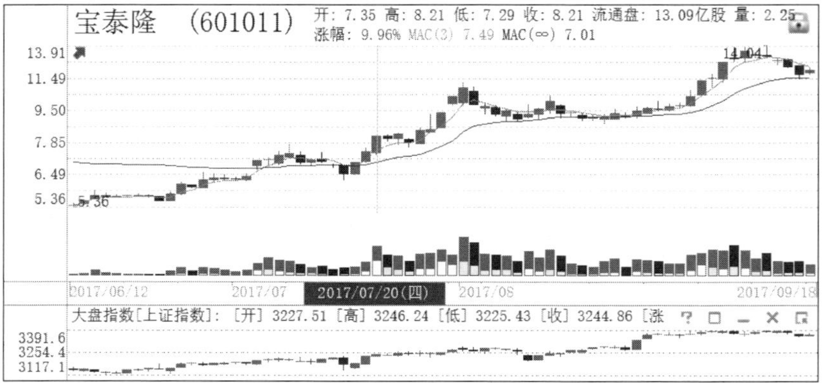

图 5—6

（2）涨价＋周期：沧州大化、神火股份。见图 5—7。

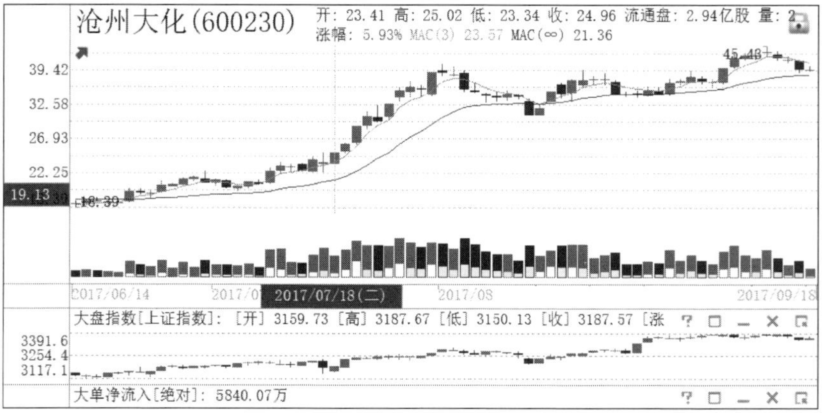

图 5—7

(3)钢铁上游:鄂尔多斯。

(4)低 PE:西水股份。当时测算石墨电极涨价给予方大炭素 12 倍左右的 PE(这个需要深入研究方大炭素的基本面,结合当时市场题材盘面来分析归类)。

当然,西水股份的上涨还有其他逻辑。

一般龙头主升到一定程度会产生一个"补涨龙",极强势题材会有多个,一起协同作战,将板块推向高潮。"补涨龙"的表现也决定了龙头方大炭素未来的高度。

龙头和"补涨龙"都具有强参与价值,龙头个股属性发散出来的分支板块,相互之间互相助攻,总体都是为了让龙头走得更远,这样的板块结构和深度是大级别题材才有的,处于良性的具有超高参与价值的板块协作阶段。彼时的各个分支领域的龙头虽有连板涨停,但是无一能抢夺方大炭素的人气,板块结构和深度良好。

2017 年 8 月 4 日,龙头方大炭素高位跳水,第一批补涨龙头宝泰隆等也在同一天结束。但方大炭素上涨最纯正的属性"钢铁涨价"被挖掘,安阳钢铁、凌钢股份、柳钢股份随后补涨。见图 5—8 至图 5—10。

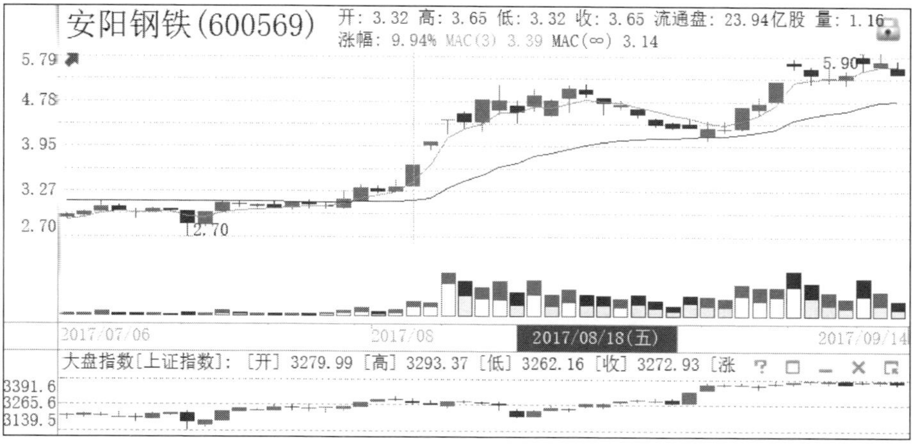

图 5—8

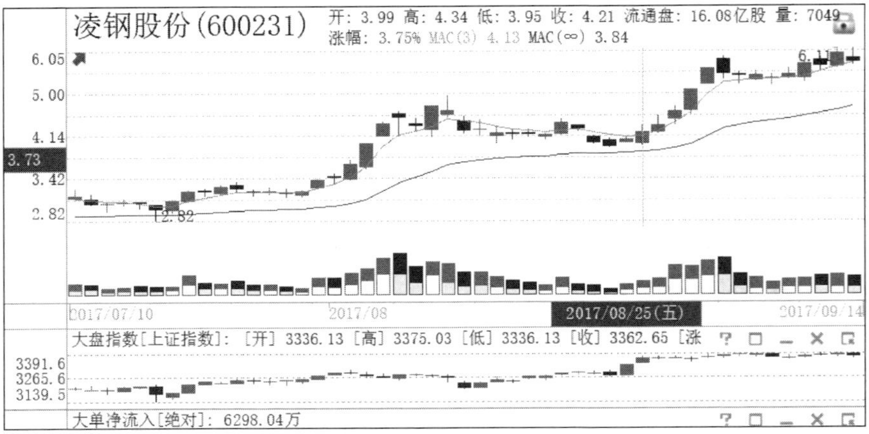

图 5—9

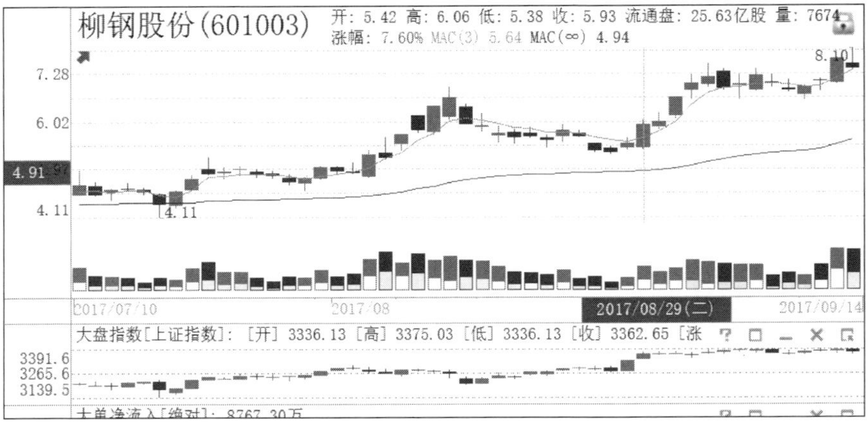

图 5—10

从实例可以看出,“补涨龙”的启动按时间都是滞后于龙头股,因为之前已经有龙头开路,可提前挖掘其相关属性,做好充分准备,买卖就从容得多,操作计划可以制定得比较完备。

2017 年 8 月 4 日同一时间非常明显就是:龙头滞涨,甚至下跌,但因为龙头的巨大涨幅和人气,以及与“补涨龙”的巨大位差,为市场进入第二梯队的补涨阶段打下了基础，主要是龙头的暴力涨幅为板块打下了深厚的人气和空间。

接下来的阶段并不是一个非常好的赚钱阶段，此阶段只有第二批补涨龙头股能参与，板块龙头方大炭素和第一梯队龙头都不具有参与价值。

该阶段市场挖掘方大碳素的“纯正属性”——钢铁涨价上游。市场回归到了“钢铁涨价”这个题材，此时电解铝和稀土等都全面开花。挖掘变快，但高度逐步降低，核心原因是轮动到第二批补涨，只能沾到龙头的余气，更何况此时龙头还是滞涨，无法带领板块再创高潮。

8 月 17 日，安阳钢铁等周期股出现分化后，进入衰退期。但方大炭素依靠强有力的、过硬的基本面，为周期股题材中期续命。即便如此，我们依然将之后的市场定义为整个板块的衰退期，几乎没有任何参与价值。

恰巧此刻下一波主流题材“中科信息”带领的次新军团已经 4 连板，开始崭露头角，并且抢夺前一波的主流人气。当主流板块没落后，都是由新的主流板块题材接力，其间可能没有裂缝，就有“卡位题材”出现。

“卡位题材”的原理是：两个主流板块之间的过渡期，会在成熟期的后半期、衰退期之间产生“卡位题材”，但“卡位题材”正常不太可能是下一个阶段的主流题材。

市场情绪无法快速从旧题材的亏钱效应马上直接进入下一个主流题材的狂欢，其间往往会有一个“卡位”停顿，市场情绪和筹码相互稳定。“卡位题材”的高度不高，但也有参与价值。

“卡位题材”大部分是热点老题材、次新股、高送转、新闻刺激等类别。

2017 年 8 月 17 日，方大炭素正式进入衰退期。从 8 月 10 日开始，第二梯队补涨龙头安阳钢铁开始出现分歧，失去短线博弈价值。

8 月 10 日～8 月 17 日，周期股板块已显示出很强的衰退迹象，8 月 13 日，“卡位题材”——以富煌钢构（二连板）为代表的雄安板块，对暮气沉沉的周期股进行重击。老题材往往是被新题材给干趴下的。

妖股的舞台此时交给了次新股中科信息。

二、中科信息之“补涨龙”的挖掘

2017 年 8 月 21 日，中科信息快速直线缩量上板，人气封板。此日之后，与方大炭素一样，市场会疯狂挖掘龙头的各个属性。见图 5—11。

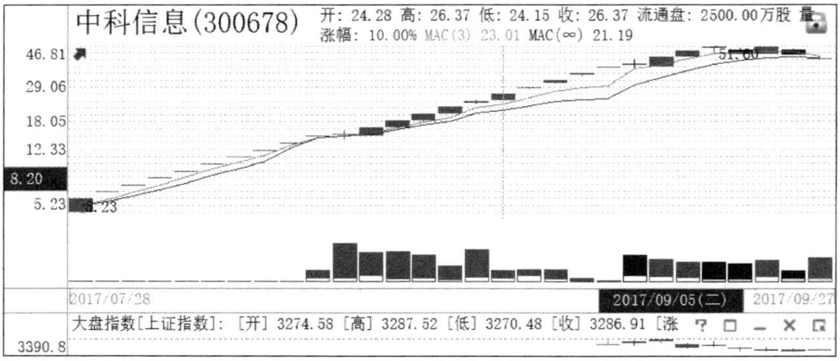

图 5—11

(1)开板次新(也是最有市场合力的属性)：纵横通信、澄天伟业。见图 5—12、图 5—13。

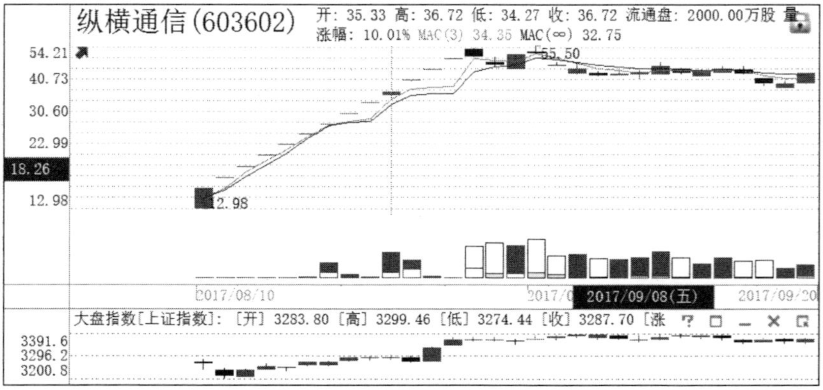

图 5—12

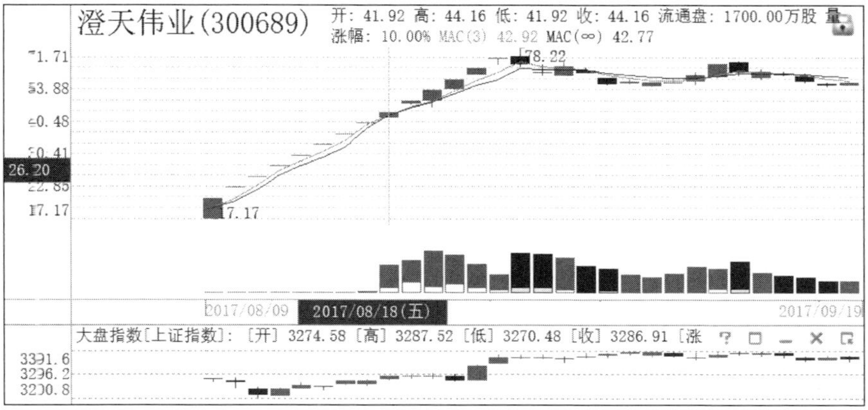

图 5—13

(2)大股东中科院属性:东方中科、中国科传。对这个属性,市场认可度不高,没有实质性高度。见图 5—14。

图 5—14

(3)科技属性。

有一个常见、实用的规律:"龙二"纵横通信一字板,助攻龙头中科上板。"龙二"助攻龙头,共同推高板块。这样的"龙二"非常值得留意,两者后期都极具参与价值。

后期中科信息停牌，纵横通信能以“补涨龙”身份撑起整个板块的伏笔埋藏于此。如果龙头个股属性发散的分支板块都是相互助攻，就为助攻龙头打开了更高空间。各属性“补涨龙”和板块龙头位差越大，“补涨龙”的涨幅空间就越高，而“补涨龙”大幅上涨又反哺龙头中科信息向更高的蓝色天际拓展！

8 月 21 日～8 月 24 日，龙头中科信息和第一梯队的补涨龙头纵横通信，疯狂连板，将市场人气和目光全部吸引到次新。

8 月 24 日，中科信息被停牌。龙头停牌是否使板块步入下降拐点，关键是看“补涨龙”能否撑起板块，越多的补涨板块起来，题材才能继续纵向深入，这一点和 7 月 28 日方大炭素的停牌异曲同工。

当日，纵横通信携近期开盘板次新——元隆雅图两连板调整到位，远端次新补涨。这很好地呼应了龙头，并且将题材深度扩张到了远端调整次新，题材高度和深度都具备了。

8 月 29 日，第一梯队龙头纵横通信和元隆雅图都出现了高位分歧，虽然此时中科信息还处于停牌阶段，但市场依然会按照板块轮动规律往前推进，不会随龙头停牌而停滞。

8 月 29 日，由于中科信息龙头的继续停牌，市场推动力全部来自第一梯队的“补涨龙”，因为中科信息并没有带领板块顺利走完成长阶段，市场对于中科信息其他属性的挖掘就比较弱，第二梯队补涨转而带有第一梯队“补涨龙”的影子。

8 月 30 日，朗新科技率先人气反包，奠定了它作为新补涨龙头的地位，自带中科信息“开板次新＋科技”的双重属性。见图 5－15。9 月 5 日创业黑马和皇马科技最后补涨，9 月 11 日分化之后整个补涨梯队结束，行情进入衰退期。

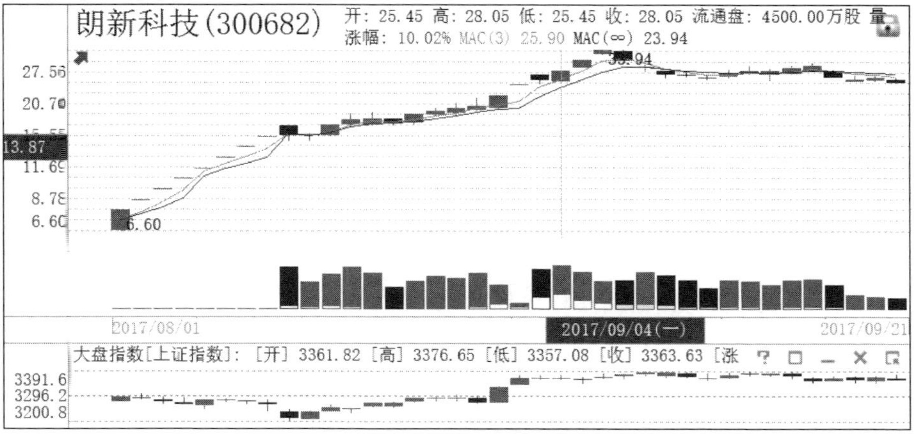

图 5—15

三、贵州燃气之“补涨龙”的挖掘

说完了方大炭素和中科信息，再来品读另一个世纪大妖——贵州燃气的妖股属性的挖掘及其“补涨龙”的运作历程。

2017 年 12 月 21 日，市场在阿石创转势，妖股药石科技两连板、贵州燃气强势两连板，并且带动了板块补涨股重庆燃气。见图 5—16、图 5—17。

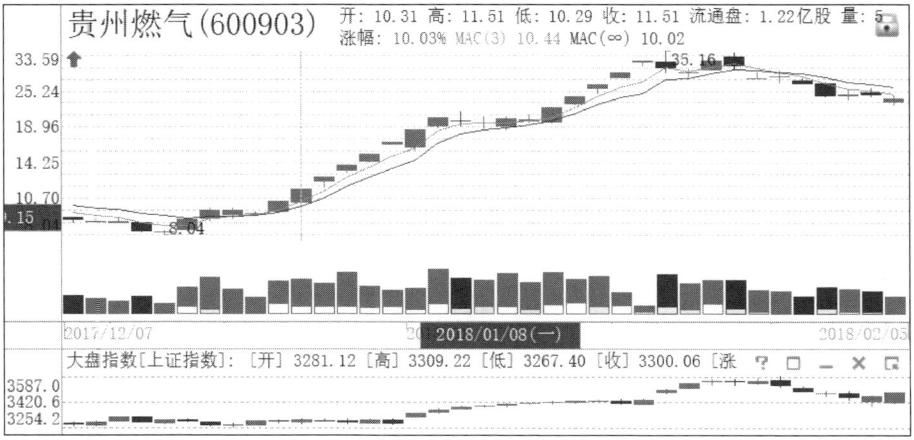

图 5—16

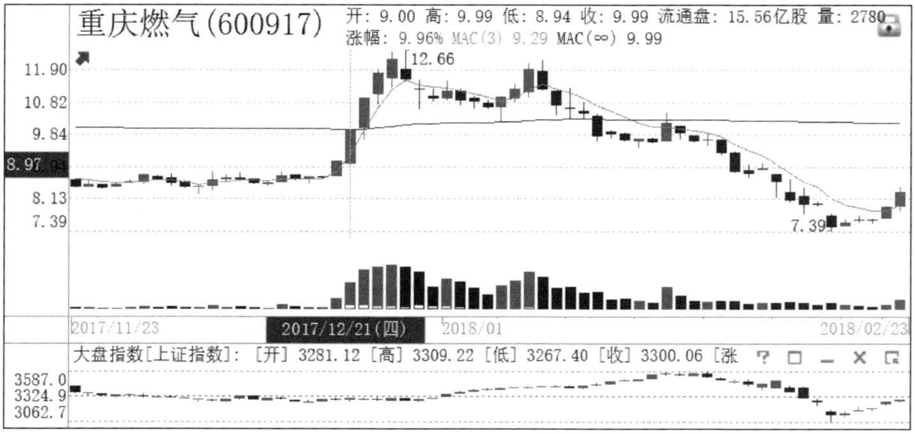

图 5—17

12 月 22 日，贵州燃气摆脱药石科技的压制，成功三连板。贵州燃气前几板和所有妖股一样，每一次都是在犹豫和压制中不断超预期，充分换手走出来的。涨幅来自预期差：当一致性看好时，相对难出大妖，这就是同质化下高潮第二天分化覆灭的原因。

12 月 26 日，大单封死涨停，龙头贵州燃气“超跌＋次新＋天然气”的属性被市场疯狂挖掘，进行第一轮补涨。超跌次新的卫信康和傲农生物提前助攻龙头高溢价，尤其是超跌次新和近端次新都被激活，赚钱效益爆棚。

12 月 27 日，贵州燃气缩量加速，市场进入龙头亢奋阶段，龙头属性被疯狂挖掘。“超跌＋次新”成为第一属性，也成为补涨挖掘最疯狂的板块，第一批次的补涨龙头是卫信康。见图 5—18。

12 月 28 日，龙头贵州燃气停牌，停牌也难将人气扭转，但龙头的停牌会影响补涨个股的节奏和整体板块的高度。

正常龙头停牌，第一批次的补涨龙头若能打起大旗，依然能为龙头打出较高空间——2017 年 8 月 24 日，中科信息停牌，第一批次补涨龙头纵

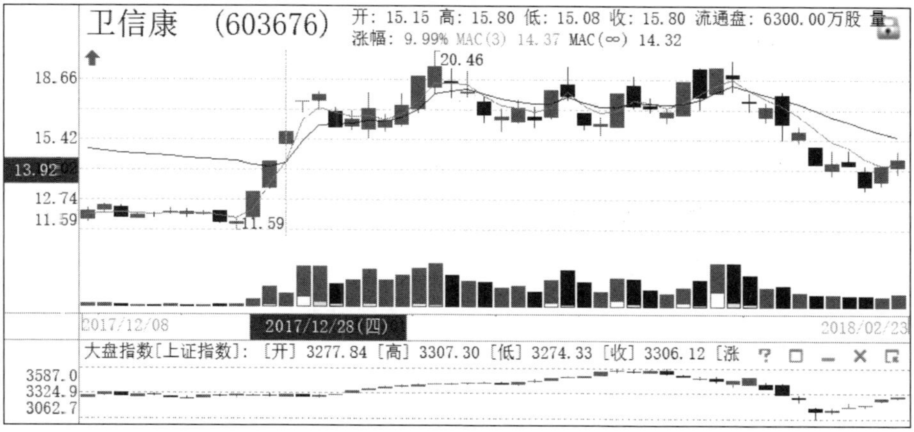

图 5—18

横通信接力，三连板，为中科信息的后续高度打下了基础。但卫信康开盘没能扛住，此时金奥博挺身而出，挽狂澜于既倒，成为龙头停牌之后的先锋，为近端次新接力超跌次新属性奠定了人气。见图 5—19。

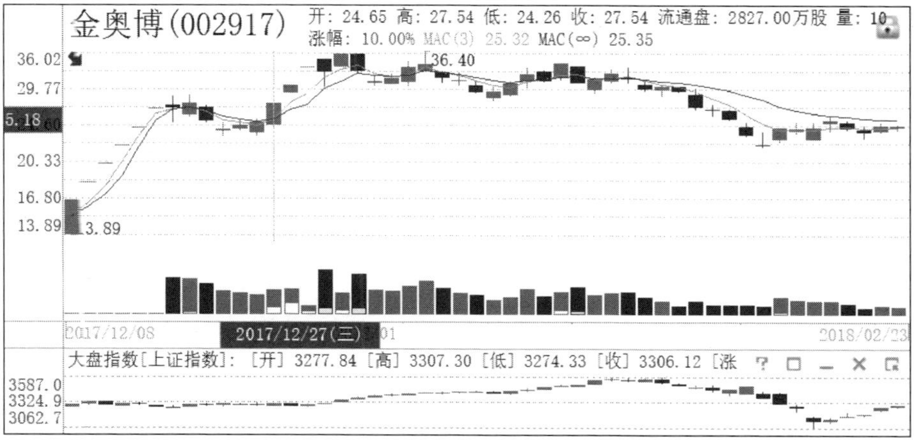

图 5—19

12 月 29 日，第一批次的补涨龙头卫信康、补涨“龙二”傲农生物，以及停牌阶段的龙头金奥博，开盘直接杀跌。题材急转直下，这种急剧人气变化情形容易产生低吸机会。

因为补涨龙头的乏力，龙头贵州燃气的高度会被限制——中科信息一波完整阶段，涨幅 240%，停牌之后还有接近 4 个板，而贵州燃气复牌之后只有 2.5 个板。见图 5—20。核心原因在于补涨龙头没能为龙头打出良好局面，限制了板块高度。

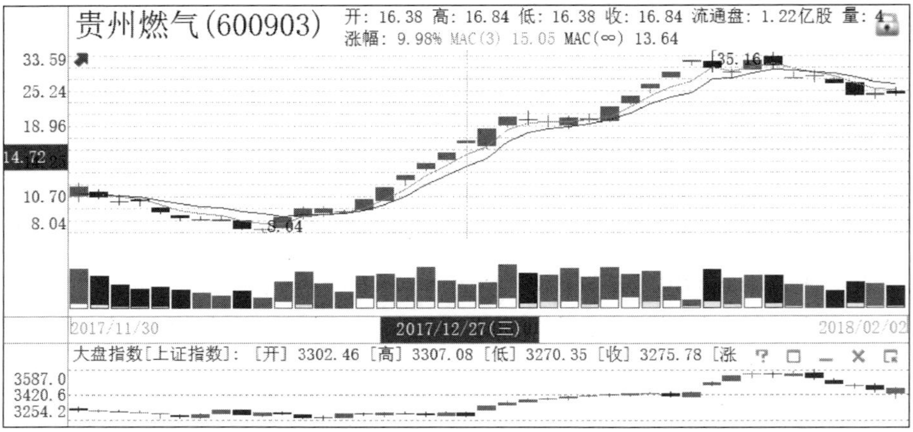

图 5—20

2018 年 1 月 2 日，新年第一天，贵州燃气复牌，直接低开，之后快速涨停，重新将题材人气拉回——只有龙头才能有如此号召力和扭转力。见图 5—21。当然还有一个原因：龙头复牌时间和补涨龙头乏力仅仅相差一个交易日，妖股人气还在；若时间长了，人气涣散，龙头也无力回天。

再以宏川智慧为例，宏川智慧的基本属性是次新、石油、大湾区、物流，道森股份属于宏川智慧的“补涨龙”，是对龙头的一个延伸炒作。而当时的永和智控在 4 板时挖出“补涨龙”三德科技和美力科技。

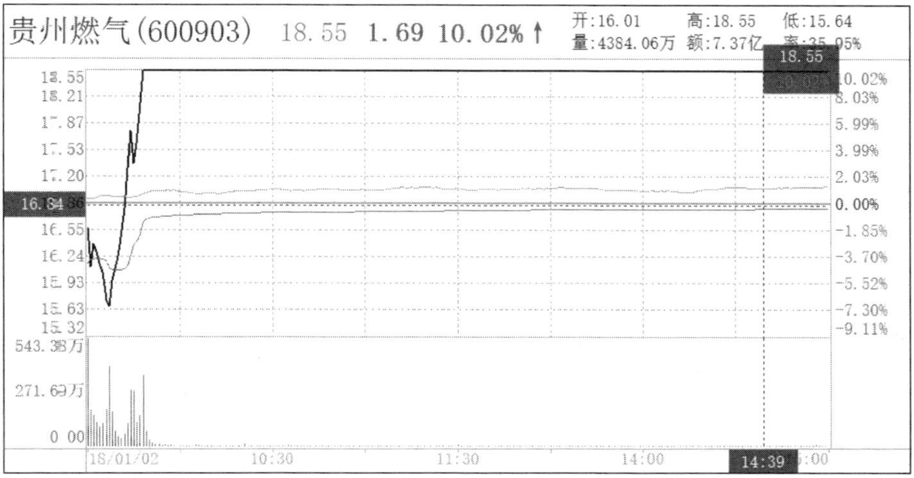

图 5—21

四、东方通信之“补涨龙”的挖掘

东方通信是一个必将载入世纪大妖的名字，为 2018～2019 年跨年大妖。从东方通信的启动时间可知，它毫无疑问是这波 5G 行情的先锋和龙头，根据前面的分析，其一路下来，跟风的、补涨的络绎不绝，甚至已经分不清是跟风还是补涨了。因为东方通信的示范作用，5G 板块全面激活后，基本上只要和通信、5G 稍微沾点边，不管涨幅大小，反正就能涨！龙头大哥的属性发散表现得淋漓尽致！

特发信息 5 连板，东信和平、南京熊猫跟随东方通信的步伐，法尔胜是后来补涨，春兴精工正在加速，以及实达集团、盛路通信、富春通信、奥维通信等。见图 5—22 至图 5—25。

一个很容易捕捉到的“补涨龙”机会是：东方通信一路高歌猛进时，同题材的东信和平停牌，涨幅远远落后于东方通信。那么，东信和平复牌后补涨，几乎成了一个确定性机会！实际情况也是如此，东信和平复牌后，股价连续涨停翻倍。见图 5—26。

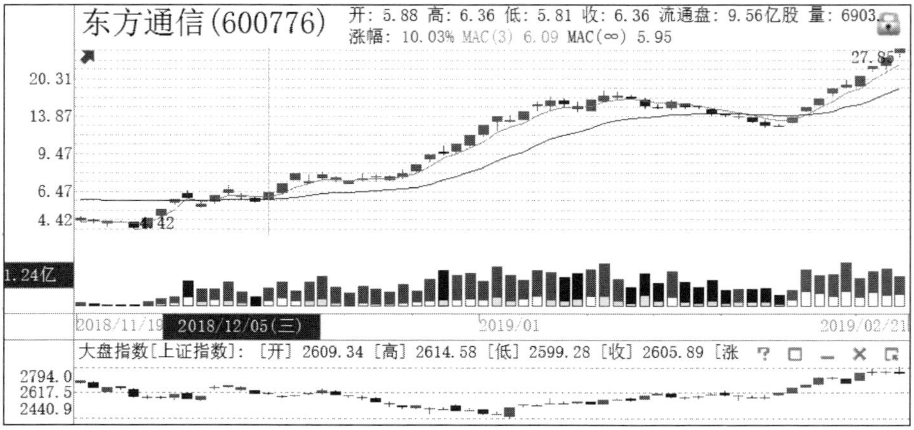

图 5—22

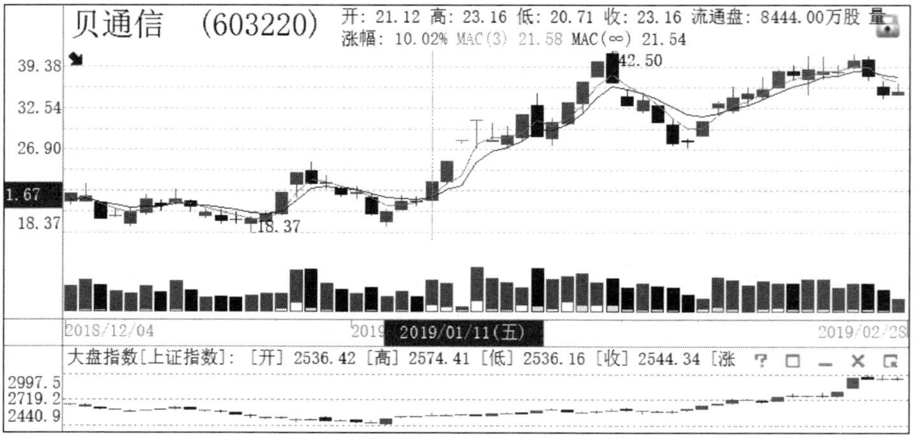

图 5—23

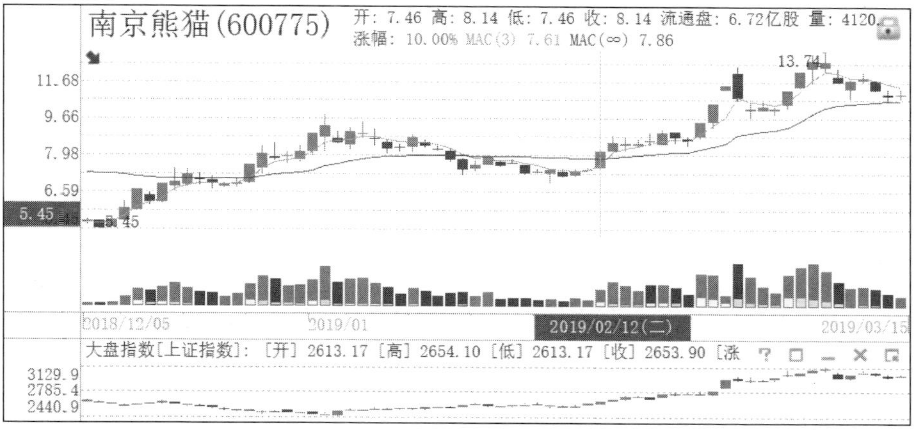

图 5—24

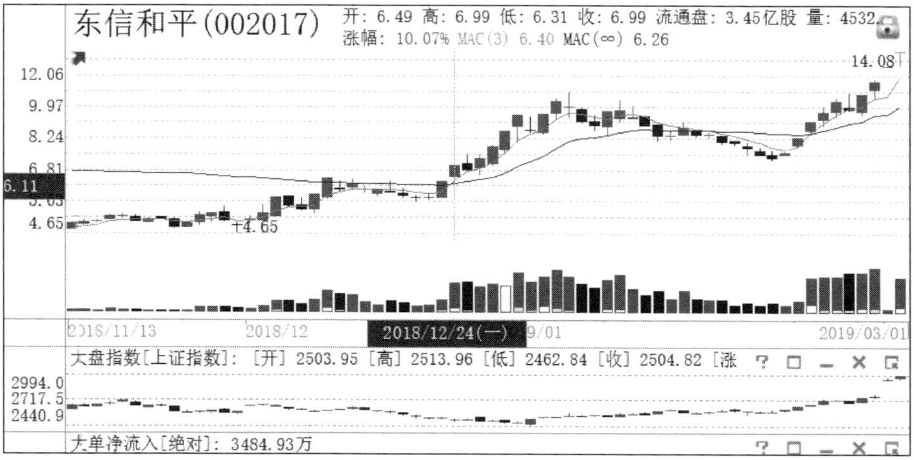

图 5—25

东方通信带起的不仅是5G板块，甚至带动了妖股板块，全柴动力、风范股份也被其妖股二波属性带起。笔者虽然参与了东方通信的第一波主升行情，但没有想到其第二波还能如此凌厉，眼睁睁看着其二波一骑绝尘，但很快联想起补涨和跟风思路，迅速分仓介入股性类似且股价较低的

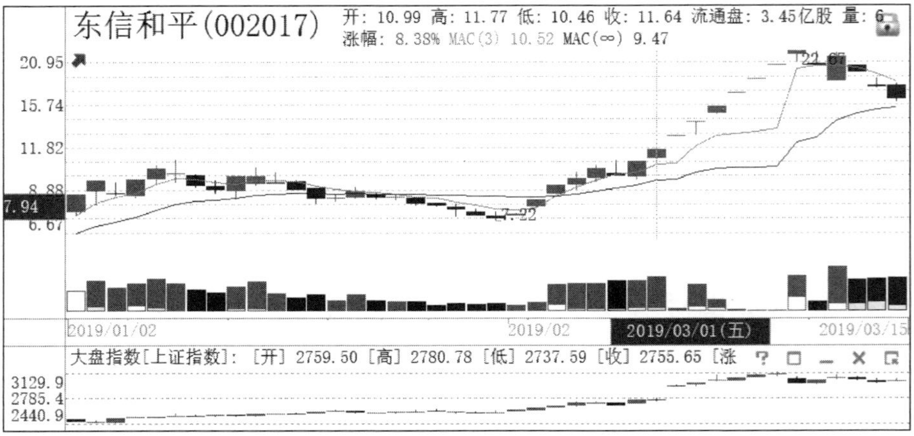

图 5—26

风范股份、全柴动力、华映科技，在收益上倒也基本持平，且可以盯着东方通信的动向决定进出。见图 5—27 至图 5—30。

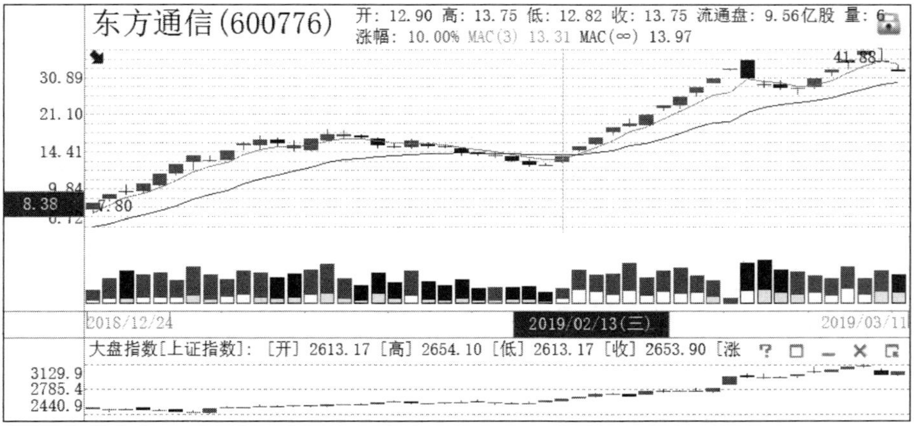

图 5—27

以东方通信的“补涨龙”挖掘过程结束本节，以此表达无数“龙斗士”对东方通信“教主”地位的滔滔之情！

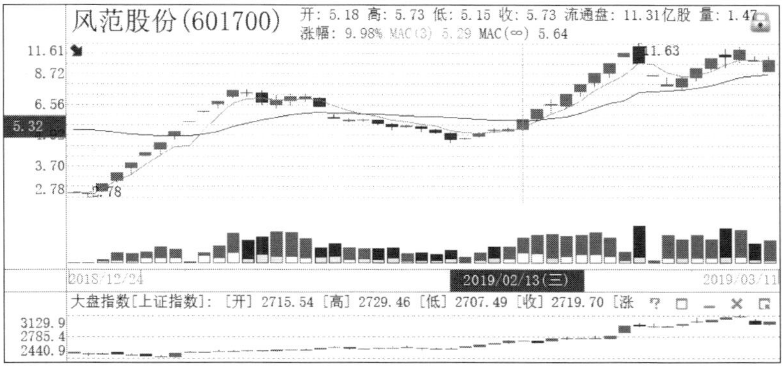

图 5—28

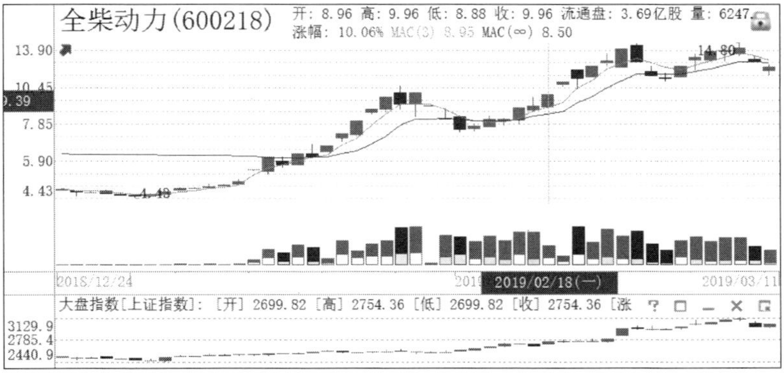

图 5—29

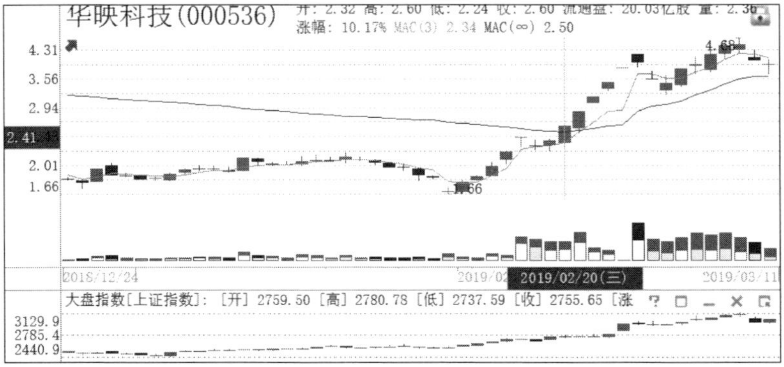

图 5—30

5.3 日出东方，唯我不败

——从东方通信剖析机构龙妖的炒作逻辑

资金无视风险提示，妖股东方通信 4 个月涨 5 倍！

废话少说，有图有真相！见图 5—31。

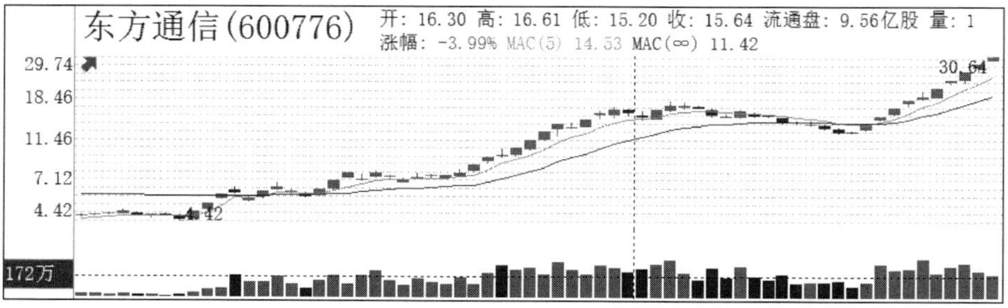

图 5—31

闲话少说，这类股票没有不想上的，鸡汤话就不说了，直接进入实操分析阶段。

5.3.1 基本面支撑吗

一般观点，这类大市值股票要吸引大资金入场，需要有比较过硬的基本面，题材要正宗，业绩要稳定增长，否则很难形成统一号召力，那么，东方通信是否具备这个特征呢？

笔者查阅大量资料后，对其基本面归纳成一句话：发布十余则公告提示风险！详见如下：

> 2月20日，东方通信发布风险提示性公告表示，公司股票价格近期波动较大，特别提醒投资者，注意二级市场交易风险。据公告披露，截至2月19日，东方通信的静态市盈率为244.59。根据中证指数有限公司发布的证监会行业市盈率显示，公司所处的计算机、通信和其他电子设备制造业市盈率为30.08。由此可见，东方通信的市盈率明显高于行业平均水平。

这不是东方通信第一次发布风险提示，自2018年11月底以来，已经连续发布了5次风险提示性公告、8次股票交易异常波动公告！但，没事，"东方教主"就像《龙妖战法探秘》一书描述的妖股一样——只知道一件事：涨停，涨停，连续涨停！

这其中最有意思的一点是：该公司多次澄清与5G概念无太大关联！

东方通信的主营业务是企业网和信息安全产业、智能自助设备产业、信息通信技术服务与运营产业和其他产业等。而在东方通信暴涨期间，5G概念板块乘风上扬。进入2月以来，5G概念板块连续走出七连阳，在10个交易日中板块累计上涨超过六成，成为最亮眼的概念股。

但是，东方通信多次在公告中表示与5G通信并无太大关联：各项主营业务中，其智能自助设备产业2017年的营业收入占比为36%，截至目前，该产业主要产品为现金类、非现金类自助设备及软件服务，与5G通信网络建设没有关联；公司其他产业2017年的营业收入占比为29%，截至目前，该产业主要为制造服务产业与园区服务租赁业务等，与5G通信网络建设没有关联；公司企业网与信息安全产业 2017 年的营业收入占比为 13%，截至目前，该产业主要产品为 PDT 与 TETRA 制式专网通信产品，与 5G 通信网络建设关联性不大；公司信息通信技术服务与运营产业 2017 年的营业收入占比为 22%，目前国内 5G 网络建设尚未正式启动，具体发展进程尚未明确，该产业未来参与 5G 通信网络的建设及参与份额尚存在不确定性。见图 5—32、图 5—33。

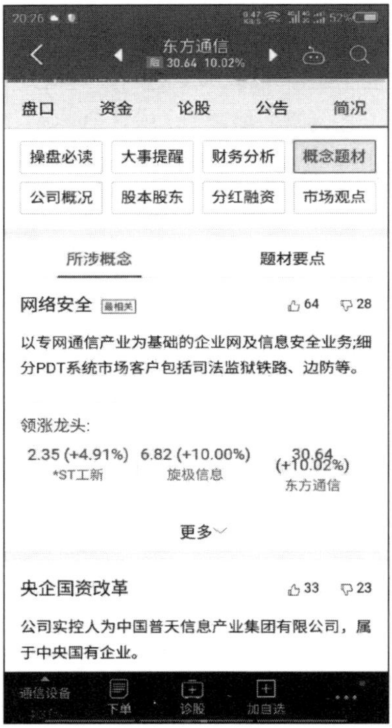

图 5—32

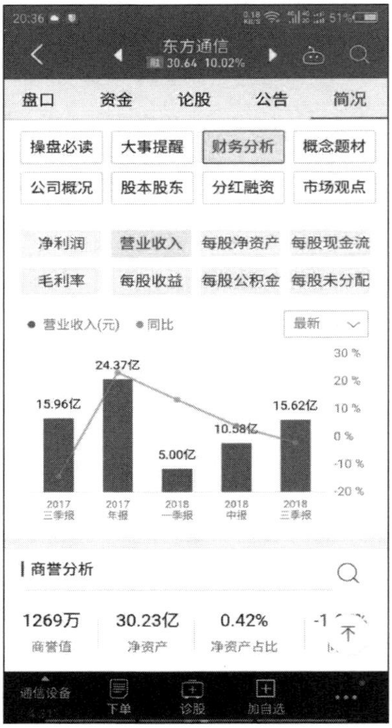

图 5—33

业绩上，也并无特别亮眼之处。2018 年前三季度，合计实现营业收入 15.62 亿元，同比还下降 2.16%；合计实现归属母公司净利润 7 670.17 万元，同比增长 11.14%，但扣除非经常性损益的净利润仅为 3 117.74 万元，同比大幅下滑 44.12%。此外，公司经营活动产生的现金流量净额常年为负数，2018 年前三季度东方通信的现金流量净额为－2.98 亿元。

2 月 21 日晚，东方通信发布股价异动的风险提示公告称，公司股票价格近期持续涨幅较大，市盈率显著高于行业市盈率水平。截至目前，公司主营业务未发生变化，无与 5G 通信网络建设相关的营业收入。还特别强调，截至 2019 年 2 月 21 日，公司静态市盈率为 295.51，根据中证指数有限公司发布的证监会行业市盈率显示，公司所处的计算机、通信和其他电子设备制造业市盈率为 30.25，公司市盈率显著高于行业市盈率水平。

可以说，东方通信是一只彻头彻尾的伪 5G 概念股！

那么，既然东方通信自己都说了公司的业务营收和 5G 没有关系，难道是有其他过人之处，才让资本市场如此高攀？

非也！

公司创立于 1958 年。1990 年以来引进摩托罗拉先进的移动通信技术，形成了移动通信主营业务。1996 年成功改制上市，成为上海股市同时发行 A 股和 B 股的中国移动通信产业上市公司，目前是央企普天东方通信集团旗下的上市企业。

东方通信的主营业务是企业网和信息安全产业、智能自助设备产业、信息通信技术服务与运营产业和其他产业等。以 2017 年为例，东方通信最大的业务为智能自助设备产业，其营收占比为 36%，主要产品为现金类、非现金类自助设备及软件服务（ATM 机等）。

从整体业绩来看，2015 年至 2018 年三季度，东方通信的营收分别为 35.66 亿元、19.8 亿元、24.37 亿元、15.62 亿元，归属母公司净利润分别为 1.7 亿元、0.92 亿元、1.18 亿元、0.77 亿元，扣除非经常性损益的净利润分别为 1.14 亿元、0.43 亿元、0.82 亿元、0.31 亿元。

近年来，东方通信的营收、净利润非但没有像其股价那样有所提升，反倒是呈现下降趋势。仅有的一点微薄的利润,多半也是靠非经常性损益得来的。2015 年至 2018 年三季度,非经常性损益的净利润占比分别为 32.75%、52.75%、30.21%、59.35%,占比较大。

与此同时,同期内,其经营活动产生的现金流量净额分别为－0.11 亿元、－0.59 亿元、－0.69 亿元、－2.99 亿元,经营活动产生的现金流量净额一直为负,不仅没有改善,反而愈发扩大。

东方通信近年来业绩疲软已是不争的事实。

2016 年,东方通信对现有产业进行过一次整合,清理了低收益业务,其毛利率相比以前有了些许提升,但其净利率却没有明显变化,总体维持在 4%～5%之间。

营收整体没有提高,反倒是存货和应收账款一直在增加,而且存货周转率和应收账款周转率整体也在降低。

可见,即使优化了产业结构,东方通信的日子依旧不好过,仍然需要降低话语权来促进销售。

换言之:不管从现实收益,还是未来想象空间,东方通信完全没有靠谱的地方。

在这期间,非经常性损益成了东方通信利润的"救命稻草"。其中,对外委托贷款取得的损益占较大比例,2015 年有 3 441 万元,2016 年有 4 403 万元,2017 年和 2018 年三季度基本不存在此项目。其次是其政府补助,每年约有 1 000 多万元收益。其他符合非经常性损益定义的损益项目多则几千万元,少则也有几百万元,对东方通信的利润贡献较大。

通过以上分析不难看出,东方通信股价持续不断地应声上涨,是缺少基本面的支撑的。

再分析下 5G 产业基本面:

东方通信启动时,5G 技术还处于规划阶段,概念和技术未形成统一标准,5G 牌照尚未发放。但围绕 5G 的产业布局、商业活动和应用场景的测试正在紧锣密鼓展开。据不完全统计,2019 年以来,河南、北京、成都、深圳、江西、重庆等地出台了支持 5G 产业落地的行动计划或规划方案,有的地区对 2019 年 5G 基站建设提出了明确目标。

5G 产业链的上游包括网络规划运维以及芯片、光器件、光纤光缆、视频器件等各类器件材料;中游为设备网络,包括主设备商、基站/天线、网络、配套;下游是应用,通过运营商、终端将 5G 技术应用在工业、通信、智能家居、智能制造等场景。目前,我国 5G 技术主要应用在车联网、物联网、VR/AR 等领域。

这其中涉及的上市公司颇多。同花顺 iFinD 显示的 5G 概念股有 154 家,这其中竟然就包括东方通信——结合前面东方通信的声明,可见软件板块的分类有多不靠谱,也佐证了投机市场有自己的一套逻辑。

按中证发布的静态市盈率计算,这 154 家 5G 概念股的平均 PE 高达 118.4,月涨幅为 24.7%,总市值为 1.86 万亿元。

《中国 5G 产业发展前景预测与产业链投资机会分析报告》数据显示,按 2020 年 5G 正式商用算起,预计当年将带动约 4 840 亿元的直接产出和 1.2 万亿元的间接产出。

在 5G 商用初期,运营商开展 5G 网络大规模建设,预计 2020 年,电信运营商在 5G 网络设备上的投资超过 2 200 亿元,各行业在 5G 设备方面的支出超过 540 亿元。

就目前来看,千亿市场规模撑不起高达 1.86 万亿元的 5G 总市值。

这就构成了很有趣的台词(见图 5—34):

东方通信:我与 5G 无关。

资本市场:我说有就有!

图 5—34

总结一下，就是：从基本面角度，东方通信不论从宏观产业面还是微观企业面，都不支持其 5G 龙头地位，投机市场显然有自己的投机逻辑分析，这个逻辑就是这里分析的机构龙妖的炒作逻辑。

5.3.2 炒作过程

东方通信正式启动是 2018 年 11 月 26 日的首板，当时的大盘环境无疑是熊市，各种人为监管、坑人、“核按钮”，外部还有贸易战打压，股市也是风声鹤唳，一片哀鸿。

11 月份，创投才是大资金开始进场操作的重点，龙头、补涨、挖掘各种技能百花齐放。东方通信在低位启动时股价非常便宜，启动时也是蹭了“创投＋5G”消息，那时创投二波结束了。

东方通信“低价＋题材”的启动，第一波 3 板，11 月 29 日 4 板被砸，调整了 2 天反包，第一波启动似乎也没什么特别感觉，像是正常的补涨或是跟随板块，但可以看出其强势了。虽然这时大盘在反弹，但东方通信的反弹力度远远大于大盘。

接下来，东方通信在大盘的影响下开始继续调整。

12 月 6 日，“孟晚舟事件”导致大盘崩溃。反弹结束，东方通信也跟随调整。随着事件的深入，发现华为是世界第一的 5G 设备公司，这时大家才发现原来中国是 5G 最牛的国家，加上 5G 消息和建设的各种刺激，而东方通信不知什么原因就被当作 5G 龙头，从 12 月 7 日开始又连拉 3 板。

但大盘氛围太差，资金恐慌出逃，大盘开始十几连跌创新低。然而，东方通信竟然逆势十一连阳！可以说，如果这个时候还不能关注到该股，是缺乏基本的技术分析功底。见图 5－35。

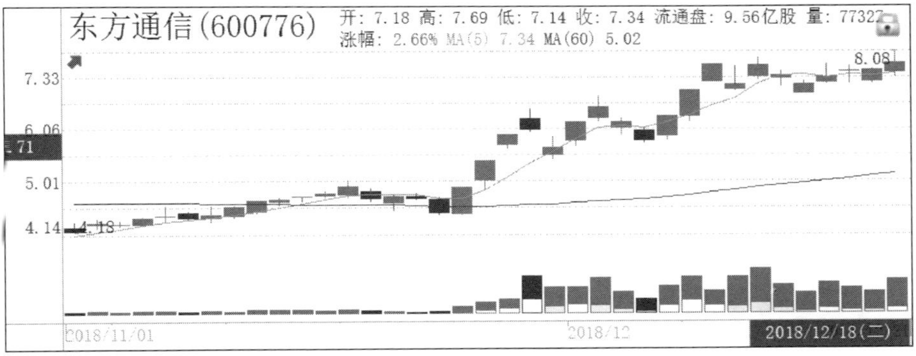

图 5－35

12 月 24 日，开始第二波，带领新基建一路狂奔，见图 5－36。随后，后起之秀风范股份连续拉板到 2019 年 1 月 10 日。

之后，证监会主席换人，新主席上来后直接引起集体崩盘，在此期间指数虽然没怎么下跌，但个股连续跌停、崩盘、天地板，腰斩再腰斩，堪称年前“炼狱”。

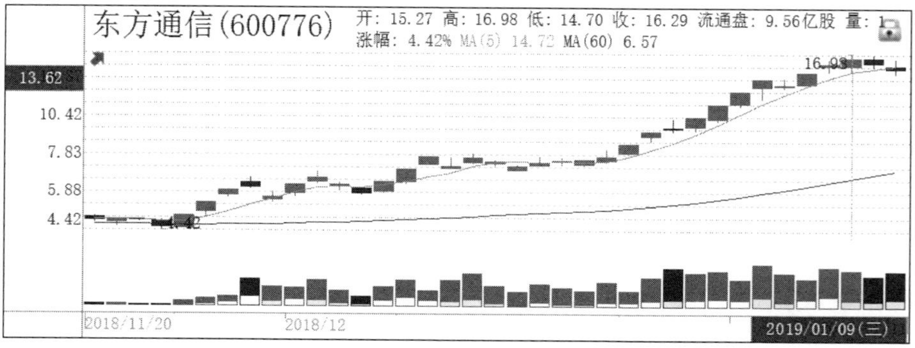

图 5—36

2019 年 2 月 11 日，春节后的首个交易日，东方通信开启了浩浩荡荡的不败之旅，带领大盘拓展空间，凝聚人气。见图 5—37。东信和平非常配合地助涨，如同贵州燃气的华森科技一样，配合默契，显示了总龙头的魅力！

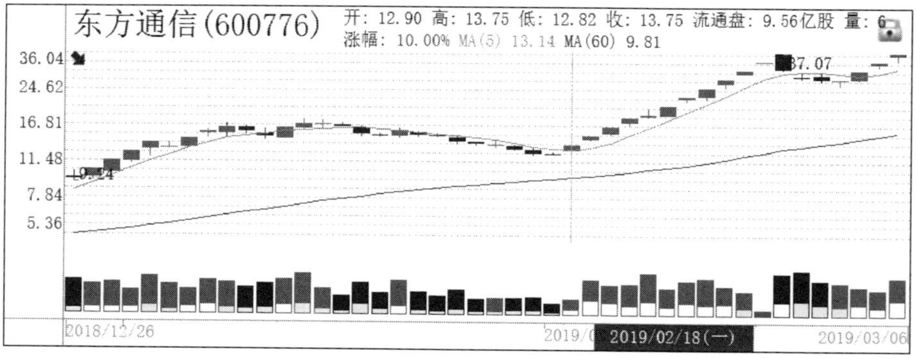

图 5—37

随着外部环境的缓和，以及行情的企稳，资金持续买入，行情越来越火爆。正如每年年初有新题材一样，科创之后来了个 OLED，直接将资金热情点燃，京东方 A 的 3 个板，起到了承上启下的作用，大资金在 OLED、5G、科创、金融等多个热点作战，多点开花。

久违的大佬们都是上亿扫货，可见资金之饥渴、行情之火爆，只有更高、卖飞、地天板，没有“核按钮”。

而东方通信每天20几个亿的涨停，龙虎榜上大佬资金一路加仓，一路扫货不手软。让人都不敢相信，一路换手一路涨停，一路上车一路下车，没有踩踏，只有和谐，跌买高卖！

OLED这时也是进入高潮，各种挖掘、各种补涨，而关键的券商、金融也是在最需要的时候崛起，将大盘稳稳托起，制造氛围。

由于OLED也是5G的分支，它的崛起反而带起了东方通信，加上光伏银星能源的助攻，大家不再恐慌，一起打造“宇宙总龙头”！

之后，东方通信带动前期牛股反包创新高，其中的全柴动力、通产丽星、市北高新等“龙回头”，反包再反包，这全仰仗东方通信给了它们标杆式的指引。

5.3.3　炒作理由

一、基本面逻辑

要说真正正宗的5G概念，是中兴通讯和沪电股份，那么，资金到底看重东方通信哪些方面，从而敢大胆炒作？

东方通信的基本面已于上一节做了分析，并无过人之处，但或许炒作的逻辑有更深一层。

纵观东方通信的股价涨跌史，其暴涨与3G、4G都曾有过渊源。东方通信在2010年3G爆发年代、2014年4G爆发年代，都曾在极短时间内出现过翻倍增长。

而其子公司也与5G有密切关联。东方通信旗下全资控股的东信网络技术有限公司（简称“东信网络”）主要从事移动通信网络设计、频率规划、工程督导、系统集成、网络评估与维护优化、提供室内覆盖解决方案、工具软件开发、技术培训等，覆盖 2G、3G、4G、传输等领域。在 5G 的 NBOT 工程的网络优化、替换升级、搬迁方面，东信网络与华为公司有一定合作。

2018 年 12 月 28 日，华为宣布已获 25 份 5G 商业合同，营收将突破 1 000 亿美元，在 5G 商业合同方面处于全球领先地位，并已出货了逾 1 万个 5G 基站。

与华为的联系不仅如此，东信网络连续三年成为华为全球金牌服务供应商，连续七年成为华为中国区金牌服务供应商。

东方通信的大股东或许也是其成为 5G 概念的加持。腾讯财讯《透市》查阅东方通信 2018 年三季报，发现该公司前三大股东均为国有法人，其中普天东方通信集团有限公司（简称“普天东方”）持股 45.439%，中国证券金融股份有限公司持股 2.564%，中央汇金资产管理有限责任公司持股 1.367%。

其中，普天东方拥有东方通信、东信和平以及众多控股、参股子公司，下属子公司主营业务覆盖通信终端产品制造、通信系统产品及服务、金融电子、智能卡、软件和增值业务等产业领域，拥有 6 000 余名员工，其中专业人才占 70%，是中国移动通信领域经营规模最大的高科技产业集团公司之一。

东方通信无疑将承担专网通信、金融电子、信息安全业务板块发展平台的角色。

如果非得将东方通信与 5G 扯上些关系，那便是东方通信在 2018 年中报提到的：“随着 4G 网络发展成熟以及 NB－IOT、5G 等新技术的不断部署应用，信息通信技术服务行业具有持续的市场发展空间。”

还有一点就是，名字中带了“通信”二字——笔者 2018 年 12 月 3 日关注该股并对学员说“该股有妖气”时，也想当然地认为它是通信概念股，肯定和 5G 相关。

当时的中美贸易谈判尚未有明确结论，而华为因为 5G 引发的各类争论占领了全世界媒体的头条和重要版面，中国政府如果希望在中美贸易中占据优势，必须要有重要筹码给各方传递信心，东方通信这个名字本身就很有感染力。而中国股市下跌太久，新换了证监会主席，是一个很好的炒作理由。

二、技术面逻辑

诸多 5G 概念股中，为何偏偏选中了东方通信?

东方通信的深度研究报告停留在 2014 年银河证券的一份研报，而最新的研报也停留在 2016 年，即整整 3 年内，东方通信已没有机构关注。

股价上，东方通信自 2016 年上冲至 10.9 元/股之后，一直处于横盘状态。

股本结构上，东方通信 A 股股东，除特殊时期买入的证金和汇金外，仅有两个资管计划少量持有。2018 年三季报披露的股东有 8.12 万户，较为分散。

机构关注度很低、持股较为分散、“超跌低价＋小盘股＋热门题材”，或许是东方通信进入游资视野被关注的原因。

东方通信此前长期低迷，从 2015 年的 23.21 元一路下滑到 2018 年 10 月 19 日的 3.70 元，市值低于 50 亿元。

三、大环境支持

背后的大环境也不可忽视。此前 2018 年同期，A 股市场炒作屡遭

“特停”，而目前市场妖股频出，“窗口指导”并未出现。《证券市场周刊》也刊文称监管对于包括东方通信在内的一众公司似乎在新年里得到了更多的“包容”。

此外，伴随着春节后A股的节节攀升，有券商提出，牛市的起点已经到来。中信建投分析师鲜明地提出口号，2019年一季度的当前位置将成为牛市的起点，并且呼吁投资者全面提升仓位，迎接牛市的来临。李迅雷也建议增持债券、黄金和权益资产，减持房地产。

东方通信还剩多少空间？

据同花顺数据统计，全国体量前几位的赵老哥、欢乐海岸、华泰深圳荣超商务中心、海通杭州文化路营业部都有参与东方通信的炒作。

当下“窗口指导”尚未出现，并不代表监管层不关注，东方通信的资本“狂欢”是否会引来监管控制？东方通信，依靠5G属性启动，实为炒出来的“5G总龙头”！

但现在已经脱离5G，变成了市场炒作的风向标，一旦热度消逝，缺少基本面支撑的东方通信显然会面临和其他妖股一样的结局。

与以往大盘股的炒作逻辑不同，以往当贵州茅台带领白酒拉出一根7％的大阳线后，盘面就变成大股行情，背后推动的主要是外资的持续买入叠加本土机构的跟风调仓，这时对机构投资者而言，是很舒服的一波行情。

而炒作大流通市值股，考虑的是估值、业绩、趋势。

在白酒为首的50行情持续后，一些游资选择沿着“低估值＋业绩”的方向冲击。根据过去的市场经验，低估值高弹性游资喜好的板块就是以周期为主——钢铁、煤炭、化工。

低估值投机大市值股如方大炭素，在石墨电极资产板块已经过了景气高点，但由于估值还比较低，所以在上一轮的大市值股行情中被游资选中冲击。

方大集团，都知道它的业绩是“做出来的”，三季度还只有 3 个多亿利润，结果年报预告直接到了 24 个亿？公告里提到了一条“深圳方大广场项目 1＃楼确认为投资性房地产，期末评估增值产生公允价值变动收益”，按照 24 亿元利润计算，每股有 2.14 元，按照公告前的股价 4 元计算，还不到 2 倍 PE——动态 PE 简单排序一下，钢铁、煤炭这些都没有低于 3 倍 PE 的，所以方大集团的合理估值在 6 元以上。

类似逻辑在易成新能上也可以看到，虽然同为石墨电极资产，估值比方大炭素要贵很多，但创业板最低 PE 可以给到 8～10 倍，7 元附近就有支撑了，再叠加周期股的热度，短线也被投机资金加速了。

可见，只是单纯低 PE，但缺乏基本面支撑，这种套路在此前的持续性方面都不太好，只能是 2～3 天的情绪套利。除非是基本面有非常硬的逻辑，如方大炭素那一波主营产品持续涨价的共振。

而东方通信缺少靠谱的基本面支撑，所以，东方通信这类股不能称为“白马龙妖”，只能称为“机构龙妖”。

5.3.4　龙妖派的观点

龙妖派认为，妖股是有其必然性的，即能走妖的股必然具备一些与众不同的特征，龙妖派称之为“龙妖基因”或“龙性妖气”，没有这个基因，几乎没有发现能走妖的！龙妖基因几乎成为妖股的必要条件，这就是龙妖的内因，带有“必然性”！

但妖股能不能走妖，妖气能发挥到什么嚣张程度，则有赖于外因，这个外因大多是当时的市场炒作环境和炒作题材，具有偶然性和随机性。

这就是龙妖的必然性和偶然性的统一！

笔者总结机构龙妖的炒作逻辑如下：

(1)靠谱的基本面不是关键；

(2)良好的控盘度是内因——东方通信多次出现的长期逆市飘红是控盘良好的一个明显技术性标志；

(3)良好的市场炒作环境是煽风点火成妖的外因。

后序:贵族精神

《见识》作者吴军曾说过:做事要有格局,并说自己不投高频交易软件设计这类项目,认为这只是赚钱,不是事业。

作为受理想主义色彩教育的“70后”的笔者,对这个观点深以为然:

炒股是不产生新价值的,而且,即使股票炒得再好,社会其实并不真正认可你,甚至即使到了索罗斯的水准,人们也只不过是忌惮其凶残的掠夺和惊人的财富,但绝不会发自内心地尊重!

自问下,如果你有一个优秀的女儿,会不会把她嫁给一个职业炒股者或所谓的顶级游资?用脚投的票才是内心真实的价值判断——得不到社会真正的尊重和认可,这是投机者内心永远的痛。

笔者还是比较喜欢做学者和工程师,所以虽研究投机学,但主要只是迷恋其中高深精妙的思维和技术,并以股票研究为切入点,由此旁涉哲学思辨、科学研究方法论、人工智能研究,甚至美学,即以股悟道!

显然,研究股理这种寻求清晰、简洁的理性世界的信仰会是一个持久的动力,但股市不创造新财富的零和游戏的本质特征,虽谈不上卑鄙,但确实也很难崇高起来,而某吧那句“不要怂,就是干”的名言,振聋发聩之余,只留下空虚和“傻白甜”。

人类存在的意义之一是把知识传承下去，让后来人更好地生活，技术本身没有正义与邪恶之分，原子弹如此，转基因技术如此，炒股技术亦如此。

令狐冲剑出无相，身法倏然，制人而不伤人，虽有问鼎天下之实力却无觊觎之心，逍遥于山林，世人因其身怀利器，杀心却无，称之为“令狐大侠”。

“术”能否升华为载道之“器”，关键就看他承载了什么样的使命，是由谁使用这项技术。倚天屠龙之器落于英雄之手，则为行侠仗义之利器；沦于强盗悍匪之手，则为屠城虐民之凶器！

零和游戏的股票技术虽不是什么高尚的技术，但可以以高尚的方式教授，即需要一点“贵族精神”。

贵族和流氓都是拥有特殊能力的人群，但前者有规则，对自己从事的职业有自信和自豪感，有使命感，希望能传承下去，后者却没有。

贵族精神的基本规则一致，弹性不大，不使用双重标准，慎独；将荣誉感、使命感置于生死之上。流氓规则则过于流变，弹性太大。

坚持独立思考和独立人格，绝不媚众和利用人性弱点盈利，是贵族精神的一个表征。

投机市场零和游戏的本质，决定了这个市场少数人获利的必然结果，也决定了这样一个悖论：

大众普遍认可的具有商业价值的技术，基本是不管用的东西。

管用的，必然是违背大众的直觉，受众很少，你要花很多精力去循循善诱，春风化雨，缺乏商业价值。

开智的商业一般不容易成功，它不仅没有调动人的情绪，反而让人变得清醒理性，不可能让你冲动消费——傻瓜的钱和聪明人的钱哪个好赚，显而易见。

中国一亿股民,如果定义10%的成功者为清醒理性者,选择做一千万人的生意还是九千万人的生意,实质上就是选择科学还是宗教。

但科学却是一种吃力不讨好的认知方式:

费了那么大劲研究出“日心说”,结果还是错的!发现了银河系,最后还不是宇宙全部。费尽心思刚搞明白三维世界的事,结果原来宇宙至少是十一维的——而且还不一定!

而宗教神佛一句:不可说——什么都尽在不言中了,简单又讨巧。

科学几千年来面目全非,宗教从诞生起就没变过,宗教的信徒远远多于科学的门徒。

选择科学,学起来麻烦,结果还不一定对,还不如选择抛硬币一样的宗教,至少简单,有时还能蒙上彩票。

同样,你教的东西再真,也不可能百分百准确,这样,你辛苦学习后和简单感性的结果似乎也一样,那么大众还不如选择简单感性。

从短期利益来看,做坏人更容易得利;从长期来看,做好人也不见得有啥好处,坏人也不见得有啥恶报——选择做哪种人,从来都不是基于利益,而是基于内心的良知,毕竟,唤起我们心灵惊奇和敬畏的,除了头顶上浩瀚的星空,还有心中的道德。

龙妖体系的理性、系统性、工程化性质,本身具有过滤作用,直接把希望一夜暴富者及喜欢简单粗暴、感性直观的群体排除在外了。

笔者深知,自己的研究只不过是为股道大厦上增加了一块砖石,但希望这是通往股道真理上不可或缺的那一块基石——我没有把知道的都告诉你们,但告诉你们的都是真的。

笔者并不热衷于教学，除了不愿接受诋毁——股票教学就是一个略带贬义的词，而教真东西培养对手盘，教假货不仅有违基本商业诚信，而且忽悠也是需要专门学习的。

大众也很难区分真假，而且该行业整体口碑不佳。出于避嫌，且也无意普及教育，也就逐步不再面向大众市场，而是专注于专业机构、私募、游资这些职业交易者的培养，偶尔的教学目的是：

(1)借该种形式系统梳理学术体系。

(2)给确实诚心求学者提供一个通道，且由此建立一个小型研究团队，教学相长。

(3)由以上两点自然建立起一个能担当起为顶级私募、游资、机构提供咨询、培训、软件研发等高端服务的商业性组织。

上述(1)和(2)是基于学术研究目的，教学相长；(3)则主要是商业价值。

有文章对圣人、君子、小人、恶人定义如下：

圣人：损己利人；君子：人己两利；小人：损人利己；恶人：损己害人。

作为零和游戏性质的股票技术，显然是属于“小人”技术，想学习这种技术，根本与“高尚”“道德”无关，也无须用这类说辞绑架他人，唯一的途径就是遵循商业法则。

真理，像闪电一样炫目；谎言，像美丽的落日余晖，让人感动——这句话直接给出了鉴别真理和谎言的量化指标！

写书，一为自我总结；二为留名；三为有志于学习但苦于无门者留一个“验金石”，规避原则性错误。

自笔者第一本《龙妖战法探秘》问世以来，因为揭露了一些行业真相，陆陆续续遭到少数人诋毁和辱骂，或故意抹黑笔者和他们是一路人。毕竟，真相增加了他们造神传销的成本。而这本《股道溯源》显然更会遭到上述人群的切齿。笔者当然不畏惧吠日之犬，只是为了集中精力研究更有价值的东西，对微信好友适当删选，这里仅公布笔者目前唯一公众号如下：最新观点和信息将在该公众号上发布。

笔者虽研究股票技术，心中的夙愿却是：但愿人间无病痛，哪怕柜上药生尘。对大众，我建议尽量不要进入这个市场，将精力放在多做一些对国家、民族有建设性的事上；而且，这个市场的及格门槛太高，你不见得做好了足够的心理准备。

2020 年 5 月